中华人民共和国
证券期货法规汇编

（2019·上）

中国证券监督管理委员会　编

法律出版社
LAW PRESS

编 辑 说 明

一、《中华人民共和国证券期货法规汇编》由中国证券监督管理委员会编辑，法律出版社出版发行。

二、《中华人民共和国证券期货法规汇编》1992 年、1993 年为合订本，1994 年至 2002 年按年度编辑。从 2003 年起，改为每半年出版一辑，其中上卷本收录每年 1 月至 6 月公布的法规，下卷本收录每年 7 月至 12 月公布的法规。本辑为 2019 年上卷本。

三、本辑《中华人民共和国证券期货法规汇编》共收录 46 件法规。其中法律 4 件，行政法规、法规性文件 10 件，中国证券监督管理委员会发布的部门规章、规范性文件 15 件，司法解释、司法文件 7 件，其他部委发布的相关部门规章、规范性文件 10 件。

四、本辑《中华人民共和国证券期货法规汇编》按下列顺序编排：1. 法律；2. 行政法规、法规性文件；3. 中国证券监督管理委员会发布的部门规章、规范性文件；4. 附录。其中，第 3 大类按照综合、证券、基金、期货、信息披露规范类分类编排，证券篇中按照发行类、上市公司类编排，各类别依次按颁布时间顺序排列。

中国证券监督管理委员会法律部

二〇一九年十二月十七日

目　录

法　律

行政法规　法规性文件

中国证监会发布的部门规章及规范性文件

综　合

证　券

发行类

基　　金

期　　货

信息披露规范类

附　　录

法　　律

中华人民共和国外商投资法

（2019 年 3 月 15 日第十三届全国人民代表大会第二次会议通过
2019 年 3 月 15 日中华人民共和国主席令第二十六号公布
自 2020 年 1 月 1 日起施行）

目　　录

第一章　总　　则

第 一 条　为了进一步扩大对外开放，积极促进外商投资，保护外商投资合法权益，规范外商投资管理，推动形成全面开放新格局，促进社会主义市场经济健康发展，根据宪法，制定本法。

第 二 条　在中华人民共和国境内（以下简称中国境内）的外商投资，适用本法。

本法所称外商投资，是指外国的自然人、企业或者其他组织（以下称外国投资者）直接或者间接在中国境内进行的投资活动，包括下列情形：

（一）外国投资者单独或者与其他投资者共同在中国境内设立外商投资企业；

（二）外国投资者取得中国境内企业的股份、股权、财产份额或者其他类似权益；

（三）外国投资者单独或者与其他投资者共同在中国境内投资新建项目；

（四）法律、行政法规或者国务院规定的其他方式的投资。

本法所称外商投资企业，是指全部或者部分由外国投资者投资，依照中国法律在中国境内经登记注册设立的企业。

第 三 条 国家坚持对外开放的基本国策，鼓励外国投资者依法在中国境内投资。

国家实行高水平投资自由化便利化政策，建立和完善外商投资促进机制，营造稳定、透明、可预期和公平竞争的市场环境。

第 四 条 国家对外商投资实行准入前国民待遇加负面清单管理制度。

前款所称准入前国民待遇，是指在投资准入阶段给予外国投资者及其投资不低于本国投资者及其投资的待遇；所称负面清单，是指国家规定在特定领域对外商投资实施的准入特别管理措施。国家对负面清单之外的外商投资，给予国民待遇。

负面清单由国务院发布或者批准发布。

中华人民共和国缔结或者参加的国际条约、协定对外国投资者准入待遇有更优惠规定的，可以按照相关规定执行。

第 五 条 国家依法保护外国投资者在中国境内的投资、收益和其他合法权益。

第 六 条 在中国境内进行投资活动的外国投资者、外商投资企业，应当遵守中国法律法规，不得危害中国国家安全、损害社会公共利益。

第 七 条 国务院商务主管部门、投资主管部门按照职责分工，开展外商投资促进、保护和管理工作；国务院其他有关部门在各自职责范围内，负责外商投资促进、保护和管理的相关工作。

县级以上地方人民政府有关部门依照法律法规和本级人民政府确定的职责分工，开展外商投资促进、保护和管理工作。

第 八 条 外商投资企业职工依法建立工会组织，开展工会活动，维护职工的合法权益。外商投资企业应当为本企业工会提供必要的活动条件。

第二章 投资促进

第 九 条 外商投资企业依法平等适用国家支持企业发展的各项政策。

第 十 条 制定与外商投资有关的法律、法规、规章，应当采取适当方式征求外商投资企业的意见和建议。

与外商投资有关的规范性文件、裁判文书等,应当依法及时公布。

第十一条 国家建立健全外商投资服务体系,为外国投资者和外商投资企业提供法律法规、政策措施、投资项目信息等方面的咨询和服务。

第十二条 国家与其他国家和地区、国际组织建立多边、双边投资促进合作机制,加强投资领域的国际交流与合作。

第十三条 国家根据需要,设立特殊经济区域,或者在部分地区实行外商投资试验性政策措施,促进外商投资,扩大对外开放。

第十四条 国家根据国民经济和社会发展需要,鼓励和引导外国投资者在特定行业、领域、地区投资。外国投资者、外商投资企业可以依照法律、行政法规或者国务院的规定享受优惠待遇。

第十五条 国家保障外商投资企业依法平等参与标准制定工作,强化标准制定的信息公开和社会监督。

国家制定的强制性标准平等适用于外商投资企业。

第十六条 国家保障外商投资企业依法通过公平竞争参与政府采购活动。政府采购依法对外商投资企业在中国境内生产的产品、提供的服务平等对待。

第十七条 外商投资企业可以依法通过公开发行股票、公司债券等证券和其他方式进行融资。

第十八条 县级以上地方人民政府可以根据法律、行政法规、地方性法规的规定,在法定权限内制定外商投资促进和便利化政策措施。

第十九条 各级人民政府及其有关部门应当按照便利、高效、透明的原则,简化办事程序,提高办事效率,优化政务服务,进一步提高外商投资服务水平。

有关主管部门应当编制和公布外商投资指引,为外国投资者和外商投资企业提供服务和便利。

第三章 投资保护

第二十条 国家对外国投资者的投资不实行征收。

在特殊情况下,国家为了公共利益的需要,可以依照法律规定对外国投资者的投资实行征收或者征用。征收、征用应当依照法定程序进行,并及时给予公平、合理的补偿。

第二十一条 外国投资者在中国境内的出资、利润、资本收益、资产处置所得、知识产权许可使用费、依法获得的补偿或者赔偿、清算所得等，可以依法以人民币或者外汇自由汇入、汇出。

第二十二条 国家保护外国投资者和外商投资企业的知识产权，保护知识产权权利人和相关权利人的合法权益；对知识产权侵权行为，严格依法追究法律责任。

国家鼓励在外商投资过程中基于自愿原则和商业规则开展技术合作。技术合作的条件由投资各方遵循公平原则平等协商确定。行政机关及其工作人员不得利用行政手段强制转让技术。

第二十三条 行政机关及其工作人员对于履行职责过程中知悉的外国投资者、外商投资企业的商业秘密，应当依法予以保密，不得泄露或者非法向他人提供。

第二十四条 各级人民政府及其有关部门制定涉及外商投资的规范性文件，应当符合法律法规的规定；没有法律、行政法规依据的，不得减损外商投资企业的合法权益或者增加其义务，不得设置市场准入和退出条件，不得干预外商投资企业的正常生产经营活动。

第二十五条 地方各级人民政府及其有关部门应当履行向外国投资者、外商投资企业依法作出的政策承诺以及依法订立的各类合同。

因国家利益、社会公共利益需要改变政策承诺、合同约定的，应当依照法定权限和程序进行，并依法对外国投资者、外商投资企业因此受到的损失予以补偿。

第二十六条 国家建立外商投资企业投诉工作机制，及时处理外商投资企业或者其投资者反映的问题，协调完善相关政策措施。

外商投资企业或者其投资者认为行政机关及其工作人员的行政行为侵犯其合法权益的，可以通过外商投资企业投诉工作机制申请协调解决。

外商投资企业或者其投资者认为行政机关及其工作人员的行政行为侵犯其合法权益的，除依照前款规定通过外商投资企业投诉工作机制申请协调解决外，还可以依法申请行政复议、提起行政诉讼。

第二十七条 外商投资企业可以依法成立和自愿参加商会、协会。商会、协会依照法律法规和章程的规定开展相关活动，维护会员的合法权益。

第四章 投资管理

第二十八条 外商投资准入负面清单规定禁止投资的领域，外国投资者不得投资。

外商投资准入负面清单规定限制投资的领域，外国投资者进行投资应当符合负面清单规定的条件。

外商投资准入负面清单以外的领域，按照内外资一致的原则实施管理。

第二十九条 外商投资需要办理投资项目核准、备案的，按照国家有关规定执行。

第三十条 外国投资者在依法需要取得许可的行业、领域进行投资的，应当依法办理相关许可手续。

有关主管部门应当按照与内资一致的条件和程序，审核外国投资者的许可申请，法律、行政法规另有规定的除外。

第三十一条 外商投资企业的组织形式、组织机构及其活动准则，适用《中华人民共和国公司法》、《中华人民共和国合伙企业法》等法律的规定。

第三十二条 外商投资企业开展生产经营活动，应当遵守法律、行政法规有关劳动保护、社会保险的规定，依照法律、行政法规和国家有关规定办理税收、会计、外汇等事宜，并接受相关主管部门依法实施的监督检查。

第三十三条 外国投资者并购中国境内企业或者以其他方式参与经营者集中的，应当依照《中华人民共和国反垄断法》的规定接受经营者集中审查。

第三十四条 国家建立外商投资信息报告制度。外国投资者或者外商投资企业应当通过企业登记系统以及企业信用信息公示系统向商务主管部门报送投资信息。

外商投资信息报告的内容和范围按照确有必要的原则确定；通过部门信息共享能够获得的投资信息，不得再行要求报送。

第三十五条 国家建立外商投资安全审查制度，对影响或者可能影响国家安全的外商投资进行安全审查。

依法作出的安全审查决定为最终决定。

第五章 法律责任

第三十六条 外国投资者投资外商投资准入负面清单规定禁止投资的领域的，由有关主管部门责令停止投资活动，限期处分股份、资产或者采取其他必要措施，恢复到实施投资前的状态；有违法所得的，没收违法所得。

外国投资者的投资活动违反外商投资准入负面清单规定的限制性准入特别管理措施的，由有关主管部门责令限期改正，采取必要措施满足准入特别管理措施的要求；逾期不改正的，依照前款规定处理。

外国投资者的投资活动违反外商投资准入负面清单规定的，除依照前两款规定处理外，还应当依法承担相应的法律责任。

第三十七条 外国投资者、外商投资企业违反本法规定，未按照外商投资信息报告制度的要求报送投资信息的，由商务主管部门责令限期改正；逾期不改正的，处十万元以上五十万元以下的罚款。

第三十八条 对外国投资者、外商投资企业违反法律、法规的行为，由有关部门依法查处，并按照国家有关规定纳入信用信息系统。

第三十九条 行政机关工作人员在外商投资促进、保护和管理工作中滥用职权、玩忽职守、徇私舞弊的，或者泄露、非法向他人提供履行职责过程中知悉的商业秘密的，依法给予处分；构成犯罪的，依法追究刑事责任。

第六章 附 则

第四十条 任何国家或者地区在投资方面对中华人民共和国采取歧视性的禁止、限制或者其他类似措施的，中华人民共和国可以根据实际情况对该国家或者该地区采取相应的措施。

第四十一条 对外国投资者在中国境内投资银行业、证券业、保险业等金融行业，或者在证券市场、外汇市场等金融市场进行投资的管理，国家另有规定的，依照其规定。

第四十二条 本法自2020年1月1日起施行。《中华人民共和国中外合资经营企业法》、《中华人民共和国外资企业法》、《中华人民共和国中外合作经营企业法》同时废止。

本法施行前依照《中华人民共和国中外合资经营企业法》、《中华人民共和国外资企业法》、《中华人民共和国中外合作经营企业法》设立的外商投资企业，在本法施行后五年内可以继续保留原企业组织形式等。具体实施办法由国务院规定。

中华人民共和国电子签名法

（2004年8月28日第十届全国人民代表大会常务委员会第十一次会议通过　根据2015年4月24日第十二届全国人民代表大会常务委员会第十四次会议《关于修改〈中华人民共和国电力法〉等六部法律的决定》第一次修正　根据2019年4月23日第十三届全国人民代表大会常务委员会第十次会议《关于修改〈中华人民共和国建筑法〉等八部法律的决定》第二次修正）

目　　录

第一章　总　　则

第 一 条　为了规范电子签名行为，确立电子签名的法律效力，维护有关各方的合法权益，制定本法。

第 二 条　本法所称电子签名，是指数据电文中以电子形式所含、所附用于识别签名人身份并表明签名人认可其中内容的数据。

本法所称数据电文，是指以电子、光学、磁或者类似手段生成、发送、接收或者储存的信息。

第 三 条　民事活动中的合同或者其他文件、单证等文书，当事人可以约定使用或者不使用电子签名、数据电文。

当事人约定使用电子签名、数据电文的文书，不得仅因为其采用电子签名、数据电文的形式而否定其法律效力。

前款规定不适用下列文书：

（一）涉及婚姻、收养、继承等人身关系的；

（二）涉及停止供水、供热、供气等公用事业服务的；

（三）法律、行政法规规定的不适用电子文书的其他情形。

第二章　数据电文

第　四　条　能够有形地表现所载内容，并可以随时调取查用的数据电文，视为符合法律、法规要求的书面形式。

第　五　条　符合下列条件的数据电文，视为满足法律、法规规定的原件形式要求：

（一）能够有效地表现所载内容并可供随时调取查用；

（二）能够可靠地保证自最终形成时起，内容保持完整、未被更改。但是，在数据电文上增加背书以及数据交换、储存和显示过程中发生的形式变化不影响数据电文的完整性。

第　六　条　符合下列条件的数据电文，视为满足法律、法规规定的文件保存要求：

（一）能够有效地表现所载内容并可供随时调取查用；

（二）数据电文的格式与其生成、发送或者接收时的格式相同，或者格式不相同但是能够准确表现原来生成、发送或者接收的内容；

（三）能够识别数据电文的发件人、收件人以及发送、接收的时间。

第　七　条　数据电文不得仅因为其是以电子、光学、磁或者类似手段生成、发送、接收或者储存的而被拒绝作为证据使用。

第　八　条　审查数据电文作为证据的真实性，应当考虑以下因素：

（一）生成、储存或者传递数据电文方法的可靠性；

（二）保持内容完整性方法的可靠性；

（三）用以鉴别发件人方法的可靠性；

（四）其他相关因素。

第　九　条　数据电文有下列情形之一的，视为发件人发送：

（一）经发件人授权发送的；

（二）发件人的信息系统自动发送的；

（三）收件人按照发件人认可的方法对数据电文进行验证后结果相符的。

当事人对前款规定的事项另有约定的，从其约定。

第　十　条　法律、行政法规规定或者当事人约定数据电文需要确认收讫的，应当确认收讫。发件人收到收件人的收讫确认时，数据电文视为已经收到。

第十一条　数据电文进入发件人控制之外的某个信息系统的时间，视为该数据电文的发送时间。

收件人指定特定系统接收数据电文的，数据电文进入该特定系统的时间，视为该数据电文的接收时间；未指定特定系统的，数据电文进入收件人的任何系统的首次时间，视为该数据电文的接收时间。

当事人对数据电文的发送时间、接收时间另有约定的，从其约定。

第十二条　发件人的主营业地为数据电文的发送地点，收件人的主营业地为数据电文的接收地点。没有主营业地的，其经常居住地为发送或者接收地点。

当事人对数据电文的发送地点、接收地点另有约定的，从其约定。

第三章　电子签名与认证

第十三条　电子签名同时符合下列条件的，视为可靠的电子签名：

（一）电子签名制作数据用于电子签名时，属于电子签名人专有；

（二）签署时电子签名制作数据仅由电子签名人控制；

（三）签署后对电子签名的任何改动能够被发现；

（四）签署后对数据电文内容和形式的任何改动能够被发现。

当事人也可以选择使用符合其约定的可靠条件的电子签名。

第十四条　可靠的电子签名与手写签名或者盖章具有同等的法律效力。

第十五条　电子签名人应当妥善保管电子签名制作数据。电子签名人知悉电子签名制作数据已经失密或者可能已经失密时，应当及时告知有关各方，并终止使用该电子签名制作数据。

第十六条　电子签名需要第三方认证的，由依法设立的电子认证服务提供者提供认证服务。

第十七条　提供电子认证服务，应当具备下列条件：

（一）取得企业法人资格；

（二）具有与提供电子认证服务相适应的专业技术人员和管理人员；

（三）具有与提供电子认证服务相适应的资金和经营场所；

（四）具有符合国家安全标准的技术和设备；

（五）具有国家密码管理机构同意使用密码的证明文件；

（六）法律、行政法规规定的其他条件。

第十八条 从事电子认证服务，应当向国务院信息产业主管部门提出申请，并提交符合本法第十七条规定条件的相关材料。国务院信息产业主管部门接到申请后经依法审查，征求国务院商务主管部门等有关部门的意见后，自接到申请之日起四十五日内作出许可或者不予许可的决定。予以许可的，颁发电子认证许可证书；不予许可的，应当书面通知申请人并告知理由。

取得认证资格的电子认证服务提供者，应当按照国务院信息产业主管部门的规定在互联网上公布其名称、许可证号等信息。

第十九条 电子认证服务提供者应当制定、公布符合国家有关规定的电子认证业务规则，并向国务院信息产业主管部门备案。

电子认证业务规则应当包括责任范围、作业操作规范、信息安全保障措施等事项。

第二十条 电子签名人向电子认证服务提供者申请电子签名认证证书，应当提供真实、完整和准确的信息。

电子认证服务提供者收到电子签名认证证书申请后，应当对申请人的身份进行查验，并对有关材料进行审查。

第二十一条 电子认证服务提供者签发的电子签名认证证书应当准确无误，并应当载明下列内容：

（一）电子认证服务提供者名称；

（二）证书持有人名称；

（三）证书序列号；

（四）证书有效期；

（五）证书持有人的电子签名验证数据；

（六）电子认证服务提供者的电子签名；

（七）国务院信息产业主管部门规定的其他内容。

第二十二条 电子认证服务提供者应当保证电子签名认证证书内容在有效期内完整、准确，并保证电子签名依赖方能够证实或者了解电子签名认证证书所载内容及其他有关事项。

第二十三条 电子认证服务提供者拟暂停或者终止电子认证服务的，应当在暂停或者终止服务九十日前，就业务承接及其他有关事项通知有关各方。

电子认证服务提供者拟暂停或者终止电子认证服务的，应当在暂停或者终止服务六十日前向国务院信息产业主管部门报告，并与其他电子认证服务提供者就业务承接进行协商，作出妥善安排。

电子认证服务提供者未能就业务承接事项与其他电子认证服务提供者达成协议的，应当申请国务院信息产业主管部门安排其他电子认证服务提供者承接其业务。

电子认证服务提供者被依法吊销电子认证许可证书的，其业务承接事项的处理按照国务院信息产业主管部门的规定执行。

第二十四条 电子认证服务提供者应当妥善保存与认证相关的信息，信息保存期限至少为电子签名认证证书失效后五年。

第二十五条 国务院信息产业主管部门依照本法制定电子认证服务业的具体管理办法，对电子认证服务提供者依法实施监督管理。

第二十六条 经国务院信息产业主管部门根据有关协议或者对等原则核准后，中华人民共和国境外的电子认证服务提供者在境外签发的电子签名认证证书与依照本法设立的电子认证服务提供者签发的电子签名认证证书具有同等的法律效力。

第四章 法律责任

第二十七条 电子签名人知悉电子签名制作数据已经失密或者可能已经失密未及时告知有关各方、并终止使用电子签名制作数据，未向电子认证服务提供者提供真实、完整和准确的信息，或者有其他过错，给电子签名依赖方、电子认证服务提供者造成损失的，承担赔偿责任。

第二十八条 电子签名人或者电子签名依赖方因依据电子认证服务提供者提供的电子签名认证服务从事民事活动遭受损失，电子认证服务提供者不能证明自己无过错的，承担赔偿责任。

第二十九条 未经许可提供电子认证服务的，由国务院信息产业主管部门责令停止违法行为；有违法所得的，没收违法所得；违法所得三十万元以上的，处违法所得一倍以上三倍以下的罚款；没有违法所得或者违法所得不足三十万元的，处十万元以上三十万元以下的罚款。

第三十条 电子认证服务提供者暂停或者终止电子认证服务，未在暂停或者终止服务六十日前向国务院信息产业主管部门报告的，由国务院信息产业主管部门对其直接负责的主管人员处一万元以上五万元以下的罚款。

第三十一条 电子认证服务提供者不遵守认证业务规则、未妥善保存与认证相关的信息，或者有其他违法行为的，由国务院信息产业主管部门责令限期改正；逾期未改正的，吊销电子认证许可证书，其直接负责的主管人员和其他直接责任人员十年内不得从事电子认证服务。吊销电子认证许可证书的，应当予以公告并通知工商行政管理部门。

第三十二条 伪造、冒用、盗用他人的电子签名，构成犯罪的，依法追究刑事责任；给他人造成损失的，依法承担民事责任。

第三十三条 依照本法负责电子认证服务业监督管理工作的部门的工作人员，不依法履行行政许可、监督管理职责的，依法给予行政处分；构成犯罪的，依法追究刑事责任。

第五章 附 则

第三十四条 本法中下列用语的含义：

（一）电子签名人，是指持有电子签名制作数据并以本人身份或者以其所代表的人的名义实施电子签名的人；

（二）电子签名依赖方，是指基于对电子签名认证证书或者电子签名的信赖从事有关活动的人；

（三）电子签名认证证书，是指可证实电子签名人与电子签名制作数据有联系的数据电文或者其他电子记录；

（四）电子签名制作数据，是指在电子签名过程中使用的，将电子签名与电子签名人可靠地联系起来的字符、编码等数据；

（五）电子签名验证数据，是指用于验证电子签名的数据，包括代码、口令、算法或者公钥等。

第三十五条 国务院或者国务院规定的部门可以依据本法制定政务活动和其他社会活动中使用电子签名、数据电文的具体办法。

第三十六条 本法自 2005 年 4 月 1 日起施行。

中华人民共和国行政许可法

（2003 年 8 月 27 日第十届全国人民代表大会常务委员会第四次会议通过　根据 2019 年 4 月 23 日第十三届全国人民代表大会常务委员会第十次会议《关于修改〈中华人民共和国建筑法〉等八部法律的决定》修正）

目　　录

第一章　总　　则

第 一 条　为了规范行政许可的设定和实施，保护公民、法人和其他组织的合法权益，维护公共利益和社会秩序，保障和监督行政机关有效实施行政管理，根据宪法，制定本法。

第 二 条　本法所称行政许可，是指行政机关根据公民、法人或者其他组织的申请，经依法审查，准予其从事特定活动的行为。

第 三 条 行政许可的设定和实施，适用本法。

有关行政机关对其他机关或者对其直接管理的事业单位的人事、财务、外事等事项的审批，不适用本法。

第 四 条 设定和实施行政许可，应当依照法定的权限、范围、条件和程序。

第 五 条 设定和实施行政许可，应当遵循公开、公平、公正、非歧视的原则。

有关行政许可的规定应当公布；未经公布的，不得作为实施行政许可的依据。行政许可的实施和结果，除涉及国家秘密、商业秘密或者个人隐私的外，应当公开。未经申请人同意，行政机关及其工作人员、参与专家评审等的人员不得披露申请人提交的商业秘密、未披露信息或者保密商务信息，法律另有规定或者涉及国家安全、重大社会公共利益的除外；行政机关依法公开申请人前述信息的，允许申请人在合理期限内提出异议。

符合法定条件、标准的，申请人有依法取得行政许可的平等权利，行政机关不得歧视任何人。

第 六 条 实施行政许可，应当遵循便民的原则，提高办事效率，提供优质服务。

第 七 条 公民、法人或者其他组织对行政机关实施行政许可，享有陈述权、申辩权；有权依法申请行政复议或者提起行政诉讼；其合法权益因行政机关违法实施行政许可受到损害的，有权依法要求赔偿。

第 八 条 公民、法人或者其他组织依法取得的行政许可受法律保护，行政机关不得擅自改变已经生效的行政许可。

行政许可所依据的法律、法规、规章修改或者废止，或者准予行政许可所依据的客观情况发生重大变化的，为了公共利益的需要，行政机关可以依法变更或者撤回已经生效的行政许可。由此给公民、法人或者其他组织造成财产损失的，行政机关应当依法给予补偿。

第 九 条 依法取得的行政许可，除法律、法规规定依照法定条件和程序可以转让的外，不得转让。

第 十 条 县级以上人民政府应当建立健全对行政机关实施行政许可的监督制度，加强对行政机关实施行政许可的监督检查。

行政机关应当对公民、法人或者其他组织从事行政许可事项的活动实施有效监督。

第二章　行政许可的设定

第十一条　设定行政许可，应当遵循经济和社会发展规律，有利于发挥公民、法人或者其他组织的积极性、主动性，维护公共利益和社会秩序，促进经济、社会和生态环境协调发展。

第十二条　下列事项可以设定行政许可：

（一）直接涉及国家安全、公共安全、经济宏观调控、生态环境保护以及直接关系人身健康、生命财产安全等特定活动，需要按照法定条件予以批准的事项；

（二）有限自然资源开发利用、公共资源配置以及直接关系公共利益的特定行业的市场准入等，需要赋予特定权利的事项；

（三）提供公众服务并且直接关系公共利益的职业、行业，需要确定具备特殊信誉、特殊条件或者特殊技能等资格、资质的事项；

（四）直接关系公共安全、人身健康、生命财产安全的重要设备、设施、产品、物品，需要按照技术标准、技术规范，通过检验、检测、检疫等方式进行审定的事项；

（五）企业或者其他组织的设立等，需要确定主体资格的事项；

（六）法律、行政法规规定可以设定行政许可的其他事项。

第十三条　本法第十二条所列事项，通过下列方式能够予以规范的，可以不设行政许可：

（一）公民、法人或者其他组织能够自主决定的；

（二）市场竞争机制能够有效调节的；

（三）行业组织或者中介机构能够自律管理的；

（四）行政机关采用事后监督等其他行政管理方式能够解决的。

第十四条　本法第十二条所列事项，法律可以设定行政许可。尚未制定法律的，行政法规可以设定行政许可。

必要时，国务院可以采用发布决定的方式设定行政许可。实施后，除临时性行政许可事项外，国务院应当及时提请全国人民代表大会及其常务委员会制定法律，或者自行制定行政法规。

第十五条　本法第十二条所列事项，尚未制定法律、行政法规的，地方性法规可以设定行政许可；尚未制定法律、行政法规和地方性法规的，因行政管理的需要，确需立即实施行政许可的，省、自治区、直辖市人民政府规章可以设定临时性的行政许可。临时性的行政许可实施满一年需要继续实施的，应当提请本级人民代表大会及其常务委员会制定地方性法规。

地方性法规和省、自治区、直辖市人民政府规章，不得设定应当由国家统一确定的公民、法人或者其他组织的资格、资质的行政许可；不得设定企业或者其他组织的设立登记及其前置性行政许可。其设定的行政许可，不得限制其他地区的个人或者企业到本地区从事生产经营和提供服务，不得限制其他地区的商品进入本地区市场。

第十六条　行政法规可以在法律设定的行政许可事项范围内，对实施该行政许可作出具体规定。

地方性法规可以在法律、行政法规设定的行政许可事项范围内，对实施该行政许可作出具体规定。

规章可以在上位法设定的行政许可事项范围内，对实施该行政许可作出具体规定。

法规、规章对实施上位法设定的行政许可作出的具体规定，不得增设行政许可；对行政许可条件作出的具体规定，不得增设违反上位法的其他条件。

第十七条　除本法第十四条、第十五条规定的外，其他规范性文件一律不得设定行政许可。

第十八条　设定行政许可，应当规定行政许可的实施机关、条件、程序、期限。

第十九条　起草法律草案、法规草案和省、自治区、直辖市人民政府规章草案，拟设定行政许可的，起草单位应当采取听证会、论证会等形式听取意见，并向制定机关说明设定该行政许可的必要性、对经济和社会可能产生的影响以及听取和采纳意见的情况。

第二十条　行政许可的设定机关应当定期对其设定的行政许可进行评价；对已设定的行政许可，认为通过本法第十三条所列方式能够解决的，应当对设定该行政许可的规定及时予以修改或者废止。

行政许可的实施机关可以对已设定的行政许可的实施情况及存在的必要性适时进行评价，并将意见报告该行政许可的设定机关。

公民、法人或者其他组织可以向行政许可的设定机关和实施机关就行政许可的设定和实施提出意见和建议。

第二十一条　省、自治区、直辖市人民政府对行政法规设定的有关经济事务的行政许可，根据本行政区域经济和社会发展情况，认为通过本法第十三条所列方式能够解决的，报国务院批准后，可以在本行政区域内停止实施该行政许可。

第三章　行政许可的实施机关

第二十二条　行政许可由具有行政许可权的行政机关在其法定职权范围内实施。

第二十三条　法律、法规授权的具有管理公共事务职能的组织,在法定授权范围内,以自己的名义实施行政许可。被授权的组织适用本法有关行政机关的规定。

第二十四条　行政机关在其法定职权范围内,依照法律、法规、规章的规定,可以委托其他行政机关实施行政许可。委托机关应当将受委托行政机关和受委托实施行政许可的内容予以公告。

委托行政机关对受委托行政机关实施行政许可的行为应当负责监督,并对该行为的后果承担法律责任。

受委托行政机关在委托范围内,以委托行政机关名义实施行政许可;不得再委托其他组织或者个人实施行政许可。

第二十五条　经国务院批准,省、自治区、直辖市人民政府根据精简、统一、效能的原则,可以决定一个行政机关行使有关行政机关的行政许可权。

第二十六条　行政许可需要行政机关内设的多个机构办理的,该行政机关应当确定一个机构统一受理行政许可申请,统一送达行政许可决定。

行政许可依法由地方人民政府两个以上部门分别实施的,本级人民政府可以确定一个部门受理行政许可申请并转告有关部门分别提出意见后统一办理,或者组织有关部门联合办理、集中办理。

第二十七条　行政机关实施行政许可,不得向申请人提出购买指定商品、接受有偿服务等不正当要求。

行政机关工作人员办理行政许可,不得索取或者收受申请人的财物,不得谋取其他利益。

第二十八条　对直接关系公共安全、人身健康、生命财产安全的设备、设施、产品、物品的检验、检测、检疫,除法律、行政法规规定由行政机关实施的外,应当逐步由符合法定条件的专业技术组织实施。专业技术组织及其有关人员对所实施的检验、检测、检疫结论承担法律责任。

第四章　行政许可的实施程序

第一节　申请与受理

第二十九条　公民、法人或者其他组织从事特定活动，依法需要取得行政许可的，应当向行政机关提出申请。申请书需要采用格式文本的，行政机关应当向申请人提供行政许可申请书格式文本。申请书格式文本中不得包含与申请行政许可事项没有直接关系的内容。

申请人可以委托代理人提出行政许可申请。但是，依法应当由申请人到行政机关办公场所提出行政许可申请的除外。

行政许可申请可以通过信函、电报、电传、传真、电子数据交换和电子邮件等方式提出。

第三十条　行政机关应当将法律、法规、规章规定的有关行政许可的事项、依据、条件、数量、程序、期限以及需要提交的全部材料的目录和申请书示范文本等在办公场所公示。

申请人要求行政机关对公示内容予以说明、解释的，行政机关应当说明、解释，提供准确、可靠的信息。

第三十一条　申请人申请行政许可，应当如实向行政机关提交有关材料和反映真实情况，并对其申请材料实质内容的真实性负责。行政机关不得要求申请人提交与其申请的行政许可事项无关的技术资料和其他材料。

行政机关及其工作人员不得以转让技术作为取得行政许可的条件；不得在实施行政许可的过程中，直接或者间接地要求转让技术。

第三十二条　行政机关对申请人提出的行政许可申请，应当根据下列情况分别作出处理：

（一）申请事项依法不需要取得行政许可的，应当即时告知申请人不受理；

（二）申请事项依法不属于本行政机关职权范围的，应当即时作出不予受理的决定，并告知申请人向有关行政机关申请；

（三）申请材料存在可以当场更正的错误的，应当允许申请人当场更正；

（四）申请材料不齐全或者不符合法定形式的，应当当场或者在五日内一次告知申请人需要补正的全部内容，逾期不告知的，自收到申请材料之日起即为受理；

（五）申请事项属于本行政机关职权范围，申请材料齐全、符合法定形式，或者申请人按照本行政机关的要求提交全部补正申请材料的，应当受理行政许可申请。

行政机关受理或者不予受理行政许可申请，应当出具加盖本行政机关专用印章和注明日期的书面凭证。

第三十三条 行政机关应当建立和完善有关制度，推行电子政务，在行政机关的网站上公布行政许可事项，方便申请人采取数据电文等方式提出行政许可申请；应当与其他行政机关共享有关行政许可信息，提高办事效率。

第二节 审查与决定

第三十四条 行政机关应当对申请人提交的申请材料进行审查。

申请人提交的申请材料齐全、符合法定形式，行政机关能够当场作出决定的，应当当场作出书面的行政许可决定。

根据法定条件和程序，需要对申请材料的实质内容进行核实的，行政机关应当指派两名以上工作人员进行核查。

第三十五条 依法应当先经下级行政机关审查后报上级行政机关决定的行政许可，下级行政机关应当在法定期限内将初步审查意见和全部申请材料直接报送上级行政机关。上级行政机关不得要求申请人重复提供申请材料。

第三十六条 行政机关对行政许可申请进行审查时，发现行政许可事项直接关系他人重大利益的，应当告知该利害关系人。申请人、利害关系人有权进行陈述和申辩。行政机关应当听取申请人、利害关系人的意见。

第三十七条 行政机关对行政许可申请进行审查后，除当场作出行政许可决定的外，应当在法定期限内按照规定程序作出行政许可决定。

第三十八条 申请人的申请符合法定条件、标准的，行政机关应当依法作出准予行政许可的书面决定。

行政机关依法作出不予行政许可的书面决定的，应当说明理由，并告知申请人享有依法申请行政复议或者提起行政诉讼的权利。

第三十九条 行政机关作出准予行政许可的决定，需要颁发行政许可证件的，应当向申请人颁发加盖本行政机关印章的下列行政许可证件：

（一）许可证、执照或者其他许可证书；

（二）资格证、资质证或者其他合格证书；

（三）行政机关的批准文件或者证明文件；

（四）法律、法规规定的其他行政许可证件。

行政机关实施检验、检测、检疫的，可以在检验、检测、检疫合格的设备、设施、产品、物品上加贴标签或者加盖检验、检测、检疫印章。

第四十条 行政机关作出的准予行政许可决定，应当予以公开，公众有权查阅。

第四十一条 法律、行政法规设定的行政许可，其适用范围没有地域限制的，申请人取得的行政许可在全国范围内有效。

第三节 期 限

第四十二条 除可以当场作出行政许可决定的外，行政机关应当自受理行政许可申请之日起二十日内作出行政许可决定。二十日内不能作出决定的，经本行政机关负责人批准，可以延长十日，并应当将延长期限的理由告知申请人。但是，法律、法规另有规定的，依照其规定。

依照本法第二十六条的规定，行政许可采取统一办理或者联合办理、集中办理的，办理的时间不得超过四十五日；四十五日内不能办结的，经本级人民政府负责人批准，可以延长十五日，并应当将延长期限的理由告知申请人。

第四十三条 依法应当先经下级行政机关审查后报上级行政机关决定的行政许可，下级行政机关应当自其受理行政许可申请之日起二十日内审查完毕。但是，法律、法规另有规定的，依照其规定。

第四十四条 行政机关作出准予行政许可的决定，应当自作出决定之日起十日内向申请人颁发、送达行政许可证件，或者加贴标签、加盖检验、检测、检疫印章。

第四十五条 行政机关作出行政许可决定，依法需要听证、招标、拍卖、检验、检测、检疫、鉴定和专家评审的，所需时间不计算在本节规定的期限内。行政机关应当将所需时间书面告知申请人。

第四节 听 证

第四十六条 法律、法规、规章规定实施行政许可应当听证的事项，或者行政机关认为需要听证的其他涉及公共利益的重大行政许可事项，行政机关应当向社会公告，并举行听证。

第四十七条 行政许可直接涉及申请人与他人之间重大利益关系的，行政机关在作出行政许可决定前，应当告知申请人、利害关系人享有要求听证的权利；申请人、利害关系人在被告知听证权利之日起五日内提出听证申请的，行政机关应当在二十日内组织听证。

申请人、利害关系人不承担行政机关组织听证的费用。

第四十八条 听证按照下列程序进行：

（一）行政机关应当于举行听证的七日前将举行听证的时间、地点通知申请人、利害关系人，必要时予以公告；

（二）听证应当公开举行；

（三）行政机关应当指定审查该行政许可申请的工作人员以外的人员为听证主持人，申请人、利害关系人认为主持人与该行政许可事项有直接利害关系的，有权申请回避；

（四）举行听证时，审查该行政许可申请的工作人员应当提供审查意见的证据、理由，申请人、利害关系人可以提出证据，并进行申辩和质证；

（五）听证应当制作笔录，听证笔录应当交听证参加人确认无误后签字或者盖章。

行政机关应当根据听证笔录，作出行政许可决定。

第五节　变更与延续

第四十九条 被许可人要求变更行政许可事项的，应当向作出行政许可决定的行政机关提出申请；符合法定条件、标准的，行政机关应当依法办理变更手续。

第五十条 被许可人需要延续依法取得的行政许可的有效期的，应当在该行政许可有效期届满三十日前向作出行政许可决定的行政机关提出申请。但是，法律、法规、规章另有规定的，依照其规定。

行政机关应当根据被许可人的申请，在该行政许可有效期届满前作出是否准予延续的决定；逾期未作决定的，视为准予延续。

第六节　特别规定

第五十一条 实施行政许可的程序，本节有规定的，适用本节规定；本节没有规定的，适用本章其他有关规定。

第五十二条 国务院实施行政许可的程序，适用有关法律、行政法规的规定。

第五十三条 实施本法第十二条第二项所列事项的行政许可的，行政机关应当通过招标、拍卖等公平竞争的方式作出决定。但是，法律、行政法规另有规定的，依照其规定。

行政机关通过招标、拍卖等方式作出行政许可决定的具体程序，依照有关法律、行政法规的规定。

行政机关按照招标、拍卖程序确定中标人、买受人后，应当作出准予行政许可的决定，并依法向中标人、买受人颁发行政许可证件。

行政机关违反本条规定，不采用招标、拍卖方式，或者违反招标、拍卖程序，损害申请人合法权益的，申请人可以依法申请行政复议或者提起行政诉讼。

第五十四条 实施本法第十二条第三项所列事项的行政许可，赋予公民特定资格，依法应当举行国家考试的，行政机关根据考试成绩和其他法定条件作出行政许可决定；赋予法人或者其他组织特定的资格、资质的，行政机关根据申请人的专业人员构成、技术条件、经营业绩和管理水平等的考核结果作出行政许可决定。但是，法律、行政法规另有规定的，依照其规定。

公民特定资格的考试依法由行政机关或者行业组织实施，公开举行。行政机关或者行业组织应当事先公布资格考试的报名条件、报考办法、考试科目以及考试大纲。但是，不得组织强制性的资格考试的考前培训，不得指定教材或者其他助考材料。

第五十五条 实施本法第十二条第四项所列事项的行政许可的，应当按照技术标准、技术规范依法进行检验、检测、检疫，行政机关根据检验、检测、检疫的结果作出行政许可决定。

行政机关实施检验、检测、检疫，应当自受理申请之日起五日内指派两名以上工作人员按照技术标准、技术规范进行检验、检测、检疫。不需要对检验、检测、检疫结果作进一步技术分析即可认定设备、设施、产品、物品是否符合技术标准、技术规范的，行政机关应当当场作出行政许可决定。

行政机关根据检验、检测、检疫结果，作出不予行政许可决定的，应当书面说明不予行政许可所依据的技术标准、技术规范。

第五十六条 实施本法第十二条第五项所列事项的行政许可，申请人提交的申请材料齐全、符合法定形式的，行政机关应当当场予以登记。需要对申请材料的实质内容进行核实的，行政机关依照本法第三十四条第三款的规定办理。

第五十七条 有数量限制的行政许可，两个或者两个以上申请人的申请均符合法定条件、标准的，行政机关应当根据受理行政许可申请的先后顺序作出准予行政许可的决定。但是，法律、行政法规另有规定的，依照其规定。

第五章　行政许可的费用

第五十八条　行政机关实施行政许可和对行政许可事项进行监督检查，不得收取任何费用。但是，法律、行政法规另有规定的，依照其规定。

行政机关提供行政许可申请书格式文本，不得收费。

行政机关实施行政许可所需经费应当列入本行政机关的预算，由本级财政予以保障，按照批准的预算予以核拨。

第五十九条　行政机关实施行政许可，依照法律、行政法规收取费用的，应当按照公布的法定项目和标准收费；所收取的费用必须全部上缴国库，任何机关或者个人不得以任何形式截留、挪用、私分或者变相私分。财政部门不得以任何形式向行政机关返还或者变相返还实施行政许可所收取的费用。

第六章　监督检查

第六十条　上级行政机关应当加强对下级行政机关实施行政许可的监督检查，及时纠正行政许可实施中的违法行为。

第六十一条　行政机关应当建立健全监督制度，通过核查反映被许可人从事行政许可事项活动情况的有关材料，履行监督责任。

行政机关依法对被许可人从事行政许可事项的活动进行监督检查时，应当将监督检查的情况和处理结果予以记录，由监督检查人员签字后归档。公众有权查阅行政机关监督检查记录。

行政机关应当创造条件，实现与被许可人、其他有关行政机关的计算机档案系统互联，核查被许可人从事行政许可事项活动情况。

第六十二条　行政机关可以对被许可人生产经营的产品依法进行抽样检查、检验、检测，对其生产经营场所依法进行实地检查。检查时，行政机关可以依法查阅或者要求被许可人报送有关材料；被许可人应当如实提供有关情况和材料。

行政机关根据法律、行政法规的规定，对直接关系公共安全、人身健康、生命财产安全的重要设备、设施进行定期检验。对检验合格的，行政机关应当发给相应的证明文件。

第六十三条　行政机关实施监督检查，不得妨碍被许可人正常的生产经营活动，不得索取或者收受被许可人的财物，不得谋取其他利益。

第六十四条 被许可人在作出行政许可决定的行政机关管辖区域外违法从事行政许可事项活动的，违法行为发生地的行政机关应当依法将被许可人的违法事实、处理结果抄告作出行政许可决定的行政机关。

第六十五条 个人和组织发现违法从事行政许可事项的活动，有权向行政机关举报，行政机关应当及时核实、处理。

第六十六条 被许可人未依法履行开发利用自然资源义务或者未依法履行利用公共资源义务的，行政机关应当责令限期改正；被许可人在规定期限内不改正的，行政机关应当依照有关法律、行政法规的规定予以处理。

第六十七条 取得直接关系公共利益的特定行业的市场准入行政许可的被许可人，应当按照国家规定的服务标准、资费标准和行政机关依法规定的条件，向用户提供安全、方便、稳定和价格合理的服务，并履行普遍服务的义务；未经作出行政许可决定的行政机关批准，不得擅自停业、歇业。

被许可人不履行前款规定的义务的，行政机关应当责令限期改正，或者依法采取有效措施督促其履行义务。

第六十八条 对直接关系公共安全、人身健康、生命财产安全的重要设备、设施，行政机关应当督促设计、建造、安装和使用单位建立相应的自检制度。

行政机关在监督检查时，发现直接关系公共安全、人身健康、生命财产安全的重要设备、设施存在安全隐患的，应当责令停止建造、安装和使用，并责令设计、建造、安装和使用单位立即改正。

第六十九条 有下列情形之一的，作出行政许可决定的行政机关或者其上级行政机关，根据利害关系人的请求或者依据职权，可以撤销行政许可：

（一）行政机关工作人员滥用职权、玩忽职守作出准予行政许可决定的；

（二）超越法定职权作出准予行政许可决定的；

（三）违反法定程序作出准予行政许可决定的；

（四）对不具备申请资格或者不符合法定条件的申请人准予行政许可的；

（五）依法可以撤销行政许可的其他情形。

被许可人以欺骗、贿赂等不正当手段取得行政许可的，应当予以撤销。

依照前两款的规定撤销行政许可，可能对公共利益造成重大损害的，不予撤销。

依照本条第一款的规定撤销行政许可，被许可人的合法权益受到损害的，行政机关应当依法给予赔偿。依照本条第二款的规定撤销行政许可的，被许可人基于行政许可取得的利益不受保护。

第七十条 有下列情形之一的，行政机关应当依法办理有关行政许可的注销手续：

（一）行政许可有效期届满未延续的；

（二）赋予公民特定资格的行政许可，该公民死亡或者丧失行为能力的；

（三）法人或者其他组织依法终止的；

（四）行政许可依法被撤销、撤回，或者行政许可证件依法被吊销的；

（五）因不可抗力导致行政许可事项无法实施的；

（六）法律、法规规定的应当注销行政许可的其他情形。

第七章 法律责任

第七十一条 违反本法第十七条规定设定的行政许可，有关机关应当责令设定该行政许可的机关改正，或者依法予以撤销。

第七十二条 行政机关及其工作人员违反本法的规定，有下列情形之一的，由其上级行政机关或者监察机关责令改正；情节严重的，对直接负责的主管人员和其他直接责任人员依法给予行政处分：

（一）对符合法定条件的行政许可申请不予受理的；

（二）不在办公场所公示依法应当公示的材料的；

（三）在受理、审查、决定行政许可过程中，未向申请人、利害关系人履行法定告知义务的；

（四）申请人提交的申请材料不齐全、不符合法定形式，不一次告知申请人必须补正的全部内容的；

（五）违法披露申请人提交的商业秘密、未披露信息或者保密商务信息的；

（六）以转让技术作为取得行政许可的条件，或者在实施行政许可的过程中直接或者间接地要求转让技术的；

（七）未依法说明不受理行政许可申请或者不予行政许可的理由的；

（八）依法应当举行听证而不举行听证的。

第七十三条　行政机关工作人员办理行政许可、实施监督检查，索取或者收受他人财物或者谋取其他利益，构成犯罪的，依法追究刑事责任；尚不构成犯罪的，依法给予行政处分。

第七十四条　行政机关实施行政许可，有下列情形之一的，由其上级行政机关或者监察机关责令改正，对直接负责的主管人员和其他直接责任人员依法给予行政处分；构成犯罪的，依法追究刑事责任：

（一）对不符合法定条件的申请人准予行政许可或者超越法定职权作出准予行政许可决定的；

（二）对符合法定条件的申请人不予行政许可或者不在法定期限内作出准予行政许可决定的；

（三）依法应当根据招标、拍卖结果或者考试成绩择优作出准予行政许可决定，未经招标、拍卖或者考试，或者不根据招标、拍卖结果或者考试成绩择优作出准予行政许可决定的。

第七十五条　行政机关实施行政许可，擅自收费或者不按照法定项目和标准收费的，由其上级行政机关或者监察机关责令退还非法收取的费用；对直接负责的主管人员和其他直接责任人员依法给予行政处分。

截留、挪用、私分或者变相私分实施行政许可依法收取的费用的，予以追缴；对直接负责的主管人员和其他直接责任人员依法给予行政处分；构成犯罪的，依法追究刑事责任。

第七十六条　行政机关违法实施行政许可，给当事人的合法权益造成损害的，应当依照国家赔偿法的规定给予赔偿。

第七十七条　行政机关不依法履行监督职责或者监督不力，造成严重后果的，由其上级行政机关或者监察机关责令改正，对直接负责的主管人员和其他直接责任人员依法给予行政处分；构成犯罪的，依法追究刑事责任。

第七十八条　行政许可申请人隐瞒有关情况或者提供虚假材料申请行政许可的，行政机关不予受理或者不予行政许可，并给予警告；行政许可申请属于直接关系公共安全、人身健康、生命财产安全事项的，申请人在一年内不得再次申请该行政许可。

第七十九条　被许可人以欺骗、贿赂等不正当手段取得行政许可的，行政机关应当依法给予行政处罚；取得的行政许可属于直接关系公共安全、人身健康、生命财产安全事项的，申请人在三年内不得再次申请该行政许可；构成犯罪的，依法追究刑事责任。

第八十条 被许可人有下列行为之一的，行政机关应当依法给予行政处罚；构成犯罪的，依法追究刑事责任：

（一）涂改、倒卖、出租、出借行政许可证件，或者以其他形式非法转让行政许可的；

（二）超越行政许可范围进行活动的；

（三）向负责监督检查的行政机关隐瞒有关情况、提供虚假材料或者拒绝提供反映其活动情况的真实材料的；

（四）法律、法规、规章规定的其他违法行为。

第八十一条 公民、法人或者其他组织未经行政许可，擅自从事依法应当取得行政许可的活动的，行政机关应当依法采取措施予以制止，并依法给予行政处罚；构成犯罪的，依法追究刑事责任。

第八章 附 则

第八十二条 本法规定的行政机关实施行政许可的期限以工作日计算，不含法定节假日。

第八十三条 本法自2004年7月1日起施行。

本法施行前有关行政许可的规定，制定机关应当依照本法规定予以清理；不符合本法规定的，自本法施行之日起停止执行。

中华人民共和国反不正当竞争法

（1993 年 9 月 2 日第八届全国人民代表大会常务委员会第三次会议通过　2017 年 11 月 4 日第十二届全国人民代表大会常务委员会第三十次会议修订　根据 2019 年 4 月 23 日第十三届全国人民代表大会常务委员会第十次会议《关于修改〈中华人民共和国建筑法〉等八部法律的决定》修正）

目　　录

第一章　总　　则

第 一 条　为了促进社会主义市场经济健康发展，鼓励和保护公平竞争，制止不正当竞争行为，保护经营者和消费者的合法权益，制定本法。

第 二 条　经营者在生产经营活动中，应当遵循自愿、平等、公平、诚信的原则，遵守法律和商业道德。

本法所称的不正当竞争行为，是指经营者在生产经营活动中，违反本法规定，扰乱市场竞争秩序，损害其他经营者或者消费者的合法权益的行为。

本法所称的经营者，是指从事商品生产、经营或者提供服务（以下所称商品包括服务）的自然人、法人和非法人组织。

第 三 条　各级人民政府应当采取措施，制止不正当竞争行为，为公平竞争创造良好的环境和条件。

国务院建立反不正当竞争工作协调机制，研究决定反不正当竞争重大政策，协调处理维护市场竞争秩序的重大问题。

第 四 条 县级以上人民政府履行工商行政管理职责的部门对不正当竞争行为进行查处；法律、行政法规规定由其他部门查处的，依照其规定。

第 五 条 国家鼓励、支持和保护一切组织和个人对不正当竞争行为进行社会监督。

国家机关及其工作人员不得支持、包庇不正当竞争行为。

行业组织应当加强行业自律，引导、规范会员依法竞争，维护市场竞争秩序。

第二章 不正当竞争行为

第 六 条 经营者不得实施下列混淆行为，引人误认为是他人商品或者与他人存在特定联系：

（一）擅自使用与他人有一定影响的商品名称、包装、装潢等相同或者近似的标识；

（二）擅自使用他人有一定影响的企业名称（包括简称、字号等）、社会组织名称（包括简称等）、姓名（包括笔名、艺名、译名等）；

（三）擅自使用他人有一定影响的域名主体部分、网站名称、网页等；

（四）其他足以引人误认为是他人商品或者与他人存在特定联系的混淆行为。

第 七 条 经营者不得采用财物或者其他手段贿赂下列单位或者个人，以谋取交易机会或者竞争优势：

（一）交易相对方的工作人员；

（二）受交易相对方委托办理相关事务的单位或者个人；

（三）利用职权或者影响力影响交易的单位或者个人。

经营者在交易活动中，可以以明示方式向交易相对方支付折扣，或者向中间人支付佣金。经营者向交易相对方支付折扣、向中间人支付佣金的，应当如实入账。接受折扣、佣金的经营者也应当如实入账。

经营者的工作人员进行贿赂的，应当认定为经营者的行为；但是，经营者有证据证明该工作人员的行为与为经营者谋取交易机会或者竞争优势无关的除外。

第 八 条 经营者不得对其商品的性能、功能、质量、销售状况、用户评价、曾获荣誉等作虚假或者引人误解的商业宣传，欺骗、误导消费者。

经营者不得通过组织虚假交易等方式，帮助其他经营者进行虚假或者引人误解的商业宣传。

第 九 条 经营者不得实施下列侵犯商业秘密的行为：

（一）以盗窃、贿赂、欺诈、胁迫、电子侵入或者其他不正当手段获取权利人的商业秘密；

（二）披露、使用或者允许他人使用以前项手段获取的权利人的商业秘密；

（三）违反保密义务或者违反权利人有关保守商业秘密的要求，披露、使用或者允许他人使用其所掌握的商业秘密；

（四）教唆、引诱、帮助他人违反保密义务或者违反权利人有关保守商业秘密的要求，获取、披露、使用或者允许他人使用权利人的商业秘密。

经营者以外的其他自然人、法人和非法人组织实施前款所列违法行为的，视为侵犯商业秘密。

第三人明知或者应知商业秘密权利人的员工、前员工或者其他单位、个人实施本条第一款所列违法行为，仍获取、披露、使用或者允许他人使用该商业秘密的，视为侵犯商业秘密。

本法所称的商业秘密，是指不为公众所知悉、具有商业价值并经权利人采取相应保密措施的技术信息、经营信息等商业信息。

第 十 条 经营者进行有奖销售不得存在下列情形：

（一）所设奖的种类、兑奖条件、奖金金额或者奖品等有奖销售信息不明确，影响兑奖；

（二）采用谎称有奖或者故意让内定人员中奖的欺骗方式进行有奖销售；

（三）抽奖式的有奖销售，最高奖的金额超过五万元。

第十一条 经营者不得编造、传播虚假信息或者误导性信息，损害竞争对手的商业信誉、商品声誉。

第十二条 经营者利用网络从事生产经营活动，应当遵守本法的各项规定。

经营者不得利用技术手段，通过影响用户选择或者其他方式，实施下列妨碍、破坏其他经营者合法提供的网络产品或者服务正常运行的行为：

（一）未经其他经营者同意，在其合法提供的网络产品或者服务中，插入链接、强制进行目标跳转；

（二）误导、欺骗、强迫用户修改、关闭、卸载其他经营者合法提供的网络产品或者服务；

（三）恶意对其他经营者合法提供的网络产品或者服务实施不兼容；

（四）其他妨碍、破坏其他经营者合法提供的网络产品或者服务正常运行的行为。

第三章　对涉嫌不正当竞争行为的调查

第十三条　监督检查部门调查涉嫌不正当竞争行为，可以采取下列措施：

（一）进入涉嫌不正当竞争行为的经营场所进行检查；

（二）询问被调查的经营者、利害关系人及其他有关单位、个人，要求其说明有关情况或者提供与被调查行为有关的其他资料；

（三）查询、复制与涉嫌不正当竞争行为有关的协议、账簿、单据、文件、记录、业务函电和其他资料；

（四）查封、扣押与涉嫌不正当竞争行为有关的财物；

（五）查询涉嫌不正当竞争行为的经营者的银行账户。

采取前款规定的措施，应当向监督检查部门主要负责人书面报告，并经批准。采取前款第四项、第五项规定的措施，应当向设区的市级以上人民政府监督检查部门主要负责人书面报告，并经批准。

监督检查部门调查涉嫌不正当竞争行为，应当遵守《中华人民共和国行政强制法》和其他有关法律、行政法规的规定，并应当将查处结果及时向社会公开。

第十四条　监督检查部门调查涉嫌不正当竞争行为，被调查的经营者、利害关系人及其他有关单位、个人应当如实提供有关资料或者情况。

第十五条　监督检查部门及其工作人员对调查过程中知悉的商业秘密负有保密义务。

第十六条　对涉嫌不正当竞争行为，任何单位和个人有权向监督检查部门举报，监督检查部门接到举报后应当依法及时处理。

监督检查部门应当向社会公开受理举报的电话、信箱或者电子邮件地址，并为举报人保密。对实名举报并提供相关事实和证据的，监督检查部门应当将处理结果告知举报人。

第四章　法律责任

第十七条　经营者违反本法规定，给他人造成损害的，应当依法承担民事责任。

经营者的合法权益受到不正当竞争行为损害的，可以向人民法院提起诉讼。

因不正当竞争行为受到损害的经营者的赔偿数额，按照其因被侵权所受到的实际损失确定；实际损失难以计算的，按照侵权人因侵权所获得的利益确定。经营者恶意实施侵犯商业秘密行为，情节严重的，可以在按照上述方法确定数额的一倍以上五倍以下确定赔偿数额。赔偿数额还应当包括经营者为制止侵权行为所支付的合理开支。

经营者违反本法第六条、第九条规定，权利人因被侵权所受到的实际损失、侵权人因侵权所获得的利益难以确定的，由人民法院根据侵权行为的情节判决给予权利人五百万元以下的赔偿。

第十八条 经营者违反本法第六条规定实施混淆行为的，由监督检查部门责令停止违法行为，没收违法商品。违法经营额五万元以上的，可以并处违法经营额五倍以下的罚款；没有违法经营额或者违法经营额不足五万元的，可以并处二十五万元以下的罚款。情节严重的，吊销营业执照。

经营者登记的企业名称违反本法第六条规定的，应当及时办理名称变更登记；名称变更前，由原企业登记机关以统一社会信用代码代替其名称。

第十九条 经营者违反本法第七条规定贿赂他人的，由监督检查部门没收违法所得，处十万元以上三百万元以下的罚款。情节严重的，吊销营业执照。

第二十条 经营者违反本法第八条规定对其商品作虚假或者引人误解的商业宣传，或者通过组织虚假交易等方式帮助其他经营者进行虚假或者引人误解的商业宣传的，由监督检查部门责令停止违法行为，处二十万元以上一百万元以下的罚款；情节严重的，处一百万元以上二百万元以下的罚款，可以吊销营业执照。

经营者违反本法第八条规定，属于发布虚假广告的，依照《中华人民共和国广告法》的规定处罚。

第二十一条 经营者以及其他自然人、法人和非法人组织违反本法第九条规定侵犯商业秘密的，由监督检查部门责令停止违法行为，没收违法所得，处十万元以上一百万元以下的罚款；情节严重的，处五十万元以上五百万元以下的罚款。

第二十二条 经营者违反本法第十条规定进行有奖销售的，由监督检查部门责令停止违法行为,处五万元以上五十万元以下的罚款。

第二十三条 经营者违反本法第十一条规定损害竞争对手商业信誉、商品声誉的,由监督检查部门责令停止违法行为、消除影响,处十万元以上五十万元以下的罚款;情节严重的,处五十万元以上三百万元以下的罚款。

第二十四条 经营者违反本法第十二条规定妨碍、破坏其他经营者合法提供的网络产品或者服务正常运行的,由监督检查部门责令停止违法行为,处十万元以上五十万元以下的罚款;情节严重的,处五十万元以上三百万元以下的罚款。

第二十五条 经营者违反本法规定从事不正当竞争,有主动消除或者减轻违法行为危害后果等法定情形的,依法从轻或者减轻行政处罚;违法行为轻微并及时纠正,没有造成危害后果的,不予行政处罚。

第二十六条 经营者违反本法规定从事不正当竞争,受到行政处罚的,由监督检查部门记入信用记录,并依照有关法律、行政法规的规定予以公示。

第二十七条 经营者违反本法规定,应当承担民事责任、行政责任和刑事责任,其财产不足以支付的,优先用于承担民事责任。

第二十八条 妨害监督检查部门依照本法履行职责,拒绝、阻碍调查的,由监督检查部门责令改正,对个人可以处五千元以下的罚款,对单位可以处五万元以下的罚款,并可以由公安机关依法给予治安管理处罚。

第二十九条 当事人对监督检查部门作出的决定不服的,可以依法申请行政复议或者提起行政诉讼。

第三十条 监督检查部门的工作人员滥用职权、玩忽职守、徇私舞弊或者泄露调查过程中知悉的商业秘密的,依法给予处分。

第三十一条 违反本法规定,构成犯罪的,依法追究刑事责任。

第三十二条 在侵犯商业秘密的民事审判程序中,商业秘密权利人提供初步证据,证明其已经对所主张的商业秘密采取保密措施,且合理表明商业秘密被侵犯,涉嫌侵权人应当证明权利人所主张的商业秘密不属于本法规定的商业秘密。

商业秘密权利人提供初步证据合理表明商业秘密被侵犯,且提供以下证据之一的,涉嫌侵权人应当证明其不存在侵犯商业秘密的行为:

(一)有证据表明涉嫌侵权人有渠道或者机会获取商业秘密,且其使用的信息与该商业秘密实质上相同;

(二)有证据表明商业秘密已经被涉嫌侵权人披露、使用或者有被披露、使用的风险；

（三）有其他证据表明商业秘密被涉嫌侵权人侵犯。

第五章　附　　则

第三十三条　本法自 2018 年 1 月 1 日起施行。

行政法规　法规性文件

中华人民共和国
合伙企业登记管理办法

（1997年11月19日国务院令第236号发布　根据2007年5月9日《国务院关于修改〈中华人民共和国合伙企业登记管理办法〉的决定》第一次修订　根据2014年2月19日《国务院关于废止和修改部分行政法规的决定》第二次修订　根据2019年3月2日《国务院关于修改部分行政法规的决定》第三次修订）

第一章　总　　则

第一条　为了确认合伙企业的经营资格，规范合伙企业登记行为，依据《中华人民共和国合伙企业法》（以下简称合伙企业法），制定本办法。

第二条　合伙企业的设立、变更、注销，应当依照合伙企业法和本办法的规定办理企业登记。

申请办理合伙企业登记，申请人应当对申请材料的真实性负责。

第三条　合伙企业经依法登记，领取合伙企业营业执照后，方可从事经营活动。

第四条　工商行政管理部门是合伙企业登记机关（以下简称企业登记机关）。

国务院工商行政管理部门负责全国的合伙企业登记管理工作。

市、县工商行政管理部门负责本辖区内的合伙企业登记。

国务院工商行政管理部门对特殊的普通合伙企业和有限合伙企业的登记管辖可以作出特别规定。

法律、行政法规对合伙企业登记管辖另有规定的，从其规定。

第二章　设立登记

第五条　设立合伙企业，应当具备合伙企业法规定的条件。

第 六 条 合伙企业的登记事项应当包括：

（一）名称；

（二）主要经营场所；

（三）执行事务合伙人；

（四）经营范围；

（五）合伙企业类型；

（六）合伙人姓名或者名称及住所、承担责任方式、认缴或者实际缴付的出资数额、缴付期限、出资方式和评估方式。

合伙协议约定合伙期限的，登记事项还应当包括合伙期限。

执行事务合伙人是法人或者其他组织的，登记事项还应当包括法人或者其他组织委派的代表（以下简称委派代表）。

第 七 条 合伙企业名称中的组织形式后应当标明“普通合伙”、“特殊普通合伙”或者“有限合伙”字样，并符合国家有关企业名称登记管理的规定。

第 八 条 经企业登记机关登记的合伙企业主要经营场所只能有一个，并且应当在其企业登记机关登记管辖区域内。

第 九 条 合伙协议未约定或者全体合伙人未决定委托执行事务合伙人的，全体合伙人均为执行事务合伙人。

有限合伙人不得成为执行事务合伙人。

第 十 条 合伙企业类型包括普通合伙企业（含特殊的普通合伙企业）和有限合伙企业。

第十一条 设立合伙企业，应当由全体合伙人指定的代表或者共同委托的代理人向企业登记机关申请设立登记。

申请设立合伙企业，应当向企业登记机关提交下列文件：

（一）全体合伙人签署的设立登记申请书；

（二）全体合伙人的身份证明；

（三）全体合伙人指定代表或者共同委托代理人的委托书；

（四）合伙协议；

（五）全体合伙人对各合伙人认缴或者实际缴付出资的确认书；

（六）主要经营场所证明；

（七）国务院工商行政管理部门规定提交的其他文件。

法律、行政法规或者国务院规定设立合伙企业须经批准的，还应当提交有关批准文件。

第十二条 合伙企业的经营范围中有属于法律、行政法规或者国务院规定在登记前须经批准的项目的，应当向企业登记机关提交批准文件。

第十三条 全体合伙人决定委托执行事务合伙人的，应当向企业登记机关提交全体合伙人的委托书。执行事务合伙人是法人或者其他组织的，还应当提交其委派代表的委托书和身份证明。

第十四条 以实物、知识产权、土地使用权或者其他财产权利出资，由全体合伙人协商作价的，应当向企业登记机关提交全体合伙人签署的协商作价确认书；由全体合伙人委托法定评估机构评估作价的，应当向企业登记机关提交法定评估机构出具的评估作价证明。

第十五条 法律、行政法规规定设立特殊的普通合伙企业，需要提交合伙人的职业资格证明的，应当向企业登记机关提交有关证明。

第十六条 申请人提交的登记申请材料齐全、符合法定形式，企业登记机关能够当场登记的，应予当场登记，发给合伙企业营业执照。

除前款规定情形外，企业登记机关应当自受理申请之日起20日内，作出是否登记的决定。予以登记的，发给合伙企业营业执照；不予登记的，应当给予书面答复，并说明理由。

第十七条 合伙企业营业执照的签发之日，为合伙企业的成立日期。

第三章 变更登记

第十八条 合伙企业登记事项发生变更的，执行合伙事务的合伙人应当自作出变更决定或者发生变更事由之日起15日内，向原企业登记机关申请变更登记。

第十九条 合伙企业申请变更登记，应当向原企业登记机关提交下列文件：

（一）执行事务合伙人或者委派代表签署的变更登记申请书；

（二）全体合伙人签署的变更决定书，或者合伙协议约定的人员签署的变更决定书；

（三）国务院工商行政管理部门规定提交的其他文件。

法律、行政法规或者国务院规定变更事项须经批准的，还应当提交有关批准文件。

第二十条 申请人提交的申请材料齐全、符合法定形式，企业登记机关能够当场变更登记的，应予当场变更登记。

除前款规定情形外，企业登记机关应当自受理申请之日起20日内，作出是否变更登记的决定。予以变更登记的，应当进行变更登记；不予变更登记的,应当给予书面答复,并说明理由。

合伙企业变更登记事项涉及营业执照变更的,企业登记机关应当换发营业执照。

第四章　注销登记

第二十一条　合伙企业解散,依法由清算人进行清算。清算人应当自被确定之日起10日内,将清算人成员名单向企业登记机关备案。

第二十二条　合伙企业依照合伙企业法的规定解散的,清算人应当自清算结束之日起15日内,向原企业登记机关办理注销登记。

第二十三条　合伙企业办理注销登记,应当提交下列文件:

(一)清算人签署的注销登记申请书;

(二)人民法院的破产裁定,合伙企业依照合伙企业法作出的决定,行政机关责令关闭、合伙企业依法被吊销营业执照或者被撤销的文件;

(三)全体合伙人签名、盖章的清算报告;

(四)国务院工商行政管理部门规定提交的其他文件。

合伙企业办理注销登记时,应当缴回营业执照。

第二十四条　经企业登记机关注销登记,合伙企业终止。

第五章　分支机构登记

第二十五条　合伙企业设立分支机构,应当向分支机构所在地的企业登记机关申请设立登记。

第二十六条　分支机构的登记事项包括:分支机构的名称、经营场所、经营范围、分支机构负责人的姓名及住所。

分支机构的经营范围不得超出合伙企业的经营范围。

合伙企业有合伙期限的,分支机构的登记事项还应当包括经营期限。分支机构的经营期限不得超过合伙企业的合伙期限。

第二十七条　合伙企业设立分支机构,应当向分支机构所在地的企业登记机关提交下列文件:

(一)分支机构设立登记申请书;

(二)全体合伙人签署的设立分支机构的决定书;

(三)加盖合伙企业印章的合伙企业营业执照复印件;

(四)全体合伙人委派执行分支机构事务负责人的委托书及其身份

证明；

（五）经营场所证明；

（六）国务院工商行政管理部门规定提交的其他文件。

法律、行政法规或者国务院规定设立合伙企业分支机构须经批准的，还应当提交有关批准文件。

第二十八条 分支机构的经营范围中有属于法律、行政法规或者国务院规定在登记前须经批准的项目的，应当向分支机构所在地的企业登记机关提交批准文件。

第二十九条 申请人提交的登记申请材料齐全、符合法定形式，企业登记机关能够当场登记的，应予当场登记，发给营业执照。

除前款规定情形外，企业登记机关应当自受理申请之日起20日内，作出是否登记的决定。予以登记的，发给营业执照；不予登记的，应当给予书面答复，并说明理由。

第三十条 合伙企业申请分支机构变更登记或者注销登记，比照本办法关于合伙企业变更登记、注销登记的规定办理。

第六章 公示和证照管理

第三十一条 企业登记机关应当将合伙企业登记、备案信息通过企业信用信息公示系统向社会公示。

第三十二条 合伙企业应当于每年1月1日至6月30日，通过企业信用信息公示系统向企业登记机关报送上一年度年度报告，并向社会公示。

年度报告公示的内容以及监督检查办法由国务院制定。

第三十三条 合伙企业的营业执照分为正本和副本，正本和副本具有同等法律效力。

国家推行电子营业执照。电子营业执照与纸质营业执照具有同等法律效力。

合伙企业根据业务需要，可以向企业登记机关申请核发若干营业执照副本。

合伙企业应当将营业执照正本置放在经营场所的醒目位置。

第三十四条 任何单位和个人不得伪造、涂改、出售、出租、出借或者以其他方式转让营业执照。

合伙企业营业执照遗失或者毁损的，应当在国家企业信用信息公示系统声明作废,并向企业登记机关申请补领或者更换。

第三十五条 合伙企业及其分支机构营业执照的正本和副本样式,由国务院工商行政管理部门制定。

第三十六条 企业登记机关吊销合伙企业营业执照的,应当发布公告,并不得收取任何费用。

第七章 法律责任

第三十七条 未领取营业执照,而以合伙企业或者合伙企业分支机构名义从事合伙业务的,由企业登记机关责令停止,处5000元以上5万元以下的罚款。

第三十八条 提交虚假文件或者采取其他欺骗手段,取得合伙企业登记的,由企业登记机关责令改正,处5000元以上5万元以下的罚款;情节严重的,撤销企业登记,并处5万元以上20万元以下的罚款。

第三十九条 合伙企业登记事项发生变更,未依照本办法规定办理变更登记的,由企业登记机关责令限期登记;逾期不登记的,处2000元以上2万元以下的罚款。

第四十条 合伙企业未依照本办法规定在其名称中标明"普通合伙"、"特殊普通合伙"或者"有限合伙"字样的,由企业登记机关责令限期改正,处2000元以上1万元以下的罚款。

第四十一条 合伙企业未依照本办法规定办理清算人成员名单备案的,由企业登记机关责令限期办理;逾期未办理的,处2000元以下的罚款。

第四十二条 合伙企业的清算人未向企业登记机关报送清算报告,或者报送的清算报告隐瞒重要事实,或者有重大遗漏的,由企业登记机关责令改正。由此产生的费用和损失,由清算人承担和赔偿。

第四十三条 合伙企业未将其营业执照正本置放在经营场所醒目位置的,由企业登记机关责令改正;拒不改正的,处1000元以上5000元以下的罚款。

第四十四条 合伙企业涂改、出售、出租、出借或者以其他方式转让营业执照的,由企业登记机关责令改正,处2000元以上1万元以下的罚款;情节严重的,吊销营业执照。

第四十五条 企业登记机关的工作人员滥用职权、徇私舞弊、收受贿赂、侵害合伙企业合法权益的,依法给予处分。

第四十六条 违反本办法规定，构成犯罪的，依法追究刑事责任。

第八章 附 则

第四十七条 合伙企业登记收费项目按照国务院财政部门、价格主管部门的有关规定执行，合伙企业登记收费标准按照国务院价格主管部门、财政部门的有关规定执行。

第四十八条 本办法自发布之日起施行。

中华人民共和国
中外合资经营企业法实施条例

（1983年9月20日国务院发布　根据1986年1月15日《国务院关于〈中华人民共和国中外合资经营企业法实施条例〉第一百条的修订》第一次修订　根据1987年12月21日《国务院关于修订〈中华人民共和国中外合资经营企业法实施条例〉第八十条第三款的通知》第二次修订　根据2001年7月22日《国务院关于修改〈中华人民共和国中外合资经营企业法实施条例〉的决定》第三次修订　根据2011年1月8日《国务院关于废止和修改部分行政法规的决定》第四次修订　根据2014年2月19日《国务院关于废止和修改部分行政法规的决定》第五次修订　根据2019年3月2日《国务院关于修改部分行政法规的决定》第六次修订）

第一章　总　　则

第 一 条　为了便于《中华人民共和国中外合资经营企业法》（以下简称《中外合资经营企业法》）的顺利实施，制定本条例。

第 二 条　依照《中外合资经营企业法》批准在中国境内设立的中外合资经营企业（以下简称合营企业）是中国的法人，受中国法律的管辖和保护。

第 三 条　在中国境内设立的合营企业，应当能够促进中国经济的发展和科学技术水平的提高，有利于社会主义现代化建设。

国家鼓励、允许、限制或者禁止设立合营企业的行业，按照国家指导外商投资方向的规定及外商投资产业指导目录执行。

第 四 条　申请设立合营企业有下列情况之一的，不予批准：

（一）有损中国主权的；

（二）违反中国法律的；

（三）不符合中国国民经济发展要求的；

（四）造成环境污染的；

（五）签订的协议、合同、章程显属不公平，损害合营一方权益的。

第五条 在中国法律、法规和合营企业协议、合同、章程规定的范围内，合营企业有权自主地进行经营管理。各有关部门应当给予支持和帮助。

第二章 设立与登记

第六条 在中国境内设立合营企业，必须经中华人民共和国对外贸易经济合作部（以下简称对外贸易经济合作部）审查批准。批准后，由对外贸易经济合作部发给批准证书。

凡具备下列条件的，国务院授权省、自治区、直辖市人民政府或者国务院有关部门审批：

（一）投资总额在国务院规定的投资审批权限以内，中国合营者的资金来源已经落实的；

（二）不需要国家增拨原材料，不影响燃料、动力、交通运输、外贸出口配额等方面的全国平衡的。

依照前款批准设立的合营企业，应当报对外贸易经济合作部备案。

对外贸易经济合作部和国务院授权的省、自治区、直辖市人民政府或者国务院有关部门，以下统称审批机构。

第七条 申请设立合营企业，由中外合营者共同向审批机构报送下列文件：

（一）设立合营企业的申请书；

（二）合营各方共同编制的可行性研究报告；

（三）由合营各方授权代表签署的合营企业协议、合同和章程；

（四）由合营各方委派的合营企业董事长、副董事长、董事人选名单；

（五）审批机构规定的其他文件。

前款所列文件必须用中文书写，其中第（二）、（三）、（四）项文件可以同时用合营各方商定的一种外文书写。两种文字书写的文件具有同等效力。

审批机构发现报送的文件有不当之处的，应当要求限期修改。

第八条 审批机构自接到本条例第七条规定的全部文件之日起，3个月内决定批准或者不批准。

第九条 申请者应当自收到批准证书之日起1个月内，按照国家有关规定，向工商行政管理机关（以下简称登记管理机构）办理登记手续。合营企业的营业执照签发日期，即为该合营企业的成立日期。

第 十 条 本条例所称合营企业协议，是指合营各方对设立合营企业的某些要点和原则达成一致意见而订立的文件；所称合营企业合同，是指合营各方为设立合营企业就相互权利、义务关系达成一致意见而订立的文件；所称合营企业章程，是指按照合营企业合同规定的原则，经合营各方一致同意，规定合营企业的宗旨、组织原则和经营管理方法等事项的文件。

合营企业协议与合营企业合同有抵触时，以合营企业合同为准。

经合营各方同意，也可以不订立合营企业协议而只订立合营企业合同、章程。

第十一条 合营企业合同应当包括下列主要内容：

（一）合营各方的名称、注册国家、法定地址和法定代表人的姓名、职务、国籍；

（二）合营企业名称、法定地址、宗旨、经营范围和规模；

（三）合营企业的投资总额，注册资本，合营各方的出资额、出资比例、出资方式、出资的缴付期限以及出资额欠缴、股权转让的规定；

（四）合营各方利润分配和亏损分担的比例；

（五）合营企业董事会的组成、董事名额的分配以及总经理、副总经理及其他高级管理人员的职责、权限和聘用办法；

（六）采用的主要生产设备、生产技术及其来源；

（七）原材料购买和产品销售方式；

（八）财务、会计、审计的处理原则；

（九）有关劳动管理、工资、福利、劳动保险等事项的规定；

（十）合营企业期限、解散及清算程序；

（十一）违反合同的责任；

（十二）解决合营各方之间争议的方式和程序；

（十三）合同文本采用的文字和合同生效的条件。

合营企业合同的附件，与合营企业合同具有同等效力。

第十二条 合营企业合同的订立、效力、解释、执行及其争议的解决，均应当适用中国的法律。

第十三条 合营企业章程应当包括下列主要内容：

（一）合营企业名称及法定地址；

（二）合营企业的宗旨、经营范围和合营期限；

（三）合营各方的名称、注册国家、法定地址、法定代表人的姓名、职务、国籍；

（四）合营企业的投资总额，注册资本，合营各方的出资额、出资比例、出资方式、出资缴付期限、股权转让的规定，利润分配和亏损分担的比例；

（五）董事会的组成、职权和议事规则，董事的任期，董事长、副董事长的职责；

（六）管理机构的设置，办事规则，总经理、副总经理及其他高级管理人员的职责和任免方法；

（七）财务、会计、审计制度的原则；

（八）解散和清算；

（九）章程修改的程序。

第十四条 合营企业协议、合同和章程经审批机构批准后生效，其修改时同。

第十五条 审批机构和登记管理机构对合营企业合同、章程的执行负有监督检查的责任。

第三章 组织形式与注册资本

第十六条 合营企业为有限责任公司。

合营各方对合营企业的责任以各自认缴的出资额为限。

第十七条 合营企业的投资总额（含企业借款），是指按照合营企业合同、章程规定的生产规模需要投入的基本建设资金和生产流动资金的总和。

第十八条 合营企业的注册资本，是指为设立合营企业在登记管理机构登记的资本总额，应为合营各方认缴的出资额之和。

合营企业的注册资本一般应当以人民币表示，也可以用合营各方约定的外币表示。

第十九条 合营企业在合营期内不得减少其注册资本。因投资总额和生产经营规模等发生变化，确需减少的，须经审批机构批准。

第二十条 合营一方向第三者转让其全部或者部分股权的，须经合营他方同意，并报审批机构批准，向登记管理机构办理变更登记手续。

合营一方转让其全部或者部分股权时，合营他方有优先购买权。

合营一方向第三者转让股权的条件，不得比向合营他方转让的条件优惠。

违反上述规定的,其转让无效。

第二十一条 合营企业注册资本的增加、减少,应当由董事会会议通过,并报审批机构批准,向登记管理机构办理变更登记手续。

第四章 出资方式

第二十二条 合营者可以用货币出资,也可以用建筑物、厂房、机器设备或者其他物料、工业产权、专有技术、场地使用权等作价出资。以建筑物、厂房、机器设备或者其他物料、工业产权、专有技术作为出资的,其作价由合营各方按照公平合理的原则协商确定,或者聘请合营各方同意的第三者评定。

第二十三条 外国合营者出资的外币,按缴款当日中国人民银行公布的基准汇率折算成人民币或者套算成约定的外币。

中国合营者出资的人民币现金,需要折算成外币的,按缴款当日中国人民银行公布的基准汇率折算。

第二十四条 作为外国合营者出资的机器设备或者其他物料,应当是合营企业生产所必需的。

前款所指机器设备或者其他物料的作价,不得高于同类机器设备或者其他物料当时的国际市场价格。

第二十五条 作为外国合营者出资的工业产权或者专有技术,必须符合下列条件之一:

(一)能显著改进现有产品的性能、质量,提高生产效率的;

(二)能显著节约原材料、燃料、动力的。

第二十六条 外国合营者以工业产权或者专有技术作为出资,应当提交该工业产权或者专有技术的有关资料,包括专利证书或者商标注册证书的复制件、有效状况及其技术特性、实用价值、作价的计算根据、与中国合营者签订的作价协议等有关文件,作为合营合同的附件。

第二十七条 外国合营者作为出资的机器设备或者其他物料、工业产权或者专有技术,应当报审批机构批准。

第二十八条 合营各方应当按照合同规定的期限缴清各自的出资额。逾期未缴或者未缴清的,应当按合同规定支付迟延利息或者赔偿损失。

第二十九条 合营各方缴付出资额后,应当由中国的注册会计师验证，出具验资报告后，由合营企业据以发给出资证明书。出资证明书载明下列事项：合营企业名称；合营企业成立的年、月、日；合营者名称（或者姓名）及其出资额、出资的年、月、日；发给出资证明书的年、月、日。

第五章　董事会与经营管理机构

第三十条　董事会是合营企业的最高权力机构，决定合营企业的一切重大问题。

第三十一条　董事会成员不得少于 3 人。董事名额的分配由合营各方参照出资比例协商确定。

董事的任期为 4 年，经合营各方继续委派可以连任。

第三十二条　董事会会议每年至少召开 1 次，由董事长负责召集并主持。董事长不能召集时，由董事长委托副董事长或者其他董事负责召集并主持董事会会议。经 1/3 以上董事提议，可以由董事长召开董事会临时会议。

董事会会议应当有 2/3 以上董事出席方能举行。董事不能出席的，可以出具委托书委托他人代表其出席和表决。

董事会会议一般应当在合营企业法定地址所在地举行。

第三十三条　下列事项由出席董事会会议的董事一致通过方可作出决议：

（一）合营企业章程的修改；

（二）合营企业的中止、解散；

（三）合营企业注册资本的增加、减少；

（四）合营企业的合并、分立。

其他事项，可以根据合营企业章程载明的议事规则作出决议。

第三十四条　董事长是合营企业的法定代表人。董事长不能履行职责时，应当授权副董事长或者其他董事代表合营企业。

第三十五条　合营企业设经营管理机构，负责企业的日常经营管理工作。经营管理机构设总经理 1 人，副总经理若干人。副总经理协助总经理工作。

第三十六条　总经理执行董事会会议的各项决议，组织领导合营企业的日常经营管理工作。在董事会授权范围内，总经理对外代表合营企业，对内任免下属人员，行使董事会授予的其他职权。

第三十七条　总经理、副总经理由合营企业董事会聘请，可以由中国公民担任,也可以由外国公民担任。

经董事会聘请,董事长、副董事长、董事可以兼任合营企业的总经理、副总经理或者其他高级管理职务。

总经理处理重要问题时,应当同副总经理协商。

总经理或者副总经理不得兼任其他经济组织的总经理或者副总经理,不得参与其他经济组织对本企业的商业竞争。

第三十八条 总经理、副总经理及其他高级管理人员有营私舞弊或者严重失职行为的,经董事会决议可以随时解聘。

第三十九条 合营企业需要在国外和港澳地区设立分支机构(含销售机构)时,应当报对外贸易经济合作部批准。

第六章 引进技术

第四十条 本条例所称引进技术,是指合营企业通过技术转让的方式,从第三者或者合营者获得所需要的技术。

第四十一条 合营企业引进的技术应当是适用的、先进的,使其产品在国内具有显著的社会经济效益或者在国际市场上具有竞争能力。

第四十二条 在订立技术转让协议时,必须维护合营企业独立进行经营管理的权利,并参照本条例第二十六条的规定,要求技术输出方提供有关的资料。

第四十三条 合营企业订立的技术转让协议,应当报审批机构批准。

技术转让协议必须符合下列规定:

(一)技术使用费应当公平合理;

(二)除双方另有协议外,技术输出方不得限制技术输入方出口其产品的地区、数量和价格;

(三)订立技术转让协议双方,相互交换改进技术的条件应当对等;

(四)技术输入方有权按自己认为合适的来源购买需要的机器设备、零部件和原材料;

(五)不得含有为中国的法律、法规所禁止的不合理的限制性条款。

第七章 场地使用权及其费用

第四十四条 合营企业使用场地,必须贯彻执行节约用地的原则。所需场地,应当由合营企业向所在地的市(县)级土地主管部门提出申请，经审查批准后，通过签订合同取得场地使用权。合同应当订明场地面积、地点、用途、合同期限、场地使用权的费用（以下简称场地使用费）、双方的权利与义务、违反合同的罚则等。

第四十五条 合营企业所需场地的使用权，已为中国合营者所拥有的，中国合营者可以将其作为对合营企业的出资，其作价金额应当与取得同类场地使用权所应缴纳的使用费相同。

第四十六条 场地使用费标准应当根据该场地的用途、地理环境条件、征地拆迁安置费用和合营企业对基础设施的要求等因素，由所在地的省、自治区、直辖市人民政府规定，并向对外贸易经济合作部和国家土地主管部门备案。

第四十七条 从事农业、畜牧业的合营企业，经所在地的省、自治区、直辖市人民政府同意，可以按合营企业营业收入的百分比向所在地的土地主管部门缴纳场地使用费。

在经济不发达地区从事开发性的项目，场地使用费经所在地人民政府同意，可以给予特别优惠。

第四十八条 场地使用费在开始用地的5年内不调整。以后随着经济的发展、供需情况的变化和地理环境条件的变化需要调整时，调整的间隔期应当不少于3年。

场地使用费作为中国合营者投资的，在该合同期限内不得调整。

第四十九条 合营企业按本条例第四十四条取得的场地使用权，其场地使用费应当按合同规定的用地时间从开始时起按年缴纳，第一日历年用地时间超过半年的按半年计算；不足半年的免缴。在合同期内，场地使用费如有调整，应当自调整的年度起按新的费用标准缴纳。

第五十条 合营企业除依照本章规定取得场地使用权外，还可以按照国家有关规定取得场地使用权。

第八章　购买与销售

第五十一条 合营企业所需的机器设备、原材料、燃料、配套件、运输工具和办公用品等（以下简称物资），有权自行决定在中国购买或者向国外购买。

第五十二条 合营企业需要在中国购置的办公、生活用品，按需要量购买，不受限制。

第五十三条 中国政府鼓励合营企业向国际市场销售其产品。

第五十四条 合营企业有权自行出口其产品,也可以委托外国合营者的销售机构或者中国的外贸公司代销或者经销。

第五十五条 合营企业在合营合同规定的经营范围内,进口本企业生产所需的机器设备、零配件、原材料、燃料,凡属国家规定需要领取进口许可证的,每年编制一次计划,每半年申领一次。外国合营者作为出资的机器设备或者其他物料,可以凭审批机构的批准文件直接办理进口许可证进口。超出合营合同规定范围进口的物资,凡国家规定需要领取进口许可证的,应当另行申领。

合营企业生产的产品,可以自主经营出口,凡属国家规定需要领取出口许可证的,合营企业按照本企业的年度出口计划,每半年申领一次。

第五十六条 合营企业在国内购买物资的价格以及支付水、电、气、热、货物运输、劳务、工程设计、咨询、广告等服务的费用,享受与国内其他企业同等的待遇。

第五十七条 合营企业与中国其他经济组织之间的经济往来,按照有关的法律规定和双方订立的合同承担经济责任,解决合同争议。

第五十八条 合营企业应当依照《中华人民共和国统计法》及中国利用外资统计制度的规定,提供统计资料,报送统计报表。

第九章　税　　务

第五十九条 合营企业应当按照中华人民共和国有关法律的规定,缴纳各种税款。

第六十条 合营企业的职工应当按照《中华人民共和国个人所得税法》缴纳个人所得税。

第六十一条 合营企业进口下列物资,依照中国税法的有关规定减税、免税:

(一)按照合同规定作为外国合营者出资的机器设备、零部件和其他物料(其他物料系指合营企业建厂(场)以及安装、加固机器所需材料,下同);

(二)合营企业以投资总额以内的资金进口的机器设备、零部件和其他物料;

(三)经审批机构批准,合营企业以增加资本所进口的国内不能保证生产供应的机器设备、零部件和其他物料;

(四)合营企业为生产出口产品,从国外进口的原材料、辅料、元器件、零部件和包装物料。

上述减税、免税进口物资，经批准在中国国内转卖或者转用于在中国国内销售的产品，应当照章纳税或者补税。

第六十二条　合营企业生产的出口产品，除中国限制出口的以外，依照中国税法的有关规定减税、免税或者退税。

第十章　外汇管理

第六十三条　合营企业的一切外汇事宜，按照《中华人民共和国外汇管理条例》和有关管理办法的规定办理。

第六十四条　合营企业凭营业执照，在境内银行开立外汇账户和人民币账户，由开户银行监督收付。

第六十五条　合营企业在国外或者港澳地区的银行开立外汇账户，应当经国家外汇管理局或者其分局批准，并向国家外汇管理局或者其分局报告收付情况和提供银行对账单。

第六十六条　合营企业在国外或者港澳地区设立的分支机构，其年度资产负债表和年度利润表，应当通过合营企业报送国家外汇管理局或者其分局。

第六十七条　合营企业根据经营业务的需要，可以向境内的金融机构申请外汇贷款和人民币贷款，也可以按照国家有关规定从国外或者港澳地区的银行借入外汇资金，并向国家外汇管理局或者其分局办理登记或者备案手续。

第六十八条　合营企业的外籍职工和港澳职工的工资和其他正当收益，依法纳税后，减去在中国境内的花费，其剩余部分可以按照国家有关规定购汇汇出。

第十一章　财务与会计

第六十九条　合营企业的财务与会计制度，应当按照中国有关法律和财务会计制度的规定，结合合营企业的情况加以制定，并报当地财政部门、税务机关备案。

第七十条　合营企业设总会计师，协助总经理负责企业的财务会计工作。必要时，可以设副总会计师。

第七十一条　合营企业设审计师（小的企业可以不设），负责审查、稽核合营企业的财务收支和会计账目，向董事会、总经理提出报告。

第七十二条 合营企业会计年度采用日历年制，自公历每年1月1日起至12月31日止为一个会计年度。

第七十三条 合营企业会计采用国际通用的权责发生制和借贷记账法记账。一切自制凭证、账簿、报表必须用中文书写，也可以同时用合营各方商定的一种外文书写。

第七十四条 合营企业原则上采用人民币作为记账本位币，经合营各方商定，也可以采用某一种外国货币作为记账本位币。

第七十五条 合营企业的账目，除按记账本位币记录外，对于现金、银行存款、其他货币款项以及债权债务、收益和费用等，与记账本位币不一致时，还应当按实际收付的货币记账。

以外国货币作为记账本位币的合营企业，其编报的财务会计报告应当折算为人民币。

因汇率的差异而发生的折合记账本位币差额，作为汇兑损益列账。记账汇率变动，有关外币各账户的账面余额，于年终结账时，应当按照中国有关法律和财务会计制度的规定进行会计处理。

第七十六条 合营企业按照《中华人民共和国企业所得税法》缴纳所得税后的利润分配原则如下：

（一）提取储备基金、职工奖励及福利基金、企业发展基金，提取比例由董事会确定；

（二）储备基金除用于垫补合营企业亏损外，经审批机构批准也可以用于本企业增加资本，扩大生产；

（三）按照本条第（一）项规定提取三项基金后的可分配利润，董事会确定分配的，应当按合营各方的出资比例进行分配。

第七十七条 以前年度的亏损未弥补前不得分配利润。以前年度未分配的利润，可以并入本年度利润分配。

第七十八条 合营企业应当向合营各方、当地税务机关和财政部门报送季度和年度会计报表。

第七十九条 合营企业的下列文件、证件、报表，应当经中国的注册会计师验证和出具证明，方为有效：

（一）合营各方的出资证明书（以物料、场地使用权、工业产权、专有技术作为出资的，应当包括合营各方签字同意的财产估价清单及其协议文件）；

（二）合营企业的年度会计报表；

（三）合营企业清算的会计报表。

第十二章 职 工

第八十条 合营企业职工的招收、招聘、辞退、辞职、工资、福利、劳动保险、劳动保护、劳动纪律等事宜，按照国家有关劳动和社会保障的规定办理。

第八十一条 合营企业应当加强对职工的业务、技术培训，建立严格的考核制度，使他们在生产、管理技能方面能够适应现代化企业的要求。

第八十二条 合营企业的工资、奖励制度必须符合按劳分配、多劳多得的原则。

第八十三条 正副总经理、正副总工程师、正副总会计师、审计师等高级管理人员的工资待遇，由董事会决定。

第十三章 工 会

第八十四条 合营企业职工有权按照《中华人民共和国工会法》和《中国工会章程》的规定，建立基层工会组织，开展工会活动。

第八十五条 合营企业工会是职工利益的代表，有权代表职工同合营企业签订劳动合同，并监督合同的执行。

第八十六条 合营企业工会的基本任务是：依法维护职工的民主权利和物质利益；协助合营企业安排和合理使用福利、奖励基金；组织职工学习政治、科学、技术和业务知识，开展文艺、体育活动；教育职工遵守劳动纪律，努力完成企业的各项经济任务。

第八十七条 合营企业董事会会议讨论合营企业的发展规划、生产经营活动等重大事项时，工会的代表有权列席会议，反映职工的意见和要求。

董事会会议研究决定有关职工奖惩、工资制度、生活福利、劳动保护和保险等问题时，工会的代表有权列席会议，董事会应当听取工会的意见，取得工会的合作。

第八十八条 合营企业应当积极支持本企业工会的工作。合营企业应当按照《中华人民共和国工会法》的规定为工会组织提供必要的房屋和设备，用于办公、会议、举办职工集体福利、文化、体育事业。合营企业每月按企业职工实际工资总额的2%拨交工会经费，由本企业工会按照中华全国总工会制定的有关工会经费管理办法使用。

第十四章　期限、解散与清算

第八十九条　合营企业的合营期限，按照《中外合资经营企业合营期限暂行规定》执行。

第九十条　合营企业在下列情况下解散：

（一）合营期限届满；

（二）企业发生严重亏损，无力继续经营；

（三）合营一方不履行合营企业协议、合同、章程规定的义务，致使企业无法继续经营；

（四）因自然灾害、战争等不可抗力遭受严重损失，无法继续经营；

（五）合营企业未达到其经营目的，同时又无发展前途；

（六）合营企业合同、章程所规定的其他解散原因已经出现。

前款第（二）、（四）、（五）、（六）项情况发生的，由董事会提出解散申请书，报审批机构批准；第（三）项情况发生的，由履行合同的一方提出申请，报审批机构批准。

在本条第一款第（三）项情况下，不履行合营企业协议、合同、章程规定的义务一方，应当对合营企业由此造成的损失负赔偿责任。

第九十一条　合营企业宣告解散时，应当进行清算。合营企业应当依法成立清算委员会，由清算委员会负责清算事宜。

第九十二条　清算委员会的成员一般应当在合营企业的董事中选任。董事不能担任或者不适合担任清算委员会成员时，合营企业可以聘请中国的注册会计师、律师担任。审批机构认为必要时，可以派人进行监督。

清算费用和清算委员会成员的酬劳应当从合营企业现存财产中优先支付。

第九十三条　清算委员会的任务是对合营企业的财产、债权、债务进行全面清查，编制资产负债表和财产目录，提出财产作价和计算依据，制定清算方案，提请董事会会议通过后执行。

清算期间，清算委员会代表该合营企业起诉和应诉。

第九十四条　合营企业以其全部资产对其债务承担责任。合营企业清偿债务后的剩余财产按照合营各方的出资比例进行分配，但合营企业协议、合同、章程另有规定的除外。

合营企业解散时,其资产净额或者剩余财产减除企业未分配利润、各项基金和清算费用后的余额,超过实缴资本的部分为清算所得,应当依法缴纳所得税。

第九十五条 合营企业的清算工作结束后,由清算委员会提出清算结束报告,提请董事会会议通过后,报告审批机构,并向登记管理机构办理注销登记手续,缴销营业执照。

第九十六条 合营企业解散后,各项账册及文件应当由原中国合营者保存。

第十五章 争议的解决

第九十七条 合营各方在解释或者履行合营企业协议、合同、章程时发生争议的,应当尽量通过友好协商或者调解解决。经过协商或者调解无效的,提请仲裁或者司法解决。

第九十八条 合营各方根据有关仲裁的书面协议,可以在中国的仲裁机构进行仲裁,也可以在其他仲裁机构仲裁。

第九十九条 合营各方之间没有有关仲裁的书面协议的,发生争议的任何一方都可以依法向人民法院起诉。

第一百条 在解决争议期间,除争议事项外,合营各方应当继续履行合营企业协议、合同、章程所规定的其他各项条款。

第十六章 附 则

第一百零一条 合营企业的外籍职工和港澳职工(包括其家属),需要经常入、出中国国境的,中国主管签证机关可以简化手续,予以方便。

第一百零二条 合营企业的中国职工,因工作需要出国(境)考察、洽谈业务、学习或者接受培训,按照国家有关规定办理出国(境)手续。

第一百零三条 合营企业的外籍职工和港澳职工,可以带进必需的交通工具和办公用品,按照中国税法的有关规定纳税。

第一百零四条 在经济特区设立的合营企业,法律、行政法规另有规定的,从其规定。

第一百零五条 本条例自公布之日起施行。

企业国有资产监督管理暂行条例

（2003年5月27日国务院令第378号公布　根据2011年1月8日《国务院关于废止和修改部分行政法规的决定》第一次修订　根据2019年3月2日《国务院关于修改部分行政法规的决定》第二次修订）

第一章　总　　则

第 一 条　为建立适应社会主义市场经济需要的国有资产监督管理体制，进一步搞好国有企业，推动国有经济布局和结构的战略性调整，发展和壮大国有经济，实现国有资产保值增值，制定本条例。

第 二 条　国有及国有控股企业、国有参股企业中的国有资产的监督管理，适用本条例。

金融机构中的国有资产的监督管理，不适用本条例。

第 三 条　本条例所称企业国有资产，是指国家对企业各种形式的投资和投资所形成的权益，以及依法认定为国家所有的其他权益。

第 四 条　企业国有资产属于国家所有。国家实行由国务院和地方人民政府分别代表国家履行出资人职责，享有所有者权益，权利、义务和责任相统一，管资产和管人、管事相结合的国有资产管理体制。

第 五 条　国务院代表国家对关系国民经济命脉和国家安全的大型国有及国有控股、国有参股企业，重要基础设施和重要自然资源等领域的国有及国有控股、国有参股企业，履行出资人职责。国务院履行出资人职责的企业，由国务院确定、公布。

省、自治区、直辖市人民政府和设区的市、自治州级人民政府分别代表国家对由国务院履行出资人职责以外的国有及国有控股、国有参股企业，履行出资人职责。其中，省、自治区、直辖市人民政府履行出资人职责的国有及国有控股、国有参股企业，由省、自治区、直辖市人民政府确定、公布，并报国务院国有资产监督管理机构备案；其他由设区的市、自治州级人民政府履行出资人职责的国有及国有控股、国有参股企业，由设区的市、自治州级人民政府确定、公布，并报省、自治区、直辖市人民政府国有资产监督管理机构备案。

国务院，省、自治区、直辖市人民政府，设区的市、自治州级人民政府履行出资人职责的企业，以下统称所出资企业。

第 六 条 国务院，省、自治区、直辖市人民政府，设区的市、自治州级人民政府，分别设立国有资产监督管理机构。国有资产监督管理机构根据授权，依法履行出资人职责，依法对企业国有资产进行监督管理。

企业国有资产较少的设区的市、自治州，经省、自治区、直辖市人民政府批准，可以不单独设立国有资产监督管理机构。

第 七 条 各级人民政府应当严格执行国有资产管理法律、法规，坚持政府的社会公共管理职能与国有资产出资人职能分开，坚持政企分开，实行所有权与经营权分离。

国有资产监督管理机构不行使政府的社会公共管理职能，政府其他机构、部门不履行企业国有资产出资人职责。

第 八 条 国有资产监督管理机构应当依照本条例和其他有关法律、行政法规的规定，建立健全内部监督制度，严格执行法律、行政法规。

第 九 条 发生战争、严重自然灾害或者其他重大、紧急情况时，国家可以依法统一调用、处置企业国有资产。

第 十 条 所出资企业及其投资设立的企业，享有有关法律、行政法规规定的企业经营自主权。

国有资产监督管理机构应当支持企业依法自主经营，除履行出资人职责以外，不得干预企业的生产经营活动。

第十一条 所出资企业应当努力提高经济效益，对其经营管理的企业国有资产承担保值增值责任。

所出资企业应当接受国有资产监督管理机构依法实施的监督管理，不得损害企业国有资产所有者和其他出资人的合法权益。

第二章　国有资产监督管理机构

第十二条 国务院国有资产监督管理机构是代表国务院履行出资人职责、负责监督管理企业国有资产的直属特设机构。

省、自治区、直辖市人民政府国有资产监督管理机构，设区的市、自治州级人民政府国有资产监督管理机构是代表本级政府履行出资人职责、负责监督管理企业国有资产的直属特设机构。

上级政府国有资产监督管理机构依法对下级政府的国有资产监督管

理工作进行指导和监督。

第十三条 国有资产监督管理机构的主要职责是：

（一）依照《中华人民共和国公司法》等法律、法规，对所出资企业履行出资人职责，维护所有者权益；

（二）指导推进国有及国有控股企业的改革和重组；

（三）依照规定向所出资企业委派监事；

（四）依照法定程序对所出资企业的企业负责人进行任免、考核，并根据考核结果对其进行奖惩；

（五）通过统计、稽核等方式对企业国有资产的保值增值情况进行监管；

（六）履行出资人的其他职责和承办本级政府交办的其他事项。

国务院国有资产监督管理机构除前款规定职责外，可以制定企业国有资产监督管理的规章、制度。

第十四条 国有资产监督管理机构的主要义务是：

（一）推进国有资产合理流动和优化配置，推动国有经济布局和结构的调整；

（二）保持和提高关系国民经济命脉和国家安全领域国有经济的控制力和竞争力，提高国有经济的整体素质；

（三）探索有效的企业国有资产经营体制和方式，加强企业国有资产监督管理工作，促进企业国有资产保值增值，防止企业国有资产流失；

（四）指导和促进国有及国有控股企业建立现代企业制度，完善法人治理结构，推进管理现代化；

（五）尊重、维护国有及国有控股企业经营自主权，依法维护企业合法权益，促进企业依法经营管理，增强企业竞争力；

（六）指导和协调解决国有及国有控股企业改革与发展中的困难和问题。

第十五条 国有资产监督管理机构应当向本级政府报告企业国有资产监督管理工作、国有资产保值增值状况和其他重大事项。

第三章 企业负责人管理

第十六条 国有资产监督管理机构应当建立健全适应现代企业制度要求的企业负责人的选用机制和激励约束机制。

第十七条 国有资产监督管理机构依照有关规定，任免或者建议任免所出资企业的企业负责人：

（一）任免国有独资企业的总经理、副总经理、总会计师及其他企业负责人；

（二）任免国有独资公司的董事长、副董事长、董事，并向其提出总经理、副总经理、总会计师等的任免建议；

（三）依照公司章程，提出向国有控股的公司派出的董事、监事人选，推荐国有控股的公司的董事长、副董事长和监事会主席人选，并向其提出总经理、副总经理、总会计师人选的建议；

（四）依照公司章程，提出向国有参股的公司派出的董事、监事人选。

国务院，省、自治区、直辖市人民政府，设区的市、自治州级人民政府，对所出资企业的企业负责人的任免另有规定的，按照有关规定执行。

第十八条　国有资产监督管理机构应当建立企业负责人经营业绩考核制度，与其任命的企业负责人签订业绩合同，根据业绩合同对企业负责人进行年度考核和任期考核。

第十九条　国有资产监督管理机构应当依照有关规定，确定所出资企业中的国有独资企业、国有独资公司的企业负责人的薪酬；依据考核结果，决定其向所出资企业派出的企业负责人的奖惩。

第四章　企业重大事项管理

第二十条　国有资产监督管理机构负责指导国有及国有控股企业建立现代企业制度，审核批准其所出资企业中的国有独资企业、国有独资公司的重组、股份制改造方案和所出资企业中的国有独资公司的章程。

第二十一条　国有资产监督管理机构依照法定程序决定其所出资企业中的国有独资企业、国有独资公司的分立、合并、破产、解散、增减资本、发行公司债券等重大事项。其中，重要的国有独资企业、国有独资公司分立、合并、破产、解散的，应当由国有资产监督管理机构审核后，报本级人民政府批准。

国有资产监督管理机构依照法定程序审核、决定国防科技工业领域其所出资企业中的国有独资企业、国有独资公司的有关重大事项时，按照国家有关法律、规定执行。

第二十二条　国有资产监督管理机构依照公司法的规定，派出股东代表、董事，参加国有控股的公司、国有参股的公司的股东会、董事会。

国有控股的公司、国有参股的公司的股东会、董事会决定公司的分立、合并、破产、解散、增减资本、发行公司债券、任免企业负责人等重大事项时,国有资产监督管理机构派出的股东代表、董事,应当按照国有资产监督管理机构的指示发表意见、行使表决权。

国有资产监督管理机构派出的股东代表、董事,应当将其履行职责的有关情况及时向国有资产监督管理机构报告。

第二十三条 国有资产监督管理机构决定其所出资企业的国有股权转让。其中,转让全部国有股权或者转让部分国有股权致使国家不再拥有控股地位的,报本级人民政府批准。

第二十四条 所出资企业投资设立的重要子企业的重大事项,需由所出资企业报国有资产监督管理机构批准的,管理办法由国务院国有资产监督管理机构另行制定,报国务院批准。

第二十五条 国有资产监督管理机构依照国家有关规定组织协调所出资企业中的国有独资企业、国有独资公司的兼并破产工作,并配合有关部门做好企业下岗职工安置等工作。

第二十六条 国有资产监督管理机构依照国家有关规定拟订所出资企业收入分配制度改革的指导意见,调控所出资企业工资分配的总体水平。

第二十七条 所出资企业中的国有独资企业、国有独资公司经国务院批准,可以作为国务院规定的投资公司、控股公司,享有公司法第十二条规定的权利;可以作为国家授权投资的机构,享有公司法第二十条规定的权利。(2011年1月8日删除)

第二十八条 国有资产监督管理机构可以对所出资企业中具备条件的国有独资企业、国有独资公司进行国有资产授权经营。

被授权的国有独资企业、国有独资公司对其全资、控股、参股企业中国家投资形成的国有资产依法进行经营、管理和监督。

第二十九条 被授权的国有独资企业、国有独资公司应当建立和完善规范的现代企业制度,并承担企业国有资产的保值增值责任。

第五章 企业国有资产管理

第三十条 国有资产监督管理机构依照国家有关规定,负责企业国有资产的产权界定、产权登记、资产评估监管、清产核资、资产统计、综合评价等基础管理工作。

国有资产监督管理机构协调其所出资企业之间的企业国有资产产权纠纷。

第三十一条 国有资产监督管理机构应当建立企业国有资产产权交易监督管理制度,加强企业国有资产产权交易的监督管理,促进企业国有资产的合理流动,防止企业国有资产流失。

第三十二条 国有资产监督管理机构对其所出资企业的企业国有资产收益依法履行出资人职责;对其所出资企业的重大投融资规划、发展战略和规划,依照国家发展规划和产业政策履行出资人职责。

第三十三条 所出资企业中的国有独资企业、国有独资公司的重大资产处置,需由国有资产监督管理机构批准的,依照有关规定执行。

第六章 企业国有资产监督

第三十四条 国有资产监督管理机构依法对所出资企业财务进行监督,建立和完善国有资产保值增值指标体系,维护国有资产出资人的权益。

第三十五条 国有及国有控股企业应当加强内部监督和风险控制,依照国家有关规定建立健全财务、审计、企业法律顾问和职工民主监督等制度。

第三十六条 所出资企业中的国有独资企业、国有独资公司应当按照规定定期向国有资产监督管理机构报告财务状况、生产经营状况和国有资产保值增值状况。

第七章 法律责任

第三十七条 国有资产监督管理机构不按规定任免或者建议任免所出资企业的企业负责人,或者违法干预所出资企业的生产经营活动,侵犯其合法权益,造成企业国有资产损失或者其他严重后果的,对直接负责的主管人员和其他直接责任人员依法给予行政处分;构成犯罪的,依法追究刑事责任。

第三十八条 所出资企业中的国有独资企业、国有独资公司未按照规定向国有资产监督管理机构报告财务状况、生产经营状况和国有资产保值增值状况的,予以警告;情节严重的,对直接负责的主管人员和其他直接责任人员依法给予纪律处分。

第三十九条 国有及国有控股企业的企业负责人滥用职权、玩忽职守,造成企业国有资产损失的,应负赔偿责任,并对其依法给予纪律处分;构成犯罪的,依法追究刑事责任。

第四十条 对企业国有资产损失负有责任受到撤职以上纪律处分的国有及国有控股企业的企业负责人,5 年内不得担任任何国有及国有控股企业的企业负责人;造成企业国有资产重大损失或者被判处刑罚的,终身不得担任任何国有及国有控股企业的企业负责人。

第八章 附 则

第四十一条 国有及国有控股企业、国有参股企业的组织形式、组织机构、权利和义务等,依照《中华人民共和国公司法》等法律、行政法规和本条例的规定执行。

第四十二条 国有及国有控股企业、国有参股企业中中国共产党基层组织建设、社会主义精神文明建设和党风廉政建设,依照《中国共产党章程》和有关规定执行。

国有及国有控股企业、国有参股企业中工会组织依照《中华人民共和国工会法》和《中国工会章程》的有关规定执行。

第四十三条 国务院国有资产监督管理机构,省、自治区、直辖市人民政府可以依据本条例制定实施办法。

第四十四条 本条例施行前制定的有关企业国有资产监督管理的行政法规与本条例不一致的,依照本条例的规定执行。

第四十五条 政企尚未分开的单位,应当按照国务院的规定,加快改革,实现政企分开。政企分开后的企业,由国有资产监督管理机构依法履行出资人职责,依法对企业国有资产进行监督管理。

第四十六条 本条例自公布之日起施行。

法规汇编编辑出版管理规定

（1990年7月29日国务院令第63号公布　根据2019年3月2日《国务院关于修改部分行政法规的决定》修订）

第一条　为了加强对法规汇编编辑出版工作的管理，提高法规汇编编辑出版质量，维护社会主义法制的统一和尊严，制定本规定。

第二条　本规定所称法规汇编，是指将依照法定程序发布的法律、行政法规、国务院部门规章（下称部门规章）、地方性法规和地方政府规章，按照一定的顺序或者分类汇编成册的公开出版物。

第三条　除法律、行政法规另有规定外，编辑出版法规汇编（包括法规选编、类编、大全等）应当遵守本规定。

依照本规定第四条编辑出版的法规汇编，是国家出版的法规汇编正式版本。

第四条　编辑法规汇编，遵守下列分工：

（一）法律汇编由全国人民代表大会常务委员会法制工作委员会编辑；

（二）行政法规汇编由司法部编辑；

（三）军事法规汇编由中央军事委员会法制局编辑；

（四）部门规章汇编由国务院各部门依照该部门职责范围编辑；

（五）地方性法规和地方政府规章汇编，由具有地方性法规和地方政府规章制定权的地方各级人民代表大会常务委员会和地方各级人民政府指定的机构编辑。

全国人民代表大会常务委员会法制工作委员会和司法部可以编辑法律、行政法规、部门规章、地方性法规和地方政府规章的综合性法规汇编；中央军事委员会法制局可以编辑有关军事方面的法律、法规、条令汇编；国务院各部门可以依照本部门职责范围编辑专业性的法律、行政法规和部门规章汇编；具有地方性法规和地方政府规章制定权的地方各级人民代表大会常务委员会和地方各级人民政府可以编辑本地区制定的地方性法规和地方政府规章汇编。

第五条　根据工作、学习、教学、研究需要，有关机关、团体、企业事业组织可以自行或者委托精通法律的专业人员编印供内部使用的法规汇集;需要正式出版的,应当经出版行政管理部门核准。

除前款规定外,个人不得编辑法规汇编。

第 六 条 编辑法规汇编,应当做到:

(一)选材准确。收入法规汇编的法规必须准确无误,如果收入废止或者失效的法规,必须注明;现行法规汇编不得收入废止或者失效的法规。

(二)内容完整。收入法规汇编的法规名称、批准或者发布机关、批准或者发布日期、施行日期、章节条款等内容应当全部编入,不得随意删减或者改动。

(三)编排科学。法规汇编应当按照一定的分类或者顺序排列,有利于各项工作的开展。

第 七 条 出版法规汇编,国家出版行政管理部门根据出版专业分工规定的原则,依照下列分工予以审核批准:

(一)法律汇编由全国人民代表大会常务委员会法制工作委员会选择的中央一级出版社出版;

(二)行政法规汇编由司法部选择的中央一级出版社出版;

(三)军事法规汇编由中央军事委员会法制局选择的中央一级出版社出版;

(四)部门规章汇编由国务院各部门选择的中央一级出版社出版;

(五)地方性法规和地方政府规章汇编由具有地方性法规和地方政府规章制定权的地方各级人民代表大会常务委员会和地方各级人民政府选择的中央一级出版社或者地方出版社出版。

第 八 条 国家出版的民族文版和外文版的法律汇编,由全国人民代表大会常务委员会法制工作委员会组织或者协助审定。

国家出版的民族文版和外文版的行政法规汇编,由司法部组织或者协助审定。

第 九 条 符合第七条规定的出版社应当制定法规汇编的出版选题计划,分别报有权编辑法规汇编的机关和出版行政管理部门备案。

第 十 条 按照本规定第四条编辑的法规汇编,可以在汇编封面上加印国徽;按照本规定第五条第一款编印的法规汇集,不得在汇集封面上加印国徽。

第十一条 出版法规汇编,必须保证印制质量。质量标准要符合国家有关规定。

第十二条 法规汇编的发行，由新华书店负责，各地新华书店应当认真做好征订工作。

有条件的出版社也可以代办部分征订工作。

第十三条 违反本规定，擅自出版法规汇编的，根据不同情况出版行政管理部门或者工商行政管理部门依照职权划分可以给予当事人下列行政处罚：

（一）警告；

（二）停止出售；

（三）没收或者销毁；

（四）没收非法收入；

（五）罚款；

（六）停业整顿；

（七）撤销出版社登记；

（八）吊销营业执照。

第十四条 当事人对出版行政管理部门或者工商行政管理部门的处罚决定不服的，可以在收到处罚通知书之日起十五日内，向上一级出版行政管理部门或者工商行政管理部门申请复议。对复议决定仍然不服的，可以自收到复议决定通知书之日起十五日内向人民法院提起诉讼。当事人也可以自收到处罚通知书之日起十五日内，直接向人民法院提起诉讼。逾期不申请复议也不提起诉讼又不履行处罚决定的，作出处罚决定的机关可以申请人民法院强制执行。

第十五条 与境外出版机构合作出版法规汇编事宜，参照本规定办理。

第十六条 法规文件信息化处理的开发、应用，参照本规定管理。

第十七条 本规定自发布之日起施行。

中华人民共和国
政府信息公开条例

(2007年4月5日国务院令第492号公布
2019年4月3日国务院令第711号修订)

第一章　总　　则

第一条　为了保障公民、法人和其他组织依法获取政府信息,提高政府工作的透明度,建设法治政府,充分发挥政府信息对人民群众生产、生活和经济社会活动的服务作用,制定本条例。

第二条　本条例所称政府信息,是指行政机关在履行行政管理职能过程中制作或者获取的,以一定形式记录、保存的信息。

第三条　各级人民政府应当加强对政府信息公开工作的组织领导。

国务院办公厅是全国政府信息公开工作的主管部门,负责推进、指导、协调、监督全国的政府信息公开工作。

县级以上地方人民政府办公厅(室)是本行政区域的政府信息公开工作主管部门,负责推进、指导、协调、监督本行政区域的政府信息公开工作。

实行垂直领导的部门的办公厅(室)主管本系统的政府信息公开工作。

第四条　各级人民政府及县级以上人民政府部门应当建立健全本行政机关的政府信息公开工作制度,并指定机构(以下统称政府信息公开工作机构)负责本行政机关政府信息公开的日常工作。

政府信息公开工作机构的具体职能是:

(一)办理本行政机关的政府信息公开事宜;

(二)维护和更新本行政机关公开的政府信息;

(三)组织编制本行政机关的政府信息公开指南、政府信息公开目录和政府信息公开工作年度报告;

（四）组织开展对拟公开政府信息的审查；

（五）本行政机关规定的与政府信息公开有关的其他职能。

第 五 条 行政机关公开政府信息，应当坚持以公开为常态、不公开为例外，遵循公正、公平、合法、便民的原则。

第 六 条 行政机关应当及时、准确地公开政府信息。

行政机关发现影响或者可能影响社会稳定、扰乱社会和经济管理秩序的虚假或者不完整信息的，应当发布准确的政府信息予以澄清。

第 七 条 各级人民政府应当积极推进政府信息公开工作，逐步增加政府信息公开的内容。

第 八 条 各级人民政府应当加强政府信息资源的规范化、标准化、信息化管理，加强互联网政府信息公开平台建设，推进政府信息公开平台与政务服务平台融合，提高政府信息公开在线办理水平。

第 九 条 公民、法人和其他组织有权对行政机关的政府信息公开工作进行监督，并提出批评和建议。

第二章　公开的主体和范围

第 十 条 行政机关制作的政府信息，由制作该政府信息的行政机关负责公开。行政机关从公民、法人和其他组织获取的政府信息，由保存该政府信息的行政机关负责公开；行政机关获取的其他行政机关的政府信息，由制作或者最初获取该政府信息的行政机关负责公开。法律、法规对政府信息公开的权限另有规定的，从其规定。

行政机关设立的派出机构、内设机构依照法律、法规对外以自己名义履行行政管理职能的，可以由该派出机构、内设机构负责与所履行行政管理职能有关的政府信息公开工作。

两个以上行政机关共同制作的政府信息，由牵头制作的行政机关负责公开。

第十一条 行政机关应当建立健全政府信息公开协调机制。行政机关公开政府信息涉及其他机关的，应当与有关机关协商、确认，保证行政机关公开的政府信息准确一致。

行政机关公开政府信息依照法律、行政法规和国家有关规定需要批准的，经批准予以公开。

第十二条 行政机关编制、公布的政府信息公开指南和政府信息公开目录应当及时更新。

政府信息公开指南包括政府信息的分类、编排体系、获取方式和政府信息公开工作机构的名称、办公地址、办公时间、联系电话、传真号码、互联网联系方式等内容。

政府信息公开目录包括政府信息的索引、名称、内容概述、生成日期等内容。

第十三条　除本条例第十四条、第十五条、第十六条规定的政府信息外,政府信息应当公开。

行政机关公开政府信息,采取主动公开和依申请公开的方式。

第十四条　依法确定为国家秘密的政府信息,法律、行政法规禁止公开的政府信息,以及公开后可能危及国家安全、公共安全、经济安全、社会稳定的政府信息,不予公开。

第十五条　涉及商业秘密、个人隐私等公开会对第三方合法权益造成损害的政府信息,行政机关不得公开。但是,第三方同意公开或者行政机关认为不公开会对公共利益造成重大影响的,予以公开。

第十六条　行政机关的内部事务信息,包括人事管理、后勤管理、内部工作流程等方面的信息,可以不予公开。

行政机关在履行行政管理职能过程中形成的讨论记录、过程稿、磋商信函、请示报告等过程性信息以及行政执法案卷信息,可以不予公开。法律、法规、规章规定上述信息应当公开的,从其规定。

第十七条　行政机关应当建立健全政府信息公开审查机制,明确审查的程序和责任。

行政机关应当依照《中华人民共和国保守国家秘密法》以及其他法律、法规和国家有关规定对拟公开的政府信息进行审查。

行政机关不能确定政府信息是否可以公开的,应当依照法律、法规和国家有关规定报有关主管部门或者保密行政管理部门确定。

第十八条　行政机关应当建立健全政府信息管理动态调整机制,对本行政机关不予公开的政府信息进行定期评估审查,对因情势变化可以公开的政府信息应当公开。

第三章　主动公开

第十九条　对涉及公众利益调整、需要公众广泛知晓或者需要公众参与决策的政府信息,行政机关应当主动公开。

第二十条　行政机关应当依照本条例第十九条的规定,主动公开本行政机关的下列政府信息：

（一）行政法规、规章和规范性文件；

（二）机关职能、机构设置、办公地址、办公时间、联系方式、负责人姓名；

（三）国民经济和社会发展规划、专项规划、区域规划及相关政策；

（四）国民经济和社会发展统计信息；

（五）办理行政许可和其他对外管理服务事项的依据、条件、程序以及办理结果；

（六）实施行政处罚、行政强制的依据、条件、程序以及本行政机关认为具有一定社会影响的行政处罚决定；

（七）财政预算、决算信息；

（八）行政事业性收费项目及其依据、标准；

（九）政府集中采购项目的目录、标准及实施情况；

（十）重大建设项目的批准和实施情况；

（十一）扶贫、教育、医疗、社会保障、促进就业等方面的政策、措施及其实施情况；

（十二）突发公共事件的应急预案、预警信息及应对情况；

（十三）环境保护、公共卫生、安全生产、食品药品、产品质量的监督检查情况；

（十四）公务员招考的职位、名额、报考条件等事项以及录用结果；

（十五）法律、法规、规章和国家有关规定规定应当主动公开的其他政府信息。

第二十一条 除本条例第二十条规定的政府信息外，设区的市级、县级人民政府及其部门还应当根据本地方的具体情况，主动公开涉及市政建设、公共服务、公益事业、土地征收、房屋征收、治安管理、社会救助等方面的政府信息；乡（镇）人民政府还应当根据本地方的具体情况，主动公开贯彻落实农业农村政策、农田水利工程建设运营、农村土地承包经营权流转、宅基地使用情况审核、土地征收、房屋征收、筹资筹劳、社会救助等方面的政府信息。

第二十二条 行政机关应当依照本条例第二十条、第二十一条的规定，确定主动公开政府信息的具体内容，并按照上级行政机关的部署，不断增加主动公开的内容。

第二十三条 行政机关应当建立健全政府信息发布机制，将主动公开的政府信息通过政府公报、政府网站或者其他互联网政务媒体、新闻发布会以及报刊、广播、电视等途径予以公开。

第二十四条 各级人民政府应当加强依托政府门户网站公开政府信息的工作，利用统一的政府信息公开平台集中发布主动公开的政府信息。政府信息公开平台应当具备信息检索、查阅、下载等功能。

第二十五条 各级人民政府应当在国家档案馆、公共图书馆、政务服务场所设置政府信息查阅场所，并配备相应的设施、设备，为公民、法人和其他组织获取政府信息提供便利。

行政机关可以根据需要设立公共查阅室、资料索取点、信息公告栏、电子信息屏等场所、设施，公开政府信息。

行政机关应当及时向国家档案馆、公共图书馆提供主动公开的政府信息。

第二十六条 属于主动公开范围的政府信息，应当自该政府信息形成或者变更之日起20个工作日内及时公开。法律、法规对政府信息公开的期限另有规定的，从其规定。

第四章 依申请公开

第二十七条 除行政机关主动公开的政府信息外，公民、法人或者其他组织可以向地方各级人民政府、对外以自己名义履行行政管理职能的县级以上人民政府部门（含本条例第十条第二款规定的派出机构、内设机构）申请获取相关政府信息。

第二十八条 本条例第二十七条规定的行政机关应当建立完善政府信息公开申请渠道，为申请人依法申请获取政府信息提供便利。

第二十九条 公民、法人或者其他组织申请获取政府信息的，应当向行政机关的政府信息公开工作机构提出，并采用包括信件、数据电文在内的书面形式；采用书面形式确有困难的，申请人可以口头提出，由受理该申请的政府信息公开工作机构代为填写政府信息公开申请。

政府信息公开申请应当包括下列内容：

（一）申请人的姓名或者名称、身份证明、联系方式；

（二）申请公开的政府信息的名称、文号或者便于行政机关查询的其他特征性描述；

（三）申请公开的政府信息的形式要求，包括获取信息的方式、途径。

第三十条 政府信息公开申请内容不明确的，行政机关应当给予指导和释明，并自收到申请之日起7个工作日内一次性告知申请人作出补正，说明需要补正的事项和合理的补正期限。答复期限自行政机关收到补正的申请之日起计算。申请人无正当理由逾期不补正的，视为放弃申请，行政机关不再处理该政府信息公开申请。

第三十一条 行政机关收到政府信息公开申请的时间，按照下列规定确定：

（一）申请人当面提交政府信息公开申请的，以提交之日为收到申请之日；

（二）申请人以邮寄方式提交政府信息公开申请的，以行政机关签收之日为收到申请之日；以平常信函等无需签收的邮寄方式提交政府信息公开申请的，政府信息公开工作机构应当于收到申请的当日与申请人确认，确认之日为收到申请之日；

（三）申请人通过互联网渠道或者政府信息公开工作机构的传真提交政府信息公开申请的，以双方确认之日为收到申请之日。

第三十二条 依申请公开的政府信息公开会损害第三方合法权益的，行政机关应当书面征求第三方的意见。第三方应当自收到征求意见书之日起15个工作日内提出意见。第三方逾期未提出意见的，由行政机关依照本条例的规定决定是否公开。第三方不同意公开且有合理理由的，行政机关不予公开。行政机关认为不公开可能对公共利益造成重大影响的，可以决定予以公开，并将决定公开的政府信息内容和理由书面告知第三方。

第三十三条 行政机关收到政府信息公开申请，能够当场答复的，应当当场予以答复。

行政机关不能当场答复的，应当自收到申请之日起20个工作日内予以答复；需要延长答复期限的，应当经政府信息公开工作机构负责人同意并告知申请人，延长的期限最长不得超过20个工作日。

行政机关征求第三方和其他机关意见所需时间不计算在前款规定的期限内。

第三十四条 申请公开的政府信息由两个以上行政机关共同制作的，牵头制作的行政机关收到政府信息公开申请后可以征求相关行政机关的意见，被征求意见机关应当自收到征求意见书之日起15个工作日内提出意见，逾期未提出意见的视为同意公开。

第三十五条 申请人申请公开政府信息的数量、频次明显超过合理范围，行政机关可以要求申请人说明理由。行政机关认为申请理由不合理的，告知申请人不予处理；行政机关认为申请理由合理，但是无法在本条例第三十三条规定的期限内答复申请人的，可以确定延迟答复的合理期限并告知申请人。

第三十六条 对政府信息公开申请，行政机关根据下列情况分别作出答复：

（一）所申请公开信息已经主动公开的，告知申请人获取该政府信息的方式、途径；

（二）所申请公开信息可以公开的，向申请人提供该政府信息，或者告知申请人获取该政府信息的方式、途径和时间；

（三）行政机关依据本条例的规定决定不予公开的，告知申请人不予公开并说明理由；

（四）经检索没有所申请公开信息的，告知申请人该政府信息不存在；

（五）所申请公开信息不属于本行政机关负责公开的，告知申请人并说明理由；能够确定负责公开该政府信息的行政机关的，告知申请人该行政机关的名称、联系方式；

（六）行政机关已就申请人提出的政府信息公开申请作出答复、申请人重复申请公开相同政府信息的，告知申请人不予重复处理；

（七）所申请公开信息属于工商、不动产登记资料等信息，有关法律、行政法规对信息的获取有特别规定的，告知申请人依照有关法律、行政法规的规定办理。

第三十七条 申请公开的信息中含有不应当公开或者不属于政府信息的内容，但是能够作区分处理的，行政机关应当向申请人提供可以公开的政府信息内容，并对不予公开的内容说明理由。

第三十八条 行政机关向申请人提供的信息，应当是已制作或者获取的政府信息。除依照本条例第三十七条的规定能够作区分处理的外，需要行政机关对现有政府信息进行加工、分析的，行政机关可以不予提供。

第三十九条 申请人以政府信息公开申请的形式进行信访、投诉、举报等活动，行政机关应当告知申请人不作为政府信息公开申请处理并可以告知通过相应渠道提出。

申请人提出的申请内容为要求行政机关提供政府公报、报刊、书籍等公开出版物的，行政机关可以告知获取的途径。

第四十条 行政机关依申请公开政府信息，应当根据申请人的要求及行政机关保存政府信息的实际情况，确定提供政府信息的具体形式；按照申请人要求的形式提供政府信息,可能危及政府信息载体安全或者公开成本过高的,可以通过电子数据以及其他适当形式提供,或者安排申请人查阅、抄录相关政府信息。

第四十一条 公民、法人或者其他组织有证据证明行政机关提供的与其自身相关的政府信息记录不准确的,可以要求行政机关更正。有权更正的行政机关审核属实的,应当予以更正并告知申请人;不属于本行政机关职能范围的,行政机关可以转送有权更正的行政机关处理并告知申请人,或者告知申请人向有权更正的行政机关提出。

第四十二条 行政机关依申请提供政府信息,不收取费用。但是,申请人申请公开政府信息的数量、频次明显超过合理范围的,行政机关可以收取信息处理费。

行政机关收取信息处理费的具体办法由国务院价格主管部门会同国务院财政部门、全国政府信息公开工作主管部门制定。

第四十三条 申请公开政府信息的公民存在阅读困难或者视听障碍的,行政机关应当为其提供必要的帮助。

第四十四条 多个申请人就相同政府信息向同一行政机关提出公开申请,且该政府信息属于可以公开的,行政机关可以纳入主动公开的范围。

对行政机关依申请公开的政府信息,申请人认为涉及公众利益调整、需要公众广泛知晓或者需要公众参与决策的,可以建议行政机关将该信息纳入主动公开的范围。行政机关经审核认为属于主动公开范围的,应当及时主动公开。

第四十五条 行政机关应当建立健全政府信息公开申请登记、审核、办理、答复、归档的工作制度,加强工作规范。

第五章　监督和保障

第四十六条 各级人民政府应当建立健全政府信息公开工作考核制度、社会评议制度和责任追究制度,定期对政府信息公开工作进行考核、评议。

第四十七条 政府信息公开工作主管部门应当加强对政府信息公开工作的日常指导和监督检查,对行政机关未按照要求开展政府信息公开工作的,予以督促整改或者通报批评;需要对负有责任的领导人员和直接责任人员追究责任的,依法向有权机关提出处理建议。

公民、法人或者其他组织认为行政机关未按照要求主动公开政府信息或者对政府信息公开申请不依法答复处理的，可以向政府信息公开工作主管部门提出。政府信息公开工作主管部门查证属实的，应当予以督促整改或者通报批评。

第四十八条 政府信息公开工作主管部门应当对行政机关的政府信息公开工作人员定期进行培训。

第四十九条 县级以上人民政府部门应当在每年1月31日前向本级政府信息公开工作主管部门提交本行政机关上一年度政府信息公开工作年度报告并向社会公布。

县级以上地方人民政府的政府信息公开工作主管部门应当在每年3月31日前向社会公布本级政府上一年度政府信息公开工作年度报告。

第五十条 政府信息公开工作年度报告应当包括下列内容：

（一）行政机关主动公开政府信息的情况；

（二）行政机关收到和处理政府信息公开申请的情况；

（三）因政府信息公开工作被申请行政复议、提起行政诉讼的情况；

（四）政府信息公开工作存在的主要问题及改进情况，各级人民政府的政府信息公开工作年度报告还应当包括工作考核、社会评议和责任追究结果情况；

（五）其他需要报告的事项。

全国政府信息公开工作主管部门应当公布政府信息公开工作年度报告统一格式，并适时更新。

第五十一条 公民、法人或者其他组织认为行政机关在政府信息公开工作中侵犯其合法权益的，可以向上一级行政机关或者政府信息公开工作主管部门投诉、举报，也可以依法申请行政复议或者提起行政诉讼。

第五十二条 行政机关违反本条例的规定，未建立健全政府信息公开有关制度、机制的，由上一级行政机关责令改正；情节严重的，对负有责任的领导人员和直接责任人员依法给予处分。

第五十三条 行政机关违反本条例的规定，有下列情形之一的，由上一级行政机关责令改正；情节严重的，对负有责任的领导人员和直接责任人员依法给予处分；构成犯罪的，依法追究刑事责任：

（一）不依法履行政府信息公开职能；

（二）不及时更新公开的政府信息内容、政府信息公开指南和政府信息公开目录；

（三）违反本条例规定的其他情形。

第六章　附　　则

第五十四条　法律、法规授权的具有管理公共事务职能的组织公开政府信息的活动，适用本条例。

第五十五条　教育、卫生健康、供水、供电、供气、供热、环境保护、公共交通等与人民群众利益密切相关的公共企事业单位，公开在提供社会公共服务过程中制作、获取的信息，依照相关法律、法规和国务院有关主管部门或者机构的规定执行。全国政府信息公开工作主管部门根据实际需要可以制定专门的规定。

前款规定的公共企事业单位未依照相关法律、法规和国务院有关主管部门或者机构的规定公开在提供社会公共服务过程中制作、获取的信息，公民、法人或者其他组织可以向有关主管部门或者机构申诉，接受申诉的部门或者机构应当及时调查处理并将处理结果告知申诉人。

第五十六条　本条例自 2019 年 5 月 15 日起施行。

重大行政决策程序暂行条例

（2019 年 4 月 20 日　国务院令第 713 号）

第一章　总　　则

第 一 条　为了健全科学、民主、依法决策机制，规范重大行政决策程序，提高决策质量和效率，明确决策责任，根据宪法、地方各级人民代表大会和地方各级人民政府组织法等规定，制定本条例。

第 二 条　县级以上地方人民政府（以下称决策机关）重大行政决策的作出和调整程序，适用本条例。

第 三 条　本条例所称重大行政决策事项（以下简称决策事项）包括：

（一）制定有关公共服务、市场监管、社会管理、环境保护等方面的重大公共政策和措施；

（二）制定经济和社会发展等方面的重要规划；

（三）制定开发利用、保护重要自然资源和文化资源的重大公共政策和措施；

（四）决定在本行政区域实施的重大公共建设项目；

（五）决定对经济社会发展有重大影响、涉及重大公共利益或者社会公众切身利益的其他重大事项。

法律、行政法规对本条第一款规定事项的决策程序另有规定的，依照其规定。财政政策、货币政策等宏观调控决策，政府立法决策以及突发事件应急处置决策不适用本条例。

决策机关可以根据本条第一款的规定，结合职责权限和本地实际，确定决策事项目录、标准，经同级党委同意后向社会公布，并根据实际情况调整。

第 四 条　重大行政决策必须坚持和加强党的全面领导，全面贯彻党的路线方针政策和决策部署，发挥党的领导核心作用，把党的领导贯彻到重大行政决策全过程。

第 五 条　作出重大行政决策应当遵循科学决策原则，贯彻创新、协调、绿色、开放、共享的发展理念，坚持从实际出发，运用科学技术和方法，尊重客观规律，适应经济社会发展和全面深化改革要求。

第 六 条 作出重大行政决策应当遵循民主决策原则，充分听取各方面意见，保障人民群众通过多种途径和形式参与决策。

第 七 条 作出重大行政决策应当遵循依法决策原则，严格遵守法定权限，依法履行法定程序，保证决策内容符合法律、法规和规章等规定。

第 八 条 重大行政决策依法接受本级人民代表大会及其常务委员会的监督，根据法律、法规规定属于本级人民代表大会及其常务委员会讨论决定的重大事项范围或者应当在出台前向本级人民代表大会常务委员会报告的，按照有关规定办理。

上级行政机关应当加强对下级行政机关重大行政决策的监督。审计机关按照规定对重大行政决策进行监督。

第 九 条 重大行政决策情况应当作为考核评价决策机关及其领导人员的重要内容。

第二章 决策草案的形成

第一节 决 策 启 动

第 十 条 对各方面提出的决策事项建议，按照下列规定进行研究论证后，报请决策机关决定是否启动决策程序：

（一）决策机关领导人员提出决策事项建议的，交有关单位研究论证；

（二）决策机关所属部门或者下一级人民政府提出决策事项建议的，应当论证拟解决的主要问题、建议理由和依据、解决问题的初步方案及其必要性、可行性等；

（三）人大代表、政协委员等通过建议、提案等方式提出决策事项建议，以及公民、法人或者其他组织提出书面决策事项建议的，交有关单位研究论证。

第十一条 决策机关决定启动决策程序的，应当明确决策事项的承办单位（以下简称决策承办单位），由决策承办单位负责重大行政决策草案的拟订等工作。决策事项需要两个以上单位承办的，应当明确牵头的决策承办单位。

第十二条 决策承办单位应当在广泛深入开展调查研究、全面准确掌握有关信息、充分协商协调的基础上，拟订决策草案。

决策承办单位应当全面梳理与决策事项有关的法律、法规、规章和政策，使决策草案合法合规、与有关政策相衔接。

决策承办单位根据需要对决策事项涉及的人财物投入、资源消耗、环境影响等成本和经济、社会、环境效益进行分析预测。

有关方面对决策事项存在较大分歧的，决策承办单位可以提出两个以上方案。

第十三条 决策事项涉及决策机关所属部门、下一级人民政府等单位的职责，或者与其关系紧密的，决策承办单位应当与其充分协商；不能取得一致意见的，应当向决策机关说明争议的主要问题，有关单位的意见，决策承办单位的意见、理由和依据。

第二节 公众参与

第十四条 决策承办单位应当采取便于社会公众参与的方式充分听取意见，依法不予公开的决策事项除外。

听取意见可以采取座谈会、听证会、实地走访、书面征求意见、向社会公开征求意见、问卷调查、民意调查等多种方式。

决策事项涉及特定群体利益的，决策承办单位应当与相关人民团体、社会组织以及群众代表进行沟通协商，充分听取相关群体的意见建议。

第十五条 决策事项向社会公开征求意见的，决策承办单位应当通过政府网站、政务新媒体以及报刊、广播、电视等便于社会公众知晓的途径，公布决策草案及其说明等材料，明确提出意见的方式和期限。公开征求意见的期限一般不少于 30 日；因情况紧急等原因需要缩短期限的，公开征求意见时应当予以说明。

对社会公众普遍关心或者专业性、技术性较强的问题，决策承办单位可以通过专家访谈等方式进行解释说明。

第十六条 决策事项直接涉及公民、法人、其他组织切身利益或者存在较大分歧的，可以召开听证会。法律、法规、规章对召开听证会另有规定的，依照其规定。

决策承办单位或者组织听证会的其他单位应当提前公布决策草案及其说明等材料，明确听证时间、地点等信息。

需要遴选听证参加人的，决策承办单位或者组织听证会的其他单位应当提前公布听证参加人遴选办法，公平公开组织遴选，保证相关各方都有代表参加听证会。听证参加人名单应当提前向社会公布。听证会材料应当于召开听证会 7 日前送达听证参加人。

第十七条 听证会应当按照下列程序公开举行:

(一)决策承办单位介绍决策草案、依据和有关情况;

(二)听证参加人陈述意见,进行询问、质证和辩论,必要时可以由决策承办单位或者有关专家进行解释说明;

(三)听证参加人确认听证会记录并签字。

第十八条 决策承办单位应当对社会各方面提出的意见进行归纳整理、研究论证,充分采纳合理意见,完善决策草案。

第三节 专家论证

第十九条 对专业性、技术性较强的决策事项,决策承办单位应当组织专家、专业机构论证其必要性、可行性、科学性等,并提供必要保障。

专家、专业机构应当独立开展论证工作,客观、公正、科学地提出论证意见,并对所知悉的国家秘密、商业秘密、个人隐私依法履行保密义务;提供书面论证意见的,应当署名、盖章。

第二十条 决策承办单位组织专家论证,可以采取论证会、书面咨询、委托咨询论证等方式。选择专家、专业机构参与论证,应当坚持专业性、代表性和中立性,注重选择持不同意见的专家、专业机构,不得选择与决策事项有直接利害关系的专家、专业机构。

第二十一条 省、自治区、直辖市人民政府应当建立决策咨询论证专家库,规范专家库运行管理制度,健全专家诚信考核和退出机制。

市、县级人民政府可以根据需要建立决策咨询论证专家库。

决策机关没有建立决策咨询论证专家库的,可以使用上级行政机关的专家库。

第四节 风险评估

第二十二条 重大行政决策的实施可能对社会稳定、公共安全等方面造成不利影响的,决策承办单位或者负责风险评估工作的其他单位应当组织评估决策草案的风险可控性。

按照有关规定已对有关风险进行评价、评估的,不作重复评估。

第二十三条 开展风险评估,可以通过舆情跟踪、重点走访、会商分析等方式,运用定性分析与定量分析等方法,对决策实施的风险进行科学预测、综合研判。

开展风险评估,应当听取有关部门的意见,形成风险评估报告,明确风险点,提出风险防范措施和处置预案。

开展风险评估,可以委托专业机构、社会组织等第三方进行。

第二十四条 风险评估结果应当作为重大行政决策的重要依据。决策机关认为风险可控的,可以作出决策;认为风险不可控的,在采取调整决策草案等措施确保风险可控后,可以作出决策。

第三章 合法性审查和集体讨论决定

第一节 合法性审查

第二十五条 决策草案提交决策机关讨论前,应当由负责合法性审查的部门进行合法性审查。不得以征求意见等方式代替合法性审查。

决策草案未经合法性审查或者经审查不合法的,不得提交决策机关讨论。对国家尚无明确规定的探索性改革决策事项,可以明示法律风险,提交决策机关讨论。

第二十六条 送请合法性审查,应当提供决策草案及相关材料,包括有关法律、法规、规章等依据和履行决策法定程序的说明等。提供的材料不符合要求的,负责合法性审查的部门可以退回,或者要求补充。

送请合法性审查,应当保证必要的审查时间,一般不少于 7 个工作日。

第二十七条 合法性审查的内容包括:

(一)决策事项是否符合法定权限;

(二)决策草案的形成是否履行相关法定程序;

(三)决策草案内容是否符合有关法律、法规、规章和国家政策的规定。

第二十八条 负责合法性审查的部门应当及时提出合法性审查意见,并对合法性审查意见负责。在合法性审查过程中,应当组织法律顾问、公职律师提出法律意见。决策承办单位根据合法性审查意见进行必要的调整或者补充。

第二节 集体讨论决定和决策公布

第二十九条 决策承办单位提交决策机关讨论决策草案,应当报送下列材料:

(一)决策草案及相关材料,决策草案涉及市场主体经济活动的,应当包含公平竞争审查的有关情况;

(二)履行公众参与程序的,同时报送社会公众提出的主要意见的研究采纳情况；

（三）履行专家论证程序的，同时报送专家论证意见的研究采纳情况；

（四）履行风险评估程序的，同时报送风险评估报告等有关材料；

（五）合法性审查意见；

（六）需要报送的其他材料。

第三十条 决策草案应当经决策机关常务会议或者全体会议讨论。决策机关行政首长在集体讨论的基础上作出决定。

讨论决策草案，会议组成人员应当充分发表意见，行政首长最后发表意见。行政首长拟作出的决定与会议组成人员多数人的意见不一致的，应当在会上说明理由。

集体讨论决定情况应当如实记录，不同意见应当如实载明。

第三十一条 重大行政决策出台前应当按照规定向同级党委请示报告。

第三十二条 决策机关应当通过本级人民政府公报和政府网站以及在本行政区域内发行的报纸等途径及时公布重大行政决策。对社会公众普遍关心或者专业性、技术性较强的重大行政决策，应当说明公众意见、专家论证意见的采纳情况，通过新闻发布会、接受访谈等方式进行宣传解读。依法不予公开的除外。

第三十三条 决策机关应当建立重大行政决策过程记录和材料归档制度，由有关单位将履行决策程序形成的记录、材料及时完整归档。

第四章 决策执行和调整

第三十四条 决策机关应当明确负责重大行政决策执行工作的单位（以下简称决策执行单位），并对决策执行情况进行督促检查。决策执行单位应当依法全面、及时、正确执行重大行政决策，并向决策机关报告决策执行情况。

第三十五条 决策执行单位发现重大行政决策存在问题、客观情况发生重大变化，或者决策执行中发生不可抗力等严重影响决策目标实现的，应当及时向决策机关报告。

公民、法人或者其他组织认为重大行政决策及其实施存在问题的，可以通过信件、电话、电子邮件等方式向决策机关或者决策执行单位提出意见建议。

第三十六条 有下列情形之一的，决策机关可以组织决策后评估，并确定承担评估具体工作的单位：

（一）重大行政决策实施后明显未达到预期效果；

（二）公民、法人或者其他组织提出较多意见；

（三）决策机关认为有必要。

开展决策后评估，可以委托专业机构、社会组织等第三方进行，决策作出前承担主要论证评估工作的单位除外。

开展决策后评估，应当注重听取社会公众的意见，吸收人大代表、政协委员、人民团体、基层组织、社会组织参与评估。

决策后评估结果应当作为调整重大行政决策的重要依据。

第三十七条 依法作出的重大行政决策，未经法定程序不得随意变更或者停止执行；执行中出现本条例第三十五条规定的情形、情况紧急的，决策机关行政首长可以先决定中止执行；需要作出重大调整的，应当依照本条例履行相关法定程序。

第五章 法律责任

第三十八条 决策机关违反本条例规定的，由上一级行政机关责令改正，对决策机关行政首长、负有责任的其他领导人员和直接责任人员依法追究责任。

决策机关违反本条例规定造成决策严重失误，或者依法应当及时作出决策而久拖不决，造成重大损失、恶劣影响的，应当倒查责任，实行终身责任追究，对决策机关行政首长、负有责任的其他领导人员和直接责任人员依法追究责任。

决策机关集体讨论决策草案时，有关人员对严重失误的决策表示不同意见的，按照规定减免责任。

第三十九条 决策承办单位或者承担决策有关工作的单位未按照本条例规定履行决策程序或者履行决策程序时失职渎职、弄虚作假的，由决策机关责令改正，对负有责任的领导人员和直接责任人员依法追究责任。

第四十条 决策执行单位拒不执行、推诿执行、拖延执行重大行政决策，或者对执行中发现的重大问题瞒报、谎报或者漏报的，由决策机关责令改正，对负有责任的领导人员和直接责任人员依法追究责任。

第四十一条 承担论证评估工作的专家、专业机构、社会组织等违反职业道德和本条例规定的，予以通报批评、责令限期整改；造成严重后果的，取消评估资格、承担相应责任。

第六章　附　　则

第四十二条　县级以上人民政府部门和乡级人民政府重大行政决策的作出和调整程序，参照本条例规定执行。

第四十三条　省、自治区、直辖市人民政府根据本条例制定本行政区域重大行政决策程序的具体制度。

国务院有关部门参照本条例规定，制定本部门重大行政决策程序的具体制度。

第四十四条　本条例自2019年9月1日起施行。

中华人民共和国
企业所得税法实施条例

（2007 年 12 月 6 日国务院令第 512 号公布　根据 2019 年 4 月 23 日《国务院关于修改部分行政法规的决定》修订）

第一章　总　　则

第 一 条　根据《中华人民共和国企业所得税法》（以下简称企业所得税法）的规定，制定本条例。

第 二 条　企业所得税法第一条所称个人独资企业、合伙企业，是指依照中国法律、行政法规成立的个人独资企业、合伙企业。

第 三 条　企业所得税法第二条所称依法在中国境内成立的企业，包括依照中国法律、行政法规在中国境内成立的企业、事业单位、社会团体以及其他取得收入的组织。

企业所得税法第二条所称依照外国（地区）法律成立的企业，包括依照外国（地区）法律成立的企业和其他取得收入的组织。

第 四 条　企业所得税法第二条所称实际管理机构，是指对企业的生产经营、人员、账务、财产等实施实质性全面管理和控制的机构。

第 五 条　企业所得税法第二条第三款所称机构、场所，是指在中国境内从事生产经营活动的机构、场所，包括：

（一）管理机构、营业机构、办事机构；

（二）工厂、农场、开采自然资源的场所；

（三）提供劳务的场所；

（四）从事建筑、安装、装配、修理、勘探等工程作业的场所；

（五）其他从事生产经营活动的机构、场所。

非居民企业委托营业代理人在中国境内从事生产经营活动的，包括委托单位或者个人经常代其签订合同，或者储存、交付货物等，该营业代理人视为非居民企业在中国境内设立的机构、场所。

第 六 条　企业所得税法第三条所称所得，包括销售货物所得、提供劳务所得、转让财产所得、股息红利等权益性投资所得、利息所得、租金所得、特许权使用费所得、接受捐赠所得和其他所得。

第 七 条 企业所得税法第三条所称来源于中国境内、境外的所得，按照以下原则确定：

（一）销售货物所得，按照交易活动发生地确定；

（二）提供劳务所得，按照劳务发生地确定；

（三）转让财产所得，不动产转让所得按照不动产所在地确定，动产转让所得按照转让动产的企业或者机构、场所所在地确定，权益性投资资产转让所得按照被投资企业所在地确定；

（四）股息、红利等权益性投资所得，按照分配所得的企业所在地确定；

（五）利息所得、租金所得、特许权使用费所得，按照负担、支付所得的企业或者机构、场所所在地确定，或者按照负担、支付所得的个人的住所地确定；

（六）其他所得，由国务院财政、税务主管部门确定。

第 八 条 企业所得税法第三条所称实际联系，是指非居民企业在中国境内设立的机构、场所拥有据以取得所得的股权、债权，以及拥有、管理、控制据以取得所得的财产等。

第二章　应纳税所得额

第一节　一般规定

第 九 条 企业应纳税所得额的计算，以权责发生制为原则，属于当期的收入和费用，不论款项是否收付，均作为当期的收入和费用；不属于当期的收入和费用，即使款项已经在当期收付，均不作为当期的收入和费用。本条例和国务院财政、税务主管部门另有规定的除外。

第 十 条 企业所得税法第五条所称亏损，是指企业依照企业所得税法和本条例的规定将每一纳税年度的收入总额减除不征税收入、免税收入和各项扣除后小于零的数额。

第十一条 企业所得税法第五十五条所称清算所得，是指企业的全部资产可变现价值或者交易价格减除资产净值、清算费用以及相关税费等后的余额。

投资方企业从被清算企业分得的剩余资产，其中相当于从被清算企业累计未分配利润和累计盈余公积中应当分得的部分，应当确认为股息所得;剩余资产减除上述股息所得后的余额,超过或者低于投资成本的部分,应当确认为投资资产转让所得或者损失。

第二节　收　　入

第十二条　企业所得税法第六条所称企业取得收入的货币形式,包括现金、存款、应收账款、应收票据、准备持有至到期的债券投资以及债务的豁免等。

企业所得税法第六条所称企业取得收入的非货币形式,包括固定资产、生物资产、无形资产、股权投资、存货、不准备持有至到期的债券投资、劳务以及有关权益等。

第十三条　企业所得税法第六条所称企业以非货币形式取得的收入,应当按照公允价值确定收入额。

前款所称公允价值,是指按照市场价格确定的价值。

第十四条　企业所得税法第六条第(一)项所称销售货物收入,是指企业销售商品、产品、原材料、包装物、低值易耗品以及其他存货取得的收入。

第十五条　企业所得税法第六条第(二)项所称提供劳务收入,是指企业从事建筑安装、修理修配、交通运输、仓储租赁、金融保险、邮电通信、咨询经纪、文化体育、科学研究、技术服务、教育培训、餐饮住宿、中介代理、卫生保健、社区服务、旅游、娱乐、加工以及其他劳务服务活动取得的收入。

第十六条　企业所得税法第六条第(三)项所称转让财产收入,是指企业转让固定资产、生物资产、无形资产、股权、债权等财产取得的收入。

第十七条　企业所得税法第六条第(四)项所称股息、红利等权益性投资收益,是指企业因权益性投资从被投资方取得的收入。

股息、红利等权益性投资收益,除国务院财政、税务主管部门另有规定外,按照被投资方作出利润分配决定的日期确认收入的实现。

第十八条　企业所得税法第六条第(五)项所称利息收入,是指企业将资金提供他人使用但不构成权益性投资,或者因他人占用本企业资金取得的收入,包括存款利息、贷款利息、债券利息、欠款利息等收入。

利息收入,按照合同约定的债务人应付利息的日期确认收入的实现。

第十九条　企业所得税法第六条第(六)项所称租金收入,是指企业提供固定资产、包装物或者其他有形资产的使用权取得的收入。

租金收入,按照合同约定的承租人应付租金的日期确认收入的实现。

第二十条 企业所得税法第六条第（七）项所称特许权使用费收入，是指企业提供专利权、非专利技术、商标权、著作权以及其他特许权的使用权取得的收入。

特许权使用费收入，按照合同约定的特许权使用人应付特许权使用费的日期确认收入的实现。

第二十一条 企业所得税法第六条第（八）项所称接受捐赠收入，是指企业接受的来自其他企业、组织或者个人无偿给予的货币性资产、非货币性资产。

接受捐赠收入，按照实际收到捐赠资产的日期确认收入的实现。

第二十二条 企业所得税法第六条第（九）项所称其他收入，是指企业取得的除企业所得税法第六条第（一）项至第（八）项规定的收入外的其他收入，包括企业资产溢余收入、逾期未退包装物押金收入、确实无法偿付的应付款项、已作坏账损失处理后又收回的应收款项、债务重组收入、补贴收入、违约金收入、汇兑收益等。

第二十三条 企业的下列生产经营业务可以分期确认收入的实现：

（一）以分期收款方式销售货物的，按照合同约定的收款日期确认收入的实现；

（二）企业受托加工制造大型机械设备、船舶、飞机，以及从事建筑、安装、装配工程业务或者提供其他劳务等，持续时间超过 12 个月的，按照纳税年度内完工进度或者完成的工作量确认收入的实现。

第二十四条 采取产品分成方式取得收入的，按照企业分得产品的日期确认收入的实现，其收入额按照产品的公允价值确定。

第二十五条 企业发生非货币性资产交换，以及将货物、财产、劳务用于捐赠、偿债、赞助、集资、广告、样品、职工福利或者利润分配等用途的，应当视同销售货物、转让财产或者提供劳务，但国务院财政、税务主管部门另有规定的除外。

第二十六条 企业所得税法第七条第（一）项所称财政拨款，是指各级人民政府对纳入预算管理的事业单位、社会团体等组织拨付的财政资金，但国务院和国务院财政、税务主管部门另有规定的除外。

企业所得税法第七条第（二）项所称行政事业性收费，是指依照法律法规等有关规定，按照国务院规定程序批准，在实施社会公共管理，以及在向公民、法人或者其他组织提供特定公共服务过程中，向特定对象收取并纳入财政管理的费用。

企业所得税法第七条第（二）项所称政府性基金，是指企业依照法律、行政法规等有关规定,代政府收取的具有专项用途的财政资金。

企业所得税法第七条第(三)项所称国务院规定的其他不征税收入,是指企业取得的,由国务院财政、税务主管部门规定专项用途并经国务院批准的财政性资金。

第三节 扣　　除

第二十七条 企业所得税法第八条所称有关的支出,是指与取得收入直接相关的支出。

企业所得税法第八条所称合理的支出,是指符合生产经营活动常规,应当计入当期损益或者有关资产成本的必要和正常的支出。

第二十八条 企业发生的支出应当区分收益性支出和资本性支出。收益性支出在发生当期直接扣除;资本性支出应当分期扣除或者计入有关资产成本,不得在发生当期直接扣除。

企业的不征税收入用于支出所形成的费用或者财产,不得扣除或者计算对应的折旧、摊销扣除。

除企业所得税法和本条例另有规定外,企业实际发生的成本、费用、税金、损失和其他支出,不得重复扣除。

第二十九条 企业所得税法第八条所称成本,是指企业在生产经营活动中发生的销售成本、销货成本、业务支出以及其他耗费。

第三十条 企业所得税法第八条所称费用,是指企业在生产经营活动中发生的销售费用、管理费用和财务费用,已经计入成本的有关费用除外。

第三十一条 企业所得税法第八条所称税金,是指企业发生的除企业所得税和允许抵扣的增值税以外的各项税金及其附加。

第三十二条 企业所得税法第八条所称损失,是指企业在生产经营活动中发生的固定资产和存货的盘亏、毁损、报废损失,转让财产损失,呆账损失,坏账损失,自然灾害等不可抗力因素造成的损失以及其他损失。

企业发生的损失,减除责任人赔偿和保险赔款后的余额,依照国务院财政、税务主管部门的规定扣除。

企业已经作为损失处理的资产,在以后纳税年度又全部收回或者部分收回时,应当计入当期收入。

第三十三条 企业所得税法第八条所称其他支出,是指除成本、费用、税金、损失外,企业在生产经营活动中发生的与生产经营活动有关的、合理的支出。

第三十四条　企业发生的合理的工资薪金支出，准予扣除。

前款所称工资薪金，是指企业每一纳税年度支付给在本企业任职或者受雇的员工的所有现金形式或者非现金形式的劳动报酬，包括基本工资、奖金、津贴、补贴、年终加薪、加班工资，以及与员工任职或者受雇有关的其他支出。

第三十五条　企业依照国务院有关主管部门或者省级人民政府规定的范围和标准为职工缴纳的基本养老保险费、基本医疗保险费、失业保险费、工伤保险费、生育保险费等基本社会保险费和住房公积金，准予扣除。

企业为投资者或者职工支付的补充养老保险费、补充医疗保险费，在国务院财政、税务主管部门规定的范围和标准内，准予扣除。

第三十六条　除企业依照国家有关规定为特殊工种职工支付的人身安全保险费和国务院财政、税务主管部门规定可以扣除的其他商业保险费外，企业为投资者或者职工支付的商业保险费，不得扣除。

第三十七条　企业在生产经营活动中发生的合理的不需要资本化的借款费用，准予扣除。

企业为购置、建造固定资产、无形资产和经过 12 个月以上的建造才能达到预定可销售状态的存货发生借款的，在有关资产购置、建造期间发生的合理的借款费用，应当作为资本性支出计入有关资产的成本，并依照本条例的规定扣除。

第三十八条　企业在生产经营活动中发生的下列利息支出，准予扣除：

（一）非金融企业向金融企业借款的利息支出、金融企业的各项存款利息支出和同业拆借利息支出、企业经批准发行债券的利息支出；

（二）非金融企业向非金融企业借款的利息支出，不超过按照金融企业同期同类贷款利率计算的数额的部分。

第三十九条　企业在货币交易中，以及纳税年度终了时将人民币以外的货币性资产、负债按照期末即期人民币汇率中间价折算为人民币时产生的汇兑损失，除已经计入有关资产成本以及与向所有者进行利润分配相关的部分外，准予扣除。

第四十条　企业发生的职工福利费支出，不超过工资薪金总额 14% 的部分，准予扣除。

第四十一条　企业拨缴的工会经费，不超过工资薪金总额 2% 的部分，准予扣除。

第四十二条　除国务院财政、税务主管部门另有规定外，企业发生的职工教育经费支出，不超过工资薪金总额2.5%的部分，准予扣除；超过部分，准予在以后纳税年度结转扣除。

第四十三条 企业发生的与生产经营活动有关的业务招待费支出，按照发生额的60%扣除，但最高不得超过当年销售（营业）收入的5‰。

第四十四条 企业发生的符合条件的广告费和业务宣传费支出，除国务院财政、税务主管部门另有规定外，不超过当年销售（营业）收入15%的部分，准予扣除；超过部分，准予在以后纳税年度结转扣除。

第四十五条 企业依照法律、行政法规有关规定提取的用于环境保护、生态恢复等方面的专项资金，准予扣除。上述专项资金提取后改变用途的，不得扣除。

第四十六条 企业参加财产保险，按照规定缴纳的保险费，准予扣除。

第四十七条 企业根据生产经营活动的需要租入固定资产支付的租赁费，按照以下方法扣除：

（一）以经营租赁方式租入固定资产发生的租赁费支出，按照租赁期限均匀扣除；

（二）以融资租赁方式租入固定资产发生的租赁费支出，按照规定构成融资租入固定资产价值的部分应当提取折旧费用，分期扣除。

第四十八条 企业发生的合理的劳动保护支出，准予扣除。

第四十九条 企业之间支付的管理费、企业内营业机构之间支付的租金和特许权使用费，以及非银行企业内营业机构之间支付的利息，不得扣除。

第五十条 非居民企业在中国境内设立的机构、场所，就其中国境外总机构发生的与该机构、场所生产经营有关的费用，能够提供总机构出具的费用汇集范围、定额、分配依据和方法等证明文件，并合理分摊的，准予扣除。

第五十一条 企业所得税法第九条所称公益性捐赠，是指企业通过公益性社会组织或者县级以上人民政府及其部门，用于符合法律规定的慈善活动、公益事业的捐赠

第五十二条 本条例第五十一条所称公益性社会组织，是指同时符合下列条件的慈善组织以及其他社会组织：

（一）依法登记，具有法人资格；

（二）以发展公益事业为宗旨，且不以营利为目的；

（三）全部资产及其增值为该法人所有；

（四）收益和营运结余主要用于符合该法人设立目的的事业；

（五）终止后的剩余财产不归属任何个人或者营利组织；

（六）不经营与其设立目的无关的业务；

（七）有健全的财务会计制度；

（八）捐赠者不以任何形式参与该法人财产的分配；

（九）国务院财政、税务主管部门会同国务院民政部门等登记管理部门规定的其他条件。

第五十三条 企业当年发生以及以前年度结转的公益性捐赠支出，不超过年度利润总额12%的部分，准予扣除。

年度利润总额，是指企业依照国家统一会计制度的规定计算的年度会计利润。

第五十四条 企业所得税法第十条第（六）项所称赞助支出，是指企业发生的与生产经营活动无关的各种非广告性质支出。

第五十五条 企业所得税法第十条第（七）项所称未经核定的准备金支出，是指不符合国务院财政、税务主管部门规定的各项资产减值准备、风险准备等准备金支出。

第四节 资产的税务处理

第五十六条 企业的各项资产，包括固定资产、生物资产、无形资产、长期待摊费用、投资资产、存货等，以历史成本为计税基础。

前款所称历史成本，是指企业取得该项资产时实际发生的支出。

企业持有各项资产期间资产增值或者减值，除国务院财政、税务主管部门规定可以确认损益外，不得调整该资产的计税基础。

第五十七条 企业所得税法第十一条所称固定资产，是指企业为生产产品、提供劳务、出租或者经营管理而持有的、使用时间超过12个月的非货币性资产，包括房屋、建筑物、机器、机械、运输工具以及其他与生产经营活动有关的设备、器具、工具等。

第五十八条 固定资产按照以下方法确定计税基础：

（一）外购的固定资产，以购买价款和支付的相关税费以及直接归属于使该资产达到预定用途发生的其他支出为计税基础；

（二）自行建造的固定资产，以竣工结算前发生的支出为计税基础；

（三）融资租入的固定资产，以租赁合同约定的付款总额和承租人在签订租赁合同过程中发生的相关费用为计税基础，租赁合同未约定付款总额的，以该资产的公允价值和承租人在签订租赁合同过程中发生的相关费用为计税基础；

（四）盘盈的固定资产，以同类固定资产的重置完全价值为计税基础；

（五）通过捐赠、投资、非货币性资产交换、债务重组等方式取得的固定资产，以该资产的公允价值和支付的相关税费为计税基础；

（六）改建的固定资产，除企业所得税法第十三条第（一）项和第（二）项规定的支出外，以改建过程中发生的改建支出增加计税基础。

第五十九条 固定资产按照直线法计算的折旧，准予扣除。

企业应当自固定资产投入使用月份的次月起计算折旧；停止使用的固定资产，应当自停止使用月份的次月起停止计算折旧。

企业应当根据固定资产的性质和使用情况，合理确定固定资产的预计净残值。固定资产的预计净残值一经确定，不得变更。

第六十条 除国务院财政、税务主管部门另有规定外，固定资产计算折旧的最低年限如下：

（一）房屋、建筑物，为20年；

（二）飞机、火车、轮船、机器、机械和其他生产设备，为10年；

（三）与生产经营活动有关的器具、工具、家具等，为5年；

（四）飞机、火车、轮船以外的运输工具，为4年；

（五）电子设备，为3年。

第六十一条 从事开采石油、天然气等矿产资源的企业，在开始商业性生产前发生的费用和有关固定资产的折耗、折旧方法，由国务院财政、税务主管部门另行规定。

第六十二条 生产性生物资产按照以下方法确定计税基础：

（一）外购的生产性生物资产，以购买价款和支付的相关税费为计税基础；

（二）通过捐赠、投资、非货币性资产交换、债务重组等方式取得的生产性生物资产，以该资产的公允价值和支付的相关税费为计税基础。

前款所称生产性生物资产，是指企业为生产农产品、提供劳务或者出租等而持有的生物资产，包括经济林、薪炭林、产畜和役畜等。

第六十三条 生产性生物资产按照直线法计算的折旧，准予扣除。

企业应当自生产性生物资产投入使用月份的次月起计算折旧；停止使用的生产性生物资产，应当自停止使用月份的次月起停止计算折旧。

企业应当根据生产性生物资产的性质和使用情况，合理确定生产性生物资产的预计净残值。生产性生物资产的预计净残值一经确定，不得变更。

第六十四条 生产性生物资产计算折旧的最低年限如下：

（一）林木类生产性生物资产，为10年；

（二）畜类生产性生物资产，为3年。

第六十五条 企业所得税法第十二条所称无形资产，是指企业为生产产品、提供劳务、出租或者经营管理而持有的、没有实物形态的非货币性长期资产，包括专利权、商标权、著作权、土地使用权、非专利技术、商誉等。

第六十六条 无形资产按照以下方法确定计税基础：

（一）外购的无形资产，以购买价款和支付的相关税费以及直接归属于使该资产达到预定用途发生的其他支出为计税基础；

（二）自行开发的无形资产，以开发过程中该资产符合资本化条件后至达到预定用途前发生的支出为计税基础；

（三）通过捐赠、投资、非货币性资产交换、债务重组等方式取得的无形资产，以该资产的公允价值和支付的相关税费为计税基础。

第六十七条 无形资产按照直线法计算的摊销费用，准予扣除。

无形资产的摊销年限不得低于10年。

作为投资或者受让的无形资产，有关法律规定或者合同约定了使用年限的，可以按照规定或者约定的使用年限分期摊销。

外购商誉的支出，在企业整体转让或者清算时，准予扣除。

第六十八条 企业所得税法第十三条第（一）项和第（二）项所称固定资产的改建支出，是指改变房屋或者建筑物结构、延长使用年限等发生的支出。

企业所得税法第十三条第（一）项规定的支出，按照固定资产预计尚可使用年限分期摊销；第（二）项规定的支出，按照合同约定的剩余租赁期限分期摊销。

改建的固定资产延长使用年限的，除企业所得税法第十三条第（一）项和第（二）项规定外，应当适当延长折旧年限。

第六十九条 企业所得税法第十三条第（三）项所称固定资产的大修理支出，是指同时符合下列条件的支出：

（一）修理支出达到取得固定资产时的计税基础50%以上；

（二）修理后固定资产的使用年限延长2年以上。

企业所得税法第十三条第（三）项规定的支出，按照固定资产尚可使用年限分期摊销。

第七十条 企业所得税法第十三条第(四)项所称其他应当作为长期待摊费用的支出,自支出发生月份的次月起,分期摊销,摊销年限不得低于3年。

第七十一条 企业所得税法第十四条所称投资资产,是指企业对外进行权益性投资和债权性投资形成的资产。

企业在转让或者处置投资资产时,投资资产的成本,准予扣除。

投资资产按照以下方法确定成本:

(一)通过支付现金方式取得的投资资产,以购买价款为成本;

(二)通过支付现金以外的方式取得的投资资产,以该资产的公允价值和支付的相关税费为成本。

第七十二条 企业所得税法第十五条所称存货,是指企业持有以备出售的产品或者商品、处在生产过程中的在产品、在生产或者提供劳务过程中耗用的材料和物料等。

存货按照以下方法确定成本:

(一)通过支付现金方式取得的存货,以购买价款和支付的相关税费为成本;

(二)通过支付现金以外的方式取得的存货,以该存货的公允价值和支付的相关税费为成本;

(三)生产性生物资产收获的农产品,以产出或者采收过程中发生的材料费、人工费和分摊的间接费用等必要支出为成本。

第七十三条 企业使用或者销售的存货的成本计算方法,可以在先进先出法、加权平均法、个别计价法中选用一种。计价方法一经选用,不得随意变更。

第七十四条 企业所得税法第十六条所称资产的净值和第十九条所称财产净值,是指有关资产、财产的计税基础减除已经按照规定扣除的折旧、折耗、摊销、准备金等后的余额。

第七十五条 除国务院财政、税务主管部门另有规定外,企业在重组过程中,应当在交易发生时确认有关资产的转让所得或者损失,相关资产应当按照交易价格重新确定计税基础。

第三章 应纳税额

第七十六条 企业所得税法第二十二条规定的应纳税额的计算公式为:

应纳税额 = 应纳税所得额 × 适用税率 − 减免税额 − 抵免税额

公式中的减免税额和抵免税额，是指依照企业所得税法和国务院的税收优惠规定减征、免征和抵免的应纳税额。

第七十七条 企业所得税法第二十三条所称已在境外缴纳的所得税税额，是指企业来源于中国境外的所得依照中国境外税收法律以及相关规定应当缴纳并已经实际缴纳的企业所得税性质的税款。

第七十八条 企业所得税法第二十三条所称抵免限额，是指企业来源于中国境外的所得，依照企业所得税法和本条例的规定计算的应纳税额。除国务院财政、税务主管部门另有规定外，该抵免限额应当分国（地区）不分项计算，计算公式如下：

抵免限额 = 中国境内、境外所得依照企业所得税法和本条例的规定计算的应纳税总额 × 来源于某国（地区）的应纳税所得额 ÷ 中国境内、境外应纳税所得总额

第七十九条 企业所得税法第二十三条所称 5 个年度，是指从企业取得的来源于中国境外的所得，已经在中国境外缴纳的企业所得税性质的税额超过抵免限额的当年的次年起连续 5 个纳税年度。

第八十条 企业所得税法第二十四条所称直接控制，是指居民企业直接持有外国企业 20% 以上股份。

企业所得税法第二十四条所称间接控制，是指居民企业以间接持股方式持有外国企业 20% 以上股份，具体认定办法由国务院财政、税务主管部门另行制定。

第八十一条 企业依照企业所得税法第二十三条、第二十四条的规定抵免企业所得税税额时，应当提供中国境外税务机关出具的税款所属年度的有关纳税凭证。

第四章 税收优惠

第八十二条 企业所得税法第二十六条第（一）项所称国债利息收入，是指企业持有国务院财政部门发行的国债取得的利息收入。

第八十三条 企业所得税法第二十六条第（二）项所称符合条件的居民企业之间的股息、红利等权益性投资收益，是指居民企业直接投资于其他居民企业取得的投资收益。企业所得税法第二十六条第（二）项和第（三）项所称股息、红利等权益性投资收益，不包括连续持有居民企业公开发行并上市流通的股票不足 12 个月取得的投资收益。

第八十四条　企业所得税法第二十六条第(四)项所称符合条件的非营利组织，是指同时符合下列条件的组织：

(一)依法履行非营利组织登记手续；

(二)从事公益性或者非营利性活动；

(三)取得的收入除用于与该组织有关的、合理的支出外，全部用于登记核定或者章程规定的公益性或者非营利性事业；

(四)财产及其孳息不用于分配；

(五)按照登记核定或者章程规定，该组织注销后的剩余财产用于公益性或者非营利性目的，或者由登记管理机关转赠给与该组织性质、宗旨相同的组织，并向社会公告；

(六)投入人对投入该组织的财产不保留或者享有任何财产权利；

(七)工作人员工资福利开支控制在规定的比例内，不变相分配该组织的财产。

前款规定的非营利组织的认定管理办法由国务院财政、税务主管部门会同国务院有关部门制定。

第八十五条　企业所得税法第二十六条第(四)项所称符合条件的非营利组织的收入，不包括非营利组织从事营利性活动取得的收入，但国务院财政、税务主管部门另有规定的除外。

第八十六条　企业所得税法第二十七条第(一)项规定的企业从事农、林、牧、渔业项目的所得，可以免征、减征企业所得税，是指：

(一)企业从事下列项目的所得，免征企业所得税：

1. 蔬菜、谷物、薯类、油料、豆类、棉花、麻类、糖料、水果、坚果的种植；

2. 农作物新品种的选育；

3. 中药材的种植；

4. 林木的培育和种植；

5. 牲畜、家禽的饲养；

6. 林产品的采集；

7. 灌溉、农产品初加工、兽医、农技推广、农机作业和维修等农、林、牧、渔服务业项目；

8. 远洋捕捞。

(二)企业从事下列项目的所得，减半征收企业所得税：

1. 花卉、茶以及其他饮料作物和香料作物的种植；

2. 海水养殖、内陆养殖。

企业从事国家限制和禁止发展的项目，不得享受本条规定的企业所得税优惠。

第八十七条　企业所得税法第二十七条第（二）项所称国家重点扶持的公共基础设施项目，是指《公共基础设施项目企业所得税优惠目录》规定的港口码头、机场、铁路、公路、城市公共交通、电力、水利等项目。

企业从事前款规定的国家重点扶持的公共基础设施项目的投资经营的所得，自项目取得第一笔生产经营收入所属纳税年度起，第一年至第三年免征企业所得税，第四年至第六年减半征收企业所得税。

企业承包经营、承包建设和内部自建自用本条规定的项目，不得享受本条规定的企业所得税优惠。

第八十八条　企业所得税法第二十七条第（三）项所称符合条件的环境保护、节能节水项目，包括公共污水处理、公共垃圾处理、沼气综合开发利用、节能减排技术改造、海水淡化等。项目的具体条件和范围由国务院财政、税务主管部门商国务院有关部门制订，报国务院批准后公布施行。

企业从事前款规定的符合条件的环境保护、节能节水项目的所得，自项目取得第一笔生产经营收入所属纳税年度起，第一年至第三年免征企业所得税，第四年至第六年减半征收企业所得税。

第八十九条　依照本条例第八十七条和第八十八条规定享受减免税优惠的项目，在减免税期限内转让的，受让方自受让之日起，可以在剩余期限内享受规定的减免税优惠；减免税期限届满后转让的，受让方不得就该项目重复享受减免税优惠。

第九十条　企业所得税法第二十七条第（四）项所称符合条件的技术转让所得免征、减征企业所得税，是指一个纳税年度内，居民企业技术转让所得不超过500万元的部分，免征企业所得税；超过500万元的部分，减半征收企业所得税。

第九十一条　非居民企业取得企业所得税法第二十七条第（五）项规定的所得，减按10%的税率征收企业所得税。

下列所得可以免征企业所得税：

（一）外国政府向中国政府提供贷款取得的利息所得；

（二）国际金融组织向中国政府和居民企业提供优惠贷款取得的利息所得；

（三）经国务院批准的其他所得。

第九十二条　企业所得税法第二十八条第一款所称符合条件的小型微利企业，是指从事国家非限制和禁止行业，并符合下列条件的企业：

（一）工业企业，年度应纳税所得额不超过30万元，从业人数不超过100人，资产总额不超过3000万元；

（二）其他企业，年度应纳税所得额不超过30万元，从业人数不超过80人，资产总额不超过1000万元。

第九十三条 企业所得税法第二十八条第二款所称国家需要重点扶持的高新技术企业，是指拥有核心自主知识产权，并同时符合下列条件的企业：

（一）产品（服务）属于《国家重点支持的高新技术领域》规定的范围；

（二）研究开发费用占销售收入的比例不低于规定比例；

（三）高新技术产品（服务）收入占企业总收入的比例不低于规定比例；

（四）科技人员占企业职工总数的比例不低于规定比例；

（五）高新技术企业认定管理办法规定的其他条件。

《国家重点支持的高新技术领域》和高新技术企业认定管理办法由国务院科技、财政、税务主管部门商国务院有关部门制订，报国务院批准后公布施行。

第九十四条 企业所得税法第二十九条所称民族自治地方，是指依照《中华人民共和国民族区域自治法》的规定，实行民族区域自治的自治区、自治州、自治县。

对民族自治地方内国家限制和禁止行业的企业，不得减征或者免征企业所得税。

第九十五条 企业所得税法第三十条第（一）项所称研究开发费用的加计扣除，是指企业为开发新技术、新产品、新工艺发生的研究开发费用，未形成无形资产计入当期损益的，在按照规定据实扣除的基础上，按照研究开发费用的50%加计扣除；形成无形资产的，按照无形资产成本的150%摊销。

第九十六条 企业所得税法第三十条第（二）项所称企业安置残疾人员所支付的工资的加计扣除，是指企业安置残疾人员的，在按照支付给残疾职工工资据实扣除的基础上，按照支付给残疾职工工资的100%加计扣除。残疾人员的范围适用《中华人民共和国残疾人保障法》的有关规定。

企业所得税法第三十条第（二）项所称企业安置国家鼓励安置的其他就业人员所支付的工资的加计扣除办法，由国务院另行规定。

第九十七条 企业所得税法第三十一条所称抵扣应纳税所得额，是指创业投资企业采取股权投资方式投资于未上市的中小高新技术企业2年以上的，可以按照其投资额的70%在股权持有满2年的当年抵扣该创业投资企业的应纳税所得额；当年不足抵扣的，可以在以后纳税年度结转抵扣。

第九十八条 企业所得税法第三十二条所称可以采取缩短折旧年限或者采取加速折旧的方法的固定资产，包括：

（一）由于技术进步，产品更新换代较快的固定资产；

（二）常年处于强震动、高腐蚀状态的固定资产。

采取缩短折旧年限方法的，最低折旧年限不得低于本条例第六十条规定折旧年限的60%；采取加速折旧方法的，可以采取双倍余额递减法或者年数总和法。

第九十九条 企业所得税法第三十三条所称减计收入，是指企业以《资源综合利用企业所得税优惠目录》规定的资源作为主要原材料，生产国家非限制和禁止并符合国家和行业相关标准的产品取得的收入，减按90%计入收入总额。

前款所称原材料占生产产品材料的比例不得低于《资源综合利用企业所得税优惠目录》规定的标准。

第一百条 企业所得税法第三十四条所称税额抵免，是指企业购置并实际使用《环境保护专用设备企业所得税优惠目录》、《节能节水专用设备企业所得税优惠目录》和《安全生产专用设备企业所得税优惠目录》规定的环境保护、节能节水、安全生产等专用设备的，该专用设备的投资额的10%可以从企业当年的应纳税额中抵免；当年不足抵免的，可以在以后5个纳税年度结转抵免。

享受前款规定的企业所得税优惠的企业，应当实际购置并自身实际投入使用前款规定的专用设备；企业购置上述专用设备在5年内转让、出租的，应当停止享受企业所得税优惠，并补缴已经抵免的企业所得税税款。

第一百零一条 本章第八十七条、第九十九条、第一百条规定的企业所得税优惠目录，由国务院财政、税务主管部门商国务院有关部门制订，报国务院批准后公布施行。

第一百零二条 企业同时从事适用不同企业所得税待遇的项目的，其优惠项目应当单独计算所得，并合理分摊企业的期间费用；没有单独计算的，不得享受企业所得税优惠。

第五章 源泉扣缴

第一百零三条 依照企业所得税法对非居民企业应当缴纳的企业所得税实行源泉扣缴的,应当依照企业所得税法第十九条的规定计算应纳税所得额。

企业所得税法第十九条所称收入全额,是指非居民企业向支付人收取的全部价款和价外费用。

第一百零四条 企业所得税法第三十七条所称支付人,是指依照有关法律规定或者合同约定对非居民企业直接负有支付相关款项义务的单位或者个人。

第一百零五条 企业所得税法第三十七条所称支付,包括现金支付、汇拨支付、转账支付和权益兑价支付等货币支付和非货币支付。

企业所得税法第三十七条所称到期应支付的款项,是指支付人按照权责发生制原则应当计入相关成本、费用的应付款项。

第一百零六条 企业所得税法第三十八条规定的可以指定扣缴义务人的情形,包括:

(一)预计工程作业或者提供劳务期限不足一个纳税年度,且有证据表明不履行纳税义务的;

(二)没有办理税务登记或者临时税务登记,且未委托中国境内的代理人履行纳税义务的;

(三)未按照规定期限办理企业所得税纳税申报或者预缴申报的。

前款规定的扣缴义务人,由县级以上税务机关指定,并同时告知扣缴义务人所扣税款的计算依据、计算方法、扣缴期限和扣缴方式。

第一百零七条 企业所得税法第三十九条所称所得发生地,是指依照本条例第七条规定的原则确定的所得发生地。在中国境内存在多处所得发生地的,由纳税人选择其中之一申报缴纳企业所得税。

第一百零八条 企业所得税法第三十九条所称该纳税人在中国境内其他收入,是指该纳税人在中国境内取得的其他各种来源的收入。

税务机关在追缴该纳税人应纳税款时,应当将追缴理由、追缴数额、缴纳期限和缴纳方式等告知该纳税人。

第六章　特别纳税调整

第一百零九条　企业所得税法第四十一条所称关联方，是指与企业有下列关联关系之一的企业、其他组织或者个人：

（一）在资金、经营、购销等方面存在直接或者间接的控制关系；

（二）直接或者间接地同为第三者控制；

（三）在利益上具有相关联的其他关系。

第一百一十条　企业所得税法第四十一条所称独立交易原则，是指没有关联关系的交易各方，按照公平成交价格和营业常规进行业务往来遵循的原则。

第一百一十一条　企业所得税法第四十一条所称合理方法，包括：

（一）可比非受控价格法，是指按照没有关联关系的交易各方进行相同或者类似业务往来的价格进行定价的方法；

（二）再销售价格法，是指按照从关联方购进商品再销售给没有关联关系的交易方的价格，减除相同或者类似业务的销售毛利进行定价的方法；

（三）成本加成法，是指按照成本加合理的费用和利润进行定价的方法；

（四）交易净利润法，是指按照没有关联关系的交易各方进行相同或者类似业务往来取得的净利润水平确定利润的方法；

（五）利润分割法，是指将企业与其关联方的合并利润或者亏损在各方之间采用合理标准进行分配的方法；

（六）其他符合独立交易原则的方法。

第一百一十二条　企业可以依照企业所得税法第四十一条第二款的规定，按照独立交易原则与其关联方分摊共同发生的成本，达成成本分摊协议。

企业与其关联方分摊成本时，应当按照成本与预期收益相配比的原则进行分摊，并在税务机关规定的期限内，按照税务机关的要求报送有关资料。

企业与其关联方分摊成本时违反本条第一款、第二款规定的，其自行分摊的成本不得在计算应纳税所得额时扣除。

第一百一十三条　企业所得税法第四十二条所称预约定价安排，是指企业就其未来年度关联交易的定价原则和计算方法，向税务机关提出申请，与税务机关按照独立交易原则协商、确认后达成的协议。

第一百一十四条 企业所得税法第四十三条所称相关资料，包括：

（一）与关联业务往来有关的价格、费用的制定标准、计算方法和说明等同期资料；

（二）关联业务往来所涉及的财产、财产使用权、劳务等的再销售（转让）价格或者最终销售（转让）价格的相关资料；

（三）与关联业务调查有关的其他企业应当提供的与被调查企业可比的产品价格、定价方式以及利润水平等资料；

（四）其他与关联业务往来有关的资料。

企业所得税法第四十三条所称与关联业务调查有关的其他企业，是指与被调查企业在生产经营内容和方式上相类似的企业。

企业应当在税务机关规定的期限内提供与关联业务往来有关的价格、费用的制定标准、计算方法和说明等资料。关联方以及与关联业务调查有关的其他企业应当在税务机关与其约定的期限内提供相关资料。

第一百一十五条 税务机关依照企业所得税法第四十四条的规定核定企业的应纳税所得额时，可以采用下列方法：

（一）参照同类或者类似企业的利润率水平核定；

（二）按照企业成本加合理的费用和利润的方法核定；

（三）按照关联企业集团整体利润的合理比例核定；

（四）按照其他合理方法核定。

企业对税务机关按照前款规定的方法核定的应纳税所得额有异议的，应当提供相关证据，经税务机关认定后，调整核定的应纳税所得额。

第一百一十六条 企业所得税法第四十五条所称中国居民，是指根据《中华人民共和国个人所得税法》的规定，就其从中国境内、境外取得的所得在中国缴纳个人所得税的个人。

第一百一十七条 企业所得税法第四十五条所称控制，包括：

（一）居民企业或者中国居民直接或者间接单一持有外国企业10%以上有表决权股份，且由其共同持有该外国企业50%以上股份；

（二）居民企业，或者居民企业和中国居民持股比例没有达到第（一）项规定的标准，但在股份、资金、经营、购销等方面对该外国企业构成实质控制。

第一百一十八条 企业所得税法第四十五条所称实际税负明显低于企业所得税法第四条第一款规定税率水平，是指低于企业所得税法第四条第一款规定税率的50%。

第一百一十九条 企业所得税法第四十六条所称债权性投资,是指企业直接或者间接从关联方获得的,需要偿还本金和支付利息或者需要以其他具有支付利息性质的方式予以补偿的融资。

企业间接从关联方获得的债权性投资,包括:

(一)关联方通过无关联第三方提供的债权性投资;

(二)无关联第三方提供的、由关联方担保且负有连带责任的债权性投资;

(三)其他间接从关联方获得的具有负债实质的债权性投资。

企业所得税法第四十六条所称权益性投资,是指企业接受的不需要偿还本金和支付利息,投资人对企业净资产拥有所有权的投资。

企业所得税法第四十六条所称标准,由国务院财政、税务主管部门另行规定。

第一百二十条 企业所得税法第四十七条所称不具有合理商业目的,是指以减少、免除或者推迟缴纳税款为主要目的。

第一百二十一条 税务机关根据税收法律、行政法规的规定,对企业作出特别纳税调整的,应当对补征的税款,自税款所属纳税年度的次年6月1日起至补缴税款之日止的期间,按日加收利息。

前款规定加收的利息,不得在计算应纳税所得额时扣除。

第一百二十二条 企业所得税法第四十八条所称利息,应当按照税款所属纳税年度中国人民银行公布的与补税期间同期的人民币贷款基准利率加5个百分点计算。

企业依照企业所得税法第四十三条和本条例的规定提供有关资料的,可以只按前款规定的人民币贷款基准利率计算利息。

第一百二十三条 企业与其关联方之间的业务往来,不符合独立交易原则,或者企业实施其他不具有合理商业目的安排的,税务机关有权在该业务发生的纳税年度起10年内,进行纳税调整。

第七章 征收管理

第一百二十四条 企业所得税法第五十条所称企业登记注册地,是指企业依照国家有关规定登记注册的住所地。

第一百二十五条 企业汇总计算并缴纳企业所得税时,应当统一核算应纳税所得额,具体办法由国务院财政、税务主管部门另行制定。

第一百二十六条 企业所得税法第五十一条所称主要机构、场所,应当同时符合下列条件：

（一）对其他各机构、场所的生产经营活动负有监督管理责任；

（二）设有完整的账簿、凭证，能够准确反映各机构、场所的收入、成本、费用和盈亏情况。

第一百二十七条 企业所得税分月或者分季预缴，由税务机关具体核定。

企业根据企业所得税法第五十四条规定分月或者分季预缴企业所得税时，应当按照月度或者季度的实际利润额预缴；按照月度或者季度的实际利润额预缴有困难的，可以按照上一纳税年度应纳税所得额的月度或者季度平均额预缴，或者按照经税务机关认可的其他方法预缴。预缴方法一经确定，该纳税年度内不得随意变更。

第一百二十八条 企业在纳税年度内无论盈利或者亏损，都应当依照企业所得税法第五十四条规定的期限，向税务机关报送预缴企业所得税纳税申报表、年度企业所得税纳税申报表、财务会计报告和税务机关规定应当报送的其他有关资料。

第一百二十九条 企业所得以人民币以外的货币计算的，预缴企业所得税时，应当按照月度或者季度最后一日的人民币汇率中间价，折合成人民币计算应纳税所得额。年度终了汇算清缴时，对已经按照月度或者季度预缴税款的，不再重新折合计算，只就该纳税年度内未缴纳企业所得税的部分，按照纳税年度最后一日的人民币汇率中间价，折合成人民币计算应纳税所得额。

经税务机关检查确认，企业少计或者多计前款规定的所得的，应当按照检查确认补税或者退税时的上一个月最后一日的人民币汇率中间价，将少计或者多计的所得折合成人民币计算应纳税所得额，再计算应补缴或者应退的税款。

第八章 附　　则

第一百三十条 企业所得税法第五十七条第一款所称本法公布前已经批准设立的企业，是指企业所得税法公布前已经完成登记注册的企业。

第一百三十一条 在香港特别行政区、澳门特别行政区和台湾地区成立的企业，参照适用企业所得税法第二条第二款、第三款的有关规定。

第一百三十二条 本条例自 2008 年 1 月 1 日起施行。1991 年 6 月

30 日国务院发布的《中华人民共和国外商投资企业和外国企业所得税法实施细则》和 1994 年 2 月 4 日财政部发布的《中华人民共和国企业所得税暂行条例实施细则》同时废止。

国务院关于在线政务服务的若干规定

（2019年4月26日　国务院令第716号）

第一条　为了全面提升政务服务规范化、便利化水平，为企业和群众（以下称行政相对人）提供高效、便捷的政务服务，优化营商环境，制定本规定。

第二条　国家加快建设全国一体化在线政务服务平台（以下简称一体化在线平台），推进各地区、各部门政务服务平台规范化、标准化、集约化建设和互联互通，推动实现政务服务事项全国标准统一、全流程网上办理，促进政务服务跨地区、跨部门、跨层级数据共享和业务协同，并依托一体化在线平台推进政务服务线上线下深度融合。

一体化在线平台由国家政务服务平台、国务院有关部门政务服务平台和各地区政务服务平台组成。

第三条　国务院办公厅负责牵头推进国家政务服务平台建设，推动建设一体化在线平台标准规范体系、安全保障体系和运营管理体系。

省、自治区、直辖市人民政府和国务院有关部门负责本地区、本部门政务服务平台建设、安全保障和运营管理，做好与国家政务服务平台对接工作。

第四条　除法律、法规另有规定或者涉及国家秘密等情形外，政务服务事项应当按照国务院确定的步骤，纳入一体化在线平台办理。

政务服务事项包括行政权力事项和公共服务事项。

第五条　国家政务服务平台基于自然人身份信息、法人单位信息等资源，建设全国统一身份认证系统，为各地区、各部门政务服务平台提供统一身份认证服务，实现一次认证、全网通办。

第六条　行政机关和其他负有政务服务职责的机构（以下统称政务服务机构）应当按照规范化、标准化要求编制办事指南，明确政务服务事项的受理条件、办事材料、办理流程等信息。办事指南应当在政务服务平台公布。

第 七 条 行政相对人在线办理政务服务事项，应当提交真实、有效的办事材料；政务服务机构通过数据共享能够获得的信息，不得要求行政相对人另行提供。

政务服务机构不得将行政相对人提交的办事材料用于与政务服务无关的用途。

第 八 条 政务服务中使用的符合《中华人民共和国电子签名法》规定条件的可靠的电子签名，与手写签名或者盖章具有同等法律效力。

第 九 条 国家建立权威、规范、可信的统一电子印章系统。国务院有关部门、地方人民政府及其有关部门使用国家统一电子印章系统制发的电子印章。

电子印章与实物印章具有同等法律效力，加盖电子印章的电子材料合法有效。

第 十 条 国家建立电子证照共享服务系统，实现电子证照跨地区、跨部门共享和全国范围内互信互认。

国务院有关部门、地方人民政府及其有关部门按照电子证照国家标准、技术规范制作和管理电子证照，电子证照采用标准版式文档格式。

电子证照与纸质证照具有同等法律效力。

第十一条 除法律、行政法规另有规定外，电子证照和加盖电子印章的电子材料可以作为办理政务服务事项的依据。

第十二条 政务服务机构应当对履行职责过程中形成的电子文件进行规范管理，按照档案管理要求及时以电子形式归档并向档案部门移交。除法律、行政法规另有规定外，电子文件不再以纸质形式归档和移交。

符合档案管理要求的电子档案与纸质档案具有同等法律效力。

第十三条 电子签名、电子印章、电子证照以及政务服务数据安全涉及电子认证、密码应用的，按照法律、行政法规和国家有关规定执行。

第十四条 政务服务机构及其工作人员泄露、出售或者非法向他人提供履行职责过程中知悉的个人信息、隐私和商业秘密，或者不依法履行职责，玩忽职守、滥用职权、徇私舞弊的，依法追究法律责任。

第十五条 本规定下列用语的含义：

（一）电子签名，是指数据电文中以电子形式所含、所附用于识别签名人身份并表明签名人认可其中内容的数据。

（二）电子印章，是指基于可信密码技术生成身份标识，以电子数据图形表现的印章。

（三）电子证照，是指由计算机等电子设备形成、传输和存储的证件、执照等电子文件。

（四）电子档案，是指具有凭证、查考和保存价值并归档保存的电子文件。

第十六条　本规定自公布之日起施行。

国务院关于在市场监管领域全面推行部门联合“双随机、一公开”监管的意见

（2019年1月27日 国发〔2019〕5号）

各省、自治区、直辖市人民政府，国务院各部委、各直属机构：

在市场监管领域全面推行“双随机、一公开”监管，是党中央、国务院作出的重大决策部署，是市场监管理念和方式的重大创新，是深化“放管服”改革、加快政府职能转变的内在要求，是减轻企业负担、优化营商环境的有力举措，是加快信用体系建设、创新事中事后监管的重要内容。为持续深化“放管服”改革，推行部门联合“双随机、一公开”监管，实现市场监管领域全覆盖，现提出如下意见。

一、总体要求

以习近平新时代中国特色社会主义思想为指导，全面贯彻党的十九大和十九届二中、三中全会精神，认真落实党中央、国务院决策部署，适应建设现代化经济体系、推动经济高质量发展、推进国家治理体系和治理能力现代化的需要，切实转变监管理念，创新监管方式。实行抽查事项清单管理，避免多头执法、重复检查，规范执法行为，提高监管效能，减轻企业负担，强化信用支撑。在市场监管领域健全以“双随机、一公开”监管为基本手段、以重点监管为补充、以信用监管为基础的新型监管机制，切实做到监管到位、执法必严，使守法守信者畅行天下、违法失信者寸步难行，进一步营造公平竞争的市场环境和法治化、便利化的营商环境。

坚持全面覆盖。将“双随机、一公开”作为市场监管的基本手段和方式，除特殊重点领域外，原则上所有行政检查都应通过双随机抽查的方式进行，取代日常监管原有的巡查制和随意检查，形成常态化管理机制。对抽查中发现的问题线索一查到底、依法处罚，并将处罚结果记于相应市场主体名下，形成对违法失信行为的长效制约。

坚持规范透明。严格依法依规落实市场监管责任，形成科学规范、公平公正、公开透明的“双随机、一公开”监管工作机制。除法律法规明确

规定外，抽查事项、抽查计划、抽查结果都要及时、准确、规范向社会公开，实现阳光监管，杜绝任性执法。

坚持问题导向。实施信用风险分类监管，针对突出问题和风险开展双随机抽查，提高监管精准性。在按照抽查计划做好“双随机、一公开”监管的同时，对通过投诉举报、转办交办、数据监测等发现的具体问题要进行有针对性的检查，对发现的问题线索依法依规处理。

坚持协同推进。落实地方各级人民政府责任，建立健全工作机制，全面推行部门联合“双随机、一公开”监管。建立双随机抽查结果部门间共享交换和互认互用机制。

二、主要目标

通过在市场监管领域全面推行部门联合“双随机、一公开”监管，增强市场主体信用意识和自我约束力，对违法者“利剑高悬”；切实减少对市场主体正常生产经营活动的干预，对守法者“无事不扰”。强化企业主体责任，实现由政府监管向社会共治的转变，以监管方式创新提升事中事后监管效能。

到2019年底，市场监管部门完成双随机抽查全流程整合，实现“双随机、一公开”监管全覆盖、常态化。到2020年底，实现市场监管领域相关部门“双随机、一公开”监管全覆盖，地方各级人民政府相关部门在市场监管领域联合“双随机、一公开”监管常态化。力争三到五年时间内，市场监管领域新型监管机制更加完善，实现综合监管、智慧监管。

三、重点任务

（一）统筹建设监管工作平台。

各省（区、市）人民政府要以国家企业信用信息公示系统和全国信用信息共享平台等为依托，建设本辖区统一的“双随机、一公开”监管工作平台（以下称省级平台），为抽查检查、结果集中统一公示和综合运用提供技术支撑。各地已经建设并使用的工作平台要与省级平台整合融合，避免数据重复录入、多头报送。部门相关监管信息通过省级平台实现互联互通，满足部门联合双随机抽查需求。着力规范计划制定、名单抽取、结果公示、数据存档等各项抽查检查工作程序，做到全程留痕、责任可追溯。

（二）实行抽查事项清单管理。

各有关部门要依照法律、法规、规章规定，建立本部门随机抽查事项清单，明确抽查依据、主体、内容、方式等。市场监管总局要会同有关部门制定联合抽查事项清单、标准和实施办法。各省（区、市）人民政府要统筹建立本辖区统一的市场监管领域随机抽查事项清单。

随机抽查事项分为重点检查事项和一般检查事项。重点检查事项针对涉及安全、质量、公共利益等领域，抽查比例不设上限；抽查比例高的，可以通过随机抽取的方式确定检查批次顺序。一般检查事项针对一般监管领域，抽查比例应根据监管实际情况设置上限。要严格控制重点检查事项的数量和一般检查事项的抽查比例。随机抽查事项清单应根据法律、法规、规章立改废释和工作实际情况等进行动态调整，并及时通过相关网站和平台向社会公开。

（三）建立健全随机抽查"两库"。

各省（区、市）人民政府要统筹建立健全覆盖本辖区各层级、与抽查事项相对应的检查对象名录库和执法检查人员名录库（统称"两库"）。要根据法律法规和部门职责分工，按照"谁审批、谁监管，谁主管、谁监管"的原则，通过分类标注、批量导入等方式，在省级平台分别建立与部门职责相对应的检查对象名录库，避免出现监管真空。检查对象名录库既可以包括企业、个体工商户等市场主体，也可以包括产品、项目、行为等。

执法检查人员名录库应包括所有相关的行政执法类公务员、具有行政执法资格的工作人员和从事日常监管工作的人员，并按照执法资质、业务专长进行分类标注，提高抽查检查专业性。对特定领域的抽查，可在满足执法检查人数要求的基础上，吸收检测机构、科研院所和专家学者等参与，通过听取专家咨询意见等方式辅助抽查，满足专业性抽查需要。要根据检查对象和执法检查人员变动情况，对"两库"进行动态管理。

（四）统筹制定抽查计划。

县级以上地方人民政府结合本地实际及行业主管部门的抽查要求，统筹制定本辖区年度抽查工作计划，涵盖一般检查事项和重点检查事项，明确工作任务和参与部门。年度抽查工作计划可根据工作实际动态调整。要科学确定部门联合抽查的事项和发起、参与部门，实现"进一次门、查多项事"。要按照法律法规规定和当地经济社会发展及监管领域、执法队伍的实际情况，针对不同风险等级、信用水平的检查对象采取差异化分类监管措施，合理确定、动态调整抽查比例、频次和被抽查概率，既保证必要的抽查覆盖面和监管效果，又防止任意检查和执法扰民。

（五）科学实施抽查检查。

县级以上地方人民政府根据年度抽查工作计划，组织领导本辖区内的部门联合"双随机、一公开"监管工作。根据抽查涉及的对象范围和参与部门，通过公开、公正的方式从检查对象名录库中随机抽取检查对象，并根据实际情况随机匹配执法检查人员。抽查可以采取实地核查、书面检查、网络监测等方式；涉及专业领域的，可以委托有资质的机构开展检验检测、财务审计、调查咨询等工作，或依法采用相关机构作出的鉴定结论。鼓励运用信息化手段提高问题发现能力，实现全过程留痕。各有关部门可以根据实际情况，制定详细的随机抽查工作细则和工作指引，对抽查工作程序、项目、方法等作出明确规定，方便基层执法检查人员操作，提高抽查检查规范化水平。

（六）强化抽查检查结果公示运用。

按照“谁检查、谁录入、谁公开”的原则，将抽查检查结果通过国家企业信用信息公示系统和全国信用信息共享平台等进行公示，接受社会监督。对抽查发现的违法违规行为依法加大惩处力度，涉嫌犯罪的及时移送司法机关。实现抽查检查结果政府部门间互认，促进“双随机、一公开”监管与信用监管有效衔接，对抽查发现的违法失信行为依法实施联合惩戒，形成有力震慑，增强市场主体守法自觉性。

（七）做好个案处理和专项检查工作。

在做好“双随机、一公开”监管工作的同时，对通过投诉举报、转办交办、数据监测等发现的违法违规个案线索，要立即实施检查、处置；需要立案查处的，要按照行政处罚程序规定进行调查处理。要坚持问题导向，对通过上述渠道发现的普遍性问题和市场秩序存在的突出风险，要通过双随机抽查等方式，对所涉抽查事项开展有针对性的专项检查，并根据实际情况确定抽查比例，确保不发生系统性、区域性风险。要将抽查检查结果归集至国家企业信用信息公示系统和全国信用信息共享平台等，为开展协同监管和联合惩戒创造条件。对无证无照经营，有关部门应当按照《无证无照经营查处办法》等法律法规的规定予以查处。

四、保障措施

（一）加强组织领导。

市场监管、发展改革、教育、公安、人力资源社会保障、生态环境、住房城乡建设、交通运输、农业农村、商务、文化和旅游、卫生健康、应急、海关、税务、统计等市场监管领域有关部门要统一思想认识，优化顶层设计，加强对本系统“双随机、一公开”监管工作的指导、督促。市场监管总局要发挥牵头作用，加强统筹协调，会同各有关部门共同推进各项工作。

地方各级人民政府要切实加强对本辖区“双随机、一公开”监管工作的组织领导，出台具体实施办法，建立市场监管部门牵头的联席会议制度，根据实际情况确定参与部门。合理配置、统筹使用执法资源，提高装备水平，完善档案管理，确保有效监管。通过现有渠道统筹做好部门联合“双随机、一公开”监管经费保障，将各有关部门“双随机、一公开”监管工作情况纳入政府绩效考核体系，加强督查督导。

（二）严格责任落实。

各地区、各有关部门要进一步增强责任意识。对忠于职守、履职尽责的，要给予表扬和鼓励；对未履行、不当履行或违法履行“双随机、一公开”监管职责的，要依法依规严肃处理；涉嫌犯罪的，要移送有关机关依法处理。同时，按照“尽职照单免责、失职照单问责”原则，对严格依据抽查事项清单和相关工作要求开展“双随机、一公开”监管，市场主体出现问题的，应结合执法检查人员工作态度、工作程序方法、客观条件等进行综合分析，该免责的依法依规免予追究相关责任。各地区、各有关部门可以根据实际，细化追责免责相关办法，明确政策标准和评判界线，既严格问责追责，又有效保护基层执法检查人员担当作为、干事创业的积极性。

（三）营造良好环境。

各地区、各有关部门要做好相关法规规章和规范性文件的立改废释工作，推进“双随机、一公开”监管法治化进程。加强干部队伍建设，强化监管执法业务培训，提升市场监管领域“双随机、一公开”监管能力和水平。鼓励各地结合实际大胆探索部门联合“双随机、一公开”监管的新模式，及时总结推广先进经验。加大宣传力度，提升“双随机、一公开”监管的社会影响力和公众知晓度，加快形成政府公正监管、企业诚信自律、社会公众监督的良好氛围。

国务院办公厅关于在制定行政法规规章行政规范性文件过程中充分听取企业和行业协会商会意见的通知

（2019 年 3 月 1 日　国办发〔2019〕9 号）

各省、自治区、直辖市人民政府，国务院各部委、各直属机构：

近年来，在制定与企业生产经营活动密切相关的行政法规、规章、行政规范性文件过程中，各地区、各部门通过扩大听取意见范围、拓宽听取意见渠道等方式，为企业和行业协会商会参与制度建设创造了条件，取得了积极成效，但听取意见对象覆盖面不广、代表性不足，征求意见事项针对性不强、程序不规范，意见采纳反馈机制不健全等问题还不同程度地存在，未能充分反映企业合理诉求、保障企业合法权益。为深入贯彻习近平新时代中国特色社会主义思想和党的十九大精神，推进政府职能转变和“放管服”改革，保障企业和行业协会商会在制度建设中的知情权、参与权、表达权和监督权，营造法治化、国际化、便利化的营商环境，经国务院同意，现就制定有关行政法规、规章、行政规范性文件过程中充分听取企业和行业协会商会意见通知如下：

一、科学合理选择听取意见对象。在制定有关行政法规、规章、行政规范性文件过程中，各地区、各部门要科学评估拟设立制度对各类企业、行业可能产生的影响及其程度、范围，对企业切身利益或者权利义务有重大影响的，要充分听取有代表性的企业和行业协会商会以及律师协会的意见。有关行政法规、规章、行政规范性文件对不同企业、行业影响存在较大差别的，要注重听取各类有代表性的企业和行业协会商会的意见，特别是民营企业、劳动密集型企业、中小企业等市场主体的意见，综合考虑不同规模企业、行业的发展诉求、承受能力等因素；涉及特定行业、产业的，要有针对性地听取相关行业协会商会的意见；涉及特定地域的，要充分考虑当地经济社会发展水平和产业布局特色，充分听取地方行业协会商会、律师协会的意见。听取企业意见时，要注重听取企业内部不同层级代表特别是职工代表的意见。

二、运用多种方式听取意见。行政法规、规章、行政规范性文件出台前，凡是与企业生产经营活动密切相关的，各地区、各部门都要通过多种方式听取企业和行业协会商会的意见，做好沟通协调，提高企业贯彻落实的积极性。除依法需要保密的外，要通过网络、报纸等媒体向社会公开征求意见，并有针对性地设计有利于企业和行业协会商会参与公开征求意见的各项工作机制；要在政府或者政府部门门户网站上搭建公开征求意见平台，积极探索与知名商业网站、影响力较大的行业协会商会的网站建立链接；要保证公开征求意见的期限，杜绝走形式、走过场。采取召开听证会、座谈会、论证会方式听取意见的，要提供制度设计的背景、目的、适用范围以及对相关人员或群体可能产生的影响等资料，引导企业和行业协会商会围绕主要问题和不同意见，进行充分有效的讨论。采取问卷调查、书面发函方式听取意见的，要围绕直接关系企业切身利益、各方面分歧较大的问题，科学设计问卷、调查提纲等，积极探索委托专业机构进行调查。采取实地走访方式听取意见的，要找准问题、开诚布公、平等交流，认真倾听企业和行业协会商会的意见，深入了解其诉求。对争议较大的事项，可以引入第三方评估，全面充分听取利益相关方的意见。

三、完善意见研究采纳反馈机制。各地区、各部门对企业和行业协会商会提出的意见，要认真分析研究，充分考虑其利益诉求以及该利益诉求对其他相关企业、行业的影响，吸收采纳合理的意见。采纳情况要积极运用政府或者政府部门门户网站、移动客户端、微信公众号、报刊等方式向社会公布，或者通过电话、短信、电子邮件、信函等多种方式向有关单位反馈。对相对集中的意见未予采纳的，要通过适当方式进行反馈和说明。

四、加强制度出台前后的联动协调。制定与企业生产经营活动密切相关的行政法规、规章、行政规范性文件，要结合实际设置合理的缓冲期，增强制度的可预期性，为企业执行制度留有一定的准备时间。要加强新出台规章的备案审查和行政规范性文件的合法性审核，维护法制统一，确保文件合法有效，为企业发展提供制度保障。制度出台后，要注重执行过程中的上下联动，坚持实事求是，避免执行中的简单化和“一刀切”，不能让市场主体无所适从。要注重制度实施效果监测，开展后评估工作，充分听取企业和行业协会商会对有关制度的实施效果评价和完善建议，将后评估结果作为有关制度立改废释的重要依据。

五、注重收集企业对制度建设的诉求信息。拟订行政法规、规章、行政规范性文件制定计划时，要主动及时了解企业所需、困难所在，注重征集企业和行业协会商会的意见，积极研究论证企业和行业发展急需的制度建设项目。要有效发挥人大代表建议、政协委员提案等的作用，充分利用网上政务平台、移动客户端、政务服务中心等线上线下载体，全面了解企业和行业协会商会在制度建设方面的相关诉求。探索在行业协会商会建立基层联系点等制度。加大对有关制度建设意见建议的收集整理力度，增强有关行政法规、规章、行政规范性文件的针对性、有效性、可操作性。

六、加强组织领导和监督检查。各地区、各部门要切实提高政治站位，坚持以人民为中心的发展思想，把在制度建设中充分听取企业和行业协会商会意见作为推进科学立法、民主立法、依法立法，加快建设法治政府，进一步优化营商环境的一项重要工作来抓。要加强组织领导，健全企业和行业协会商会参与制度建设工作机制，完善与企业的常态化联系，主动研究解决有关重大问题，多途径做好宣传工作，鼓励、支持、引导企业和行业协会商会积极有序参与制度建设。要加强综合协调和督促落实，广泛凝聚共识，形成工作合力，不断提高听取企业和行业协会商会意见的实效。要加强监督检查，建立健全行政法规、规章、行政规范性文件动态清理机制，加大规章备案审查和行政规范性文件合法性审核力度，对发现的问题及时纠正，对未按规定听取企业和行业协会商会意见的严格责任追究。

中国证监会发布的
部门规章及规范性文件

综　合

关于在上海证券交易所设立科创板并试点注册制的实施意见

（2019 年 1 月 28 日　证监会公告〔2019〕2 号）

为进一步落实创新驱动发展战略，增强资本市场对提高我国关键核心技术创新能力的服务水平，促进高新技术产业和战略性新兴产业发展，支持上海国际金融中心和科技创新中心建设，完善资本市场基础制度，推动高质量发展，根据党中央、国务院决策部署和全国人民代表大会常务委员会《关于授权国务院在实施股票发行注册制改革中调整适用〈中华人民共和国证券法〉有关规定的决定》、《关于延长授权国务院在实施股票发行注册制改革中调整适用〈中华人民共和国证券法〉有关规定期限的决定》，现就在上海证券交易所（以下简称“上交所”）设立科创板并试点注册制，提出以下意见。

一、总体要求

（一）指导思想。深入贯彻习近平新时代中国特色社会主义思想和党的十九大精神，认真落实习近平总书记关于资本市场的一系列重要指示批示精神，按照党中央、国务院决策部署，坚持稳中求进工作总基调，贯彻新发展理念，深化供给侧结构性改革，着眼于加快形成融资功能完备、基础制度扎实、市场监管有效、投资者合法权益得到有效保护的多层次资本市场体系，从设立上交所科创板入手，稳步试点注册制，统筹推进发行、上市、信息披露、交易、退市等基础制度改革，发挥资本市场对提升科技创新能力和实体经济竞争力的支持功能，更好服务高质量发展。

（二）基本原则。一是坚持市场导向，强化市场约束。尊重市场规律，明确和稳定市场预期，建立以市场机制为主导的新股发行制度安排。二是坚持法治导向，依法治市。健全资本市场法律体系，强化依法全面从严监管，保护投资者合法权益，进一步明确市场参与各方权利义务，逐步形成市场参与各方依法履职尽责及维护自身合法权益的市场环境。三是强化信息披露监管，归位尽责。建立和完善以信息披露为中心的股票发行上市制度，强化发行人对信息披露的诚信义务和法律责任，充分发挥中介机构核查把关作用，引导投资者提高风险识别能力和理性投资意识。四是坚持统筹协调，守住底线。发挥好相关政府部门和有关方面的协同配合作用，形成共促市场稳定健康发展的合力，及时防范和化解市场风险。

二、设立上交所科创板

（三）准确把握科创板定位。在上交所新设科创板，坚持面向世界科技前沿、面向经济主战场、面向国家重大需求，主要服务于符合国家战略、突破关键核心技术、市场认可度高的科技创新企业。重点支持新一代信息技术、高端装备、新材料、新能源、节能环保以及生物医药等高新技术产业和战略性新兴产业，推动互联网、大数据、云计算、人工智能和制造业深度融合，引领中高端消费，推动质量变革、效率变革、动力变革。具体行业范围由上交所发布并适时更新。

（四）制定更具包容性的科创板上市条件。更加注重企业科技创新能力，允许符合科创板定位、尚未盈利或存在累计未弥补亏损的企业在科创板上市。综合考虑预计市值、收入、净利润、研发投入、现金流等因素，设置多元包容的上市条件。具体由上交所制定并公布。

（五）允许特殊股权结构企业和红筹企业上市。依照公司法第一百三十一条规定，允许科技创新企业发行具有特别表决权的类别股份，每一特别表决权股份拥有的表决权数量大于每一普通股份拥有的表决权数量，其他股东权利与普通股份相同。特别表决权股份一经转让，应当恢复至与普通股份同等的表决权。公司发行特别表决权股份的，应当在公司章程中规定特别表决权股份的持有人资格、特别表决权股份拥有的表决权数量与普通股份拥有的表决权数量的比例安排、持有人所持特别表决权股份能够参与表决的股东大会事项范围、特别表决权股份锁定安排及转让限制等事项。

存在特别表决权股份的境内科技创新企业申请发行股票并在科创板上市的，公司章程规定的上述事项应当符合上交所有关要求，同时在招股说明书等公开发行文件中，充分披露并特别提示有关差异化表决安排的主要内容、相关风险及对公司治理的影响，以及依法落实保护投资者合法权益的各项措施。

符合《国务院办公厅转发证监会关于开展创新企业境内发行股票或存托凭证试点若干意见的通知》（国办发〔2018〕21号）规定的红筹企业，

可以申请发行股票或存托凭证并在科创板上市。红筹企业发行存托凭证的,按国家有关税收政策执行。

(六)确定投资者适当性要求。个人投资者投资科创板股票,证券账户及资金账户持有资产规模应当达到规定标准,且具备相关股票投资经验和相应的风险承受能力。具体标准由上交所制定,并可根据科创板运行情况作适当调整。强化证券公司投资者适当性管理义务和责任追究。

三、稳步实施注册制试点改革

(七)合理制定股票发行条件。精简优化现行公开发行股票条件。申请公开发行股票的公司,除符合科创板定位外,还应当符合下列基本发行条件:一是具备健全且运行良好的组织机构,具有完整的业务体系和直接面向市场独立经营的能力,不存在对持续经营有重大不利影响的情形;二是会计基础工作规范,内部控制制度健全且有效执行,最近三年财务会计报告被出具标准无保留意见审计报告;三是发行人及其控股股东、实际控制人最近三年不存在贪污、贿赂、侵占财产、挪用财产或者破坏社会主义市场经济秩序的刑事犯罪,不存在严重损害社会公共利益的重大违法行为;四是证监会规定的其他条件。逐步将现行发行条件中可以由投资者判断的事项转化为更加严格,更加全面、深入、精准的信息披露要求制度体系。证监会制定《科创板首次公开发行股票注册管理办法(试行)》等规则,对科创板试点注册制的发行条件、注册程序和具体信息披露要求等作出规定。

企业公开发行股票并在科创板上市交易,必须符合发行条件与上市条件,报上交所审核并经证监会注册。

(八)上交所负责科创板发行上市审核。上交所受理企业公开发行股票并上市的申请,审核并判断企业是否符合发行条件、上市条件和信息披露要求。审核工作主要通过提出问题、回答问题方式展开,督促发行人完善信息披露内容。上交所制定审核标准、审核程序等规则,报证监会批准。

上交所成立由相关领域科技专家、知名企业家、资深投资专家等组成的科技创新咨询委员会,为发行上市审核提供专业咨询和政策建议。必要时可对申请发行上市的企业进行询问。

(九)证监会负责科创板股票发行注册。上交所审核通过后,将审核意见及发行人注册申请文件报送证监会履行注册程序。注册工作不适用发行审核委员会审核程序,按证监会制定的程序进行,依照规定的发行条件和信息披露要求,在20个工作日内作出是否同意注册的决定。

科创板上市公司非公开发行新股实行注册制,具体程序与公开发行相同。证监会完善再融资制度,提高科创板再融资便利性。

(十)证监会对上交所审核工作进行监督。督促上交所建立内部防火墙制度,发行上市审核部门与其他部门隔离运行,防范利益冲突。持续追踪发行人的信息披露文件、上交所的审核意见,定期或不定期对上交所审核工作进行抽查和检查,落实对上交所审核工作的监督问责机制。督促上交所提高审核工作透明度,审核过程和审核意见向社会公开,减少自由裁量空间。上交所参与审核的人员,不得与发行人有利害关系,不得直接或间接与发行人有利益往来,不得持有发行人的股票,不得私下与发行人进行接触,切实防范以权谋私、利益输送等违法违纪行为。

(十一)强化事前事中事后全过程监管。在发行上市审核、注册和新股发行过程中,发现发行人存在重大违法违规嫌疑的,证监会可以要求上交所处理,也可以宣布发行注册暂缓生效,或者暂停新股发行,直至撤销发行注册。

四、完善基础制度

(十二)构建科创板股票市场化发行承销机制。科创板市场新股发行价格、规模、节奏主要通过市场化方式决定,强化市场约束。对新股发行定价不设限制,建立以机构投资者为参与主体的询价、定价、配售等机制,充分发挥机构投资者专业能力。试行保荐人相关子公司"跟投"制度。支持科创板上市公司引入战略投资者,科技创新企业高管、员工可以参与战略配售,发挥好超额配售选择权制度作用,促进股价稳定。加强对定价承销的事中事后监管,建立上市后交易价格监控机制,约束非理性定价。制定合理的科创板上市公司股份锁定期和减持制度安排。

(十三)强化信息披露监管。切实树立以信息披露为中心的监管理念,全面建立严格的信息披露体系并严格执行。明确发行人是信息披露第一责任人,充分披露投资者做出价值判断和投资决策所必需的信息,确保信息披露真实、准确、完整、及时、公平。明确发行人的控股股东、实际控制人不得要求或协助发行人隐瞒重要信息。

上交所建立以上市规则为中心的持续监管规则体系,在持续信息披露、并购重组、股权激励、退市等方面制定符合科创板上市公司特点的具体实施规则,报证监会批准。

科创板上市公司要根据自身特点,强化对业绩波动、行业风险、公司治理等相关事项的针对性信息披露。明确要求发行人披露科研水平、科研人员、科研资金投入等相关信息,督促引导发行人将募集资金重点投向科技创新领域。

（十四）完善交易制度。科创板采取独立交易模块和独立行情显示，交易日历、证券账户、申报成交等安排与上交所主板一致。基于科创板上市公司特点和投资者适当性要求，建立更加市场化的交易机制，研究制定股票日涨跌幅等标准。适当提高每笔最低交易股票数量。稳妥有序将科创板股票纳入融资融券标的，促进融资融券业务均衡发展。在竞价交易基础上，条件成熟时引入做市商机制。科创板运行一段时间后，由上交所对交易制度进行综合评估，必要时加以完善。

（十五）建立高效的并购重组机制。科创板上市公司并购重组统一由上交所审核，涉及发行股票的，实行注册制。证监会依法批准上交所制定的科创板上市公司并购重组审核标准及规则体系。达到一定规模的上市公司，可以依法分拆其业务独立、符合条件的子公司在科创板上市。

（十六）严格实施退市制度。严格交易类强制退市指标，对交易量、股价、股东人数等不符合条件的企业依法终止上市。优化财务类强制退市指标，科创板股票不适用证券法第五十六条第三项关于连续亏损终止上市的规定；对连续被出具否定或无法表示意见审计报告的上市公司实施终止上市。严格实施重大违法强制退市制度，对构成欺诈发行、重大信息披露违法或其他重大违法行为的上市公司依法坚决终止上市。科创板股票不适用证券法第五十五条关于暂停上市的规定，应当退市的直接终止上市。

五、完善配套改革措施

（十七）加强科创板上市公司持续监管。上交所要依法发挥一线监管职能，强化监管问询，加大现场检查力度，提高上市公司信息披露质量。适当延长核心技术团队股份锁定期，促进上市公司稳定经营。适当延长未盈利上市公司控股股东、实际控制人、董事、监事、高级管理人员的股份锁定期。加强上市公司信息披露与二级市场监管联动，切实防范和打击内幕交易与操纵市场行为。

（十八）强化中介机构责任。保荐人作为主要中介机构，必须诚实守信、勤勉尽责，充分了解发行人经营情况和风险，并对发行人的申请文件和信息披露资料进行全面核查验证。建立保荐人资格与新股发行信息披露质量挂钩机制。适当延长保荐人持续督导期。证券服务机构及其从业人员应当对本专业相关的业务事项履行特别注意义务，对其他业务事项履行普通注意义务。对发行人、上市公司虚假记载、误导性陈述或重大遗漏负有责任的保荐人、会计师事务所、律师事务所、资产评估机构，加大处罚力度。

（十九）保护投资者合法权益。严厉打击欺诈发行、虚假陈述等违法行为。对以欺骗手段骗取发行注册等违法行为，依照证券法第一百八十九条等规定依法从重处罚。对欺诈发行上市的，可以责令上市公司及其控股股东、实际控制人按规定购回已上市的股份。探索建立发行人和投资者之间的纠纷化解和赔偿救济机制。将发行人和相关中介机构及责任人的信用记录纳入国家统一信用信息平台，加强监管信息共享，完善失信联合惩戒机制。

（二十）推动完善有关法律法规。加强行政执法与司法的衔接，符合刑事追诉标准、涉嫌犯罪的案件，依法及时移送司法机关追究刑事责任。推动完善相关法律制度和司法解释，建立健全证券支持诉讼示范判决机制。根据试点情况，探索完善与注册制相适应的证券民事诉讼法律制度。

证监会根据本意见制定《科创板首次公开发行股票注册管理办法（试行）》等监管规则，明确股票发行条件、注册程序、信息披露、中介机构职责、监督管理和法律责任等事项，并完善相关配套制度规则。上交所应制定科创板发行、上市、信息披露、交易、退市等业务规则，建立健全公开透明高效的审核机制。证监会及上交所根据科创板运行和注册制试点情况，及时总结经验，适时调整完善相关具体制度安排。

关于中国证监会启用政府信息依申请公开在线申请平台的公告

（2019 年 1 月 29 日　证监会公告〔2019〕3 号）

为进一步增强申请人提交政府信息依申请公开申请的便利性、直接性、有效性、安全性，解决电子邮箱接收容量不足的问题，按照国务院关于积极推进“互联网 +”的相关要求，我会建设了政府信息依申请公开在线申请平台，定于 2019 年 2 月 28 日正式投入使用，同时，我会及各地方监管局原电子邮箱方式不再使用，请申请人详细阅读我会官网“信息公开”栏目下的证监会信息公开指南，按照新的申请渠道提出申请。

平台网址：http://neris.csrc.gov.cn/portal

感谢各位申请人对我会政府信息公开工作的理解与支持！

关于取消部分行政许可事项申请材料、压缩部分行政许可事项承诺办理时限的公告

（2019 年 3 月 21 日　证监会公告〔2019〕9 号）

为贯彻落实国务院“放管服”改革要求，深入推进行政审批服务便民化，中国证监会决定取消部分行政许可事项申请材料、压缩部分行政许可事项承诺办理时限，自公告之日起施行。

附件 1：取消的部分行政许可事项申请材料目录

附件 2：压缩的部分行政许可事项承诺办理时限

取消的部分行政许可事项申请材料目录

序号	行政许可事项名称	取消申请材料名称
1	证券公司设立、收购分支机构审批	证券公司申请设立、收购分支机构时需要提交的最近 1 年各项风险控制指标合规情况的说明
2	公募基金管理人资格审批	1. 证券公司申请公募基金管理人资格：最近 12 个月各项风险控制指标持续符合规定标准的风险控制指标监管报表； 2. 证监局出具的现场检查报告； 3. 行业监管（自律管理）部门出具的意见。
3	保荐机构注册	1. 相关从业人员的名单、个人简历和执业证书； 2. 内核负责人、内核小组成员名单及其简历。

续表

<table>
<tr><th>序号</th><th>行政许可事项名称</th><th>取消申请材料名称</th></tr>
<tr><td>4</td><td>基金托管人资格核准</td><td>一、商业银行申请基金托管人资格材料：
1. 基金托管部门执业人员基本情况，包括拟任高级管理人员任职材料，拟任执业人员名单、履历、基金从业资格证明复印件、专业培训及岗位配备情况；
2. 关于安全保管基金财产有关条件的报告；
3. 关于基金清算、交割系统的运行测试报告；
4. 办公场所平面图、安全监控系统设计方案和安装调试情况报告；
5. 基金托管业务备份系统设计方案和应急处理方案、应急处理能力测试报告；
二、非银行金融机构申请基金托管人资格材料：
1. 办公场所平面图、安全监控系统及托管业务技术系统安装调试报告；
2. 基金托管部门拟任执业人员基本情况，包括执业人员名单、履历、基金从业资格证明复印件、专业培训及岗位配备情况；
3. 安全保管基金财产有关条件的报告，基金清算、交割系统的运行测试报告，基金托管业务备份系统设计方案和应急处理方案、应急处理能力测试报告。</td></tr>
<tr><td>5</td><td>公募基金管理公司变更重大事项审批</td><td>申请合格境内机构投资者资格（QDII）：
具有境外投资管理相关经验人员的教育经历、工作经验、从业资格、专业职称等基本情况介绍。</td></tr>
<tr><td>6</td><td>上市公司重大购买、出售、置换资产行为（构成借壳上市的）审批</td><td rowspan="3">1. 上市公司独立董事意见
2. 交易对方内部权力机关批准本次交易事项的相关决议
3. 关于同意职工安置方案的职工代表大会决议或相关文件（涉及职工安置问题的）
4. 上市公司全体董事和独立财务顾问、律师事务所、会计师事务所、资产评估机构、估值机构等证券服务机构及其签字人员对重大资产重组申请文件真实性、准确性和完整性的承诺书
5. 独立财务顾问、律师事务所、会计师事务所、资产评估机构、估值机构等证券服务机构对上市公司重大资产重组报告书援引其出具的结论性意见的同意书
6. 上市公司与交易对方就重大资产重组事宜采取的保密措施及保密制度的说明，并提供与所聘请的证券服务机构签署的保密协议及交易进程备忘录
7. 本次重大资产重组前十二个月内上市公司购买、出售资产的说明及专业机构意见（如有）</td></tr>
<tr><td>7</td><td>上市公司发行股份购买资产核准</td></tr>
<tr><td>8</td><td>上市公司合并、分立核准</td></tr>
</table>

续表

序号	行政许可事项名称	取消申请材料名称
9	要约收购义务豁免核准	1. 上市公司董事会决议及股东大会决议（如涉及上市公司向收购人发行股份或者上市公司回购股份） 2. 股份转让协议（如为协议收购） 3. 有关的股权权属证明文件 4. 原控股股东及其关联方债务清偿方案（如涉及） 5. 重组方案（如为挽救严重财务困难的公司而进行的收购）

压缩的部分行政许可事项承诺办理时限

序号	行政许可事项名称	法定办理时限	承诺办理时限
1	上市公司发行股份购买资产核准	3个月（90个自然日）	70个自然日
2	上市公司合并、分立核准	3个月（90个自然日）	70个自然日
3	要约收购义务豁免核准	普通程序20个工作日、简易程序10个工作日	普通程序15个工作日、简易程序10个工作日
4	外国证券类机构设立驻华代表机构核准	6个月	20个工作日

关于设立“5·15全国投资者保护宣传日”的决定

（2019年4月3日　证监会公告〔2019〕12号）

为进一步倡导理性投资文化，切实维护广大投资者合法权益，中国证监会决定将每年5月15日设立为“全国投资者保护宣传日”，在全国组织动员各方上下联动，积极开展形式多样的投资者保护活动，让投资者保护理念深入人心，成为大家的自觉行动。

通过设立“全国投资者保护宣传日”，建立起监管部门主导推动、相关部门联动、行业主动尽责、公众积极参与的投资者保护工作长效机制，进一步提升投资者保护的渗透力、辐射力和影响力，打造更加健康、和谐、公平的资本市场生态系统，助力构建规范、透明、开放、有活力、有韧性的资本市场。

关于在科创板注册制试点中对相关市场主体加强监管信息共享完善失信联合惩戒机制的意见

（2019年6月28日　证监发〔2019〕72号）

各省、自治区、直辖市、新疆生产建设兵团社会信用体系建设牵头单位，中国证监会各派出机构、上海证券交易所，中国人民银行各分支机构，各省、自治区、直辖市国资委，各省、自治区、直辖市、新疆生产建设兵团市场监管局（厅、委），中国银保监会各派出机构，民航各地区管理局、各运输（通用）航空公司、机场公司、中国民航信息集团、机场公安局，各铁路局集团公司、铁科院集团公司、各铁路公安局：

为了强化发行人、上市公司对信息披露的诚信义务，充分发挥中介机构的核查把关作用，督促证券市场参与各方归位尽责，进一步营造有利于科创板试点注册制的诚信市场环境，保护投资者合法权益，促进资本市场平稳健康发展，按照经党中央、国务院同意的《关于在上海证券交易所设立科创板并试点注册制的实施意见》要求，现就在科创板注册制试点中加强监管信息共享、完善失信联合惩戒机制，提出以下具体意见：

一、关于监管信息查询。在上海证券交易所设立科创板试点注册制过程中，证监会、上海证券交易所在履行发行上市、再融资、并购重组审核与作出注册决定等职责时，可以依托以下信息平台，或商请有关单位协助安排，获取发行人、上市公司及其控股股东、实际控制人、董事、监事、高级管理人员，以及相关中介机构与人员的监管信息，特别是违法失信信息：

（一）通过全国信用信息共享平台自助查询、国家公共信用信息中心协查等方式，获取上述市场主体的公共信用信息；

（二）通过金融信用信息基础数据库自助查询、人民银行征信中心协查等方式，获取上述市场主体的征信信息；

（三）通过国家企业信用信息公示系统自助查询、涉企信息协议交换等方式，获取相关企业信息。

二、关于失信信息推送。证监会将科创板注册制试点中产生的以下违法失信信息，推送给全国信用信息共享平台、企业信用信息公示系统等信用信息平台，纳入金融信用信息基础数据库，供有关部门共享：

（一）证监会及其派出机构对发行人、上市公司、中介机构及相关责任人员作出的行政处罚、市场禁入、监管措施；

（二）证监会及其派出机构对发行人、上市公司、中介机构及相关责任人员作出的刑事移送；

（三）证券交易所对发行人、上市公司、中介机构及相关责任人员作出的纪律处分。

三、关于信用记录应用。证监会、上海证券交易所在发行上市、再融资、并购重组审核与作出注册决定等过程中，发现发行人、上市公司及其控股股东、实际控制人、董事、监事、高级管理人员在其他领域、其他部门存在法定期限内的违法失信记录的，将其作为履行发行上市、再融资、并购重组审核与作出注册决定等职责的重要参考。

四、关于失信联合惩戒。按照社会信用体系建设总体部署，各部门依照有关规定，对下列违法失信责任人员实施联合惩戒，并定期将联合惩戒措施的实施情况和惩戒结果通报给证监会和发展改革委：

（一）在申请首次公开发行股票、再融资过程中，以及在科创板上市后，报送或披露的相关信息存在虚假记载、误导性陈述或重大遗漏，被证监会予以行政处罚、市场禁入，或构成欺诈发行股票罪、违规披露、不披露重要信息罪的发行人法定代表人、实际控制人，上市公司法定代表人，以及在有关报送或披露文件上签字的公司董事、监事、高级管理人员等责任人员；

（二）在科创板注册制试点中，为申请首次公开发行股票、再融资、持续信息披露提供保荐或证券服务，对发行人、上市公司欺诈发行、虚假记载、误导性陈述或重大遗漏负有责任，被证监会予以行政处罚、市场禁入，或构成提供虚假证明文件罪、出具证明文件重大失实罪的有关机构的法定代表人、执行事务合伙人、主要负责人，以及在相关文件上签字的执业人员。

针对上述失信联合惩戒对象，相关部门依法依规实施下列惩戒措施：

（一）对构成上述犯罪，被判处刑罚，执行期满未逾五年的，不得担任公司的董事、监事、高级管理人员（市场监管总局）。

（二）限制担任国有企业法定代表人、董事、监事；已担任相关职务的，依法提出其不再担任相关职务的意见（国资委）。

（三）依法限制担任银行业金融机构、保险公司、保险资产管理公司等的董事、监事、高级管理人员，以及保险专业代理机构、保险经纪公司的高级管理人员及相关分支机构主要负责人，保险公估机构董事长、执行董事和高级管理人员；已担任相关职务的，依法提出其不再担任相关职务的意见（银保监会）。

（四）将失信信息作为证券公司、基金管理公司、期货公司的董事、监事和高级管理人员及分支机构负责人任职审批或备案的参考（证监会）。

（五）对存在失信记录的相关主体在证券、基金、期货从业资格申请中予以从严审核，对已成为证券、基金、期货从业人员的相关主体予以重点关注（证监会）。

（六）在实施政府性资金项目安排和其他投资领域优惠政策时，采取从严审核，或降低支持力度，或不予支持等限制措施（发展改革委等有关部门）。

（七）针对在申请首次公开发行股票及再融资阶段存在欺诈发行的公司有关责任人员，以及被认定构成重大违法强制退市情形上市公司的有关责任人员，在一定期限内限制乘坐火车高级别席位，包括列车软卧、G字头动车组列车全部座位、其他动车组列车一等座以上座位（国铁集团）。

（八）针对科创板中被处以罚没款，逾期未缴纳罚款的，或逾期不履行公开承诺的上市公司相关责任主体，适用《关于在一定期限内适当限制特定严重失信人乘坐民用航空器　推动社会信用体系建设的意见》和《关于在一定期限内适当限制特定严重失信人乘坐火车　推动社会信用体系建设的意见》，在一定期限内限制乘坐民用航空器和限制乘坐火车高级别席位（民航局、国铁集团）。

（九）对上述人员及其担任法定代表人、合伙人的企业，在进行行政许可审查时依法予以限制（发展改革委、市场监管总局、银保监会）。

（十）对上述人员及其担任法定代表人、合伙人的企业，不予授予相关荣誉称号或奖项，已经授予的予以撤销（国资委、市场监管总局、银保监会等）。

（十一）对违法失信责任人员担任法定代表人、实际控制人、董事、监事、高级管理人员的单位，作为重点监管对象，加大日常监管力度，提高随机抽查的比例和频次，并依据相关法律法规对其采取行政监管措施（各市场监管、行业主管部门）。

五、其他事宜。为了便利社会公众查询了解相关主体失信记录，引导市场化惩戒发挥作用，证监会对于科创板试点注册制中的前述违法失信行为，按照《证券期货市场诚信监督管理办法》规定，在证券期货市场违法失信信息公开查询平台实施为期一年的公示。

在对相关违法失信行为作出行政处罚、司法判决执行完毕或者市场禁入期满之日起五年内，有关部门根据各自法定职责，实施或解除联合惩戒，超过效力期限的，不再实施联合惩戒。相关行政处罚、市场禁入等，被行政复议机关变更、撤销、确认违法，或者被司法机关裁判为无效或者撤销的，证监会在复议决定、司法判决生效之日起五个工作日内移除违法失信信息，同时将该情况向已推送的有关部门予以通报。

本意见实施过程中的具体操作问题，由各部门另行协商解决。

证　券

发　行　类

科创板首次公开发行股票注册管理办法（试行）

（2019年3月1日　证监会令第153号）

第一章　总　　则

第 一 条　为规范在上海证券交易所科创板试点注册制首次公开发行股票相关活动，保护投资者合法权益和社会公共利益，根据《中华人民共和国证券法》《中华人民共和国公司法》《全国人民代表大会常务委员会关于授权国务院在实施股票发行注册制改革中调整适用〈中华人民共和国证券法〉有关规定的决定》《全国人民代表大会常务委员会关于延长授权国务院在实施股票发行注册制改革中调整适用〈中华人民共和国证券法〉有关规定期限的决定》《关于在上海证券交易所设立科创板并试点注册制的实施意见》及相关法律法规，制定本办法。

第 二 条　在中华人民共和国境内首次公开发行股票并在上海证券交易所科创板（以下简称科创板）上市，适用本办法。

第 三 条　发行人申请首次公开发行股票并在科创板上市，应当符合科创板定位，面向世界科技前沿、面向经济主战场、面向国家重大需求。优先支持符合国家战略，拥有关键核心技术，科技创新能力突出，主要依靠核心技术开展生产经营，具有稳定的商业模式，市场认可度高，社会形象良好，具有较强成长性的企业。

第 四 条　首次公开发行股票并在科创板上市，应当符合发行条件、上市条件以及相关信息披露要求，依法经上海证券交易所（以下简称交易所）发行上市审核并报经中国证券监督管理委员会（以下简称中国证监会)履行发行注册程序。

第五条 发行人作为信息披露第一责任人,应当诚实守信,依法充分披露投资者作出价值判断和投资决策所必需的信息,所披露信息必须真实、准确、完整,不得有虚假记载、误导性陈述或者重大遗漏。

发行人应当为保荐人、证券服务机构及时提供真实、准确、完整的财务会计资料和其他资料,全面配合相关机构开展尽职调查和其他相关工作。

发行人的控股股东、实际控制人应当全面配合相关机构开展尽职调查和其他相关工作,不得要求或者协助发行人隐瞒应当披露的信息。

第六条 保荐人应当诚实守信,勤勉尽责,按照依法制定的业务规则和行业自律规范的要求,充分了解发行人经营情况和风险,对注册申请文件和信息披露资料进行全面核查验证,对发行人是否符合发行条件、上市条件独立作出专业判断,审慎作出推荐决定,并对招股说明书及其所出具的相关文件的真实性、准确性、完整性负责。

第七条 证券服务机构应当严格按照依法制定的业务规则和行业自律规范,审慎履行职责,作出专业判断与认定,并对招股说明书中与其专业职责有关的内容及其所出具的文件的真实性、准确性、完整性负责。

证券服务机构及其相关执业人员应当对与本专业相关的业务事项履行特别注意义务,对其他业务事项履行普通注意义务,并承担相应法律责任。

第八条 同意发行人首次公开发行股票注册,不表明中国证监会和交易所对该股票的投资价值或者投资者的收益作出实质性判断或者保证,也不表明中国证监会和交易所对注册申请文件的真实性、准确性、完整性作出保证。

第九条 股票依法发行后,因发行人经营与收益的变化引致的投资风险,由投资者自行负责。

第二章 发行条件

第十条 发行人是依法设立且持续经营3年以上的股份有限公司,具备健全且运行良好的组织机构,相关机构和人员能够依法履行职责。

有限责任公司按原账面净资产值折股整体变更为股份有限公司的,持续经营时间可以从有限责任公司成立之日起计算。

第十一条 发行人会计基础工作规范，财务报表的编制和披露符合企业会计准则和相关信息披露规则的规定，在所有重大方面公允地反映了发行人的财务状况、经营成果和现金流量，并由注册会计师出具标准无保留意见的审计报告。

发行人内部控制制度健全且被有效执行，能够合理保证公司运行效率、合法合规和财务报告的可靠性，并由注册会计师出具无保留结论的内部控制鉴证报告。

第十二条 发行人业务完整，具有直接面向市场独立持续经营的能力：

（一）资产完整，业务及人员、财务、机构独立，与控股股东、实际控制人及其控制的其他企业间不存在对发行人构成重大不利影响的同业竞争，不存在严重影响独立性或者显失公平的关联交易。

（二）发行人主营业务、控制权、管理团队和核心技术人员稳定，最近2年内主营业务和董事、高级管理人员及核心技术人员均没有发生重大不利变化；控股股东和受控股股东、实际控制人支配的股东所持发行人的股份权属清晰，最近2年实际控制人没有发生变更，不存在导致控制权可能变更的重大权属纠纷。

（三）发行人不存在主要资产、核心技术、商标等的重大权属纠纷，重大偿债风险，重大担保、诉讼、仲裁等或有事项，经营环境已经或者将要发生重大变化等对持续经营有重大不利影响的事项。

第十三条 发行人生产经营符合法律、行政法规的规定，符合国家产业政策。

最近3年内，发行人及其控股股东、实际控制人不存在贪污、贿赂、侵占财产、挪用财产或者破坏社会主义市场经济秩序的刑事犯罪，不存在欺诈发行、重大信息披露违法或者其他涉及国家安全、公共安全、生态安全、生产安全、公众健康安全等领域的重大违法行为。

董事、监事和高级管理人员不存在最近3年内受到中国证监会行政处罚，或者因涉嫌犯罪被司法机关立案侦查或者涉嫌违法违规被中国证监会立案调查，尚未有明确结论意见等情形。

第三章 注册程序

第十四条 发行人董事会应当依法就本次股票发行的具体方案、本次募集资金使用的可行性及其他必须明确的事项作出决议，并提请股东大会批准。

第十五条 发行人股东大会就本次发行股票作出的决议，至少应当包括下列事项：

（一）本次公开发行股票的种类和数量；

（二）发行对象；

（三）定价方式；

（四）募集资金用途；

（五）发行前滚存利润的分配方案；

（六）决议的有效期；

（七）对董事会办理本次发行具体事宜的授权；

（八）其他必须明确的事项。

第十六条 发行人申请首次公开发行股票并在科创板上市，应当按照中国证监会有关规定制作注册申请文件，由保荐人保荐并向交易所申报。

交易所收到注册申请文件后，5个工作日内作出是否受理的决定。

第十七条 自注册申请文件受理之日起，发行人及其控股股东、实际控制人、董事、监事、高级管理人员，以及与本次股票公开发行并上市相关的保荐人、证券服务机构及相关责任人员，即承担相应法律责任。

第十八条 注册申请文件受理后，未经中国证监会或者交易所同意，不得改动。

发生重大事项的，发行人、保荐人、证券服务机构应当及时向交易所报告，并按要求更新注册申请文件和信息披露资料。

第十九条 交易所设立独立的审核部门，负责审核发行人公开发行并上市申请；设立科技创新咨询委员会，负责为科创板建设和发行上市审核提供专业咨询和政策建议；设立科创板股票上市委员会，负责对审核部门出具的审核报告和发行人的申请文件提出审议意见。

交易所主要通过向发行人提出审核问询、发行人回答问题方式开展审核工作，基于科创板定位，判断发行人是否符合发行条件、上市条件和信息披露要求。

第二十条 交易所按照规定的条件和程序，作出同意或者不同意发行人股票公开发行并上市的审核意见。同意发行人股票公开发行并上市的，将审核意见、发行人注册申请文件及相关审核资料报送中国证监会履行发行注册程序。不同意发行人股票公开发行并上市的，作出终止发行上市审核决定。

第二十一条 交易所应当自受理注册申请文件之日起3个月内形成审核意见。发行人根据要求补充、修改注册申请文件,以及交易所按照规定对发行人实施现场检查,或者要求保荐人、证券服务机构对有关事项进行专项核查的时间不计算在内。

第二十二条 交易所应当提高审核工作透明度,接受社会监督,公开下列事项:

(一)发行上市审核标准和程序等发行上市审核业务规则,以及相关监管问答;

(二)在审企业名单、企业基本情况及审核工作进度;

(三)发行上市审核问询及回复情况,但涉及国家秘密或者发行人商业秘密的除外;

(四)上市委员会会议的时间、参会委员名单、审议的发行人名单、审议结果及现场问询问题;

(五)对股票公开发行并上市相关主体采取的自律监管措施或者纪律处分;

(六)交易所规定的其他事项。

第二十三条 中国证监会收到交易所报送的审核意见、发行人注册申请文件及相关审核资料后,履行发行注册程序。发行注册主要关注交易所发行上市审核内容有无遗漏,审核程序是否符合规定,以及发行人在发行条件和信息披露要求的重大方面是否符合相关规定。中国证监会认为存在需要进一步说明或者落实事项的,可以要求交易所进一步问询。

中国证监会认为交易所对影响发行条件的重大事项未予关注或者交易所的审核意见依据明显不充分的,可以退回交易所补充审核。交易所补充审核后,同意发行人股票公开发行并上市的,重新向中国证监会报送审核意见及相关资料,本办法第二十四条规定的注册期限重新计算。

第二十四条 中国证监会在20个工作日内对发行人的注册申请作出同意注册或者不予注册的决定。发行人根据要求补充、修改注册申请文件,中国证监会要求交易所进一步问询,以及中国证监会要求保荐人、证券服务机构等对有关事项进行核查的时间不计算在内。

第二十五条 中国证监会同意注册的决定自作出之日起1年内有效,发行人应当在注册决定有效期内发行股票,发行时点由发行人自主选择。

第二十六条 中国证监会作出注册决定后、发行人股票上市交易前,发行人应当及时更新信息披露文件内容,财务报表过期的,发行人应当补充财务会计报告等文件；保荐人及证券服务机构应当持续履行尽职调查职责；发生重大事项的，发行人、保荐人应当及时向交易所报告。

交易所应当对上述事项及时处理，发现发行人存在重大事项影响发行条件、上市条件的，应当出具明确意见并及时向中国证监会报告。

第二十七条 中国证监会作出注册决定后、发行人股票上市交易前，发现可能影响本次发行的重大事项的，中国证监会可以要求发行人暂缓或者暂停发行、上市；相关重大事项导致发行人不符合发行条件的，可以撤销注册。

中国证监会撤销注册后，股票尚未发行的，发行人应当停止发行；股票已经发行尚未上市的，发行人应当按照发行价并加算银行同期存款利息返还股票持有人。

第二十八条 交易所因不同意发行人股票公开发行并上市，作出终止发行上市审核决定，或者中国证监会作出不予注册决定的，自决定作出之日起6个月后，发行人可以再次提出公开发行股票并上市申请。

第二十九条 中国证监会应当按规定公开股票发行注册行政许可事项相关的监管信息。

第三十条 存在下列情形之一的，发行人、保荐人应当及时书面报告交易所或者中国证监会，交易所或者中国证监会应当中止相应发行上市审核程序或者发行注册程序：

（一）相关主体涉嫌违反本办法第十三条第二款规定，被立案调查或者被司法机关侦查，尚未结案；

（二）发行人的保荐人，以及律师事务所、会计师事务所等证券服务机构因首次公开发行股票、上市公司证券发行、并购重组业务涉嫌违法违规，或者其他业务涉嫌违法违规且对市场有重大影响被中国证监会立案调查，或者被司法机关侦查，尚未结案；

（三）发行人的签字保荐代表人，以及签字律师、签字会计师等证券服务机构签字人员因首次公开发行股票、上市公司证券发行、并购重组业务涉嫌违法违规，或者其他业务涉嫌违法违规且对市场有重大影响被中国证监会立案调查，或者被司法机关侦查，尚未结案；

（四）发行人的保荐人，以及律师事务所、会计师事务所等证券服务机构被中国证监会依法采取限制业务活动、责令停业整顿、指定其他机构托管、接管等监管措施，或者被交易所实施一定期限内不接受其出具的相关文件的纪律处分，尚未解除；

（五）发行人的签字保荐代表人、签字律师、签字会计师等中介机构签字人员被中国证监会依法采取限制证券从业资格等监管措施或者证券市场禁入的措施，或者被交易所实施一定期限内不接受其出具的相关文件的纪律处分，尚未解除；

（六）发行人及保荐人主动要求中止发行上市审核程序或者发行注册程序，理由正当且经交易所或者中国证监会批准；

（七）发行人注册申请文件中记载的财务资料已过有效期，需要补充提交；

（八）中国证监会规定的其他情形。

前款所列情形消失后，发行人可以提交恢复申请；因前款第（二）、（三）项规定情形中止的，保荐人以及律师事务所、会计师事务所等证券服务机构按照有关规定履行复核程序后，发行人也可以提交恢复申请。交易所或者中国证监会按照有关规定恢复发行上市审核程序或者发行注册程序。

第三十一条 存在下列情形之一的，交易所或者中国证监会应当终止相应发行上市审核程序或者发行注册程序，并向发行人说明理由：

（一）发行人撤回注册申请文件或者保荐人撤销保荐；

（二）发行人未在要求的期限内对注册申请文件作出解释说明或者补充、修改；

（三）注册申请文件存在虚假记载、误导性陈述或者重大遗漏；

（四）发行人阻碍或者拒绝中国证监会、交易所依法对发行人实施检查、核查；

（五）发行人及其关联方以不正当手段严重干扰发行上市审核或者发行注册工作；

（六）发行人法人资格终止；

（七）注册申请文件内容存在重大缺陷，严重影响投资者理解和发行上市审核或者发行注册工作；

（八）发行人注册申请文件中记载的财务资料已过有效期且逾期 3 个月未更新；

（九）发行人中止发行上市审核程序超过交易所规定的时限或者中止发行注册程序超过 3 个月仍未恢复；

（十）交易所不同意发行人公开发行股票并上市；

（十一）中国证监会规定的其他情形。

第三十二条 中国证监会和交易所可以对发行人进行现场检查，可以要求保荐人、证券服务机构对有关事项进行专项核查并出具意见。

中国证监会和交易所应当建立健全信息披露质量现场检查制度，以及对保荐业务、发行承销业务的常态化检查制度，具体制度另行规定。

第三十三条 中国证监会与交易所建立全流程电子化审核注册系统，实现电子化受理、审核，以及发行注册各环节实时信息共享，并满足依法向社会公开相关信息的需要。

第四章 信息披露

第三十四条 发行人申请首次公开发行股票并在科创板上市，应当按照中国证监会制定的信息披露规则，编制并披露招股说明书，保证相关信息真实、准确、完整。信息披露内容应当简明易懂，语言应当浅白平实，以便投资者阅读、理解。

中国证监会制定的信息披露规则是信息披露的最低要求。不论上述规则是否有明确规定，凡是对投资者作出价值判断和投资决策有重大影响的信息，发行人均应当予以披露。

第三十五条 中国证监会依法制定招股说明书内容与格式准则、编报规则，对注册申请文件和信息披露资料的内容、格式、编制要求、披露形式等作出规定。

交易所可以依据中国证监会部门规章和规范性文件，制定信息披露细则或者指引，在中国证监会确定的信息披露内容范围内，对信息披露提出细化和补充要求，报中国证监会批准后实施。

第三十六条 发行人及其董事、监事、高级管理人员应当在招股说明书上签字、盖章，保证招股说明书的内容真实、准确、完整，不存在虚假记载、误导性陈述或者重大遗漏，并声明承担相应法律责任。

发行人控股股东、实际控制人应当在招股说明书上签字、盖章，确认招股说明书的内容真实、准确、完整，不存在虚假记载、误导性陈述或者重大遗漏，并声明承担相应法律责任。

第三十七条 保荐人及其保荐代表人应当在招股说明书上签字、盖章，确认招股说明书的内容真实、准确、完整，不存在虚假记载、误导性陈述或者重大遗漏，并声明承担相应的法律责任。

第三十八条 为证券发行出具专项文件的律师、注册会计师、资产评估人员、资信评级人员及其所在机构，应当在招股说明书上签字、盖章，确认对发行人信息披露文件引用其出具的专业意见无异议，信息披露文件不因引用其出具的专业意见而出现虚假记载、误导性陈述或者重大遗漏，并声明承担相应的法律责任。

第三十九条 发行人应当根据自身特点，有针对性地披露行业特点、业务模式、公司治理、发展战略、经营政策、会计政策，充分披露科研水平、科研人员、科研资金投入等相关信息，并充分揭示可能对公司核心竞争力、经营稳定性以及未来发展产生重大不利影响的风险因素。

发行人尚未盈利的，应当充分披露尚未盈利的成因，以及对公司现金流、业务拓展、人才吸引、团队稳定性、研发投入、战略性投入、生产经营可持续性等方面的影响。

第四十条 发行人应当披露其募集资金使用管理制度，以及募集资金重点投向科技创新领域的具体安排。

第四十一条 存在特别表决权股份的境内科技创新企业申请首次公开发行股票并在科创板上市的，发行人应当在招股说明书等公开发行文件中，披露并特别提示差异化表决安排的主要内容、相关风险和对公司治理的影响，以及依法落实保护投资者合法权益的各项措施。

保荐人和发行人律师应当就公司章程规定的特别表决权股份的持有人资格、特别表决权股份拥有的表决权数量与普通股份拥有的表决权数量的比例安排、持有人所持特别表决权股份能够参与表决的股东大会事项范围、特别表决权股份锁定安排及转让限制等事项是否符合有关规定发表专业意见。

第四十二条 发行人应当在招股说明书中披露公开发行股份前已发行股份的锁定期安排，特别是核心技术人员股份的锁定期安排以及尚未盈利情况下发行人控股股东、实际控制人、董事、监事、高级管理人员股份的锁定期安排。

保荐人和发行人律师应当就前款事项是否符合有关规定发表专业意见。

第四十三条 招股说明书的有效期为6个月，自公开发行前最后一次签署之日起计算。

招股说明书引用经审计的财务报表在其最近一期截止日后6个月内有效，特殊情况下发行人可申请适当延长，但至多不超过1个月。财务报表应当以年度末、半年度末或者季度末为截止日。

第四十四条 交易所受理注册申请文件后，发行人应当按交易所规定，将招股说明书、发行保荐书、上市保荐书、审计报告和法律意见书等文件在交易所网站预先披露。

第四十五条 预先披露的招股说明书及其他注册申请文件不能含有

价格信息，发行人不得据此发行股票。

发行人应当在预先披露的招股说明书显要位置作如下声明：“本公司的发行申请尚需经上海证券交易所和中国证监会履行相应程序。本招股说明书不具有据以发行股票的法律效力，仅供预先披露之用。投资者应当以正式公告的招股说明书作为投资决定的依据。”

第四十六条 交易所审核同意后，将发行人注册申请文件报送中国证监会时，招股说明书、发行保荐书、上市保荐书、审计报告和法律意见书等文件应在交易所网站和中国证监会网站公开。

第四十七条 发行人股票发行前应当在交易所网站和中国证监会指定网站全文刊登招股说明书，同时在中国证监会指定报刊刊登提示性公告，告知投资者网上刊登的地址及获取文件的途径。

发行人可以将招股说明书以及有关附件刊登于其他报刊和网站，但披露内容应当完全一致，且不得早于在交易所网站、中国证监会指定报刊和网站的披露时间。

第四十八条 保荐人出具的发行保荐书、证券服务机构出具的文件及其他与发行有关的重要文件应当作为招股说明书的附件，在交易所网站和中国证监会指定的网站披露，以备投资者查阅。

第五章 发行与承销的特别规定

第四十九条 首次公开发行股票并在科创板上市的发行与承销行为，适用《证券发行与承销管理办法》，本办法另有规定的除外。

第五十条 首次公开发行股票，应当向经中国证券业协会注册的证券公司、基金管理公司、信托公司、财务公司、保险公司、合格境外机构投资者和私募基金管理人等专业机构投资者（以下统称网下投资者）询价确定股票发行价格。

发行人和主承销商可以根据自律规则，设置网下投资者的具体条件，并在发行公告中预先披露。

第五十一条 网下投资者可以按照管理的不同配售对象账户分别申报价格，每个报价应当包含配售对象信息、每股价格和该价格对应的拟申购股数。

首次公开发行股票价格（或者发行价格区间）确定后，提供有效报价的网下投资者方可参与新股申购。

第五十二条 交易所应当根据《证券发行与承销管理办法》和本办

法制定科创板股票发行承销业务规则。

投资者报价要求、最高报价剔除比例、网下初始配售比例、网下优先配售比例、网下网上回拨机制、网下分类配售安排、战略配售、超额配售选择权等事项适用交易所相关规定。

《证券发行与承销管理办法》规定的战略投资者在承诺的持有期限内,可以按规定向证券金融公司借出获得配售的股票。借出期限届满后,证券金融公司应当将借入的股票返还给战略投资者。

第五十三条 保荐人的相关子公司或者保荐人所属证券公司的相关子公司参与发行人股票配售的具体规则由交易所另行规定。

第五十四条 获中国证监会同意注册后,发行人与主承销商应当及时向交易所报备发行与承销方案。交易所5个工作日内无异议的,发行人与主承销商可依法刊登招股意向书,启动发行工作。

第五十五条 交易所对证券发行承销过程实施监管。发行承销涉嫌违法违规或者存在异常情形的,中国证监会可以要求交易所对相关事项进行调查处理,或者直接责令发行人和承销商暂停或者中止发行。

第六章 发行上市保荐的特别规定

第五十六条 首次公开发行股票并在科创板上市保荐业务,适用《证券发行上市保荐业务管理办法》,本办法另有规定的除外。

第五十七条 保荐人应当根据科创板企业特点和注册制要求对科创板保荐工作内部控制做出合理安排,有效控制风险,切实提高执业质量。

第五十八条 保荐人应当按照中国证监会和交易所的规定制作、报送和披露发行保荐书、上市保荐书、回复意见及其他发行上市相关文件,遵守交易所和中国证监会的发行上市审核及发行注册程序,配合交易所和中国证监会的发行上市审核及发行注册工作,并承担相应工作。

第五十九条 首次公开发行股票并在科创板上市的,持续督导的期间为证券上市当年剩余时间及其后3个完整会计年度。

交易所可以对保荐人持续督导内容、履责要求、发行人通知报告事项等作出规定。

第七章 监督管理和法律责任

第六十条 中国证监会负责建立健全以信息披露为中心的注册制规

则体系，制定股票发行注册并上市的规章规则，依法批准交易所制定的上市条件、审核标准、审核程序、上市委员会制度、信息披露、保荐、发行承销等方面的制度规则，指导交易所制定与发行上市审核相关的其他业务规则。

第六十一条 中国证监会建立对交易所发行上市审核工作和发行承销过程监管的监督机制，持续关注交易所审核情况和发行承销过程监管情况；发现交易所自律监管措施或者纪律处分失当的，可以责令交易所改正。

第六十二条 中国证监会对交易所发行上市审核和发行承销过程监管等相关工作进行年度例行检查。在检查过程中，可以调阅审核工作文件，列席相关审核会议。

中国证监会定期或者不定期按一定比例对交易所发行上市审核和发行承销过程监管等相关工作进行抽查。

中国证监会在检查和抽查过程中发现问题的，交易所应当整改。

第六十三条 中国证监会建立对发行上市监管全流程的权力运行监督制约机制，对发行上市审核程序和发行注册程序相关内控制度运行情况进行督导督察，对廉政纪律执行情况和相关人员的履职尽责情况进行监督监察。

第六十四条 交易所应当建立内部防火墙制度，发行上市审核部门、发行承销监管部门与其他部门隔离运行。参与发行上市审核的人员，不得与发行人及其控股股东、实际控制人、相关保荐人、证券服务机构有利害关系，不得直接或者间接与发行人、保荐人、证券服务机构有利益往来，不得持有发行人股票，不得私下与发行人接触。

第六十五条 交易所应当建立定期报告制度，及时总结发行上市审核和发行承销监管的工作情况，并报告中国证监会。

第六十六条 交易所发行上市审核工作违反本办法规定，有下列情形之一的，由中国证监会责令改正；情节严重的，追究直接责任人员相关责任：

（一）未按审核标准开展发行上市审核工作；

（二）未按审核程序开展发行上市审核工作；

（三）不配合中国证监会对发行上市审核工作和发行承销监管工作的检查、抽查，或者不按中国证监会的整改要求进行整改。

第六十七条 发行人不符合发行上市条件，以欺骗手段骗取发行注册的，中国证监会将自确认之日起采取5年内不接受发行人公开发行证券相关文件的监管措施。对相关责任人员，视情节轻重，采取认定为不适当人选的监管措施，或者采取证券市场禁入的措施。

第六十八条 对发行人存在本办法第六十七条规定的行为并已经发行上市的，可以依照有关规定责令上市公司及其控股股东、实际控制人在一定期间从投资者手中购回本次公开发行的股票。

第六十九条 发行人存在本办法第三十一条第（三）项、第（四）项、第（五）项规定的情形，重大事项未报告、未披露，或者发行人及其董事、监事、高级管理人员、控股股东、实际控制人的签字、盖章系伪造或者变造的，中国证监会将自确认之日起采取3年至5年内不接受发行人公开发行证券相关文件的监管措施。

第七十条 发行人的控股股东、实际控制人违反本办法规定，致使发行人所报送的注册申请文件和披露的信息存在虚假记载、误导性陈述或者重大遗漏，或者纵容、指使、协助发行人进行财务造假、利润操纵或者有意隐瞒其他重要信息等骗取发行注册行为的，中国证监会可以视情节轻重，对相关单位和责任人员自确认之日起采取1年到5年内不接受相关单位及其控制的下属单位公开发行证券相关文件，对责任人员采取认定为不适当人选等监管措施，或者采取证券市场禁入的措施。

发行人的董事、监事和高级管理人员违反本办法规定，致使发行人所报送的注册申请文件和披露的信息存在虚假记载、误导性陈述或者重大遗漏的，中国证监会可以视情节轻重，对责任人员采取认定为不适当人选等监管措施，或者采取证券市场禁入的措施。

第七十一条 保荐人未勤勉尽责，致使发行人信息披露资料存在虚假记载、误导性陈述或者重大遗漏的，中国证监会将视情节轻重，自确认之日起采取暂停保荐人业务资格1年到3年，责令保荐人更换相关负责人的监管措施；情节严重的，撤销保荐人业务资格，对相关责任人员采取证券市场禁入的措施。

保荐代表人未勤勉尽责，致使发行人信息披露资料存在虚假记载、误导性陈述或者重大遗漏的，按规定撤销保荐代表人资格。

证券服务机构未勤勉尽责，致使发行人信息披露资料中与其职责有关的内容及其所出具的文件存在虚假记载、误导性陈述或者重大遗漏的，中国证监会可以视情节轻重，自确认之日起采取3个月至3年不接受相关单位及其责任人员出具的发行证券专项文件的监管措施；情节严重的，对证券服务机构相关责任人员采取证券市场禁入的措施。

第七十二条 保荐人存在下列情形的，中国证监会可以视情节轻重，自确认之日起采取暂停保荐人业务资格3个月至3年的监管措施；情节特别严重的，撤销其业务资格：

（一）伪造或者变造签字、盖章；

（二）重大事项未报告、未披露；

（三）以不正当手段干扰审核注册工作；

（四）不履行其他法定职责。

保荐代表人存在前款规定情形的，视情节轻重，按规定暂停保荐代表人资格3个月至3年；情节严重的，按规定撤销保荐代表人资格。

证券服务机构及其相关人员存在第一款规定情形的，中国证监会可以视情节轻重，自确认之日起，采取3个月至3年不接受相关单位及其责任人员出具的发行证券专项文件的监管措施。

第七十三条 发行人公开发行证券上市当年即亏损的，中国证监会自确认之日起暂停保荐人的保荐人资格3个月，撤销相关人员的保荐代表人资格，尚未盈利的企业或者已在证券发行募集文件中充分分析并揭示相关风险的除外。

第七十四条 保荐人、证券服务机构存在以下情形的，中国证监会可以视情节轻重，采取责令改正、监管谈话、出具警示函、1年内不接受相关单位及其责任人员出具的与注册申请有关的文件等监管措施；情节严重的，可以同时采取3个月到1年内不接受相关单位及其责任人员出具的发行证券专项文件的监管措施：

（一）制作或者出具的文件不齐备或者不符合要求；

（二）擅自改动注册申请文件、信息披露资料或者其他已提交文件；

（三）注册申请文件或者信息披露资料存在相互矛盾或者同一事实表述不一致且有实质性差异；

（四）文件披露的内容表述不清，逻辑混乱，严重影响投资者理解；

（五）未及时报告或者未及时披露重大事项。

发行人存在前款规定情形的，中国证监会可视情节轻重，采取责令改正、监管谈话、出具警示函、6个月至1年内不接受发行人公开发行证券相关文件的监管措施。

第七十五条 发行人披露盈利预测的，利润实现数如未达到盈利预测的80%，除因不可抗力外，其法定代表人、财务负责人应当在股东大会及中国证监会指定报刊上公开作出解释并道歉；中国证监会可以对法定代表人处以警告。

利润实现数未达到盈利预测的50%的，除因不可抗力外，中国证监会在3年内不受理该公司的公开发行证券申请。

注册会计师为上述盈利预测出具审核报告的过程中未勤勉尽责的，中国证监会将视情节轻重，对相关机构和责任人员采取监管谈话等监管措施，记入诚信档案并公布；情节严重的，给予警告等行政处罚。

第七十六条 发行人及其控股股东和实际控制人、董事、监事、高级管理人员，保荐人、承销商、证券服务机构及其相关执业人员，在股票公开发行并上市相关的活动中存在其他违反本办法规定行为的，中国证监会可以视情节轻重，采取责令改正、监管谈话、出具警示函、责令公开说明、责令参加培训、责令定期报告、认定为不适当人选、暂不受理与行政许可有关的文件等监管措施，或者采取证券市场禁入的措施。

第七十七条 发行人及其控股股东、实际控制人、保荐人、证券服务机构及其相关人员违反《中华人民共和国证券法》依法应予以行政处罚的，中国证监会将依法予以处罚；对欺诈发行、虚假陈述负有责任的发行人、保荐人、会计师事务所、律师事务所、资产评估机构及其责任人员依法从重处罚。涉嫌犯罪的，依法移送司法机关，追究其刑事责任。

第七十八条 交易所负责对发行人及其控股股东、实际控制人、保荐人、承销商、证券服务机构等进行自律监管。

中国证券业协会负责制定保荐业务、发行承销自律监管规则，对保荐人、承销商、保荐代表人、网下投资者进行自律监管。

交易所和中国证券业协会应当对发行上市过程中违反自律监管规则的行为采取自律监管措施或者给予纪律处分。

第七十九条 中国证监会会同有关部门，加强对发行人等相关市场主体的监管信息共享，完善失信联合惩戒机制。

第八章 附 则

第八十条 符合《国务院办公厅转发证监会关于开展创新企业境内发行股票或存托凭证试点若干意见的通知》（国办发〔2018〕21号，以下简称《若干意见》）等规定的红筹企业，申请首次公开发行股票并在科创板上市，还应当符合本办法相关规定，但公司形式可适用其注册地法律规定；申请发行存托凭证并在科创板上市的，适用本办法关于发行上市审核注册程序的规定。

前款规定的红筹企业在科创板发行上市，适用《若干意见》“营业收入快速增长,拥有自主研发、国际领先技术,同行业竞争中处于相对优势地位”的具体标准,由交易所制定具体规则,并报中国证监会批准。

第八十一条 本办法自公布之日起施行。

上市公司类

科创板上市公司持续监管办法(试行)

(2019 年 3 月 1 日　证监会令第 154 号)

第一章　总　　则

第 一 条　为了规范科创企业股票、存托凭证在上海证券交易所(以下简称交易所)科创板上市后相关各方的行为,支持引导科技创新企业更好地发展,保护投资者合法权益,根据《中华人民共和国证券法》(以下简称《证券法》)、《中华人民共和国公司法》、《国务院办公厅转发证监会关于开展创新企业境内发行股票或存托凭证试点若干意见的通知》、《关于在上海证券交易所设立科创板并试点注册制的实施意见》(以下简称《实施意见》)以及相关法律法规,制定本办法。

第 二 条　中国证券监督管理委员会(以下简称中国证监会)根据《证券法》等法律法规、《实施意见》、本办法和中国证监会其他相关规定,对科创板上市公司(以下简称科创公司)及相关主体进行监督管理。中国证监会其他相关规定与本办法规定不一致的,适用本办法。

第 三 条　交易所根据《实施意见》、《证券交易所管理办法》、本办法等有关规定,建立以上市规则为中心的科创板持续监管规则体系,在持续信息披露、股份减持、并购重组、股权激励、退市等方面制定符合科创公司特点的具体实施规则。科创公司应当遵守交易所持续监管实施规则。

交易所应当履行一线监管职责,加强信息披露与二级市场交易监管联动,加大现场检查力度,强化监管问询,切实防范和打击内幕交易与操纵市场行为,督促科创公司提高信息披露质量。

第二章　公司治理

第四条　科创公司应当保持健全、有效、透明的治理体系和监督机制，保证股东大会、董事会、监事会规范运作，督促董事、监事和高级管理人员履行忠实、勤勉义务，保障全体股东合法权利，积极履行社会责任，保护利益相关者的基本权益。

第五条　科创公司控股股东、实际控制人应当诚实守信，依法行使权利，严格履行承诺，维持公司独立性，维护公司和全体股东的共同利益。

第六条　科创公司应当积极回报股东，根据自身条件和发展阶段，制定并执行现金分红、股份回购等股东回报政策。交易所可以制定股东回报相关规则。

第七条　存在特别表决权股份的科创公司，应当在公司章程中规定特别表决权股份的持有人资格、特别表决权股份拥有的表决权数量与普通股份拥有的表决权数量的比例安排、持有人所持特别表决权股份能够参与表决的股东大会事项范围、特别表决权股份锁定安排及转让限制、特别表决权股份与普通股份的转换情形等事项。公司章程有关上述事项的规定，应当符合交易所的有关规定。

科创公司应当在定期报告中持续披露特别表决权安排的情况；特别表决权安排发生重大变化的，应当及时披露。

交易所应对存在特别表决权股份科创公司的上市条件、表决权差异的设置、存续、调整、信息披露和投资者保护事项制定有关规定。

第三章　信息披露

第八条　科创公司和相关信息披露义务人应当及时、公平地披露所有可能对证券交易价格或者投资决策有较大影响的事项，保证所披露信息的真实、准确、完整，不存在虚假记载、误导性陈述或者重大遗漏。

第九条　控股股东和实际控制人应当积极配合科创公司履行信息披露义务，不得要求或者协助科创公司隐瞒应当披露的信息。

第十条　科创公司筹划的重大事项存在较大不确定性，立即披露可能会损害公司利益或者误导投资者，且有关内幕信息知情人已书面承诺保密的，公司可以暂不披露，但最迟应在该重大事项形成最终决议、签署最终协议、交易确定能够达成时对外披露。已经泄密或确实难以保密的，科创公司应当立即披露该信息。

第十一条 科创公司应当结合所属行业特点，充分披露行业经营信息，尤其是科研水平、科研人员、科研投入等能够反映行业竞争力的信息以及核心技术人员任职及持股情况，便于投资者合理决策。

第十二条 科创公司应当充分披露可能对公司核心竞争力、经营活动和未来发展产生重大不利影响的风险因素。

科创公司尚未盈利的，应当充分披露尚未盈利的成因，以及对公司现金流、业务拓展、人才吸引、团队稳定性、研发投入、战略性投入、生产经营可持续性等方面的影响。

第十三条 科创公司和相关信息披露义务人认为相关信息有助于投资者决策，但不属于依法应当披露信息的，可以自愿披露。

科创公司自愿披露的信息应当真实、准确、完整，科创公司不得利用该等信息不当影响公司股票价格，并应当按照同一标准披露后续类似事件。

第十四条 科创公司和信息披露义务人确有需要的，可以在非交易时段对外发布重大信息，但应当在下一交易时段开始前披露相关公告，不得以新闻发布或者答记者问等形式代替信息披露。

第十五条 科创公司和相关信息披露义务人适用中国证监会、交易所相关信息披露规定，可能导致其难以反映经营活动的实际情况、难以符合行业监管要求或者公司注册地有关规定的，可以依照有关规定暂缓适用或免于适用，但是应当充分说明原因和替代方案，并聘请律师事务所出具法律意见。中国证监会、交易所认为依法不应调整适用的，科创公司和相关信息披露义务人应当执行相关规定。

第四章 股份减持

第十六条 股份锁定期届满后，科创公司控股股东、实际控制人、董事、监事、高级管理人员、核心技术人员及其他股东减持首次公开发行前已发行的股份（以下简称首发前股份）以及通过非公开发行方式取得的股份的，应当遵守交易所有关减持方式、程序、价格、比例以及后续转让等事项的规定。

第十七条 上市时未盈利的科创公司，其控股股东、实际控制人、董事、监事、高级管理人员、核心技术人员所持首发前股份的股份锁定期应适当延长,具体期限由交易所规定。

第十八条 科创公司核心技术人员所持首发前股份的股份锁定期应适当延长,具体期限由交易所规定。

第五章 重大资产重组

第十九条 科创公司并购重组,由交易所统一审核;涉及发行股票的,由交易所审核通过后报经中国证监会履行注册程序。审核标准等事项由交易所规定。

第二十条 科创公司重大资产重组或者发行股份购买资产,标的资产应当符合科创板定位,并与公司主营业务具有协同效应。

第六章 股权激励

第二十一条 科创公司以本公司股票为标的实施股权激励的,应当设置合理的公司业绩和个人绩效等考核指标,有利于公司持续发展。

第二十二条 单独或合计持有科创公司5%以上股份的股东或实际控制人及其配偶、父母、子女,作为董事、高级管理人员、核心技术人员或者核心业务人员的,可以成为激励对象。

科创公司应当充分说明前款规定人员成为激励对象的必要性、合理性。

第二十三条 科创公司授予激励对象的限制性股票,包括符合股权激励计划授予条件的激励对象在满足相应条件后分次获得并登记的本公司股票。

限制性股票的授予和登记等事项,应当遵守交易所和证券登记结算机构的有关规定。

第二十四条 科创公司授予激励对象限制性股票的价格,低于市场参考价50%的,应符合交易所有关规定,并应说明定价依据及定价方式。

出现前款规定情形的,科创公司应当聘请独立财务顾问,对股权激励计划的可行性、相关定价依据和定价方法的合理性、是否有利于公司持续发展、是否损害股东利益等发表意见。

第二十五条 科创公司全部在有效期内的股权激励计划所涉及的标的股票总数,累计不得超过公司总股本的20%。

第七章　终止上市

第二十六条　科创公司触及终止上市标准的，股票直接终止上市，不再适用暂停上市、恢复上市、重新上市程序。

第二十七条　科创公司构成欺诈发行、重大信息披露违法或者其他涉及国家安全、公共安全、生态安全、生产安全和公众健康安全等领域的重大违法行为的，股票应当终止上市。

第二十八条　科创公司股票交易量、股价、市值、股东人数等交易指标触及终止上市标准的，股票应当终止上市，具体标准由交易所规定。

第二十九条　科创公司丧失持续经营能力，财务指标触及终止上市标准的，股票应当终止上市。

科创板不适用单一的连续亏损终止上市指标，交易所应当设置能够反映公司持续经营能力的组合终止上市指标。

第三十条　科创公司信息披露或者规范运作方面存在重大缺陷，严重损害投资者合法权益、严重扰乱证券市场秩序的，其股票应当终止上市。交易所可依据《证券法》在上市规则中作出具体规定。

第八章　其他事项

第三十一条　达到一定规模的上市公司，可以依据法律法规、中国证监会和交易所有关规定，分拆业务独立、符合条件的子公司在科创板上市。

第三十二条　科创公司应当建立完善募集资金管理使用制度，按照交易所规定持续披露募集资金使用情况和募集资金重点投向科技创新领域的具体安排。

第三十三条　科创公司控股股东、实际控制人质押公司股份的，应当合理使用融入资金，维持科创公司控制权和生产经营稳定，不得侵害科创公司利益或者向科创公司转移风险，并依据中国证监会、交易所的规定履行信息披露义务。

第三十四条　科创公司及其股东、实际控制人、董事、监事、高级管理人员、其他信息披露义务人、内幕信息知情人等相关主体违反本办法的，中国证监会根据《证券法》等法律法规和中国证监会其他有关规定，依法追究其法律责任。

第三十五条 中国证监会会同有关部门,加强对科创公司等相关市场主体的诚信信息共享,完善失信联合惩戒机制。

第九章 附 则

第三十六条 本办法自公布之日起施行。

关于修改《上市公司章程指引》的决定

（2019 年 4 月 17 日　证监会公告〔2019〕10 号）

一、第十五条增加一款，作为第二款："存在特别表决权股份的上市公司，应当在公司章程中规定特别表决权股份的持有人资格、特别表决权股份拥有的表决权数量与普通股份拥有的表决权数量的比例安排、持有人所持特别表决权股份能够参与表决的股东大会事项范围、特别表决权股份锁定安排及转让限制、特别表决权股份与普通股份的转换情形等事项。公司章程有关上述事项的规定，应当符合交易所的有关规定。"

二、第二十三条修改为："公司在下列情况下，可以依照法律、行政法规、部门规章和本章程的规定，收购本公司的股份：

"（一）减少公司注册资本；

"（二）与持有本公司股份的其他公司合并；

"（三）将股份用于员工持股计划或者股权激励；

"（四）股东因对股东大会作出的公司合并、分立决议持异议，要求公司收购其股份；

"（五）将股份用于转换上市公司发行的可转换为股票的公司债券；

"（六）上市公司为维护公司价值及股东权益所必需。

"除上述情形外，公司不得收购本公司股份。

"注释：发行优先股的公司，还应当在公司章程中对回购优先股的选择权由发行人或股东行使、回购的条件、价格和比例等作出具体规定。发行人按章程规定要求回购优先股的，必须完全支付所欠股息，但商业银行发行优先股补充资本的除外。"

三、第二十四条修改为："公司收购本公司股份，可以通过公开的集中交易方式，或者法律法规和中国证监会认可的其他方式进行。

"公司因本章程第二十三条第一款第（三）项、第（五）项、第（六）项规定的情形收购本公司股份的，应当通过公开的集中交易方式进行。"

四、第二十五条修改为："公司因本章程第二十三条第一款第（一）

项、第(二)项规定的情形收购本公司股份的,应当经股东大会决议;公司因本章程第二十三条第一款第(三)项、第(五)项、第(六)项规定的情形收购本公司股份的,可以依照本章程的规定或者股东大会的授权,经三分之二以上董事出席的董事会会议决议。

“公司依照本章程第二十三条第一款规定收购本公司股份后,属于第(一)项情形的,应当自收购之日起 10 日内注销;属于第(二)项、第(四)项情形的,应当在 6 个月内转让或者注销;属于第(三)项、第(五)项、第(六)项情形的,公司合计持有的本公司股份数不得超过本公司已发行股份总额的 10%,并应当在 3 年内转让或者注销。

“注释:公司按本条规定回购优先股后,应当相应减记发行在外的优先股股份总数。”

五、第四十四条修改为:“本公司召开股东大会的地点为:【具体地点】。股东大会将设置会场,以现场会议形式召开。公司还将提供网络投票的方式为股东参加股东大会提供便利。股东通过上述方式参加股东大会的,视为出席。

“注释:公司章程可以规定召开股东大会的地点为公司住所地或其他明确地点。现场会议时间、地点的选择应当便于股东参加。发出股东大会通知后,无正当理由,股东大会现场会议召开地点不得变更。确需变更的,召集人应当在现场会议召开日前至少 2 个工作日公告并说明原因。”

六、第九十六条第一款修改为:“董事由股东大会选举或者更换,并可在任期届满前由股东大会解除其职务。董事任期【年数】,任期届满可连选连任。”

七、第一百零七条增加一款,作为第二款:“公司董事会设立审计委员会,并根据需要设立【战略】、【提名】、【薪酬与考核】等相关专门委员会。专门委员会对董事会负责,依照本章程和董事会授权履行职责,提案应当提交董事会审议决定。专门委员会成员全部由董事组成,其中审计委员会、【提名委员会】、【薪酬与考核委员会】中独立董事占多数并担任召集人,审计委员会的召集人为会计专业人士。董事会负责制定专门委员会工作规程,规范专门委员会的运作。”

八、第一百二十六条修改为:“在公司控股股东单位担任除董事、监事以外其他行政职务的人员,不得担任公司的高级管理人员。”

《上市公司章程指引》根据本决定作相应修改,重新公布。

本决定自公布之日起施行。

上市公司章程指引

（2016年9月30日修订公布　根据2019年4月17日《关于修改〈上市公司章程指引〉的决定》修订）

目　　录

第一章　总　　则

第 一 条　为维护公司、股东和债权人的合法权益，规范公司的组织和行为，根据《中华人民共和国公司法》（以下简称《公司法》）、《中华人民共和国证券法》（以下简称《证券法》）和其他有关规定，制订本章程。

第 二 条　公司系依照【法规名称】和其他有关规定成立的股份有限公司（以下简称公司）。

公司【设立方式】设立；在【公司登记机关所在地名】工商行政管理局注册登记，取得营业执照，营业执照号【营业执照号码】。

注释：依法律、行政法规规定，公司设立必须报经批准的，应当说明批准机关和批准文件名称。

第 三 条　公司于【批/核准日期】经【批/核准机关全称】批/核准，首次向社会公众发行人民币普通股【股份数额】股，于【上市日期】在【证券交易所全称】上市。公司于【批/核准日期】经【批/核准机关全称】批/核准，发行优先股【股份数额】股，于【上市日期】在【证券交易所全称】上市。公司向境外投资人发行的以外币认购并且在境内上市的境内上市外资股为【股份数额】，于【上市日期】在【证券交易所全称】上市。

注释：本指引所称优先股，是指依照《公司法》，在一般规定的普通种类股份之外，另行规定的其他种类股份，其股份持有人优先于普通股股东分配公司利润和剩余财产，但参与公司决策管理等权利受到限制。

没有发行（或拟发行）优先股或者境内上市外资股的公司，无需就本条有关优先股或者境内上市外资股的内容作出说明。以下同。

第 四 条　公司注册名称：【中文全称】【英文全称】

第 五 条　公司住所：【公司住所地址全称，邮政编码】。

第 六 条　公司注册资本为人民币【注册资本数额】元。

注释：公司因增加或者减少注册资本而导致注册资本总额变更的，可以在股东大会通过同意增加或减少注册资本的决议后，再就因此而需要修改公司章程的事项通过一项决议，并说明授权董事会具体办理注册资本的变更登记手续。

第 七 条 公司营业期限为【年数】或者【公司为永久存续的股份有限公司】。

第 八 条 【董事长或经理】为公司的法定代表人。

第 九 条 公司全部资产分为等额股份，股东以其认购的股份为限对公司承担责任，公司以其全部资产对公司的债务承担责任。

第 十 条 本公司章程自生效之日起，即成为规范公司的组织与行为、公司与股东、股东与股东之间权利义务关系的具有法律约束力的文件，对公司、股东、董事、监事、高级管理人员具有法律约束力的文件。依据本章程，股东可以起诉股东，股东可以起诉公司董事、监事、经理和其他高级管理人员，股东可以起诉公司，公司可以起诉股东、董事、监事、经理和其他高级管理人员。

第十一条 本章程所称其他高级管理人员是指公司的副经理、董事会秘书、财务负责人。

注释：公司可以根据实际情况，在章程中确定属于公司高级管理人员的人员。

第二章 经营宗旨和范围

第十二条 公司的经营宗旨：【宗旨内容】

第十三条 经依法登记，公司的经营范围：【经营范围内容】

注释：公司的经营范围中属于法律、行政法规规定须经批准的项目，应当依法经过批准。

第三章 股 份

第一节 股份发行

第十四条 公司的股份采取股票的形式。

第十五条 公司股份的发行，实行公开、公平、公正的原则，同种类的每一股份应当具有同等权利。

存在特别表决权股份的上市公司，应当在公司章程中规定特别表决权股份的持有人资格、特别表决权股份拥有的表决权数量与普通股份拥有的表决权数量的比例安排、持有人所持特别表决权股份能够参与表决的股东大会事项范围、特别表决权股份锁定安排及转让限制、特别表决权股份与普通股份的转换情形等事项。公司章程有关上述事项的规定，应当符合交易所的有关规定。

同次发行的同种类股票，每股的发行条件和价格应当相同；任何单位或者个人所认购的股份，每股应当支付相同价额。

注释：发行优先股的公司，应当在章程中明确以下事项：(1)优先股股息率采用固定股息率或浮动股息率，并相应明确固定股息率水平或浮动股息率的计算方法；(2)公司在有可分配税后利润的情况下是否必须分配利润；(3)如果公司因本会计年度可分配利润不足而未向优先股股东足额派发股息，差额部分是否累积到下一会计年度；(4)优先股股东按照约定的股息率分配股息后，是否有权同普通股股东一起参加剩余利润分配，以及参与剩余利润分配的比例、条件等事项；(5)其他涉及优先股股东参与公司利润分配的事项；(6)除利润分配和剩余财产分配外，优先股是否在其他条款上具有不同的设置；(7)优先股表决权恢复时，每股优先股股份享有表决权的具体计算方法。

其中，公开发行优先股的，应当在公司章程中明确：(1)采取固定股息率；(2)在有可分配税后利润的情况下必须向优先股股东分配股息；(3)未向优先股股东足额派发股息的差额部分应当累积到下一会计年度；(4)优先股股东按照约定的股息率分配股息后，不再同普通股股东一起参加剩余利润分配。商业银行发行优先股补充资本的，可就第(2)项和第(3)项事项另作规定。

第十六条 公司发行的股票，以人民币标明面值。

第十七条 公司发行的股份，在【证券登记机构名称】集中存管。

第十八条 公司发起人为【各发起人姓名或者名称】、认购的股份数分别为【股份数量】、出资方式和出资时间为【具体方式和时间】。

注释：已成立1年或1年以上的公司，发起人已将所持股份转让的，无需填入发起人的持股数额。

第十九条 公司股份总数为【股份数额】，公司的股本结构为：普通股【数额】股，其他种类股【数额】股。

注释：公司发行优先股等其他种类股份的，应作出说明。

第二十条 公司或公司的子公司(包括公司的附属企业)不以赠与、垫资、担保、补偿或贷款等形式，对购买或者拟购买公司股份的人提供任何资助。

第二节 股份增减和回购

第二十一条 公司根据经营和发展的需要,依照法律、法规的规定,经股东大会分别作出决议,可以采用下列方式增加资本:

(一)公开发行股份;

(二)非公开发行股份;

(三)向现有股东派送红股;

(四)以公积金转增股本;

(五)法律、行政法规规定以及中国证监会批准的其他方式。

注释:发行优先股的公司,应当在章程中对发行优先股的以下事项作出规定:公司已发行的优先股不得超过公司普通股股份总数的百分之五十,且筹资金额不得超过发行前净资产的百分之五十,已回购、转换的优先股不纳入计算。

公司不得发行可转换为普通股的优先股。但商业银行可以根据商业银行资本监管规定,非公开发行触发事件发生时强制转换为普通股的优先股,并遵守有关规定。

发行可转换公司债的公司,还应当在章程中对可转换公司债的发行、转股程序和安排以及转股所导致的公司股本变更等事项作出具体规定。

第二十二条 公司可以减少注册资本。公司减少注册资本,应当按照《公司法》以及其他有关规定和本章程规定的程序办理。

第二十三条 公司在下列情况下,可以依照法律、行政法规、部门规章和本章程的规定,收购本公司的股份:

(一)减少公司注册资本;

(二)与持有本公司股份的其他公司合并;

(三)将股份用于员工持股计划或者股权激励;

(四)股东因对股东大会作出的公司合并、分立决议持异议,要求公司收购其股份;

(五)将股份用于转换上市公司发行的可转换为股票的公司债券;

(六)上市公司为维护公司价值及股东权益所必需。

除上述情形外,公司不得收购本公司股份。

注释:发行优先股的公司,还应当在公司章程中对回购优先股的选择权由发行人或股东行使、回购的条件、价格和比例等作出具体规定。发行人按章程规定要求回购优先股的,必须完全支付所欠股息,但商业银行发行优先股补充资本的除外。

第二十四条 公司收购本公司股份，可以通过公开的集中交易方式，或者法律法规和中国证监会认可的其他方式进行。

公司因本章程第二十三条第一款第（三）项、第（五）项、第（六）项规定的情形收购本公司股份的，应当通过公开的集中交易方式进行。

第二十五条 公司因本章程第二十三条第一款第（一）项、第（二）项规定的情形收购本公司股份的，应当经股东大会决议；公司因本章程第二十三条第一款第（三）项、第（五）项、第（六）项规定的情形收购本公司股份的，可以依照本章程的规定或者股东大会的授权，经三分之二以上董事出席的董事会会议决议。

公司依照本章程第二十三条第一款规定收购本公司股份后，属于第（一）项情形的，应当自收购之日起 10 日内注销；属于第（二）项、第（四）项情形的，应当在6 个月内转让或者注销；属于第（三）项、第（五）项、第（六）项情形的，公司合计持有的本公司股份数不得超过本公司已发行股份总额的 10%，并应当在3 年内转让或者注销。

注释：公司按本条规定回购优先股后，应当相应减记发行在外的优先股股份总数。

第三节 股份转让

第二十六条 公司的股份可以依法转让。

第二十七条 公司不接受本公司的股票作为质押权的标的。

第二十八条 发起人持有的本公司股份，自公司成立之日起 1 年内不得转让。公司公开发行股份前已发行的股份，自公司股票在证券交易所上市交易之日起 1 年内不得转让。

公司董事、监事、高级管理人员应当向公司申报所持有的本公司的股份（含优先股股份）及其变动情况，在任职期间每年转让的股份不得超过其所持有本公司同一种类股份总数的 25%；所持本公司股份自公司股票上市交易之日起 1 年内不得转让。上述人员离职后半年内，不得转让其所持有的本公司股份。

注释：若公司章程对公司董事、监事、高级管理人员转让其所持有的本公司股份（含优先股股份）作出其他限制性规定的，应当进行说明。

第二十九条 公司董事、监事、高级管理人员、持有本公司股份 5%以上的股东，将其持有的本公司股票在买入后 6 个月内卖出，或者在卖出后 6 个月内又买入，由此所得收益归本公司所有，本公司董事会将收回其所得收益。但是，证券公司因包销购入售后剩余股票而持有 5% 以上股份的,卖出该股票不受6个月时间限制。

公司董事会不按照前款规定执行的,股东有权要求董事会在30日内执行。公司董事会未在上述期限内执行的,股东有权为了公司的利益以自己的名义直接向人民法院提起诉讼。

公司董事会不按照第一款的规定执行的,负有责任的董事依法承担连带责任。

第四章　股东和股东大会

第一节　股　　东

第三十条　公司依据证券登记机构提供的凭证建立股东名册,股东名册是证明股东持有公司股份的充分证据。股东按其所持有股份的种类享有权利,承担义务;持有同一种类股份的股东,享有同等权利,承担同种义务。

注释:公司应当与证券登记机构签订股份保管协议,定期查询主要股东资料以及主要股东的持股变更(包括股权的出质)情况,及时掌握公司的股权结构。

第三十一条　公司召开股东大会、分配股利、清算及从事其他需要确认股东身份的行为时,由董事会或股东大会召集人确定股权登记日,股权登记日收市后登记在册的股东为享有相关权益的股东。

第三十二条　公司股东享有下列权利:

(一)依照其所持有的股份份额获得股利和其他形式的利益分配;

(二)依法请求、召集、主持、参加或者委派股东代理人参加股东大会,并行使相应的表决权;

(三)对公司的经营进行监督,提出建议或者质询;

(四)依照法律、行政法规及本章程的规定转让、赠与或质押其所持有的股份;

(五)查阅本章程、股东名册、公司债券存根、股东大会会议记录、董事会会议决议、监事会会议决议、财务会计报告;

(六)公司终止或者清算时,按其所持有的股份份额参加公司剩余财产的分配;

(七)对股东大会作出的公司合并、分立决议持异议的股东,要求公司收购其股份;

(八)法律、行政法规、部门规章或本章程规定的其他权利。

注释：发行优先股的公司，应当在章程中明确优先股股东不出席股东大会会议，所持股份没有表决权，但以下情况除外：(1)修改公司章程中与优先股相关的内容；(2)一次或累计减少公司注册资本超过10%；(3)公司合并、分立、解散或变更公司形式；(4)发行优先股；(5)公司章程规定的其他情形。

发行优先股的公司，还应当在章程中明确规定：公司累计3个会计年度或者连续2个会计年度未按约定支付优先股股息的，优先股股东有权出席股东大会，每股优先股股份享有公司章程规定的表决权。对于股息可以累积到下一会计年度的优先股，表决权恢复直至公司全额支付所欠股息。对于股息不可累积的优先股，表决权恢复直至公司全额支付当年股息。公司章程可以规定优先股表决权恢复的其他情形。

第三十三条　股东提出查阅前条所述有关信息或者索取资料的，应当向公司提供证明其持有公司股份的种类以及持股数量的书面文件，公司经核实股东身份后按照股东的要求予以提供。

第三十四条　公司股东大会、董事会决议内容违反法律、行政法规的，股东有权请求人民法院认定无效。

股东大会、董事会的会议召集程序、表决方式违反法律、行政法规或者本章程，或者决议内容违反本章程的，股东有权自决议作出之日起60日内，请求人民法院撤销。

第三十五条　董事、高级管理人员执行公司职务时违反法律、行政法规或者本章程的规定，给公司造成损失的，连续180日以上单独或合并持有公司1%以上股份的股东有权书面请求监事会向人民法院提起诉讼；监事会执行公司职务时违反法律、行政法规或者本章程的规定，给公司造成损失的，股东可以书面请求董事会向人民法院提起诉讼。

监事会、董事会收到前款规定的股东书面请求后拒绝提起诉讼，或者自收到请求之日起30日内未提起诉讼，或者情况紧急、不立即提起诉讼将会使公司利益受到难以弥补的损害的，前款规定的股东有权为了公司的利益以自己的名义直接向人民法院提起诉讼。

他人侵犯公司合法权益，给公司造成损失的，本条第一款规定的股东可以依照前两款的规定向人民法院提起诉讼。

第三十六条　董事、高级管理人员违反法律、行政法规或者本章程的规定，损害股东利益的，股东可以向人民法院提起诉讼。

第三十七条　公司股东承担下列义务：

(一)遵守法律、行政法规和本章程；

（二）依其所认购的股份和入股方式缴纳股金；

（三）除法律、法规规定的情形外，不得退股；

（四）不得滥用股东权利损害公司或者其他股东的利益；不得滥用公司法人独立地位和股东有限责任损害公司债权人的利益；

公司股东滥用股东权利给公司或者其他股东造成损失的，应当依法承担赔偿责任。

公司股东滥用公司法人独立地位和股东有限责任，逃避债务，严重损害公司债权人利益的，应当对公司债务承担连带责任。

（五）法律、行政法规及本章程规定应当承担的其他义务。

第三十八条 持有公司5%以上有表决权股份的股东，将其持有的股份进行质押的，应当自该事实发生当日，向公司作出书面报告。

第三十九条 公司的控股股东、实际控制人不得利用其关联关系损害公司利益。违反规定的，给公司造成损失的，应当承担赔偿责任。

公司控股股东及实际控制人对公司和公司社会公众股股东负有诚信义务。控股股东应严格依法行使出资人的权利，控股股东不得利用利润分配、资产重组、对外投资、资金占用、借款担保等方式损害公司和社会公众股股东的合法权益，不得利用其控制地位损害公司和社会公众股股东的利益。

第二节 股东大会的一般规定

第四十条 股东大会是公司的权力机构，依法行使下列职权：

（一）决定公司的经营方针和投资计划；

（二）选举和更换非由职工代表担任的董事、监事，决定有关董事、监事的报酬事项；

（三）审议批准董事会的报告；

（四）审议批准监事会报告；

（五）审议批准公司的年度财务预算方案、决算方案；

（六）审议批准公司的利润分配方案和弥补亏损方案；

（七）对公司增加或者减少注册资本作出决议；

（八）对发行公司债券作出决议；

（九）对公司合并、分立、解散、清算或者变更公司形式作出决议；

（十）修改本章程；

（十一）对公司聘用、解聘会计师事务所作出决议；

（十二）审议批准第四十一条规定的担保事项；

（十三）审议公司在一年内购买、出售重大资产超过公司最近一期经审计总资产30%的事项；

（十四）审议批准变更募集资金用途事项；

（十五）审议股权激励计划；

（十六）审议法律、行政法规、部门规章或本章程规定应当由股东大会决定的其他事项。

注释：上述股东大会的职权不得通过授权的形式由董事会或其他机构和个人代为行使。

第四十一条 公司下列对外担保行为，须经股东大会审议通过。

（一）本公司及本公司控股子公司的对外担保总额，达到或超过最近一期经审计净资产的50%以后提供的任何担保；

（二）公司的对外担保总额，达到或超过最近一期经审计总资产的30%以后提供的任何担保；

（三）为资产负债率超过70%的担保对象提供的担保；

（四）单笔担保额超过最近一期经审计净资产10%的担保；

（五）对股东、实际控制人及其关联方提供的担保。

第四十二条 股东大会分为年度股东大会和临时股东大会。年度股东大会每年召开1次，应当于上一会计年度结束后的6个月内举行。

第四十三条 有下列情形之一的，公司在事实发生之日起2个月以内召开临时股东大会：

（一）董事人数不足《公司法》规定人数或者本章程所定人数的2/3时；

（二）公司未弥补的亏损达实收股本总额1/3时；

（三）单独或者合计持有公司10%以上股份的股东请求时；

（四）董事会认为必要时；

（五）监事会提议召开时；

（六）法律、行政法规、部门规章或本章程规定的其他情形。

注释：公司应当在章程中确定本条第（一）项的具体人数。计算本条第（三）项所称持股比例时，仅计算普通股和表决权恢复的优先股。

第四十四条 本公司召开股东大会的地点为：【具体地点】。股东大会将设置会场，以现场会议形式召开。公司还将提供网络投票的方式为股东参加股东大会提供便利。股东通过上述方式参加股东大会的，视为出席。

注释：公司章程可以规定召开股东大会的地点为公司住所地或其他

明确地点。现场会议时间、地点的选择应当便于股东参加。发出股东大会通知后,无正当理由,股东大会现场会议召开地点不得变更。确需变更的,召集人应当在现场会议召开日前至少2个工作日公告并说明原因。

第四十五条 本公司召开股东大会时将聘请律师对以下问题出具法律意见并公告:

(一)会议的召集、召开程序是否符合法律、行政法规、本章程;

(二)出席会议人员的资格、召集人资格是否合法有效;

(三)会议的表决程序、表决结果是否合法有效;

(四)应本公司要求对其他有关问题出具的法律意见。

第三节 股东大会的召集

第四十六条 独立董事有权向董事会提议召开临时股东大会。对独立董事要求召开临时股东大会的提议,董事会应当根据法律、行政法规和本章程的规定,在收到提议后10日内提出同意或不同意召开临时股东大会的书面反馈意见。董事会同意召开临时股东大会的,将在作出董事会决议后的5日内发出召开股东大会的通知;董事会不同意召开临时股东大会的,将说明理由并公告。

第四十七条 监事会有权向董事会提议召开临时股东大会,并应当以书面形式向董事会提出。董事会应当根据法律、行政法规和本章程的规定,在收到提案后10日内提出同意或不同意召开临时股东大会的书面反馈意见。

董事会同意召开临时股东大会的,将在作出董事会决议后的5日内发出召开股东大会的通知,通知中对原提议的变更,应征得监事会的同意。

董事会不同意召开临时股东大会,或者在收到提案后10日内未作出反馈的,视为董事会不能履行或者不履行召集股东大会会议职责,监事会可以自行召集和主持。

第四十八条 单独或者合计持有公司10%以上股份的股东有权向董事会请求召开临时股东大会,并应当以书面形式向董事会提出。董事会应当根据法律、行政法规和本章程的规定,在收到请求后10日内提出同意或不同意召开临时股东大会的书面反馈意见。

董事会同意召开临时股东大会的,应当在作出董事会决议后的5日内发出召开股东大会的通知,通知中对原请求的变更,应当征得相关股东的同意。

董事会不同意召开临时股东大会，或者在收到请求后10日内未作出反馈的，单独或者合计持有公司10%以上股份的股东有权向监事会提议召开临时股东大会，并应当以书面形式向监事会提出请求。

监事会同意召开临时股东大会的，应在收到请求5日内发出召开股东大会的通知，通知中对原提案的变更，应当征得相关股东的同意。

监事会未在规定期限内发出股东大会通知的，视为监事会不召集和主持股东大会，连续90日以上单独或者合计持有公司10%以上股份的股东可以自行召集和主持。

注释：计算本条所称持股比例时，仅计算普通股和表决权恢复的优先股。

第四十九条 监事会或股东决定自行召集股东大会的，须书面通知董事会，同时向公司所在地中国证监会派出机构和证券交易所备案。

在股东大会决议公告前，召集股东持股比例不得低于10%。

召集股东应在发出股东大会通知及股东大会决议公告时，向公司所在地中国证监会派出机构和证券交易所提交有关证明材料。

注释：计算本条所称持股比例时，仅计算普通股和表决权恢复的优先股。

第五十条 对于监事会或股东自行召集的股东大会，董事会和董事会秘书将予配合。董事会应当提供股权登记日的股东名册。

第五十一条 监事会或股东自行召集的股东大会，会议所必需的费用由本公司承担。

第四节 股东大会的提案与通知

第五十二条 提案的内容应当属于股东大会职权范围，有明确议题和具体决议事项，并且符合法律、行政法规和本章程的有关规定。

第五十三条 公司召开股东大会，董事会、监事会以及单独或者合并持有公司3%以上股份的股东，有权向公司提出提案。

单独或者合计持有公司3%以上股份的股东，可以在股东大会召开10日前提出临时提案并书面提交召集人。召集人应当在收到提案后2日内发出股东大会补充通知，公告临时提案的内容。

除前款规定的情形外，召集人在发出股东大会通知公告后，不得修改股东大会通知中已列明的提案或增加新的提案。

股东大会通知中未列明或不符合本章程第五十二条规定的提案，股东大会不得进行表决并作出决议。

注释:计算本条所称持股比例时,仅计算普通股和表决权恢复的优先股。

第五十四条 召集人将在年度股东大会召开20日前以公告方式通知各股东,临时股东大会将于会议召开15日前以公告方式通知各股东。

注释:公司在计算起始期限时,不应当包括会议召开当日。公司可以根据实际情况,决定是否在章程中规定催告程序。

第五十五条 股东大会的通知包括以下内容:

(一)会议的时间、地点和会议期限;

(二)提交会议审议的事项和提案;

(三)以明显的文字说明:全体普通股股东(含表决权恢复的优先股股东)均有权出席股东大会,并可以书面委托代理人出席会议和参加表决,该股东代理人不必是公司的股东;

(四)有权出席股东大会股东的股权登记日;

(五)会务常设联系人姓名,电话号码。

注释:1. 股东大会通知和补充通知中应当充分、完整披露所有提案的全部具体内容。拟讨论的事项需要独立董事发表意见的,发布股东大会通知或补充通知时将同时披露独立董事的意见及理由。

2. 股东大会采用网络或其他方式的,应当在股东大会通知中明确载明网络或其他方式的表决时间及表决程序。股东大会网络或其他方式投票的开始时间,不得早于现场股东大会召开前一日下午3:00,并不得迟于现场股东大会召开当日上午9:30,其结束时间不得早于现场股东大会结束当日下午3:00。

3. 股权登记日与会议日期之间的间隔应当不多于7个工作日。股权登记日一旦确认,不得变更。

第五十六条 股东大会拟讨论董事、监事选举事项的,股东大会通知中将充分披露董事、监事候选人的详细资料,至少包括以下内容:

(一)教育背景、工作经历、兼职等个人情况;

(二)与本公司或本公司的控股股东及实际控制人是否存在关联关系;

(三)披露持有本公司股份数量;

(四)是否受过中国证监会及其他有关部门的处罚和证券交易所惩戒。

除采取累积投票制选举董事、监事外,每位董事、监事候选人应当以单项提案提出。

第五十七条 发出股东大会通知后,无正当理由,股东大会不应延期或取消,股东大会通知中列明的提案不应取消。一旦出现延期或取消的情形,召集人应当在原定召开日前至少2个工作日公告并说明原因。

第五节 股东大会的召开

第五十八条 本公司董事会和其他召集人将采取必要措施,保证股东大会的正常秩序。对于干扰股东大会、寻衅滋事和侵犯股东合法权益的行为,将采取措施加以制止并及时报告有关部门查处。

第五十九条 股权登记日登记在册的所有普通股股东(含表决权恢复的优先股股东)或其代理人,均有权出席股东大会。并依照有关法律、法规及本章程行使表决权。

股东可以亲自出席股东大会,也可以委托代理人代为出席和表决。

第六十条 个人股东亲自出席会议的,应出示本人身份证或其他能够表明其身份的有效证件或证明、股票账户卡;委托代理他人出席会议的,应出示本人有效身份证件、股东授权委托书。

法人股东应由法定代表人或者法定代表人委托的代理人出席会议。法定代表人出席会议的,应出示本人身份证、能证明其具有法定代表人资格的有效证明;委托代理人出席会议的,代理人应出示本人身份证、法人股东单位的法定代表人依法出具的书面授权委托书。

第六十一条 股东出具的委托他人出席股东大会的授权委托书应当载明下列内容:

(一)代理人的姓名;

(二)是否具有表决权;

(三)分别对列入股东大会议程的每一审议事项投赞成、反对或弃权票的指示;

(四)委托书签发日期和有效期限;

(五)委托人签名(或盖章)。委托人为法人股东的,应加盖法人单位印章。

第六十二条 委托书应当注明如果股东不作具体指示,股东代理人是否可以按自己的意思表决。

第六十三条 代理投票授权委托书由委托人授权他人签署的,授权签署的授权书或者其他授权文件应当经过公证。经公证的授权书或者其他授权文件,和投票代理委托书均需备置于公司住所或者召集会议的通知中指定的其他地方。

委托人为法人的，由其法定代表人或者董事会、其他决策机构决议授权的人作为代表出席公司的股东大会。

第六十四条 出席会议人员的会议登记册由公司负责制作。会议登记册载明参加会议人员姓名（或单位名称）、身份证号码、住所地址、持有或者代表有表决权的股份数额、被代理人姓名（或单位名称）等事项。

第六十五条 召集人和公司聘请的律师将依据证券登记结算机构提供的股东名册共同对股东资格的合法性进行验证，并登记股东姓名（或名称）及其所持有表决权的股份数。在会议主持人宣布现场出席会议的股东和代理人人数及所持有表决权的股份总数之前，会议登记应当终止。

第六十六条 股东大会召开时，本公司全体董事、监事和董事会秘书应当出席会议，经理和其他高级管理人员应当列席会议。

第六十七条 股东大会由董事长主持。董事长不能履行职务或不履行职务时，由副董事长（公司有两位或两位以上副董事长的，由半数以上董事共同推举的副董事长主持）主持，副董事长不能履行职务或者不履行职务时，由半数以上董事共同推举的一名董事主持。

监事会自行召集的股东大会，由监事会主席主持。监事会主席不能履行职务或不履行职务时，由监事会副主席主持，监事会副主席不能履行职务或者不履行职务时，由半数以上监事共同推举的一名监事主持。

股东自行召集的股东大会，由召集人推举代表主持。

召开股东大会时，会议主持人违反议事规则使股东大会无法继续进行的，经现场出席股东大会有表决权过半数的股东同意，股东大会可推举一人担任会议主持人，继续开会。

第六十八条 公司制定股东大会议事规则，详细规定股东大会的召开和表决程序，包括通知、登记、提案的审议、投票、计票、表决结果的宣布、会议决议的形成、会议记录及其签署、公告等内容，以及股东大会对董事会的授权原则，授权内容应明确具体。股东大会议事规则应作为章程的附件，由董事会拟定，股东大会批准。

第六十九条 在年度股东大会上，董事会、监事会应当就其过去一年的工作向股东大会作出报告。每名独立董事也应作出述职报告。

第七十条 董事、监事、高级管理人员在股东大会上就股东的质询和建议作出解释和说明。

第七十一条 会议主持人应当在表决前宣布现场出席会议的股东和代理人人数及所持有表决权的股份总数，现场出席会议的股东和代理人人数及所持有表决权的股份总数以会议登记为准。

第七十二条　股东大会应有会议记录，由董事会秘书负责。

会议记录记载以下内容：

（一）会议时间、地点、议程和召集人姓名或名称；

（二）会议主持人以及出席或列席会议的董事、监事、经理和其他高级管理人员姓名；

（三）出席会议的股东和代理人人数、所持有表决权的股份总数及占公司股份总数的比例；

（四）对每一提案的审议经过、发言要点和表决结果；

（五）股东的质询意见或建议以及相应的答复或说明；

（六）律师及计票人、监票人姓名；

（七）本章程规定应当载入会议记录的其他内容。

注释：既发行内资股又发行境内上市外资股的公司，会议记录的内容还应当包括：(1)出席股东大会的内资股股东（包括股东代理人）和境内上市外资股股东（包括股东代理人）所持有表决权的股份数，各占公司总股份的比例；(2)在记载表决结果时，还应当记载内资股股东和境内上市外资股股东对每一决议事项的表决情况。

未完成股权分置改革的公司，会议记录还应该包括：(1)出席股东大会的流通股股东（包括股东代理人）和非流通股股东（包括股东代理人）所持有表决权的股份数，各占公司总股份的比例；(2)在记载表决结果时，还应当记载流通股股东和非流通股股东对每一决议事项的表决情况。

公司应当根据实际情况，在章程中规定股东大会会议记录需要记载的其他内容。

第七十三条　召集人应当保证会议记录内容真实、准确和完整。出席会议的董事、监事、董事会秘书、召集人或其代表、会议主持人应当在会议记录上签名。会议记录应当与现场出席股东的签名册及代理出席的委托书、网络及其他方式表决情况的有效资料一并保存，保存期限不少于10年。

注释：公司应当根据具体情况，在章程中规定股东大会会议记录的保管期限。

第七十四条　召集人应当保证股东大会连续举行，直至形成最终决议。因不可抗力等特殊原因导致股东大会中止或不能作出决议的，应采取必要措施尽快恢复召开股东大会或直接终止本次股东大会，并及时公告。同时，召集人应向公司所在地中国证监会派出机构及证券交易所报告。

第六节　股东大会的表决和决议

第七十五条　股东大会决议分为普通决议和特别决议。

股东大会作出普通决议，应当由出席股东大会的股东（包括股东代理人）所持表决权的1/2以上通过。

股东大会作出特别决议，应当由出席股东大会的股东（包括股东代理人）所持表决权的2/3以上通过。

第七十六条　下列事项由股东大会以普通决议通过：

（一）董事会和监事会的工作报告；

（二）董事会拟定的利润分配方案和弥补亏损方案；

（三）董事会和监事会成员的任免及其报酬和支付方法；

（四）公司年度预算方案、决算方案；

（五）公司年度报告；

（六）除法律、行政法规规定或者本章程规定应当以特别决议通过以外的其他事项。

第七十七条　下列事项由股东大会以特别决议通过：

（一）公司增加或者减少注册资本；

（二）公司的分立、合并、解散和清算；

（三）本章程的修改；

（四）公司在一年内购买、出售重大资产或者担保金额超过公司最近一期经审计总资产30%的；

（五）股权激励计划；

（六）法律、行政法规或本章程规定的，以及股东大会以普通决议认定会对公司产生重大影响的、需要以特别决议通过的其他事项。

注释：股东大会就以下事项作出特别决议，除须经出席会议的普通股股东（含表决权恢复的优先股股东，包括股东代理人）所持表决权的2/3以上通过之外，还须经出席会议的优先股股东（不含表决权恢复的优先股股东，包括股东代理人）所持表决权的2/3以上通过：(1)修改公司章程中与优先股相关的内容；(2)一次或累计减少公司注册资本超过10%；(3)公司合并、分立、解散或变更公司形式；(4)发行优先股；(5)公司章程规定的其他情形。

第七十八条　股东（包括股东代理人）以其所代表的有表决权的股份数额行使表决权，每一股份享有一票表决权。

股东大会审议影响中小投资者利益的重大事项时，对中小投资者表决应当单独计票。单独计票结果应当及时公开披露。

公司持有的本公司股份没有表决权,且该部分股份不计入出席股东大会有表决权的股份总数。

公司董事会、独立董事和符合相关规定条件的股东可以公开征集股东投票权。征集股东投票权应当向被征集人充分披露具体投票意向等信息。禁止以有偿或者变相有偿的方式征集股东投票权。公司不得对征集投票权提出最低持股比例限制。

注释:若公司有发行在外的其他股份,应当说明是否享有表决权。优先股表决权恢复的,应当根据章程规定的具体计算方法确定每股优先股股份享有的表决权。

第七十九条 股东大会审议有关关联交易事项时,关联股东不应当参与投票表决,其所代表的有表决权的股份数不计入有效表决总数;股东大会决议的公告应当充分披露非关联股东的表决情况。

注释:公司应当根据具体情况,在章程中制订有关联关系股东的回避和表决程序。

第八十条 公司应在保证股东大会合法、有效的前提下,通过各种方式和途径,优先提供网络形式的投票平台等现代信息技术手段,为股东参加股东大会提供便利。

注释:公司就发行优先股事项召开股东大会的,应当提供网络投票,并可以通过中国证监会认可的其他方式为股东参加股东大会提供便利。

第八十一条 除公司处于危机等特殊情况外,非经股东大会以特别决议批准,公司将不与董事、经理和其它高级管理人员以外的人订立将公司全部或者重要业务的管理交予该人负责的合同。

第八十二条 董事、监事候选人名单以提案的方式提请股东大会表决。

股东大会就选举董事、监事进行表决时,根据本章程的规定或者股东大会的决议,可以实行累积投票制。

前款所称累积投票制是指股东大会选举董事或者监事时,每一股份拥有与应选董事或者监事人数相同的表决权,股东拥有的表决权可以集中使用。董事会应当向股东公告候选董事、监事的简历和基本情况。

注释:公司应当在章程中规定董事、监事提名的方式和程序,以及累积投票制的相关事宜。

第八十三条 除累积投票制外,股东大会将对所有提案进行逐项表决,对同一事项有不同提案的,将按提案提出的时间顺序进行表决。除因不可抗力等特殊原因导致股东大会中止或不能作出决议外,股东大会将不会对提案进行搁置或不予表决。

第八十四条 股东大会审议提案时,不会对提案进行修改,否则,有关变更应当被视为一个新的提案,不能在本次股东大会上进行表决。

第八十五条 同一表决权只能选择现场、网络或其他表决方式中的一种。同一表决权出现重复表决的以第一次投票结果为准。

第八十六条 股东大会采取记名方式投票表决。

第八十七条 股东大会对提案进行表决前,应当推举两名股东代表参加计票和监票。审议事项与股东有利害关系的,相关股东及代理人不得参加计票、监票。

股东大会对提案进行表决时,应当由律师、股东代表与监事代表共同负责计票、监票,并当场公布表决结果,决议的表决结果载入会议记录。

通过网络或其他方式投票的公司股东或其代理人,有权通过相应的投票系统查验自己的投票结果。

第八十八条 股东大会现场结束时间不得早于网络或其他方式,会议主持人应当宣布每一提案的表决情况和结果,并根据表决结果宣布提案是否通过。

在正式公布表决结果前,股东大会现场、网络及其他表决方式中所涉及的公司、计票人、监票人、主要股东、网络服务方等相关各方对表决情况均负有保密义务。

第八十九条 出席股东大会的股东,应当对提交表决的提案发表以下意见之一:同意、反对或弃权。证券登记结算机构作为内地与香港股票市场交易互联互通机制股票的名义持有人,按照实际持有人意思表示进行申报的除外。

未填、错填、字迹无法辨认的表决票、未投的表决票均视为投票人放弃表决权利,其所持股份数的表决结果应计为“弃权”。

第九十条 会议主持人如果对提交表决的决议结果有任何怀疑,可以对所投票数组织点票;如果会议主持人未进行点票,出席会议的股东或者股东代理人对会议主持人宣布结果有异议的,有权在宣布表决结果后立即要求点票,会议主持人应当立即组织点票。

第九十一条 股东大会决议应当及时公告,公告中应列明出席会议的股东和代理人人数、所持有表决权的股份总数及占公司有表决权股份总数的比例、表决方式、每项提案的表决结果和通过的各项决议的详细内容。

注释:发行境内上市外资股的公司,应当对内资股股东和外资股股东出席会议及表决情况分别统计并公告。

第九十二条 提案未获通过,或者本次股东大会变更前次股东大会决议的,应当在股东大会决议公告中作特别提示。

第九十三条 股东大会通过有关董事、监事选举提案的,新任董事、监事就任时间在【就任时间】。

注释:新任董事、监事就任时间确认方式应在公司章程中予以明确。

第九十四条 股东大会通过有关派现、送股或资本公积转增股本提案的,公司将在股东大会结束后2个月内实施具体方案。

第五章 董 事 会

第一节 董 事

第九十五条 公司董事为自然人,有下列情形之一的,不能担任公司的董事:

(一)无民事行为能力或者限制民事行为能力;

(二)因贪污、贿赂、侵占财产、挪用财产或者破坏社会主义市场经济秩序,被判处刑罚,执行期满未逾5年,或者因犯罪被剥夺政治权利,执行期满未逾5年;

(三)担任破产清算的公司、企业的董事或者厂长、经理,对该公司、企业的破产负有个人责任的,自该公司、企业破产清算完结之日起未逾3年;

(四)担任因违法被吊销营业执照、责令关闭的公司、企业的法定代表人,并负有个人责任的,自该公司、企业被吊销营业执照之日起未逾3年;

(五)个人所负数额较大的债务到期未清偿;

(六)被中国证监会处以证券市场禁入处罚,期限未满的;

(七)法律、行政法规或部门规章规定的其他内容。

违反本条规定选举、委派董事的,该选举、委派或者聘任无效。董事在任职期间出现本条情形的,公司解除其职务。

第九十六条 董事由股东大会选举或者更换,并可在任期届满前由股东大会解除其职务。董事任期【年数】,任期届满可连选连任。

董事任期从就任之日起计算,至本届董事会任期届满时为止。董事任期届满未及时改选,在改选出的董事就任前,原董事仍应当依照法律、行政法规、部门规章和本章程的规定,履行董事职务。

董事可以由经理或者其他高级管理人员兼任,但兼任经理或者其他高级管理人员职务的董事以及由职工代表担任的董事,总计不得超过公司董事总数的1/2。

注释:公司章程应规定规范、透明的董事选聘程序。董事会成员中可以有公司职工代表,公司章程应明确本公司董事会是否可以由职工代表担任董事,以及职工代表担任董事的名额。董事会中的职工代表由公司职工通过职工代表大会、职工大会或者其他形式民主选举产生后,直接进入董事会。

第九十七条 董事应当遵守法律、行政法规和本章程,对公司负有下列忠实义务:

(一)不得利用职权收受贿赂或者其他非法收入,不得侵占公司的财产;

(二)不得挪用公司资金;

(三)不得将公司资产或者资金以其个人名义或者其他个人名义开立账户存储;

(四)不得违反本章程的规定,未经股东大会或董事会同意,将公司资金借贷给他人或者以公司财产为他人提供担保;

(五)不得违反本章程的规定或未经股东大会同意,与本公司订立合同或者进行交易;

(六)未经股东大会同意,不得利用职务便利,为自己或他人谋取本应属于公司的商业机会,自营或者为他人经营与本公司同类的业务;

(七)不得接受与公司交易的佣金归为己有;

(八)不得擅自披露公司秘密;

(九)不得利用其关联关系损害公司利益;

(十)法律、行政法规、部门规章及本章程规定的其他忠实义务。

董事违反本条规定所得的收入,应当归公司所有;给公司造成损失的,应当承担赔偿责任。

注释:除以上各项义务要求外,公司可以根据具体情况,在章程中增加对本公司董事其他义务的要求。

第九十八条 董事应当遵守法律、行政法规和本章程,对公司负有下列勤勉义务:

(一)应谨慎、认真、勤勉地行使公司赋予的权利,以保证公司的商业行为符合国家法律、行政法规以及国家各项经济政策的要求,商业活动不超过营业执照规定的业务范围；

（二）应公平对待所有股东；

（三）及时了解公司业务经营管理状况；

（四）应当对公司定期报告签署书面确认意见。保证公司所披露的信息真实、准确、完整；

（五）应当如实向监事会提供有关情况和资料，不得妨碍监事会或者监事行使职权；

（六）法律、行政法规、部门规章及本章程规定的其他勤勉义务。

注释：公司可以根据具体情况，在章程中增加对本公司董事勤勉义务的要求。

第九十九条 董事连续两次未能亲自出席，也不委托其他董事出席董事会会议，视为不能履行职责，董事会应当建议股东大会予以撤换。

第一百条 董事可以在任期届满以前提出辞职。董事辞职应向董事会提交书面辞职报告。董事会将在2日内披露有关情况。

如因董事的辞职导致公司董事会低于法定最低人数时，在改选出的董事就任前，原董事仍应当依照法律、行政法规、部门规章和本章程规定，履行董事职务。

除前款所列情形外，董事辞职自辞职报告送达董事会时生效。

第一百零一条 董事辞职生效或者任期届满，应向董事会办妥所有移交手续，其对公司和股东承担的忠实义务，在任期结束后并不当然解除，在本章程规定的合理期限内仍然有效。

注释：公司章程应规定董事辞职生效或者任期届满后承担忠实义务的具体期限。

第一百零二条 未经本章程规定或者董事会的合法授权，任何董事不得以个人名义代表公司或者董事会行事。董事以其个人名义行事时，在第三方会合理地认为该董事在代表公司或者董事会行事的情况下，该董事应当事先声明其立场和身份。

第一百零三条 董事执行公司职务时违反法律、行政法规、部门规章或本章程的规定，给公司造成损失的，应当承担赔偿责任。

第一百零四条 独立董事应按照法律、行政法规及部门规章的有关规定执行。

第二节 董 事 会

第一百零五条 公司设董事会，对股东大会负责。

第一百零六条 董事会由【人数】名董事组成,设董事长1人,副董事长【人数】人。

注释:公司应当在章程中确定董事会人数。

第一百零七条 董事会行使下列职权:

(一)召集股东大会,并向股东大会报告工作;

(二)执行股东大会的决议;

(三)决定公司的经营计划和投资方案;

(四)制订公司的年度财务预算方案、决算方案;

(五)制订公司的利润分配方案和弥补亏损方案;

(六)制订公司增加或者减少注册资本、发行债券或其他证券及上市方案;

(七)拟订公司重大收购、收购本公司股票或者合并、分立、解散及变更公司形式的方案;

(八)在股东大会授权范围内,决定公司对外投资、收购出售资产、资产抵押、对外担保事项、委托理财、关联交易等事项;

(九)决定公司内部管理机构的设置;

(十)聘任或者解聘公司经理、董事会秘书;根据经理的提名,聘任或者解聘公司副经理、财务负责人等高级管理人员,并决定其报酬事项和奖惩事项;

(十一)制订公司的基本管理制度;

(十二)制订本章程的修改方案;

(十三)管理公司信息披露事项;

(十四)向股东大会提请聘请或更换为公司审计的会计师事务所;

(十五)听取公司经理的工作汇报并检查经理的工作;

(十六)法律、行政法规、部门规章或本章程授予的其他职权。

公司董事会设立审计委员会,并根据需要设立【战略】、【提名】、【薪酬与考核】等相关专门委员会。专门委员会对董事会负责,依照本章程和董事会授权履行职责,提案应当提交董事会审议决定。专门委员会成员全部由董事组成,其中审计委员会、【提名委员会】、【薪酬与考核委员会】中独立董事占多数并担任召集人,审计委员会的召集人为会计专业人士。董事会负责制定专门委员会工作规程,规范专门委员会的运作。

注释:公司股东大会可以授权公司董事会按照公司章程的约定向优先股股东支付股息。

超过股东大会授权范围的事项,应当提交股东大会审议。

第一百零八条 公司董事会应当就注册会计师对公司财务报告出具的非标准审计意见向股东大会作出说明。

第一百零九条 董事会制定董事会议事规则,以确保董事会落实股东大会决议,提高工作效率,保证科学决策。

注释:该规则规定董事会的召开和表决程序,董事会议事规则应列入公司章程或作为章程的附件,由董事会拟定,股东大会批准。

第一百一十条 董事会应当确定对外投资、收购出售资产、资产抵押、对外担保事项、委托理财、关联交易的权限,建立严格的审查和决策程序;重大投资项目应当组织有关专家、专业人员进行评审,并报股东大会批准。

注释:公司董事会应当根据相关的法律、法规及公司实际情况,在章程中确定符合公司具体要求的权限范围,以及涉及资金占公司资产的具体比例。

第一百一十一条 董事会设董事长 1 人,可以设副董事长。董事长和副董事长由董事会以全体董事的过半数选举产生。

第一百一十二条 董事长行使下列职权:

(一)主持股东大会和召集、主持董事会会议;

(二)督促、检查董事会决议的执行;

(三)董事会授予的其他职权。

注释:董事会应谨慎授予董事长职权,例行或长期授权须在章程中明确规定。

第一百一十三条 公司副董事长协助董事长工作,董事长不能履行职务或者不履行职务的,由副董事长履行职务(公司有两位或两位以上副董事长的,由半数以上董事共同推举的副董事长履行职务);副董事长不能履行职务或者不履行职务的,由半数以上董事共同推举一名董事履行职务。

第一百一十四条 董事会每年至少召开两次会议,由董事长召集,于会议召开 10 日以前书面通知全体董事和监事。

第一百一十五条 代表 1/10 以上表决权的股东、1/3 以上董事或者监事会,可以提议召开董事会临时会议。董事长应当自接到提议后 10 日内,召集和主持董事会会议。

第一百一十六条 董事会召开临时董事会会议的通知方式为:【具体通知方式】;通知时限为:【具体通知时限】。

第一百一十七条 董事会会议通知包括以下内容:

（一）会议日期和地点；

（二）会议期限；

（三）事由及议题；

（四）发出通知的日期。

第一百一十八条 董事会会议应有过半数的董事出席方可举行。董事会作出决议，必须经全体董事的过半数通过。

董事会决议的表决，实行一人一票。

第一百一十九条 董事与董事会会议决议事项所涉及的企业有关联关系的，不得对该项决议行使表决权，也不得代理其他董事行使表决权。该董事会会议由过半数的无关联关系董事出席即可举行，董事会会议所作决议须经无关联关系董事过半数通过。出席董事会的无关联董事人数不足3人的，应将该事项提交股东大会审议。

第一百二十条 董事会决议表决方式为：【具体表决方式】。

董事会临时会议在保障董事充分表达意见的前提下，可以用【其他方式】进行并作出决议，并由参会董事签字。

注释：此项为选择性条款，公司可自行决定是否在其章程中予以采纳。

第一百二十一条 董事会会议，应由董事本人出席；董事因故不能出席，可以书面委托其他董事代为出席，委托书中应载明代理人的姓名，代理事项、授权范围和有效期限，并由委托人签名或盖章。代为出席会议的董事应当在授权范围内行使董事的权利。董事未出席董事会会议，亦未委托代表出席的，视为放弃在该次会议上的投票权。

第一百二十二条 董事会应当对会议所议事项的决定做成会议记录，出席会议的董事应当在会议记录上签名。

董事会会议记录作为公司档案保存，保存期限不少于10年。

注释：公司应当根据具体情况，在章程中规定会议记录的保管期限。

第一百二十三条 董事会会议记录包括以下内容：

（一）会议召开的日期、地点和召集人姓名；

（二）出席董事的姓名以及受他人委托出席董事会的董事（代理人）姓名；

（三）会议议程；

（四）董事发言要点；

（五）每一决议事项的表决方式和结果（表决结果应载明赞成、反对或弃权的票数）。

第六章　经理及其他高级管理人员

第一百二十四条　公司设经理1名，由董事会聘任或解聘。

公司设副经理【人数】名，由董事会聘任或解聘。

公司经理、副经理、财务负责人、董事会秘书和【职务】为公司高级管理人员。

注释：公司可以根据具体情况，在章程中规定属于公司高级管理人员的其他人选。

第一百二十五条　本章程第九十五条关于不得担任董事的情形、同时适用于高级管理人员。

本章程第九十七条关于董事的忠实义务和第九十八条（四）~（六）关于勤勉义务的规定，同时适用于高级管理人员。

第一百二十六条　在公司控股股东单位担任除董事、监事以外其他行政职务的人员，不得担任公司的高级管理人员。

第一百二十七条　经理每届任期【年数】年，经理连聘可以连任。

第一百二十八条　经理对董事会负责，行使下列职权：

（一）主持公司的生产经营管理工作，组织实施董事会决议，并向董事会报告工作；

（二）组织实施公司年度经营计划和投资方案；

（三）拟订公司内部管理机构设置方案；

（四）拟订公司的基本管理制度；

（五）制定公司的具体规章；

（六）提请董事会聘任或者解聘公司副经理、财务负责人；

（七）决定聘任或者解聘除应由董事会决定聘任或者解聘以外的负责管理人员；

（八）本章程或董事会授予的其他职权。

经理列席董事会会议。

注释：公司应当根据自身情况，在章程中制订符合公司实际要求的经理的职权和具体实施办法。

第一百二十九条　经理应制订经理工作细则，报董事会批准后实施。

第一百三十条　经理工作细则包括下列内容：

（一）经理会议召开的条件、程序和参加的人员；

（二）经理及其他高级管理人员各自具体的职责及其分工；

（三）公司资金、资产运用，签订重大合同的权限，以及向董事会、监事会的报告制度；

（四）董事会认为必要的其他事项。

第一百三十一条 经理可以在任期届满以前提出辞职。有关经理辞职的具体程序和办法由经理与公司之间的劳务合同规定。

第一百三十二条 公司根据自身情况，在章程中应当规定副经理的任免程序、副经理与经理的关系，并可以规定副经理的职权。

第一百三十三条 公司设董事会秘书，负责公司股东大会和董事会会议的筹备、文件保管以及公司股东资料管理，办理信息披露事务等事宜。

董事会秘书应遵守法律、行政法规、部门规章及本章程的有关规定。

第一百三十四条 高级管理人员执行公司职务时违反法律、行政法规、部门规章或本章程的规定，给公司造成损失的，应当承担赔偿责任。

第七章 监 事 会

第一节 监 事

第一百三十五条 本章程第九十五条关于不得担任董事的情形，同时适用于监事。

董事、经理和其他高级管理人员不得兼任监事。

第一百三十六条 监事应当遵守法律、行政法规和本章程，对公司负有忠实义务和勤勉义务，不得利用职权收受贿赂或者其他非法收入，不得侵占公司的财产。

第一百三十七条 监事的任期每届为3年。监事任期届满，连选可以连任。

第一百三十八条 监事任期届满未及时改选，或者监事在任期内辞职导致监事会成员低于法定人数的，在改选出的监事就任前，原监事仍应当依照法律、行政法规和本章程的规定，履行监事职务。

第一百三十九条 监事应当保证公司披露的信息真实、准确、完整。

第一百四十条 监事可以列席董事会会议，并对董事会决议事项提出质询或者建议。

第一百四十一条 监事不得利用其关联关系损害公司利益，若给公司造成损失的，应当承担赔偿责任。

第一百四十二条 监事执行公司职务时违反法律、行政法规、部门规章或本章程的规定，给公司造成损失的，应当承担赔偿责任。

第二节 监 事 会

第一百四十三条 公司设监事会。监事会由【人数】名监事组成，监事会设主席1人，可以设副主席。监事会主席和副主席由全体监事过半数选举产生。监事会主席召集和主持监事会会议；监事会主席不能履行职务或者不履行职务的，由监事会副主席召集和主持监事会会议；监事会副主席不能履行职务或者不履行职务的，由半数以上监事共同推举一名监事召集和主持监事会会议。

监事会应当包括股东代表和适当比例的公司职工代表，其中职工代表的比例不低于1/3。监事会中的职工代表由公司职工通过职工代表大会、职工大会或者其他形式民主选举产生。

注释：监事会成员不得少于3人。公司章程应规定职工代表在监事会中的具体比例。

第一百四十四条 监事会行使下列职权：

（一）应当对董事会编制的公司定期报告进行审核并提出书面审核意见；

（二）检查公司财务；

（三）对董事、高级管理人员执行公司职务的行为进行监督，对违反法律、行政法规、本章程或者股东大会决议的董事、高级管理人员提出罢免的建议；

（四）当董事、高级管理人员的行为损害公司的利益时，要求董事、高级管理人员予以纠正；

（五）提议召开临时股东大会，在董事会不履行《公司法》规定的召集和主持股东大会职责时召集和主持股东大会；

（六）向股东大会提出提案；

（七）依照《公司法》第一百五十一条的规定，对董事、高级管理人员提起诉讼；

（八）发现公司经营情况异常，可以进行调查；必要时，可以聘请会计师事务所、律师事务所等专业机构协助其工作，费用由公司承担。

注释：公司章程可以规定监事的其他职权。

第一百四十五条 监事会每6个月至少召开一次会议。监事可以提议召开临时监事会会议。

监事会决议应当经半数以上监事通过。

第一百四十六条 监事会制定监事会议事规则,明确监事会的议事方式和表决程序,以确保监事会的工作效率和科学决策。

注释:监事会议事规则规定监事会的召开和表决程序。监事会议事规则应列入公司章程或作为章程的附件,由监事会拟定,股东大会批准。

第一百四十七条 监事会应当将所议事项的决定做成会议记录,出席会议的监事应当在会议记录上签名。

监事有权要求在记录上对其在会议上的发言作出某种说明性记载。监事会会议记录作为公司档案至少保存10年。

注释:公司应当根据具体情况,在章程中规定会议记录的保管期限。

第一百四十八条 监事会会议通知包括以下内容:

(一)举行会议的日期、地点和会议期限;

(二)事由及议题;

(三)发出通知的日期。

第八章 财务会计制度、利润分配和审计

第一节 财务会计制度

第一百四十九条 公司依照法律、行政法规和国家有关部门的规定,制定公司的财务会计制度。

第一百五十条 公司在每一会计年度结束之日起4个月内向中国证监会和证券交易所报送年度财务会计报告,在每一会计年度前6个月结束之日起2个月内向中国证监会派出机构和证券交易所报送半年度财务会计报告,在每一会计年度前3个月和前9个月结束之日起的1个月内向中国证监会派出机构和证券交易所报送季度财务会计报告。

上述财务会计报告按照有关法律、行政法规及部门规章的规定进行编制。

第一百五十一条 公司除法定的会计账簿外,将不另立会计账簿。公司的资产,不以任何个人名义开立账户存储。

第一百五十二条 公司分配当年税后利润时,应当提取利润的10%列入公司法定公积金。公司法定公积金累计额为公司注册资本的50%以上的,可以不再提取。

公司的法定公积金不足以弥补以前年度亏损的,在依照前款规定提取法定公积金之前,应当先用当年利润弥补亏损。

公司从税后利润中提取法定公积金后,经股东大会决议,还可以从税

后利润中提取任意公积金。

公司弥补亏损和提取公积金后所余税后利润,按照股东持有的股份比例分配,但本章程规定不按持股比例分配的除外。

股东大会违反前款规定,在公司弥补亏损和提取法定公积金之前向股东分配利润的,股东必须将违反规定分配的利润退还公司。

公司持有的本公司股份不参与分配利润。

公司应当在公司章程中明确现金分红相对于股票股利在利润分配方式中的优先顺序,并载明以下内容:

(一)公司董事会、股东大会对利润分配尤其是现金分红事项的决策程序和机制,对既定利润分配政策尤其是现金分红政策作出调整的具体条件、决策程序和机制,以及为充分听取独立董事和中小股东意见所采取的措施。

(二)公司的利润分配政策尤其是现金分红政策的具体内容,利润分配的形式,利润分配尤其是现金分红的期间间隔,现金分红的具体条件,发放股票股利的条件,各期现金分红最低金额或比例(如有)等。

注释:公司应当以现金的形式向优先股股东支付股息,在完全支付约定的股息之前,不得向普通股股东分配利润。

第一百五十三条 公司的公积金用于弥补公司的亏损、扩大公司生产经营或者转为增加公司资本。但是,资本公积金将不用于弥补公司的亏损。

法定公积金转为资本时,所留存的该项公积金将不少于转增前公司注册资本的25%。

第一百五十四条 公司股东大会对利润分配方案作出决议后,公司董事会须在股东大会召开后2个月内完成股利(或股份)的派发事项。

第一百五十五条 公司利润分配政策为【具体政策】。

注释:发行境内上市外资股的公司应当按照《境内上市外资股规定实施细则》中的有关规定补充本节的内容。

第二节 内部审计

第一百五十六条 公司实行内部审计制度,配备专职审计人员,对公司财务收支和经济活动进行内部审计监督。

第一百五十七条 公司内部审计制度和审计人员的职责,应当经董事会批准后实施。审计负责人向董事会负责并报告工作。

第三节　会计师事务所的聘任

第一百五十八条　公司聘用取得“从事证券相关业务资格”的会计师事务所进行会计报表审计、净资产验证及其他相关的咨询服务等业务，聘期1年，可以续聘。

第一百五十九条　公司聘用会计师事务所必须由股东大会决定，董事会不得在股东大会决定前委任会计师事务所。

第一百六十条　公司保证向聘用的会计师事务所提供真实、完整的会计凭证、会计账簿、财务会计报告及其他会计资料，不得拒绝、隐匿、谎报。

第一百六十一条　会计师事务所的审计费用由股东大会决定。

第一百六十二条　公司解聘或者不再续聘会计师事务所时，提前【天数】天事先通知会计师事务所，公司股东大会就解聘会计师事务所进行表决时，允许会计师事务所陈述意见。

会计师事务所提出辞聘的，应当向股东大会说明公司有无不当情形。

第九章　通知和公告

第一节　通　　知

第一百六十三条　公司的通知以下列形式发出：

（一）以专人送出；

（二）以邮件方式送出；

（三）以公告方式进行；

（四）本章程规定的其他形式。

第一百六十四条　公司发出的通知，以公告方式进行的，一经公告，视为所有相关人员收到通知。

第一百六十五条　公司召开股东大会的会议通知，以【具体通知方式】进行。

第一百六十六条　公司召开董事会的会议通知，以【具体通知方式】进行。

第一百六十七条　公司召开监事会的会议通知，以【具体通知方式】进行。

注释：公司应当根据实际情况，在章程中确定公司各种会议的具体通知方式。

第一百六十八条 公司通知以专人送出的，由被送达人在送达回执上签名(或盖章)，被送达人签收日期为送达日期；公司通知以邮件送出的，自交付邮局之日起第【天数】个工作日为送达日期；公司通知以公告方式送出的，第一次公告刊登日为送达日期。

第一百六十九条 因意外遗漏未向某有权得到通知的人送出会议通知或者该等人没有收到会议通知，会议及会议作出的决议并不因此无效。

第二节 公 告

第一百七十条 公司指定【媒体名称】为刊登公司公告和其他需要披露信息的媒体。

注释：公司应当在中国证监会指定的媒体范围内，在章程中确定一份或者多份报纸和一个网站作为公司披露信息的媒体。

第十章 合并、分立、增资、减资、解散和清算

第一节 合并、分立、增资和减资

第一百七十一条 公司合并可以采取吸收合并或者新设合并。

一个公司吸收其他公司为吸收合并，被吸收的公司解散。两个以上公司合并设立一个新的公司为新设合并，合并各方解散。

第一百七十二条 公司合并，应当由合并各方签订合并协议，并编制资产负债表及财产清单。公司应当自作出合并决议之日起 10 日内通知债权人，并于 30 日内在【报纸名称】上公告。

债权人自接到通知书之日起 30 日内，未接到通知书的自公告之日起 45 日内，可以要求公司清偿债务或者提供相应的担保。

第一百七十三条 公司合并时，合并各方的债权、债务，由合并后存续的公司或者新设的公司承继。

第一百七十四条 公司分立，其财产作相应的分割。

公司分立，应当编制资产负债表及财产清单。公司应当自作出分立决议之日起 10 日内通知债权人，并于 30 日内在【报纸名称】上公告。

第一百七十五条 公司分立前的债务由分立后的公司承担连带责任。但是，公司在分立前与债权人就债务清偿达成的书面协议另有约定的除外。

第一百七十六条 公司需要减少注册资本时，必须编制资产负债表及财产清单。

公司应当自作出减少注册资本决议之日起10日内通知债权人,并于30日内在【报纸名称】上公告。债权人自接到通知书之日起30日内,未接到通知书的自公告之日起45日内,有权要求公司清偿债务或者提供相应的担保。

公司减资后的注册资本将不低于法定的最低限额。

第一百七十七条 公司合并或者分立,登记事项发生变更的,应当依法向公司登记机关办理变更登记;公司解散的,应当依法办理公司注销登记;设立新公司的,应当依法办理公司设立登记。

公司增加或者减少注册资本,应当依法向公司登记机关办理变更登记。

第二节 解散和清算

第一百七十八条 公司因下列原因解散:

(一)本章程规定的营业期限届满或者本章程规定的其他解散事由出现;

(二)股东大会决议解散;

(三)因公司合并或者分立需要解散;

(四)依法被吊销营业执照、责令关闭或者被撤销;

(五)公司经营管理发生严重困难,继续存续会使股东利益受到重大损失,通过其他途径不能解决的,持有公司全部股东表决权10%以上的股东,可以请求人民法院解散公司。

第一百七十九条 公司有本章程第一百七十八条第(一)项情形的,可以通过修改本章程而存续。

依照前款规定修改本章程,须经出席股东大会会议的股东所持表决权的2/3以上通过。

第一百八十条 公司因本章程第一百七十八条第(一)项、第(二)项、第(四)项、第(五)项规定而解散的,应当在解散事由出现之日起15日内成立清算组,开始清算。清算组由董事或者股东大会确定的人员组成。逾期不成立清算组进行清算的,债权人可以申请人民法院指定有关人员组成清算组进行清算。

第一百八十一条 清算组在清算期间行使下列职权:

(一)清理公司财产,分别编制资产负债表和财产清单;

(二)通知、公告债权人;

(三)处理与清算有关的公司未了结的业务;

(四)清缴所欠税款以及清算过程中产生的税款;

(五)清理债权、债务;

(六)处理公司清偿债务后的剩余财产;

(七)代表公司参与民事诉讼活动。

第一百八十二条 清算组应当自成立之日起10日内通知债权人,并于60日内在【报纸名称】上公告。债权人应当自接到通知书之日起30日内,未接到通知书的自公告之日起45日内,向清算组申报其债权。

债权人申报债权,应当说明债权的有关事项,并提供证明材料。清算组应当对债权进行登记。

在申报债权期间,清算组不得对债权人进行清偿。

第一百八十三条 清算组在清理公司财产、编制资产负债表和财产清单后,应当制定清算方案,并报股东大会或者人民法院确认。

公司财产在分别支付清算费用、职工的工资、社会保险费用和法定补偿金,缴纳所欠税款,清偿公司债务后的剩余财产,公司按照股东持有的股份比例分配。

清算期间,公司存续,但不能开展与清算无关的经营活动。

公司财产在未按前款规定清偿前,将不会分配给股东。

注释:已发行优先股的公司因解散、破产等原因进行清算时,公司财产在按照公司法和破产法有关规定进行清偿后的剩余财产,应当优先向优先股股东支付未派发的股息和公司章程约定的清算金额,不足以全额支付的,按照优先股股东持股比例分配。

第一百八十四条 清算组在清理公司财产、编制资产负债表和财产清单后,发现公司财产不足清偿债务的,应当依法向人民法院申请宣告破产。

公司经人民法院裁定宣告破产后,清算组应当将清算事务移交给人民法院。

第一百八十五条 公司清算结束后,清算组应当制作清算报告,报股东大会或者人民法院确认,并报送公司登记机关,申请注销公司登记,公告公司终止。

第一百八十六条 清算组成员应当忠于职守,依法履行清算义务。

清算组成员不得利用职权收受贿赂或者其他非法收入,不得侵占公司财产。

清算组成员因故意或者重大过失给公司或者债权人造成损失的,应当承担赔偿责任。

第一百八十七条 公司被依法宣告破产的,依照有关企业破产的法律实施破产清算。

第十一章 修改章程

第一百八十八条 有下列情形之一的,公司应当修改章程:

(一)《公司法》或有关法律、行政法规修改后,章程规定的事项与修改后的法律、行政法规的规定相抵触;

(二)公司的情况发生变化,与章程记载的事项不一致;

(三)股东大会决定修改章程。

第一百八十九条 股东大会决议通过的章程修改事项应经主管机关审批的,须报主管机关批准;涉及公司登记事项的,依法办理变更登记。

第一百九十条 董事会依照股东大会修改章程的决议和有关主管机关的审批意见修改本章程。

第一百九十一条 章程修改事项属于法律、法规要求披露的信息,按规定予以公告。

第十二章 附 则

第一百九十二条 释义

(一)控股股东,是指其持有的普通股(含表决权恢复的优先股)占公司股本总额50%以上的股东;持有股份的比例虽然不足50%,但依其持有的股份所享有的表决权已足以对股东大会的决议产生重大影响的股东。

(二)实际控制人,是指虽不是公司的股东,但通过投资关系、协议或者其他安排,能够实际支配公司行为的人。

(三)关联关系,是指公司控股股东、实际控制人、董事、监事、高级管理人员与其直接或者间接控制的企业之间的关系,以及可能导致公司利益转移的其他关系。但是,国家控股的企业之间不仅因为同受国家控股而具有关联关系。

第一百九十三条 董事会可依照章程的规定,制订章程细则。章程细则不得与章程的规定相抵触。

第一百九十四条 本章程以中文书写,其他任何语种或不同版本的章程与本章程有歧义时,以在【公司登记机关全称】最近一次核准登记后的中文版章程为准。

第一百九十五条 本章程所称“以上”、“以内”、“以下”，都含本数；“以外”、“低于”、“多于”不含本数。

第一百九十六条 本章程由公司董事会负责解释。

第一百九十七条 本章程附件包括股东大会议事规则、董事会议事规则和监事会议事规则。

第一百九十八条 国家对优先股另有规定的，从其规定。

第一百九十九条 本章程自公布之日起施行。《上市公司章程指引（2014 年修订）》（证监会公告〔2014〕47 号）同时废止。

基　金

公开募集证券投资基金投资信用衍生品指引

（2019 年 1 月 15 日　证监会公告〔2019〕1 号）

第 一 条　为规范公开募集证券投资基金（以下简称基金）投资信用衍生品的行为，防范投资风险，保护投资人合法权益，根据《证券投资基金法》《公开募集证券投资基金运作管理办法》和其他有关法律法规，制定本指引。

第 二 条　本指引所称信用衍生品，是指符合证券交易所或银行间市场相关业务规则，专门用于管理信用风险的信用衍生工具。

第 三 条　基金投资信用衍生品的，应当按照风险管理的原则，以风险对冲为目的，并遵守证券交易所或银行间市场的相关规定，中国证监会认定的特殊基金品种除外。货币市场基金不得投资信用衍生品。

第 四 条　基金管理人应当根据所持标的债券等固定收益品种的投资策略，审慎开展信用衍生品投资，合理确定信用衍生品的投资金额、期限等。

基金管理人应当加强基金投资信用衍生品的交易对手方、创设机构的风险管理，合理分散交易对手方、创设机构的集中度，对交易对手方、创设机构的财务状况、偿付能力及杠杆水平等进行必要的尽职调查与严格的准入管理。

第 五 条　基金应当在定期报告及招募说明书（更新）等文件中详细披露信用衍生品的投资情况，包括投资策略、持仓情况等，并充分揭示投资信用衍生品对基金总体风险的影响以及是否符合既定的投资目标及策略。

第 六 条　基金投资信用衍生品的，应当在基金合同等法律文件中充分揭示投资信用衍生品可能存在的风险。

第 七 条　基金投资信用衍生品的，应当参照行业协会的相关规定进行估值，确保估值的公允性。

第 八 条 基金投资信用衍生品的，基金管理人应当强化内部控制，完善风险管理，做好人员、制度、业务流程、技术系统等方面的准备工作，并将相关制度及流程等报公司董事会批准。

第 九 条 基金管理人在投资信用衍生品的过程中，应当根据有关法律法规的要求，规范运作，不得从事内幕交易、操纵价格、利益输送及其他不正当的交易活动。基金托管人应当加强对基金投资信用衍生品的监督，切实保护基金份额持有人的合法权益。

第 十 条 本指引施行前已经获得中国证监会核准或准予注册的基金，基金管理人可根据法律法规、基金合同和本指引的相关要求，决定是否投资信用衍生品。基金拟投资信用衍生品的，应当依法履行适当程序修改基金合同等法律文件，明确投资安排、信息披露、估值方法、风险揭示等相关内容。

第十一条 本指引自公布之日起施行。

公开募集证券投资基金参与转融通证券出借业务指引（试行）

（2019年6月14日　证监会公告〔2019〕15号）

第一条　为规范公开募集证券投资基金（以下简称基金）参与转融通证券出借业务（以下简称出借业务）的行为，防范业务风险，保护基金份额持有人的合法权益，根据《证券投资基金法》《公开募集证券投资基金运作管理办法》等法律法规，制定本指引。

第二条　基金管理人运用基金财产参与出借业务适用本指引。

基金参与出借业务，是指基金以一定的费率通过证券交易所综合业务平台向中国证券金融股份有限公司（以下简称证券金融公司）出借证券，证券金融公司到期归还所借证券及相应权益补偿并支付费用的业务。

第三条　基金管理人运用基金财产参与出借业务，应当遵守审慎经营原则，配备技术系统和专业人员，制定科学合理的投资策略和风险管理制度，完善业务流程，有效防范和控制风险，切实维护基金财产的安全和基金份额持有人合法权益。

第四条　基金托管人应当加强对基金参与出借业务的监督和复核，切实维护基金财产的安全和基金份额持有人合法权益。证券金融公司应加强对基金参与出借业务的风险监测，定期向中国证监会报送监测报告。

第五条　以下基金产品可依据法律法规的规定和基金合同、招募说明书的约定，参与出借业务：

（一）处于封闭期的股票型基金和偏股混合型基金；

（二）开放式股票指数基金及相关联接基金；

（三）战略配售基金；

（四）中国证监会认可的其他基金产品。

第（一）项所称偏股混合型基金，是指基金合同明确约定股票投资比例60%以上的混合型基金。

第（三）项所称战略配售基金，是指主要投资策略包括投资战略配售股票，且以封闭方式运作的证券投资基金。

第 六 条 处于封闭期的基金出借证券资产不得超过基金资产净值的50%，出借到期日不得超过封闭期到期日，中国证监会认可的特殊情形除外。

第 七 条 开放式股票指数基金及相关联接基金参与出借业务应当符合以下要求：

（一）出借证券资产不得超过基金资产净值的30%，出借期限在10个交易日以上的出借证券应纳入《公开募集开放式证券投资基金流动性风险管理规定》所述流动性受限证券的范围；

（二）交易型开放式指数基金参与出借业务的单只证券不得超过基金持有该证券总量的30%；其他开放式股票指数基金、交易型开放式指数基金的联接基金参与出借业务的单只证券不得超过基金持有该证券总量的50%；

（三）最近6个月内日均基金资产净值不得低于2亿元；

（四）证券出借的平均剩余期限不得超过30天，平均剩余期限按照市值加权平均计算。

第 八 条 因证券市场波动、上市公司合并、基金规模变动等基金管理人之外的因素致使基金投资不符合本公告第六条、第七条规定的，基金管理人不得新增出借业务。

第 九 条 基金参与出借业务不终止确认出借证券。基金持有证券的持有期计算不因出借而受影响，出借证券应纳入基金投资运作指标计算范围。

第 十 条 基金参与出借业务，可以采取约定申报方式和非约定申报方式，并符合相关自律规则的要求。

基金通过约定申报方式参与出借业务的，由基金管理人、借券证券公司协商确定约定申报的数量、期限、费率等要素。

第十一条 基金管理人应当加强出借业务信用风险管理，合理分散出借期限与借券证券公司的集中度。基金通过约定申报方式参与出借业务的，基金管理人应对借券证券公司的偿付能力等进行必要的尽职调查与严格的准入管理，对不同的借券证券公司实施交易额度管理并进行动态调整，借券证券公司最近1年的分类结果应为A类。

基金管理人应加强关联交易管理，遵循持有人利益优先原则，按照市场公平合理价格执行，不得从事利益输送及其他不正当的交易活动。

第十二条 基金管理人应当做好出借业务流动性风险管理，加强压力测试管理，详细分析市场情况、投资者类型与结构、历史申赎数据、出借证券流动性情况等因素，合理确定出借证券的范围、期限和比例。

第十三条 本指引施行后申请募集的基金，拟参与出借业务的，应当在基金合同、招募说明书中列明出借业务相关安排，在产品注册申请材料中提交出借业务方案等相关内容。

第十四条 本指引施行前已经获得中国证监会核准或注册的基金，基金合同明确约定基金可以从事出借业务的，可按照法律法规的规定及基金合同的约定从事出借业务。基金合同未约定的，需依法履行修改基金合同的程序后，方可从事出借业务。中国证监会认可的战略配售基金除外。

第十五条 基金管理人应当在基金定期报告等文件中披露基金参与出借业务的情况，并就报告期内发生的重大关联交易事项做详细说明。

第十六条 基金参与出借业务的，应参照行业协会的相关规定进行估值，确保估值的公允性。

第十七条 基金管理人、基金托管人等相关机构违反本指引规定的，中国证监会及相关派出机构可依法对有关机构和人员采取行政监管措施；依法应予行政处罚的，依照有关规定进行行政处罚；涉嫌犯罪的，移送司法机关，追究刑事责任。

第十八条 本指引自公布之日起施行。

期　　货

期货公司监督管理办法

（2019年6月4日　证监会令第155号）

第一章　总　　则

第 一 条　为了规范期货公司经营活动，加强对期货公司监督管理，保护客户合法权益，推进期货市场建设，根据《公司法》和《期货交易管理条例》等法律、行政法规，制定本办法。

第 二 条　在中华人民共和国境内设立的期货公司，适用本办法。

第 三 条　期货公司应当遵守法律、行政法规和中国证券监督管理委员会（以下简称中国证监会）的规定，审慎经营，防范利益冲突，履行对客户的诚信义务。

第 四 条　期货公司的股东、实际控制人和其他关联人不得滥用权利，不得占用期货公司资产或者挪用客户资产，不得侵害期货公司、客户的合法权益。

第 五 条　中国证监会及其派出机构依法对期货公司及其分支机构实行监督管理。

中国期货业协会、期货交易所按照自律规则对期货公司实行自律管理。

期货保证金安全存管监控机构依法对客户保证金安全实施监控。

第二章　设立、变更与业务终止

第 六 条　申请设立期货公司，除应当符合《期货交易管理条例》第十六条规定的条件外，还应当具备下列条件：

（一）注册资本不低于人民币1亿元；

（二）具有期货从业人员资格的人员不少于15人；

（三）具备任职条件的高级管理人员不少于3人。

第七条 期货公司主要股东为法人或者非法人组织的，应当具备下列条件：

（一）实收资本和净资产均不低于人民币1亿元；

（二）净资产不低于实收资本的50%，或有负债低于净资产的50%，不存在对财务状况产生重大不确定影响的其他风险；

（三）具备持续盈利能力，持续经营3个以上完整的会计年度，最近3个会计年度连续盈利；

（四）出资额不得超过其净资产，且资金来源真实合法，不得以委托资金、负债资金等入股期货公司；

（五）信誉良好、公司治理规范、组织架构清晰、股权结构透明，主营业务性质与期货公司具有相关性；

（六）没有较大数额的到期未清偿债务；

（七）近3年未因重大违法违规行为受到行政处罚或者刑事处罚；

（八）未因涉嫌重大违法违规正在被有权机关立案调查或者采取强制措施；

（九）近3年作为公司（含金融机构）的股东或者实际控制人，未有滥用股东权利、逃避股东义务等不诚信行为；

（十）不存在中国证监会根据审慎监管原则认定的其他不适合持有期货公司股权的情形。

第八条 期货公司主要股东为自然人的，除应当符合本办法第七条第（四）项、第（六）项至第（十）项规定的条件外，还应当具备下列条件：

（一）个人金融资产不低于人民币3000万元；

（二）信誉良好，不存在对所投资企业经营失败或重大违法违规行为负有直接责任未逾3年的情形。

间接持有期货公司5%以上股权的自然人应当符合前款规定。

第九条 期货公司控股股东、第一大股东除应当符合本办法第七条、第八条规定的条件外，还应当具备下列条件：

（一）净资本不低于人民币5亿元；股东不适用净资本或者类似指标的，净资产不低于人民币10亿元；

（二）在技术能力、管理服务、人员培训或营销渠道等方面具有较强优势；

（三）具备对期货公司持续的资本补充能力，对期货公司可能发生风险导致无法正常经营的情况具有妥善处置的能力；

（四）中国证监会根据审慎监管原则规定的其他条件。

第 十 条 非金融企业入股期货公司成为主要股东或者控股股东、第一大股东的，除应当符合本办法第七条、第九条规定的相关条件外，还应当具备下列条件：

（一）符合国家关于加强非金融企业投资金融机构监管的有关规定和相关指导意见；

（二）中国证监会根据审慎监管原则规定的其他条件。

第十一条 期货公司主要股东、控股股东、第一大股东为境外股东的，除应当符合本办法第七条、第九条规定的条件外，还应当具备下列条件：

（一）依其所在国家或者地区法律设立、合法存续的金融机构；

（二）近 3 年各项财务指标及监管指标符合所在国家或者地区法律的规定和监管机构的要求；

（三）所在国家或者地区具有完善的期货法律和监督管理制度，其期货监管机构已与中国证监会签订监管合作备忘录，并保持有效的监管合作关系；

（四）期货公司外资持股比例或者拥有的权益比例，累计（包括直接持有和间接持有）不得超过我国期货业对外或者对我国香港特别行政区、澳门特别行政区和台湾地区开放所作的承诺。

境外股东应当以可自由兑换货币或者合法取得的人民币出资。

（五）中国证监会根据审慎监管原则规定的其他条件。

第十二条 期货公司有关联关系的股东持股比例合计达到5%的，持股比例最高的股东应当符合本办法第七条、第八条和第十一条规定的条件。

期货公司有关联关系的股东、一致行动人持股比例合计达到成为期货公司控股股东、第一大股东的，持股比例最高的股东应当符合本办法第九条、第十一条规定的条件。涉及的非金融企业股东应当符合本办法第十条、第十一条规定的条件。

第十三条 申请设立期货公司，应当向中国证监会提交下列申请材料：

（一）申请书；

（二）发起协议；

（三）非自然人股东按照其自身决策程序同意出资设立期货公司的

决定文件；

（四）公司章程草案；

（五）经营计划；

（六）发起人名单及其最近3年经会计师事务所审计的财务报告或者个人金融资产证明以及不存在对所投资企业经营失败或重大违法违规行为负有直接责任未逾3年的说明；

（七）拟任用高级管理人员和从业人员名单、简历、相关任职条件证明和相关资格证书；

（八）拟订的期货业务制度、内部控制制度和风险管理制度文本；

（九）场地、设备、资金来源证明文件；

（十）股权结构及股东间关联关系、一致行动人关系的说明；

（十一）资本补充方案及风险处置预案；

（十二）律师事务所出具的法律意见书；

（十三）中国证监会规定的其他申请材料。

期货公司单个境外股东的持股比例或者有关联关系的境外股东合计持股比例达到5%以上的，还应当提交下列申请材料：

（一）境外股东的章程、营业执照或者注册证书和相关业务资格证书复印件；

（二）境外股东所在国家或者地区的相关监管机构或者中国证监会认可的境外机构出具的关于其符合本办法第七条第（七）项、第（八）项与第十一条第（二）项规定条件的说明函。

存在非金融企业为期货公司主要股东、控股股东、第一大股东情形的，除上述材料外，还需提交国家关于加强非金融企业投资金融机构监管的有关规定和相关指导意见要求的其他材料。

第十四条　外资持有股权的期货公司，应当按照法律、行政法规的规定，向国务院商务主管部门和外汇管理部门申请办理相关手续。

第十五条　按照本办法设立的期货公司，可以依法从事商品期货经纪业务；从事金融期货经纪、境外期货经纪、期货投资咨询的，应当取得相应业务资格。从事资产管理业务的，应当依法登记备案。

期货公司经批准或者备案可以从事中国证监会规定的其他业务。

第十六条　期货公司申请金融期货经纪业务资格，应当具备下列条件：

（一）申请日前2个月风险监管指标持续符合规定标准；

（二）具有健全的公司治理、风险管理制度和内部控制制度，并有效执行；

（三）符合中国证监会期货保证金安全存管监控的规定；

（四）业务设施和技术系统符合相关技术规范且运行状况良好；

（五）高级管理人员近2年内未受到刑事处罚，未因违法违规经营受到行政处罚，无不良信用记录，且不存在因涉嫌违法违规经营正在被有权机关调查的情形；

（六）不存在被中国证监会及其派出机构采取《期货交易管理条例》第五十五条第二款、第五十六条规定的监管措施的情形；

（七）不存在因涉嫌违法违规正在被有权机关立案调查的情形；

（八）近2年内未因违法违规行为受过刑事处罚或者行政处罚。但期货公司控股股东或者实际控制人变更，高级管理人员变更比例超过50%，对出现上述情形负有责任的高级管理人员和业务负责人已不在公司任职，且已整改完成并经期货公司住所地中国证监会派出机构验收合格的，可不受此限制；

（九）中国证监会根据审慎监管原则规定的其他条件。

第十七条 期货公司申请金融期货经纪业务资格，应当向中国证监会提交下列申请材料：

（一）申请书；

（二）加盖公司公章的营业执照和业务许可证复印件；

（三）股东会或者董事会决议文件；

（四）申请日前2个月风险监管报表；

（五）公司治理、风险管理制度和内部控制制度执行情况报告；

（六）业务设施和技术系统运行情况报告，以及信息系统内部审计报告等网络安全相关材料；

（七）律师事务所出具的法律意见书；

（八）若存在本办法第十六条第（八）项规定情形的，还应提供期货公司住所地中国证监会派出机构出具的整改验收合格意见书；

（九）中国证监会规定的其他申请材料。

第十八条 期货公司申请境外期货经纪、期货投资咨询以及经批准或者备案的其他业务的条件，由中国证监会另行规定。

第十九条 期货公司变更股权有下列情形之一的，应当经中国证监会批准：

（一）变更控股股东、第一大股东；

（二）单个股东的持股比例或者有关联关系的股东合计持股比例增

加到5%以上,且涉及境外股东的。

除前款规定情形外,期货公司单个股东的持股比例或者有关联关系的股东合计持股比例增加到5%以上,应当经期货公司住所地中国证监会派出机构批准。

第二十条 期货公司变更股权有本办法第十九条所列情形的,应当具备下列条件:

(一)拟变更的股权不存在被冻结等情形;

(二)期货公司与股东之间不存在交叉持股的情形,期货公司不存在为股权受让方提供任何形式财务支持的情形;

(三)涉及的股东符合本办法第七条至第十二条规定的条件。

第二十一条 期货公司变更股权,有本办法第十九条所列情形的,应当提交下列相关申请材料:

(一)申请书;

(二)关于变更股权的决议文件;

(三)股权转让或者变更出资合同,以及有限责任公司其他股东放弃优先购买权的承诺书;

(四)所涉及股东的基本情况报告、变更后期货公司股东股权背景情况图以及期货公司关于变更后股东是否存在关联关系、期货公司是否为股权受让方提供任何形式财务支持的情况说明;

(五)所涉及股东的股东会、董事会或者其他决策机构做出的相关决议;

(六)所涉及股东的最近3年经会计师事务所审计的财务报告或者个人金融资产证明以及不存在对所投资企业经营失败或重大违法违规行为负有直接责任未逾3年的说明;

(七)律师事务所出具的法律意见书;

(八)中国证监会规定的其他材料。

期货公司单个境外股东的持股比例或者有关联关系的境外股东合计持股比例增加到5%以上的,还应当提交本办法第十三条第二款所规定的申请材料。

存在非金融企业为期货公司主要股东、控股股东、第一大股东情形的,除上述材料外,还需提交国家关于加强非金融企业投资金融机构监管的有关规定和相关指导意见要求的其他材料。

期货公司发生本办法第十九条规定情形以外的股权变更,且股权登记管理未在证券登记结算机构实施的,应当自完成工商变更登记手续之日起 5 个工作日内向公司住所地中国证监会派出机构报备下列书面材料：

（一）变更持有 5% 以下股权股东情况报告；

（二）股权受让方相关背景材料；

（三）股权背景情况图；

（四）股权变更相关文件；

（五）公司章程、准予变更登记文件、营业执照复印件；

（六）中国证监会规定的其他材料。

第二十二条 期货公司股东应当秉承长期投资理念，依法行使股东权利，履行股东义务，督促期货公司完善治理结构、风险管理与内部控制制度，实现持续、健康发展。

第二十三条 期货公司拟入股股东应当充分了解期货公司股东条件、权利和义务，入股期货公司的程序应当完备合法，不得存在损害期货公司其他股东或者客户的合法权益以及通过隐瞒等方式规避期货公司股东资格审批或者监管的情况。

第二十四条 期货公司股权出让方在股权转让期间，应当支持并配合期货公司董事会、监事会和高级管理人员依法履行职责，不得在股权转让完成前推荐股权受让方相关人员担任期货公司董事、监事、高级管理人员。

期货公司股东出让股权依法应经中国证监会批准的，在批准前，股权出让方应当继续独立行使表决权及其他股东权利，不得以任何形式变相让渡表决权予股权受让方。

第二十五条 期货公司变更法定代表人，拟任法定代表人应当具备任职条件。期货公司应当自完成相关工商变更登记之日起 5 个工作日内向住所地中国证监会派出机构提交下列备案材料：

（一）备案报告；

（二）变更后的营业执照副本复印件；

（三）公司决议文件；

（四）法定代表人期货从业资格证书、任职条件证明；

（五）期货公司原《经营证券期货业务许可证》正、副本原件；

（六）中国证监会要求提交的其他文件。

第二十六条 期货公司变更住所或营业场所，应当妥善处理客户资产，拟迁入的住所和拟使用的设施应当符合业务需要，并自完成相关工商变更登记之日起 5 个工作日内向住所地中国证监会派出机构报备。期货公司在中国证监会不同派出机构辖区变更住所的，还应当符合下列条件：

（一）符合持续性经营规则；

（二）近2年未因重大违法违规行为受到行政处罚或者刑事处罚；

（三）中国证监会根据审慎监管原则规定的其他条件。

第二十七条　期货公司变更住所或营业场所，应当向拟迁入地中国证监会派出机构提交下列备案材料：

（一）备案报告；

（二）变更后的营业执照副本复印件；

（三）公司决议文件；

（四）关于客户资产处理情况，变更后住所和使用的设施符合期货业务需要的说明；

（五）变更后住所所有权或者使用权证明；

（六）首席风险官出具的公司符合相关条件的意见；

（七）期货公司原《经营证券期货业务许可证》正、副本原件；

（八）中国证监会要求提交的其他文件。

期货公司在提交备案材料时，应当将备案材料同时抄报拟迁出地中国证监会派出机构。

第二十八条　期货公司设立营业部、分公司等境内分支机构，应当自完成相关工商设立登记之日起5个工作日内向公司住所地中国证监会派出机构报备。

期货公司设立境内分支机构，应当具备下列条件：

（一）公司治理健全，内部控制制度符合有关规定并有效执行；

（二）申请日前3个月符合风险监管指标标准；

（三）符合有关客户资产保护和期货保证金安全存管监控的规定；

（四）未因涉嫌违法违规经营正在被有权机关调查，近1年内未因违法违规经营受到行政处罚或者刑事处罚；

（五）具有符合业务发展需要的分支机构设立方案和稳定的经营计划；

（六）中国证监会根据审慎监管原则规定的其他条件。

第二十九条　期货公司设立境内分支机构，应当向公司住所地中国证监会派出机构提交下列备案材料：

（一）备案报告；

（二）分支机构营业执照副本复印件；

（三）公司决议文件；

（四）分支机构负责人任职条件证明；
（五）分支机构从业人员名册及期货从业资格证书；
（六）营业场所所有权或者使用权证明；
（七）首席风险官出具的公司符合相关条件的意见；
（八）中国证监会要求提交的其他文件。

期货公司在提交备案材料时，应当将备案材料同时抄报拟设立分支机构所在地的中国证监会派出机构。

第三十条 期货公司变更分支机构营业场所的，应当妥善处理客户资产，拟迁入的营业场所和拟使用的设施应当满足业务需要。

本办法所称期货公司变更分支机构营业场所仅限于在中国证监会同一派出机构辖区内变更营业场所。

第三十一条 期货公司终止境内分支机构的，应当先行妥善处理该分支机构客户资产，结清分支机构业务并终止经营活动，并自完成上述工作之日起5个工作日内向分支机构所在地中国证监会派出机构提交下列备案材料：

（一）备案报告；
（二）公司决议文件；
（三）关于处理分支机构客户资产、结清期货业务并终止经营活动情况的说明；
（四）在中国证监会指定报刊上的公告证明；
（五）首席风险官出具的公司符合相关条件的意见；
（六）期货公司分支机构《经营证券期货业务许可证》正、副本原件；
（七）中国证监会要求提交的其他文件。

期货公司在提交备案材料时，应当将备案材料同时抄报公司住所地的中国证监会派出机构。

第三十二条 期货公司设立、收购、参股境外经营机构，应当具备下列条件，并应当自公司决议生效之日起5个工作日内向中国证监会报备：

（一）申请日前6个月符合风险监管指标标准；
（二）最近一次期货公司分类监管评级不低于B类BB级；
（三）近3年内未因重大违法违规行为受到行政处罚或者刑事处罚，近1年未因治理结构不健全、内部控制不完善等原因被采取监管措施，不存在因涉嫌重大违法违规行为正在被立案调查或者正处于整改期间的情形；
（四）具有完备的境外机构管理制度，能够有效隔离风险；

（五）拟设立、收购或者参股机构所在国家或者地区的期货监管机构已与中国证监会签署监管合作备忘录；

（六）中国证监会根据审慎监管原则规定的其他条件。

第三十三条 期货公司设立、收购、参股境外经营机构，应当自获得境外有关监管机构核准文件之日起5个工作日内向中国证监会提交下列备案材料：

（一）备案报告；

（二）境外经营机构的章程；

（三）境外有关监管机构核准文件；

（四）中国证监会要求的其他资料。

期货公司变更境外经营机构注册资本或股权以及终止境外经营机构的，应当自获得境外有关监管机构核准文件之日起5个工作日内向中国证监会提交下列备案材料：

（一）备案报告；

（二）最近一年经具有证券、期货相关业务资格的会计师事务所审计的境外经营机构的财务报告；

（三）中国证监会要求的其他资料。

第三十四条 期货公司申请设立、收购或者参股境外经营机构，应当按照外汇管理部门相关规定办理有关手续。

第三十五条 期货公司因遭遇不可抗力等正当事由申请停业的，应当妥善处理客户资产，清退或者转移客户。

期货公司恢复营业的，应当符合期货公司持续性经营规则。停业期限届满后，期货公司未能恢复营业或者不符合持续性经营规则的，中国证监会可以根据《期货交易管理条例》第二十条第一款规定注销其期货业务许可证。

第三十六条 期货公司停业的，应当向中国证监会提交下列申请材料：

（一）申请书；

（二）停业决议文件；

（三）关于处理客户资产、处置或者清退客户情况的报告；

（四）中国证监会规定的其他材料。

第三十七条 期货公司被撤销所有期货业务许可的，应当妥善处理客户资产，结清期货业务；公司继续存续的，应当依法办理名称、营业范围和公司章程等工商变更登记，存续公司不得继续以期货公司名义从事业务，其名称中不得有“期货”或者近似字样。

期货公司解散、破产的，应当先行妥善处理客户资产，结清业务。

第三十八条 期货公司设立、变更、停业、解散、破产、被撤销期货业务许可或者其分支机构设立、变更、终止的，期货公司应当在中国证监会指定的媒体上公告。

第三十九条 期货公司及其分支机构的许可证由中国证监会统一印制。许可证正本或者副本遗失或者灭失的，期货公司应当在30个工作日内在中国证监会指定的媒体上声明作废，并持登载声明向中国证监会或期货公司分支机构所在地派出机构重新申领。

第三章 公司治理

第四十条 期货公司应当按照明晰职责、强化制衡、加强风险管理的原则，建立并完善公司治理。

第四十一条 期货公司与其股东、实际控制人及其他关联人在业务、人员、资产、财务等方面应当严格分开，独立经营，独立核算。

未依法经期货公司股东会或者董事会决议，期货公司股东、实际控制人不得任免期货公司的董事、监事、高级管理人员，或者非法干预期货公司经营管理活动。

期货公司向股东、实际控制人及其关联人提供服务的，不得降低风险管理要求。

第四十二条 期货公司应当加强关联交易管理，准确识别关联方，严格落实关联交易审批和信息披露制度，及时向公司住所地中国证监会派出机构报告关联交易情况。

期货公司股东、实际控制人和其他关联人应当遵守法律、行政法规和中国证监会关于关联交易的相关规定，不得与期货公司进行不当的关联交易，不得利用其对期货公司经营管理的影响力获取不当利益。

第四十三条 期货公司控股股东、第一大股东应当每年对自身遵守法律法规及监管规定情况、经营状况、履行对期货公司承诺事项和期货公司章程的情况进行自查自评，每年度结束之日起4个月内将评估报告通过期货公司报送期货公司住所地中国证监会派出机构。

第四十四条 期货公司主要股东或者实际控制人出现下列情形之一的，应当主动、准确、完整地在3个工作日内通知期货公司：

（一）所持有的期货公司股权被冻结或者被强制执行；

（二）质押或解除质押所持有的期货公司股权；

（三）决定转让所持有的期货公司股权；

（四）不能正常行使股东权利或者承担股东义务，可能造成期货公司治理的重大缺陷；

（五）股权变更或者业务范围、经营管理发生重大变化；

（六）董事长、总经理或者代为履行相应职务的董事、高级管理人员等发生变动；

（七）因国家法律法规、重大政策调整或者不可抗力等因素，可能对公司经营管理产生重大不利影响；

（八）涉嫌重大违法违规被有权机关调查或者采取强制措施；

（九）因重大违法违规行为受到行政处罚或者刑事处罚；

（十）变更名称；

（十一）合并、分立或者进行重大资产、债务重组；

（十二）被采取停业整顿、撤销、接管、托管等监管措施，或者进入解散、破产、关闭程序；

（十三）其他可能影响期货公司股权变更或者持续经营的情形。

期货公司主要股东发生前款规定情形的，期货公司应当自收到通知之日起3个工作日内向期货公司住所地中国证监会派出机构报告。

期货公司实际控制人发生第一款第（八）项至第（十二）项所列情形的，期货公司应当自收到通知之日起3个工作日内向中国证监会及住所地派出机构报告。

第四十五条　期货公司有下列情形之一的，应当立即书面通知全体股东或进行公告，并向住所地中国证监会派出机构报告：

（一）公司或者其董事、监事、高级管理人员因涉嫌违法违规被有权机关立案调查或者采取强制措施；

（二）公司或者其董事、监事、高级管理人员因违法违规行为受到行政处罚或者刑事处罚；

（三）风险监管指标不符合规定标准；

（四）客户发生重大透支、穿仓，可能影响期货公司持续经营；

（五）发生突发事件，对期货公司或者客户利益产生或者可能产生重大不利影响；

（六）其他可能影响期货公司持续经营的情形。

中国证监会及其派出机构对期货公司及其分支机构采取《期货交易管理条例》第五十五条第二款、第四款或者第五十六条规定的监管措施或者作出行政处罚，期货公司应当书面通知全体股东或进行公告。

第四十六条 期货公司股东会或股东大会应当按照《公司法》和公司章程，对职权范围内的事项进行审议和表决。股东会或股东大会每年应当至少召开一次会议。期货公司股东应当按照出资比例或者所持股份比例行使表决权。

第四十七条 期货公司应当设立董事会，并按照《公司法》的规定设立监事会或监事，切实保障监事会和监事对公司经营情况的知情权。

期货公司可以设立独立董事，期货公司的独立董事不得在期货公司担任董事会以外的职务，不得与本期货公司存在可能妨碍其作出独立、客观判断的关系。

第四十八条 期货公司应当设首席风险官，对期货公司经营管理行为的合法合规性、风险管理进行监督、检查。

首席风险官发现涉嫌占用、挪用客户保证金等违法违规行为或者可能发生风险的，应当立即向住所地中国证监会派出机构和公司董事会报告。

期货公司拟解聘首席风险官的，应当有正当理由，并向住所地中国证监会派出机构报告。

第四十九条 期货公司的董事长、总经理、首席风险官之间不得存在近亲属关系。

第五十条 期货公司应当合理设置业务部门及其职能，建立岗位责任制度，不相容岗位应当分离。交易、结算、财务业务应当由不同部门和人员分开办理。

期货公司应当设立风险管理部门或者岗位，管理和控制期货公司的经营风险。

期货公司应当设立合规审查部门或者岗位，审查和稽核期货公司经营管理的合法合规性。

第五十一条 期货公司应当建立健全并持续完善覆盖境内外分支机构、子公司及其业务的合规管理、风险管理和内部控制体系，贯穿决策、执行、监督、反馈等各个环节，实现风险管理全覆盖。

第五十二条 期货公司应当对分支机构实行集中统一管理，不得与他人合资、合作经营管理分支机构，不得将分支机构承包、租赁或者委托给他人经营管理。

分支机构经营的业务不得超出期货公司的业务范围，并应当符合中国证监会对相关业务的规定。

期货公司应当按照规定对分支机构实行统一结算、统一风险管理、统一资金调拨、统一财务管理和会计核算。

第五十三条 期货公司设立、收购、参股的境外经营机构发生下列事项的,期货公司应当在5个工作日内向公司住所地中国证监会派出机构书面报告:

(一)注册登记、取得业务资格、设立子公司;

(二)变更名称、变更业务范围以及修改章程重要条款等;

(三)取得、变更或者注销交易所、协会等会员资格;

(四)变更董事长、总经理、合规负责人和风险管理负责人;

(五)机构或其从业人员受到境外监管机构或交易所的调查、纪律处分或处罚;

(六)预计发生重大亏损或者遭受超过净资产10%的重大损失;

(七)与期货公司及其关联方发生重大关联交易;

(八)按规定应当向境外监管机构报告的重大事项;

(九)中国证监会规定的其他重大事项。

第五十四条 期货公司应当在每月结束之日起7个工作日内报送设立、收购的境外经营机构的上一月度主要财务数据及业务情况。

期货公司应当在每会计年度结束之日起4个月内报送上一年度境外经营机构经审计的财务报告、审计报告以及年度工作报告,年度工作报告的内容包括但不限于:持牌情况、业务开展情况、财务状况、下属机构以及被境外监管机构采取监管措施或处罚等情况。

第五十五条 期货公司可以按照规定,运用自有资金投资于股票、投资基金、债券等金融类资产,与业务相关的股权以及中国证监会规定的其他业务,但不得从事《期货交易管理条例》禁止的业务。

第四章　业 务 规 则

第一节　一 般 规 定

第五十六条 期货公司应当建立并有效执行风险管理、内部控制、期货保证金存管等业务制度和流程,有效隔离不同业务之间的风险,确保客户资产安全和交易安全。

第五十七条 期货公司应当按照规定实行投资者适当性管理制度,建立执业规范和内部问责机制,了解客户的经济实力、专业知识、投资经历和风险偏好等情况,审慎评估客户的风险承受能力,提供与评估结果相适应的产品或者服务。

期货公司应当向客户全面客观介绍相关法律法规、业务规则、产品或者服务的特征，充分揭示风险，并按照合同的约定，如实向客户提供相关的资料、信息，不得欺诈或者误导客户。

期货公司应充分了解和评估客户风险承受能力，加强对客户的管理。

期货公司应当承担各项产品和服务的投资者教育义务，保障必要费用和人员配备，将投资者教育纳入各业务环节。

第五十八条 期货公司应当在本公司网站、营业场所等公示业务流程。

期货公司应当提供从业人员资格证书等资料供客户查阅，并在本公司网站和营业场所提示客户可以通过中国期货业协会网站查询。

第五十九条 期货公司应当承担投资者投诉处理的首要责任，建立、健全客户投诉处理制度，公开投诉处理流程，妥善处理客户投诉及与客户的纠纷。

第六十条 期货公司应当建立数据备份制度，对交易、结算、财务等数据进行备份管理。

期货公司应当妥善保存客户开户资料、委托记录、交易记录和与内部管理、业务经营有关的各项资料，任何人不得隐匿、伪造、篡改或者毁损，除依法接受调查和检查外，应当为客户保密，不得非法提供给他人。客户资料保存期限自账户销户之日起不得少于20年。

第二节 期货经纪业务

第六十一条 期货公司不得接受下列单位和个人的委托，为其进行期货交易：

（一）国家机关和事业单位；

（二）中国证监会及其派出机构、期货交易所、期货保证金安全存管监控机构、中国期货业协会工作人员及其配偶；

（三）期货公司工作人员及其配偶；

（四）证券、期货市场禁止进入者；

（五）未能提供开户证明材料的单位和个人；

（六）中国证监会规定的不得从事期货交易的其他单位和个人。

第六十二条 客户应当以自己的名义向期货公司提出开户申请，出具合法有效的单位、个人身份证明或者其他证明材料，如实提供相关信息和材料，承诺资金来源合法，对拟开立的账户与其他账户存在实际控制关系的，应当在开户时向期货公司披露。期货公司应当及时向期货交易所、期货保证金安全存管监控机构报告。

期货公司应当充分告知客户有关实际控制关系账户管理的规定，对客户实际控制关系账户的申报和变更进行管理。

第六十三条 期货公司应当对客户开户信息和资料进行审核。开户信息和资料不真实、不准确和不完整的，期货公司不得为其办理开户手续。

第六十四条 期货公司在为客户开立期货经纪账户前，应当向客户出示《期货交易风险说明书》，由客户签字确认，并签订期货经纪合同。

《〈期货经纪合同〉指引》和《期货交易风险说明书》由中国期货业协会制定。

第六十五条 客户可以通过书面、电话、计算机、互联网等委托方式下达交易指令。

期货公司应当建立交易指令委托管理制度，并与客户就委托方式和程序进行约定。期货公司应当按照客户委托下达交易指令，不得未经客户委托或者未按客户委托内容，擅自进行期货交易。期货公司从业人员不得私下接受客户委托进行期货交易。

以书面方式下达交易指令的，客户应当填写书面交易指令单；以电话方式下达交易指令的，期货公司应当同步录音；以计算机、互联网等委托方式下达交易指令的，期货公司应当以适当方式保存。以互联网方式下达交易指令的，期货公司应当对互联网交易风险进行特别提示。

第六十六条 期货公司应当进行客户交易指令审核。期货公司应当在传递交易指令前对客户账户资金和持仓进行验证。

期货公司应当按照时间优先的原则传递客户交易指令。

第六十七条 期货公司应当建立健全客户交易行为管理制度，发现客户交易指令涉嫌违法违规或者出现交易异常的，应当及时向期货交易所、期货保证金安全存管监控机构及住所地中国证监会派出机构报告。

第六十八条 期货公司应当在每日结算后为客户提供交易结算报告，并提示客户可以通过期货保证金安全存管监控机构进行查询。客户应当按照期货经纪合同约定方式对交易结算报告内容进行确认。

客户对交易结算报告有异议的，应当在期货经纪合同约定的时间内以书面方式提出，期货公司应当在约定时间内进行核实。客户未在约定时间内提出异议的，视为对交易结算报告内容的确认。

第六十九条 期货公司应当制定并执行错单处理业务规则。

第七十条　期货公司应当按照规定为客户申请、注销交易编码。客户与期货公司的委托关系终止的，应当办理销户手续。期货公司不得将客户未注销的资金账号、交易编码借给他人使用。

第七十一条　期货公司为境外交易者和境外经纪机构提供境内特定品种期货交易、结算服务的，应当遵守法律、行政法规及中国证监会的有关规定。

第七十二条　期货公司可以按照规定委托其他机构或者接受其他机构委托从事中间介绍业务。

第三节　期货投资咨询业务

第七十三条　期货公司可以依法从事期货投资咨询业务，接受客户委托，向客户提供风险管理顾问、研究分析、交易咨询等服务。

第七十四条　期货公司从事期货投资咨询业务，应当与客户签订服务合同，明确约定服务内容、收费标准及纠纷处理方式等事项。

第七十五条　期货公司及其从业人员从事期货投资咨询业务，不得有下列行为：

（一）向客户做出保证其资产本金不受损失或者取得最低收益的承诺；

（二）以虚假信息、市场传言或者内幕信息为依据向客户提供期货投资咨询服务；

（三）对价格涨跌或者市场走势做出确定性的判断；

（四）利用向客户提供投资建议谋取不正当利益；

（五）利用期货投资咨询活动传播虚假、误导性信息；

（六）以个人名义收取服务报酬；

（七）法律、行政法规和中国证监会规定禁止的其他行为。

第四节　资产管理业务

第七十六条　期货公司可以依法从事资产管理业务，接受客户委托，运用客户资产进行投资。投资收益由客户享有，损失由客户承担。

第七十七条　期货公司从事资产管理业务，应当与客户签订资产管理合同，通过专门账户提供服务。

第七十八条　期货公司可以依法从事下列资产管理业务：

（一）为单一客户办理资产管理业务；

（二）为特定多个客户办理资产管理业务。

第七十九条 期货公司及其从业人员从事资产管理业务，不得有下列行为：

（一）以欺诈手段或者其他不当方式误导、诱导客户；

（二）向客户做出保证其资产本金不受损失或者取得最低收益的承诺；

（三）接受客户委托的初始资产低于中国证监会规定的最低限额；

（四）占用、挪用客户委托资产；

（五）以转移资产管理账户收益或者亏损为目的，在不同账户之间进行买卖，损害客户利益；

（六）以获取佣金或者其他利益为目的，使用客户资产进行不必要的交易；

（七）利用管理的客户资产为第三方谋取不正当利益，进行利益输送；

（八）利用或协助客户利用资管账户规避期货交易所限仓管理规定；

（九）违反投资者适当性要求，通过拆分资产管理产品等方式，向风险承受能力低于产品风险等级的投资者销售资产管理产品；

（十）法律、行政法规以及中国证监会规定禁止的其他行为。

第八十条 期货公司从事资产管理业务，除应当符合本办法规定外，还应当符合中国证监会关于期货公司从事资产管理业务的其他规定。

第五章 客户资产保护

第八十一条 客户的保证金和委托资产属于客户资产，归客户所有。客户资产应当与期货公司的自有资产相互独立、分别管理。非因客户本身的债务或者法律、行政法规规定的其他情形，不得查封、冻结、扣划或者强制执行客户资产。期货公司破产或者清算时，客户资产不属于破产财产或者清算财产。

第八十二条 期货公司应当在期货保证金存管银行开立期货保证金账户。

期货公司开立、变更或者撤销期货保证金账户的，应于当日向期货保证金安全存管监控机构备案，并通过规定方式向客户披露账户开立、变更或者撤销情况。

第八十三条 客户应当向期货公司登记以本人名义开立的用于存取期货保证金的结算账户。

期货公司和客户应当通过备案的期货保证金账户和登记的期货结算账户转账存取保证金。

第八十四条 期货公司存管的客户保证金应当全额存放在期货保证金账户和期货交易所专用结算账户内，严禁在期货保证金账户和期货交易所专用结算账户之外存放。

第八十五条 期货公司应当按照规定及时向期货保证金安全存管监控机构报送信息。

第八十六条 期货保证金存管银行未按规定向期货保证金安全存管监控机构报送信息，被期货交易所采取自律监管措施或者被中国证监会采取监管措施、处以行政处罚的，期货公司应当暂停在该存管银行开立期货保证金账户，并将期货保证金转存至其他符合规定的期货保证金存管银行。

第八十七条 期货公司应当按照期货交易所规则，缴存结算担保金，并维持最低数额的结算准备金等专用资金，确保客户正常交易。

第八十八条 除依据《期货交易管理条例》第二十八条划转外，任何单位或者个人不得以任何形式占用、挪用客户保证金。

客户在期货交易中违约造成保证金不足的，期货公司应当以风险准备金和自有资金垫付，不得占用其他客户保证金。

期货公司应当按照规定提取、管理和使用风险准备金，不得挪作他用。

第六章 信息系统管理

第八十九条 期货公司应当具有符合行业标准和自身业务发展需要的信息系统，制定信息技术管理制度，按照规定设置信息技术部门或岗位，保障信息系统安全运行。

第九十条 期货公司应当将合规与风险管理贯穿信息技术管理的各个环节，建立相应的审查、测试、监测和应急处置机制。

第九十一条 期货公司运用信息系统从事期货业务活动前，应当进行内部审查，验证下列事项并建立存档记录：

（一）信息系统的功能设计与技术实现应当遵循业务合规的原则，各项功能符合法律、行政法规以及中国证监会的规定；

（二）风险管理系统功能完备、权限清晰，能够正常运行；

（三）信息系统的安全防护措施能够保障经营数据和客户信息的安

全、完整；

（四）期货公司运行管理能力和信息系统备份能力能够保障信息系统的安全运行；

（五）可能影响信息系统运行连续性、合规性、安全性的其他事项。

第九十二条 期货公司应当建立独立于生产环境的专用信息系统开发测试环境，运用信息系统从事期货业务活动前应当进行测试。

第九十三条 期货公司应当通过自身具有管理权限的信息系统直接接受客户交易指令，不得允许或者配合其他机构、个人截取、留存客户信息，不得以任何方式向其他机构、个人违规提供客户信息，法律、行政法规以及中国证监会另有规定的除外。

期货公司发现其他机构、个人违规传输、转发、存储或者使用本公司经营数据和客户信息的，应当及时向公司住所地中国证监会派出机构报告，并评估影响范围、排查泄露途径。如涉及业务合作机构的，期货公司应当立即终止与其合作。

第九十四条 期货公司应当建立健全信息系统安全监测机制，设立监测指标并持续监测重要信息系统的运行状况。

期货公司应当跟踪监测发现的异常情形，及时处理并定期开展评估分析。

第九十五条 期货公司应当建立信息系统安全应急处置和报告机制，及时处置重大异常情况和突发信息安全事件，尽快恢复信息系统的正常运行，并向中国证监会及其派出机构和期货交易所报告。

第九十六条 期货公司重要信息系统部署以及所承载数据的管理，应当符合法律法规等规定。

第九十七条 期货公司应当建立健全外部接入信息系统管理制度。期货公司信息系统接入外部信息系统的，应当对接入的外部信息系统开展合规评估、风险评估和技术系统测试，保证接入的外部信息系统的合规性和安全性，并按照期货交易所、中国期货业协会的要求报告接入方及接入信息系统情况，不得违规为客户提供信息系统外部接入服务。

第九十八条 期货公司委托信息技术服务机构提供信息技术服务，应当建立内部审查、评估和管理机制。期货公司依法应当承担的相应责任不因委托而免除或减轻。

期货信息技术服务机构应当遵守法律、行政法规及中国证监会的相关规定。

第七章　监督管理

第九十九条　期货公司应当按照规定报送年度报告、月度报告等资料。

期货公司法定代表人、经营管理主要负责人、首席风险官、财务负责人应当对年度报告和月度报告签署确认意见；监事会或监事应对年度报告进行审核并提出书面审核意见；期货公司董事应当对年度报告签署确认意见。

期货公司年度报告、月度报告签字人员应当保证报告内容真实、准确、完整；对报告内容有异议的，应当注明意见和理由。

第一百条　中国证监会及其派出机构可以要求下列机构或者个人，在指定期限内报送与期货公司经营相关的资料：

（一）期货公司及其董事、监事、高级管理人员及其他工作人员；

（二）期货公司股东、实际控制人或者其他关联人；

（三）期货公司控股、参股或者实际控制的企业；

（四）为期货公司提供相关服务的会计师事务所、律师事务所、资产评估机构等中介服务机构。

报送、提供或者披露的资料、信息应当真实、准确、完整，不得有虚假记载、误导性陈述或者重大遗漏。

第一百零一条　期货公司主要股东、实际控制人或者其他关联人在期货公司从事期货交易的，期货公司应当自开户之日起5个工作日内向住所地中国证监会派出机构报告开户情况，并定期报告交易情况。

第一百零二条　发生下列事项之一的，期货公司应当在5个工作日内向住所地中国证监会派出机构书面报告：

（一）变更公司名称、形式、章程；

（二）同比例增减资；

（三）变更股权或注册资本，且不涉及新增持有5%以上股权的股东；

（四）变更分支机构负责人或者营业场所；

（五）作出终止业务等重大决议；

（六）被有权机关立案调查或者采取强制措施；

（七）发生影响或者可能影响期货公司经营管理、财务状况或者客户资产安全等重大事件；

（八）中国证监会规定的其他事项。

上述事项涉及期货公司分支机构的,期货公司应当同时向分支机构住所地中国证监会派出机构书面报告。

第一百零三条 期货公司聘请或者解聘会计师事务所的,应当自作出决定之日起5个工作日内向住所地中国证监会派出机构报告;解聘会计师事务所的,应当说明理由。

第一百零四条 期货公司应当按照规定,公示基本情况、历史情况、分支机构基本情况、董事及监事信息、高级管理人员及从业人员信息、公司股东信息、公司诚信记录以及中国证监会要求的其他信息。

期货公司公示信息及其他重大事项发生变更的,应当自变更之日起5个工作日内在中国证监会有关监管信息系统中进行更新。

第一百零五条 中国证监会可以按照规定对期货公司进行分类监管。

第一百零六条 中国证监会及其派出机构可以对期货公司及其分支机构进行定期或者不定期现场检查。

中国证监会及其派出机构依法进行现场检查时,检查人员不得少于2人,并应当出示合法证件和检查通知书,必要时可以聘请外部专业人士协助检查。

中国证监会及其派出机构可以对期货公司子公司以及期货公司的股东、实际控制人进行延伸检查。

第一百零七条 中国证监会及其派出机构对期货公司及其分支机构进行检查,有权采取下列措施:

(一)询问期货公司及其分支机构的工作人员,要求其对被检查事项作出解释、说明;

(二)查阅、复制与被检查事项有关的文件、资料;

(三)查询期货公司及其分支机构的客户资产账户;

(四)检查期货公司及其分支机构的信息系统,调阅交易、结算及财务数据。

第一百零八条 中国证监会及其派出机构认为期货公司可能存在下列情形之一的,可以要求其聘请中介服务机构进行专项审计、评估或者出具法律意见:

(一)期货公司年度报告、月度报告或者临时报告等存在虚假记载、误导性陈述或者重大遗漏;

(二)违反客户资产保护、期货保证金安全存管监控规定或者风险监管指标管理规定;

（三）中国证监会根据审慎监管原则认定的其他情形。

期货公司应当配合中介服务机构工作。

第一百零九条 期货公司及其分支机构、期货公司负有责任的董事、监事、高级管理人员以及其他直接责任人员违反本办法有关规定的，中国证监会及其派出机构可以对其采取监管谈话、责令改正、出具警示函等监管措施。

第一百一十条 期货公司或其分支机构有下列情形之一的，中国证监会及其派出机构可以依据《期货交易管理条例》第五十五条规定采取监管措施：

（一）公司治理不健全，部门或者岗位设置存在较大缺陷，关键业务岗位人员缺位或者未履行职责，可能影响期货公司持续经营；

（二）业务规则不健全或者未有效执行，风险管理或者内部控制等存在较大缺陷，经营管理混乱，可能影响期货公司持续经营或者可能损害客户合法权益；

（三）不符合有关客户资产保护或者期货保证金安全存管监控规定，可能影响客户资产安全；

（四）未按规定执行分支机构统一管理制度，经营管理存在较大风险或者风险隐患；

（五）未按规定实行投资者适当性管理制度，存在较大风险或者风险隐患；

（六）未按规定委托或者接受委托从事中间介绍业务；

（七）交易、结算或者财务信息系统存在重大缺陷，可能造成有关数据失真或者损害客户合法权益；

（八）信息系统不符合规定或者未按照规定要求实施信息系统管理，存在较大风险或者风险隐患；

（九）违规开展关联交易，可能影响持续经营；

（十）未按规定实施外部接入信息系统管理，存在较大风险或者风险隐患；

（十一）未按规定调拨和使用自有资金，存在较大风险或者风险隐患；

（十二）未按规定从事资产管理业务，存在较大风险或者风险隐患；

（十三）设立、收购、参股境外经营机构不符合本办法有关规定，存在较大风险或者风险隐患；

（十四）未按规定履行对境外经营机构的管理责任，导致境外经营机构运营不合规或者出现较大风险的；

（十五）股东、实际控制人或者其他关联人停业、发生重大风险或者涉嫌严重违法违规，可能影响期货公司治理或者持续经营；

（十六）存在重大纠纷、仲裁、诉讼，可能影响持续经营；

（十七）未按规定进行信息报送、披露或者报送、披露的信息存在虚假记载、误导性陈述或者重大遗漏；

（十八）其他不符合持续性经营规则规定或者出现其他经营风险的情形。

对经过整改仍未达到经营条件的分支机构，中国证监会派出机构有权依法关闭。

第一百一十一条　期货公司股东、实际控制人、其他关联人，为期货公司提供相关服务的会计师事务所、律师事务所、资产评估机构等中介服务机构违反本办法规定的，中国证监会及其派出机构可以对其采取监管谈话、责令改正、出具警示函等监管措施。

第一百一十二条　期货公司的股东、实际控制人或者其他关联人有下列情形之一的，中国证监会及其派出机构可以责令其限期整改：

（一）虚假出资、出资不实、抽逃出资的；

（二）违规使用委托资金、负债资金等投资入股的；

（三）股权转让过程中，在股权转让完成前推荐股权受让方相关人员担任期货公司董事、监事、高级管理人员或者出让股权依法应经中国证监会批准的，在批准前，让渡或者变相让渡表决权予股权受让方；

（四）占用期货公司资产；

（五）直接任免期货公司董事、监事、高级管理人员，或者非法干预期货公司经营管理活动；

（六）股东未按照出资比例或者所持股份比例行使表决权；

（七）报送、提供或者出具的材料、信息或者报告等存在虚假记载、误导性陈述或者重大遗漏；

（八）违规开展关联交易；

（九）拒绝或阻碍中国证监会或其派出机构进行调查核实；

（十）不配合中国证监会或其派出机构开展风险处置；

（十一）其他损害期货公司及其客户合法利益，扰乱期货市场秩序的行为。

因前款情形致使期货公司不符合持续性经营规则或者出现经营风险的，中国证监会及其派出机构可以依据《期货交易管理条例》第五十五条的规定责令控股股东转让股权或者限制有关股东行使股东权利。

第一百一十三条 未经中国证监会或其派出机构批准，任何个人或者单位及其关联人擅自持有期货公司5%以上股权，或者通过提供虚假申请材料等方式成为期货公司股东的，中国证监会或其派出机构可以责令其限期转让股权。该股权在转让之前，不具有表决权、分红权。

第八章 法律责任

第一百一十四条 期货公司及其分支机构接受未办理开户手续的单位或者个人委托进行期货交易，或者将客户的资金账号、交易编码借给其他单位或者个人使用的，给予警告，单处或者并处3万元以下罚款。

第一百一十五条 期货公司及其分支机构有下列行为之一的，根据《期货交易管理条例》第六十六条处罚：

（一）未按规定实行投资者适当性管理制度，损害客户合法权益；

（二）未按规定将客户资产与期货公司自有资产相互独立、分别管理；

（三）在期货保证金账户和期货交易所专用结算账户之外存放客户保证金；

（四）占用客户保证金；

（五）向期货保证金安全存管监控机构报送的信息存在虚假记载、误导性陈述或者重大遗漏；

（六）违反期货保证金安全存管监控管理相关规定，损害客户合法权益；

（七）未按规定缴存结算担保金，或者未能维持最低数额的结算准备金等专用资金；

（八）在传递交易指令前未对客户账户资金和持仓进行验证；

（九）违反中国证监会有关结算业务管理规定，损害其他期货公司及其客户合法权益；

（十）信息系统不符合规定或者未按照规定要求实施信息系统管理，损害客户合法权益或者扰乱期货市场秩序；

（十一）未按规定实施外部接入信息系统管理，损害客户合法权益或者扰乱期货市场秩序；

（十二）违反中国证监会风险监管指标规定；

（十三）违反规定从事期货投资咨询或者资产管理业务，情节严重的；

（十四）设立、收购、参股境外经营机构不符合本办法有关规定，情节严重或者出现严重后果的；

（十五）未按规定履行对境外经营机构的管理责任，导致境外经营机构违法经营或者出现重大风险的；

（十六）违反规定委托或者接受其他机构委托从事中间介绍业务，损害客户合法权益；

（十七）违规开展关联交易，情节严重的；

（十八）对股东、实际控制人及其关联人降低风险管理要求，侵害其他客户合法权益；

（十九）以合资、合作、联营方式设立分支机构，或者将分支机构承包、出租给他人，或者违反分支机构集中统一管理规定；

（二十）拒不配合、阻碍或者破坏中国证监会及其派出机构的监督管理；

（二十一）违反期货投资者保障基金管理规定。

第一百一十六条 期货公司及其分支机构有下列情形之一的，根据《期货交易管理条例》第六十七条处罚：

（一）发布虚假广告或者进行虚假宣传，诱骗客户参与期货交易；

（二）不按照规定变更或者撤销期货保证金账户，或者不按照规定方式向客户披露期货保证金账户信息。

第一百一十七条 期货公司因治理结构不健全、内部控制不完善，未按有关规定履行对子公司的管理职责，导致子公司违法经营或者出现重大风险的，对期货公司及其直接负责的董事、监事、高级管理人员和其他直接责任人员，依照《期货交易管理条例》第六十六条处罚。

第一百一十八条 会计师事务所、律师事务所、资产评估机构等中介服务机构不按照规定履行报告义务，提供或者出具的材料、报告、意见不完整，责令改正，没收业务收入，单处或者并处 3 万元以下罚款。对直接负责的主管人员和其他责任人员给予警告，并处 3 万元以下罚款。

第一百一十九条 未经中国证监会或其派出机构批准，任何个人或者单位及其关联人擅自持有期货公司 5% 以上股权，或者通过提供虚假申请材料等方式成为期货公司股东，情节严重的，给予警告，单处或者并处 3 万元以下罚款。

第一百二十条 期货公司股东、实际控制人或者其他关联人等有下列情形之一，除法律、行政法规另有规定外，给予警告，单独或者并处三万元以下罚款。对直接负责的主管人员和其他直接责任人员，给予警告，单独或者并处三万元以下罚款：

（一）违规使用委托资金、负债资金等投资入股，情节严重的；

（二）股权转让过程中，在股权转让完成前推荐股权受让方相关人员担任期货公司董事、监事、高级管理人员或者出让股权依法应经中国证监会批准的，在批准前，让渡或者变相让渡表决权予股权受让方，情节严重的；

（三）占用期货公司资产；

（四）直接任免期货公司董事、监事、高级管理人员，或者非法干预期货公司经营管理活动，情节严重的；

（五）股东未按照出资比例或者所持股份比例行使表决权，情节严重的；

（六）违规开展关联交易，情节严重的；

（七）其他损害期货公司及其客户合法利益，严重扰乱期货市场秩序的行为。

第九章　附　　则

第一百二十一条　经中国证监会批准，其他期货经营机构可以从事特定期货业务。具体办法由中国证监会另行制定。

第一百二十二条　期货公司参与其他交易场所交易的，应当遵守法律、行政法规、中国证监会的规定及其他交易场所业务规则的规定。

第一百二十三条　本办法下列用语的含义：

（一）期货公司主要股东，是指持有期货公司5%以上股权的法人、非法人组织或者自然人。

（二）外部接入信息系统，是指通过期货公司交易信息系统接口或其他信息技术手段接入期货公司交易信息系统，且期货公司不具有管理权限的客户交易系统。

第一百二十四条　本办法中所称金融资产包括银行存款、股票、债券、基金份额、资产管理计划、银行理财产品、信托计划、保险产品、期货权益等。

第一百二十五条　本办法自公布之日起施行。2014年10月29日发布的《期货公司监督管理办法》（证监会令第110号）同时废止。

关于修改《期货公司分类监管规定》的决定

（2019 年 2 月 15 日　证监会公告〔2019〕5 号）

现决定对《期货公司分类监管规定》（证监会公告〔2011〕9 号）作如下修改：

一、将第一条修改为："为有效实施对期货公司的监督管理，引导期货公司专注主业、合规经营、稳健发展、做优做强，全面提升期货行业服务能力和竞争力，根据《期货交易管理条例》、《期货公司监督管理办法》有关规定，制定本规定。"

二、将第二条中"培育和发展机构投资者状况"修改为"服务实体经济能力"，置于"市场竞争力"之前。

三、将第四条修改为："期货公司分类评价坚持依法合规、客观公正原则，由中国证监会组织实施。中国证监会派出机构、各期货交易所、中国期货市场监控中心、中国期货业协会在中国证监会的指导下，依据本规定履行工作职责。"

四、将第五条第二款修改为："评审委员会由中国证监会、各期货交易所、中国期货市场监控中心、中国期货业协会相关人员组成。评审委员会的产生办法、组织结构、工作程序和议事规则由中国证监会另行规定。"

五、将第八条修改为："期货公司的风险管理能力主要根据公司治理、内部控制、资本管理、业务管理、客户管理、信息技术管理等 6 类评价指标，按照《期货公司风险管理能力评价指标与标准》（见附件）进行评价，体现期货公司对各类风险的管理和控制能力。"

六、将第九条修改为："期货公司服务实体经济能力主要根据期货公司在评价期内开展产业服务的情况进行评价，包括以下内容：

"（一）"保险 + 期货"业务规模；

"（二）机构客户日均持仓；

"（三）中国证监会认可的其他评价内容。"

七、将第十条修改为："期货公司市场竞争力主要根据期货公司在评价期内的业务规模、成本管理能力、盈利能力等方面进行评价，包括以下内容：

"（一）加权调整后日均客户权益总额；

"（二）期货业务收入；

"（三）净利润；

"（四）成本管理能力；

"（五）净资产收益率；

"（六）资产管理产品日均衍生品权益。"

八、将第十一条中"期货行业自律组织"修改为"证券期货行业自律组织"。

九、将第十二条中"培育和发展机构投资者状况"修改为"服务实体经济能力"，置于"风险管理能力"与"市场竞争力"之间。

十、将第十三条修改为："期货公司的公司治理、内部控制、资本管理、业务管理、客户管理、信息技术管理等6类风险管理能力评价指标不符合具体评价标准的，每项扣0.5分。"

增加一款，作为第十三条第二款："期货公司收到行政处罚事先告知书、因涉嫌违法违规被立案调查或者发生风险事件，造成严重影响，反映出公司在上述评价指标方面存在问题的，对照具体评价标准予以扣分。"

十一、将第十四条修改为："期货公司服务实体经济能力按照以下原则加分：

"（一）"保险＋期货"业务规模位于参与本指标评价的公司前10%（含）、10%至20%（含）、20%至30%（含）、30%至40%（含）、40%至50%（含）、50%至60%（含）的，分别加2分、1.5分、1分、0.75分、0.5分、0.25分，其他参与本指标评价的公司加0.1分，评审委员会根据当年"保险＋期货"业务开展的总体情况确定参评期货公司范围；

"（二）机构客户日均持仓位于行业前5名、6至10名、11至20名、21至30名、31至40名、41至50名的，分别加2分、1.5分、1分、0.75分、0.5分、0.25分。

"中国证监会根据期货公司服务实体经济情况，在征求行业意见的基础上增加服务实体经济能力评价内容。"

十二、将第十五条修改为："期货公司市场竞争力按照以下原则加分：

"（一）期货公司评价期内加权调整后日均客户权益总额位于行业前

5名、6至10名、11至20名、21至30名、31至40名、41至50名、51至60名、61名至排名中位数的，分别加4分、3分、2分、1.5分、1分、0.75分、0.5分、0.25分，期货公司评价期内成交持仓比高于全行业中位数的，减半加分；

"（二）期货公司评价期内期货业务收入位于行业前5名、6至10名、11至20名、21至30名、31至40名、41至50名的，分别加2分、1.5分、1分、0.75分、0.5分、0.25分，期货公司评价期内商品期货及期权手续费率或金融期货及期权手续费率低于全行业平均水平50%的，减半加分；

"（三）期货公司评价期内净利润位于行业前5名、6至10名、11至20名、21至30名、31至40名、41至50名的，分别加2分、1.5分、1分、0.75分、0.5分、0.25分；

"（四）期货公司评价期内成本管理能力位于行业前10名、11至20名、21至30名、31至40名、41至50名的，分别加0.5分、0.4分、0.3分、0.2分、0.1分；

"（五）期货公司评价期内净资产收益率位于行业前10名、11至20名、21至30名、31至40名、41至50名的，分别加0.5分、0.4分、0.3分、0.2分、0.1分；

"（六）期货公司评价期内资产管理产品日均衍生品权益位于行业前5名、6至10名、11至15名、16至20名、21至30名的，分别加1分、0.8分、0.6分、0.4分、0.2分，期货公司或子公司评价期内存在资产管理产品不符合监管规定且未在规定时间内完成整改或清理情形的，该指标不予加分。

"期货公司风险管理能力与持续合规状况指标得分低于规定分值的，市场竞争力指标不予加分。规定分值由评审委员会根据当年评价情况审议确定。"

十三、删去第十六条第十一项和第十三项。

将第十六条第一项修改为："风险监管指标未达到监管标准的，每次扣2分；风险监管指标预警的，每次扣0.5分；"

将第十六条第二项修改为："期货保证金重大预警，经核实为期货公司原因的，每次扣1分；期货保证金一般预警，经核实为期货公司原因的，每次扣0.25分；"

将原第十六条第五项修改为："因期货公司风险控制不到位导致的错单和穿仓损失金额超过当期提取的风险准备金额10%的，扣1分；"

将原第十六条第七项、第八项合并，其中"未取得任职资格"修改为

“不具备任职条件”，增加“任用不具备任职条件的投资经理从事资产管理业务的，每人次扣0.5分”。

删去原第十六条第九项中“独立董事存在3个月以上缺位的，每人次扣1分；”

将原第十六条第十项修改为：“未履行法规要求的许可程序擅自变更股权的，每次扣10分；”

增加两项“未经资金和持仓验证，允许客户直接连入交易所进行期货交易的，每次扣2分”“信息技术评级未达到一类等级要求，扣10分；达到一类等级要求但未达到应该达到的更高等级要求，扣5分”，分别作为第十六条第五项和第十一项，其他项目依序调整。

十四、将第十七条修改为：“期货公司在评价期内被中国证监会及其派出机构采取监管措施、行政处罚或者被司法机关刑事处罚的，按照以下原则进行扣分：

“（一）被出具警示函或采取责令改正监管措施的，每次扣2分；

“（二）被采取《期货交易管理条例》第五十五条第二款第二项至七项监管措施的，每次扣3分；

“（三）本公司或子公司被责令暂停私募资产管理业务的，每次扣5分；

“（四）被采取《期货交易管理条例》第五十五条第二款第一项监管措施的，每次扣10分；

“（五）被警告的，每次扣12分；

“（六）被罚款或者没收违法所得的，每次扣15分；

“（七）被撤销部分业务许可、关闭分支机构，或者被刑事处罚的，每次扣20分。”

增加两款，作为第十七条第二款、第三款：“期货公司董事、监事和高级管理人员因对公司违法违规行为负有责任被出具警示函或者监管谈话的，每人次扣1分；被警告或者罚款的，每人次扣3分；被暂停、撤销任职资格或者被认定为不适当人选的，每人次扣5分；被采取一定期限市场禁入措施的，每人次扣8分；被采取永久性市场禁入措施的，每人次扣10分。

“期货公司及其董事、监事和高级管理人员因同一事项被分别采取行政监管措施或行政处罚的，分别计算，合计扣分。”

十五、将第十八条中“营业部”修改为“分支机构”。

十六、将第十九条第一款修改为：“期货公司及子公司被中国期货业协会纪律处分的，每次扣0.5分；期货公司从业人员被中国期货业协会纪律处分的，每人次扣0.25分。期货公司自行查处从业人员违规并移交中国期货业协会采取纪律处分的，经中国期货业协会上报评审委员会认可后可以豁免从业人员纪律处分扣分。”

将第十九条第二款修改为：“期货公司被期货交易所纪律处分的，每次扣0.5分；期货公司的子公司、期货公司及子公司管理的资产管理产品被期货交易所纪律处分的，每次扣0.25分。期货公司、子公司、资产管理产品因参与证券市场相关业务违规被证券交易所纪律处分的，比照执行。”

增加一款，作为第十九条第三款：“期货公司及子公司因资产管理业务违规被中国证券投资基金业协会纪律处分的，每次扣0.5分。”

十七、将第二十条第一款修改为：“期货公司违规行为已被采取纪律处分、监管措施、行政处罚、刑事处罚的，或者同一违规行为被采取多项纪律处分、监管措施、行政处罚、刑事处罚的，按本规定扣分最高的项目进行扣分，不重复扣分，但因整改不到位再次被实施纪律处分、监管措施、行政处罚、刑事处罚的除外；不同违规行为被采取同一纪律处分、监管措施、行政处罚、刑事处罚的，分别计算，合计扣分。”

十八、将第二十一条第一款中“第十七条第（一）项”修改为“第十七条第一款第一项”，“完成整改”修改为“消除风险隐患、完善内部管理、完成规范整改”。

将第二十一条第二款修改为：“期货公司主动上报不符合风险管理能力评价标准的违规行为，经中国证监会派出机构认可后可以减半扣分。期货公司在评价期内自行纠正上述主动上报的违规行为，及时消除不良影响，积极堵塞管理漏洞，反映出期货公司合规管理制度健全且有效执行的，经中国证监会派出机构上报评审委员会认可后可以对相关扣分予以加回。”

十九、将第二十三条中“中国证监会派出机构”修改为“中国证监会及其派出机构”。

二十、将第二十四条修改为：“中国证监会可以组织相关单位对期货公司服务国家战略、信息技术建设、投资者教育等方面进行专项评价，每项最高可加2分。”

二十一、将第二十五条中“培育和发展机构投资者状况”修改为“服务实体经济能力”，置于“风险管理能力”与“市场竞争力”之间。

二十二、将第二十七条修改为：“期货公司加权调整后日均客户权益总额排名行业中位数以下的,不得评为A类。”

二十三、将第二十九条第一款修改为:“期货公司在评价期内存在以下情形的,市场竞争力不予加分,并将公司类别下调3个级别;情节严重的,评为D类:

“(一)股东虚假出资或抽逃出资;

“(二)超范围经营;

“(三)占用、挪用客户资产;

“(四)资产管理业务严重违规,引发重大风险或造成恶劣影响;

“(五)风险管理子公司违法违规经营,引发重大风险或造成恶劣影响;

“(六)参与或为期货配资等非法期货活动提供便利;

“(七)恶意规避监管,包括向监管部门报送虚假材料、不配合现场检查或调查、隐藏违规事实等。”

二十四、删除第三十一条第二款中“期货公司评价指标应当自评价结果确定后持续6个月以上满足与调高类别相应的标准”。

二十五、将第三十三条中“中国证监会派出机构初审”修改为“相关单位初审”。

二十六、将第三十四条中“上一年度4月1日至本年度3月31日”修改为“上一年度5月1日至本年度4月30日”。

增加一款,作为第三十四条第二款:“中国证监会于每年评价工作开始前向相关单位下发通知及工作指引,明确工作要求及操作细则。”

二十七、将第三十五条修改为:“期货公司应当按照本规定进行自评,上报以下材料:

“(一)对照风险管理能力和持续合规状况评价指标与标准,如实反映存在的问题及被采取的纪律处分、监管措施、行政处罚、刑事处罚等,经公司法定代表人和公司经营管理负责人、首席风险官签署确认后,上报公司住所地中国证监会派出机构;

“(二)按照中国期货市场监控中心、中国期货业协会的要求上报涉及服务实体经济能力和市场竞争力指标计算的数据和材料,同时抄送公司住所地中国证监会派出机构。”

二十八、将第三十六条修改为:“中国证监会派出机构根据日常监管掌握的情况,对期货公司风险管理能力和持续合规状况自评结果进行初审和评价计分,上报评审委员会。”

增加两款,作为第三十六条第二款、第三款:“中国期货市场监控中心汇总计算期货公司服务实体经济能力指标(“保险 + 期货”业务规模除外)、市场竞争力指标得分,上报评审委员会。

“中国期货业协会汇总计算期货公司“保险 + 期货”业务规模指标得分,上报评审委员会。”

二十九、增加两款,作为第三十七条第二款、第三款:“中国期货市场监控中心、中国期货业协会应当对相关数据进行校验并就数据差异与期货公司核实,发现重大异常应当通报中国证监会派出机构,中国证监会派出机构应当核查反馈。

“期货交易所、中国期货业协会、中国证券投资基金业协会对期货公司及子公司、资产管理产品采取纪律处分或自律处罚的,应当通报期货公司住所地中国证监会派出机构。”

三十、将第三十八条中“评审委员会在中国证监会派出机构初审的基础上组织复核”修改为“评审委员会对中国证监会派出机构、中国期货市场监控中心、中国期货业协会上报的初审材料进行复核”。

三十一、将第四十条中“7 月 15 日之前”修改为“评价工作结束后”。

三十二、第四十五条增加“对不同类别期货公司规定不同的风险资本准备计算比例”。

三十三、将第四十六条修改为“期货公司分类结果可以作为期货公司及子公司增加业务种类的审慎性条件。”

三十四、将第四十九条中“期货保证金监控中心”修改为“中国期货市场监控中心”。

三十五、将第五十条修改为“本规定下列用语的含义:

“(一)期货保证金重大预警,是指由于期货公司保证金封闭圈内自有资金不足或者保证金出现缺口等事项而导致的预警,以及中国期货市场监控中心认定的其他重大预警情形;期货保证金一般预警,是指除重大预警以外的其他预警。

“(二)“保险 + 期货”业务规模采用加权方式计算,其中承保货值、项目数量、实际赔付金额的权重系数分别为 0.8、0.15、0.05。

“(三)机构客户日均持仓,是指期货公司在各期货品种上的一般单位客户和特殊单位客户日均持仓占比之和,按下列公式计算:

1. 某公司在某期货品种上的机构客户日均持仓占比(P):

$$P = \frac{(a_1 + a_2 + \cdots + a_i)/i}{(A_1 + A_2 + \cdots + A_i)/i}$$

其中,i = 评价期内的交易天数;a = 某公司在某期货品种上的当日机

构客户持仓量;A = 该品种的当日机构客户总持仓;

2. 某公司在各期货品种上的机构客户日均持仓占比之和:

$\sum Pr$

其中,r = 期货品种。

若某品种当年活跃度不足,可与其他相关活跃品种合并视为一个品种计算或不纳入计算。

"(四)加权调整后日均客户权益总额,是指对不同属性客户按不同权重综合计算的日均客户权益总额。个人客户、机构客户权重系数分别为0.5、1。

"(五)期货业务收入,是指期货经纪业务手续费收入、期货投资咨询业务收入、资产管理业务收入之和。

"(六)净利润,是指期货公司母公司报表的净利润。

"(七)成本管理能力,是指期货公司期货业务收入/(业务管理费 + 营业税金及附加)。

"(八)净资产收益率,是指净利润/净资产。

"(九)资产管理产品日均衍生品权益,是指期货公司及子公司管理的资产管理产品从事期货、期权交易的保证金账户日均权益。

"(十)成交持仓比,是指日均成交量/日均持仓量。

"(十一)手续费率,是指手续费收入/成交金额。

"(十二)纪律处分,是指具有自律管理职责的机构依据相关规定,经过立案调查程序采取的处分、处理、处罚、惩戒等自律管理措施。

"(十三)剩余净资本,是指期货公司净资本减去风险资本准备。"

本决定自公布之日起施行。

《期货公司分类监管规定》根据本决定作相应的修改,重新公布。

期货公司分类监管规定

(2011 年 4 月 12 日公布　根据 2019 年 2 月 15 日中国证券监督管理委员会《关于修改〈期货公司分类监管规定〉的决定》修订)

第一章　总　　则

第 一 条　为有效实施对期货公司的监督管理,引导期货公司专注主业、合规经营、稳健发展、做优做强，全面提升期货行业服务能力和竞争力，根据《期货交易管理条例》、《期货公司监督管理办法》有关规定，制定本规定。

第 二 条 期货公司分类是指以期货公司风险管理能力为基础，结合公司服务实体经济能力、市场竞争力、持续合规状况，按照本规定评价和确定期货公司的类别。

第 三 条 中国证监会根据市场发展情况和审慎监管原则，在征求期货行业等有关方面意见的基础上，制定并适时调整期货公司分类的评价指标与标准。

第 四 条 期货公司分类评价坚持依法合规、客观公正原则，由中国证监会组织实施。中国证监会派出机构、各期货交易所、中国期货市场监控中心、中国期货业协会在中国证监会的指导下，依据本规定履行工作职责。

第 五 条 中国证监会设立期货公司分类监管评审委员会（以下简称评审委员会），负责评审等事宜。

评审委员会由中国证监会、各期货交易所、中国期货市场监控中心、中国期货业协会相关人员组成。评审委员会的产生办法、组织结构、工作程序和议事规则由中国证监会另行规定。

第 六 条 参与期货公司分类评价工作的人员应当具备相应的专业素质、业务能力和监管经验，在工作中坚持原则、廉洁奉公、勤勉尽责。

第 七 条 中国证监会及其派出机构根据分类结果，合理配置监管资源，对不同类别的期货公司实施区别对待的监管政策。

分类评价不能替代中国证监会及其派出机构的监管措施。

第二章 评 价 指 标

第 八 条 期货公司的风险管理能力主要根据公司治理、内部控制、资本管理、业务管理、客户管理、信息技术管理等6类评价指标，按照《期货公司风险管理能力评价指标与标准》（见附件）进行评价，体现期货公司对各类风险的管理和控制能力。

第 九 条 期货公司服务实体经济能力主要根据期货公司在评价期内开展产业服务的情况进行评价，包括以下内容：

（一）“保险＋期货”业务规模；

（二）机构客户日均持仓；

（三）中国证监会认可的其他评价内容。

第 十 条 期货公司市场竞争力主要根据期货公司在评价期内的业务规模、成本管理能力、盈利能力等方面进行评价，包括以下内容：

（一）加权调整后日均客户权益总额；

（二）期货业务收入；

（三）净利润；

（四）成本管理能力；

（五）净资产收益率；

（六）资产管理产品日均衍生品权益。

第十一条 期货公司持续合规状况主要根据期货公司在评价期内发生的违规行为，证券期货行业自律组织采取的纪律处分，中国证监会及其派出机构采取的监管措施、行政处罚，或者司法机关采取的刑事处罚进行评价。

第三章 评 价 方 法

第十二条 设定正常经营的期货公司基准分为100分。在基准分的基础上，根据期货公司风险管理能力、服务实体经济能力、市场竞争力、持续合规状况等评价指标与标准，进行相应加分或扣分以确定期货公司的评价计分。

第十三条 期货公司的公司治理、内部控制、资本管理、业务管理、客户管理、信息技术管理等6类风险管理能力评价指标不符合具体评价标准的，每项扣0.5分。

期货公司收到行政处罚事先告知书、因涉嫌违法违规被立案调查或者发生风险事件，造成严重影响，反映出公司在上述评价指标方面存在问题的，对照具体评价标准予以扣分。

第十四条 期货公司服务实体经济能力按照以下原则加分：

（一）“保险＋期货”业务规模位于参与本指标评价的公司前10%（含）、10%至20%（含）、20%至30%（含）、30%至40%（含）、40%至50%（含）、50%至60%（含）的，分别加2分、1.5分、1分、0.75分、0.5分、0.25分，其他参与本指标评价的公司加0.1分，评审委员会根据当年“保险＋期货”业务开展的总体情况确定参评期货公司范围；

（二）机构客户日均持仓位于行业前5名、6至10名、11至20名、21至30名、31至40名、41至50名的，分别加2分、1.5分、1分、0.75分、

0.5 分、0.25 分。

中国证监会根据期货公司服务实体经济情况，在征求行业意见的基础上增加服务实体经济能力评价内容。

第十五条 期货公司市场竞争力按照以下原则加分：

（一）期货公司评价期内加权调整后日均客户权益总额位于行业前 5 名、6 至 10 名、11 至 20 名、21 至 30 名、31 至 40 名、41 至 50 名、51 至 60 名、61 名至排名中位数的，分别加 4 分、3 分、2 分、1.5 分、1 分、0.75 分、0.5 分、0.25 分，期货公司评价期内成交持仓比高于全行业中位数的，减半加分；

（二）期货公司评价期内期货业务收入位于行业前 5 名、6 至 10 名、11 至 20 名、21 至 30 名、31 至 40 名、41 至 50 名的，分别加 2 分、1.5 分、1 分、0.75 分、0.5 分、0.25 分，期货公司评价期内商品期货及期权手续费率或金融期货及期权手续费率低于全行业平均水平 50% 的，减半加分；

（三）期货公司评价期内净利润位于行业前 5 名、6 至 10 名、11 至 20 名、21 至 30 名、31 至 40 名、41 至 50 名的，分别加 2 分、1.5 分、1 分、0.75 分、0.5 分、0.25 分；

（四）期货公司评价期内成本管理能力位于行业前 10 名、11 至 20 名、21 至 30 名、31 至 40 名、41 至 50 名的，分别加 0.5 分、0.4 分、0.3 分、0.2 分、0.1 分；

（五）期货公司评价期内净资产收益率位于行业前 10 名、11 至 20 名、21 至 30 名、31 至 40 名、41 至 50 名的，分别加 0.5 分、0.4 分、0.3 分、0.2 分、0.1 分；

（六）期货公司评价期内资产管理产品日均衍生品权益位于行业前 5 名、6 至 10 名、11 至 15 名、16 至 20 名、21 至 30 名的，分别加 1 分、0.8 分、0.6 分、0.4 分、0.2 分，期货公司或子公司评价期内存在资产管理产品不符合监管规定且未在规定时间内完成整改或清理情形的，该指标不予加分。

期货公司风险管理能力与持续合规状况指标得分低于规定分值的，市场竞争力指标不予加分。规定分值由评审委员会根据当年评价情况审议确定。

第十六条 期货公司在评价期内发生以下情形时，按照以下原则进行扣分：

（一）风险监管指标未达到监管标准的，每次扣 2 分；风险监管指标预警的，每次扣 0.5 分；

（二）期货保证金重大预警，经核实为期货公司原因的，每次扣1分；期货保证金一般预警，经核实为期货公司原因的，每次扣0.25分；

（三）违规使用自有资金，或者为股东、实际控制人或者其他关联人提供融资，对外担保的，每次扣2分；

（四）允许客户在保证金不足的情况下进行开仓交易的，每次扣2分；

（五）未经资金和持仓验证，允许客户直接连入交易所进行期货交易的，每次扣2分；

（六）因期货公司风险控制不到位导致的错单和穿仓损失金额超过当期提取的风险准备金额10%的，扣1分；

（七）审计报告及审阅报告被出具非标准审计意见或审阅意见的，每次扣3分；

（八）任用不具有期货从业资格的人员从事期货业务的，每人次扣0.1分，最高扣2分；任用不具备任职条件的投资经理从事资产管理业务的，每人次扣0.5分；任用不具备任职条件的董事、监事、高级管理人员的，每人次扣2分；

（九）董事长、高级管理人员存在3个月以上缺位的，每人次扣2分；董事（含独立董事）、监事（含监事会主席）不符合公司章程规定，存在3个月以上缺位的，每人次扣0.25分；

（十）未履行法规要求的许可程序擅自变更股权的，每次扣10分；

（十一）信息技术评级未达到一类等级要求，扣10分；达到一类等级要求但未达到应该达到的更高等级要求，扣5分；

（十二）未按规定使用分类评价结果的，每次扣1分。

第十七条　期货公司在评价期内被中国证监会及其派出机构采取监管措施、行政处罚或者被司法机关刑事处罚的，按照以下原则进行扣分：

（一）被出具警示函或采取责令改正监管措施的，每次扣2分；

（二）被采取《期货交易管理条例》第五十五条第二款第二项至七项监管措施的，每次扣3分；

（三）本公司或子公司被责令暂停私募资产管理业务的，每次扣5分；

（四）被采取《期货交易管理条例》第五十五条第二款第一项监管措施的，每次扣10分；

（五）被警告的，每次扣12分；

（六）被罚款或者没收违法所得的，每次扣15分；

（七）被撤销部分业务许可、关闭分支机构，或者被刑事处罚的，每次扣20分。

期货公司董事、监事和高级管理人员因对公司违法违规行为负有责任被出具警示函或者监管谈话的，每人次扣1分；被警告或者罚款的，每人次扣3分；被暂停、撤销任职资格或者被认定为不适当人选的，每人次扣5分；被采取一定期限市场禁入措施的，每人次扣8分；被采取永久性市场禁入措施的，每人次扣10分。

期货公司及其董事、监事和高级管理人员因同一事项被分别采取行政监管措施或行政处罚的，分别计算，合计扣分。

第十八条 期货公司分支机构被采取本规定第十七条所述监管措施的，分支机构所在地中国证监会派出机构应及时告知期货公司住所地中国证监会派出机构。

期货公司分支机构按本规定第十七条所述原则进行扣分。

第十九条 期货公司及子公司被中国期货业协会纪律处分的，每次扣0.5分；期货公司从业人员被中国期货业协会纪律处分的，每人次扣0.25分。期货公司自行查处从业人员违规并移交中国期货业协会采取纪律处分的，经中国期货业协会上报评审委员会认可后可以豁免从业人员纪律处分扣分。

期货公司被期货交易所纪律处分的，每次扣0.5分；期货公司的子公司、期货公司及子公司管理的资产管理产品被期货交易所纪律处分的，每次扣0.25分。期货公司、子公司、资产管理产品因参与证券市场相关业务违规被证券交易所纪律处分的，比照执行。

期货公司及子公司因资产管理业务违规被中国证券投资基金业协会纪律处分的，每次扣0.5分。

第二十条 期货公司违规行为已被采取纪律处分、监管措施、行政处罚、刑事处罚的，或者同一违规行为被采取多项纪律处分、监管措施、行政处罚、刑事处罚的，按本规定扣分最高的项目进行扣分，不重复扣分，但因整改不到位再次被实施纪律处分、监管措施、行政处罚、刑事处罚的除外；不同违规行为被采取同一纪律处分、监管措施、行政处罚、刑事处罚的，分别计算，合计扣分。

期货公司因同一事项在不同评价期被分别采取纪律处分、监管措施、行政处罚、刑事处罚的，按最高分值扣分；同一事项在以前评价期已被扣分但未达到最高分值扣分的，按最高分值与已扣分值的差额扣分。

期货公司违规行为被采取纪律处分、监管措施、行政处罚、刑事处罚的，无论控股股东或者实际控制人是否发生变更，均应按相应的规定予以扣分。

第二十一条 期货公司被采取本规定第十七条第一款第一项规定的监管措施时，能在规定的时间内消除风险隐患、完善内部管理、完成规范整改且通过中国证监会派出机构验收的，对相应的监管措施可以不予扣分，但仍需按照违规行为进行扣分。

期货公司主动上报不符合风险管理能力评价标准的违规行为，经中国证监会派出机构认可后可以减半扣分。期货公司在评价期内自行纠正上述主动上报的违规行为，及时消除不良影响，积极堵塞管理漏洞，反映出期货公司合规管理制度健全且有效执行的，经中国证监会派出机构上报评审委员会认可后可以对相关扣分予以加回。

第二十二条 期货公司符合以下条件的，按照以下原则给予相应加分：

（一）在评价期内与其他期货公司进行合并且在评价期内已获中国证监会核准的，可加 4 分；

（二）期货公司剩余净资本达到 1 亿元整数倍的，每 1 倍数加 0.5 分，最高加 2 分。但期货公司风险监管指标在评价期内出现预警或不达标情形的，不予加分。

第二十三条 中国证监会及其派出机构可以根据期货公司在评价期内配合日常监管、落实专项监管工作及整改完成情况，对期货公司进行酌情扣分，最高可扣 2 分。

第二十四条 中国证监会可以组织相关单位对期货公司服务国家战略、信息技术建设、投资者教育等方面进行专项评价，每项最高可加 2 分。

第四章 公司类别

第二十五条 根据期货公司评价计分的高低，将期货公司分为 A（AAA、AA、A）、B（BBB、BB、B）、C（CCC、CC、C）、D、E 等 5 类 11 个级别。

（一）A 类公司风险管理能力、服务实体经济能力、市场竞争力、持续合规状况的综合评价在行业内最高，能够较好控制业务风险；

（二）B 类公司风险管理能力、服务实体经济能力、市场竞争力、持续合规状况的综合评价在行业内较高，能够控制业务风险；

（三）C 类公司风险管理能力、服务实体经济能力、市场竞争力、持续合规状况的综合评价在行业内一般，风险管理能力与业务规模基本匹配；

（四）D类公司风险管理能力、服务实体经济能力、市场竞争力、持续合规状况的综合评价在行业内较低，潜在风险可能超过公司可承受范围；

（五）E类公司潜在风险已经变为现实风险，已被采取风险处置措施。

第二十六条 A（AAA、AA、A）、B（BBB、BB、B）、C（CCC、CC、C）、D等4类10个级别的公司，由中国证监会每年结合行业发展状况和以前年度分类结果，根据全部期货公司评价计分的分布情况，按照一定的分值区间确定。

第二十七条 期货公司加权调整后日均客户权益总额排名行业中位数以下的，不得评为A类。

第二十八条 被依法采取责令停业整顿、指定其他机构托管、接管等风险处置措施的期货公司，定为E类公司。

第二十九条 期货公司在评价期内存在以下情形的，市场竞争力不予加分，并将公司类别下调3个级别；情节严重的，评为D类：

（一）股东虚假出资或抽逃出资；

（二）超范围经营；

（三）占用、挪用客户资产；

（四）资产管理业务严重违规，引发重大风险或造成恶劣影响；

（五）风险管理子公司违法违规经营，引发重大风险或造成恶劣影响；

（六）参与或为期货配资等非法期货活动提供便利；

（七）恶意规避监管，包括向监管部门报送虚假材料、不配合现场检查或调查、隐藏违规事实等。

期货公司在自评时，若不如实标注存在问题，存在遗漏、隐瞒等情况，将在应扣分事项上加倍扣分。

第三十条 期货公司未在规定日期之前上报自评结果的，将公司类别下调1个级别；未在确定分类结果期限之前上报自评结果的，直接评为D类。

第三十一条 期货公司状况发生重大变化或者出现异常且足以导致公司分类类别调整的，评审委员会有权根据有关情况及时对相关期货公司的分类进行动态调整。期货公司在持续经营过程中，业务规模、财务状况、股权结构等方面情况的变化，不属于动态调整的范围。

上述分类调整属于调高期货公司类别的，E类公司最高可调至C类

C级，D类公司最高可调至C类CCC级，A、B、C类公司不予调高类别。

期货公司申请动态调整的，应当经公司住所地中国证监会派出机构初审同意后上报评审委员会。

第三十二条 期货公司合并的，合并后的存续公司在上一年评价期内不存在本规定第二十九条第一款所列违规情形，且截至申请日违规事项全部整改完成，合并后的存续公司可以自收到中国证监会核准期货公司合并的批复文件之日起，申请将其上一年分类结果调整为原合并各方分类结果中的较高者。合并后的存续公司申请调整分类结果的，应当经公司住所地中国证监会派出机构初审同意后上报评审委员会。

第五章 组织实施

第三十三条 期货公司分类评价采取期货公司自评、相关单位初审、评审委员会复核和评审、中国证监会确认评价结果的方法。

第三十四条 期货公司分类评价每年进行1次。风险管理能力及持续合规状况评价指标以上一年度5月1日至本年度4月30日为评价期；涉及的财务数据、经营数据原则上以上一年度经审计报表为准。

中国证监会于每年评价工作开始前向相关单位下发通知及工作指引，明确工作要求及操作细则。

第三十五条 期货公司应当按照本规定进行自评，上报以下材料：

（一）对照风险管理能力和持续合规状况评价指标与标准，如实反映存在的问题及被采取的纪律处分、监管措施、行政处罚、刑事处罚等，经公司法定代表人和公司经营管理负责人、首席风险官签署确认后，上报公司住所地中国证监会派出机构；

（二）按照中国期货市场监控中心、中国期货业协会的要求上报涉及服务实体经济能力和市场竞争力指标计算的数据和材料，同时抄送公司住所地中国证监会派出机构。

第三十六条 中国证监会派出机构根据日常监管掌握的情况，对期货公司风险管理能力和持续合规状况自评结果进行初审和评价计分，上报评审委员会。

中国期货市场监控中心汇总计算期货公司服务实体经济能力指标（“保险+期货”业务规模除外）、市场竞争力指标得分，上报评审委员会。

中国期货业协会汇总计算期货公司“保险+期货”业务规模指标得分，上报评审委员会。

第三十七条　在初审过程中,中国证监会派出机构应当就有关问题进行核查,并与期货公司核对情况,确认事实。

中国期货市场监控中心、中国期货业协会应当对相关数据进行校验并就数据差异与期货公司核实,发现重大异常应当通报中国证监会派出机构,中国证监会派出机构应当核查反馈。

期货交易所、中国期货业协会、中国证券投资基金业协会对期货公司及子公司、资产管理产品采取纪律处分或自律处罚的,应当通报期货公司住所地中国证监会派出机构。

第三十八条　评审委员会对中国证监会派出机构、中国期货市场监控中心、中国期货业协会上报的初审材料进行复核,并根据复核结果评审确定期货公司的类别。期货公司分类结果由中国证监会确认后生效。

第三十九条　期货公司因不可抗力或其他特殊情形,认为有必要申请扣分豁免的,应当提交相应证明材料,经中国证监会派出机构初审后由评审委员会复核并审议决定。

第四十条　中国证监会于每年评价工作结束后将期货公司的具体得分及所属类别书面告知期货公司。

第四十一条　期货公司对评价结果有异议的,可在收到分类结果通知之日起1个月内提出书面申诉。期货公司提出书面申诉的,应当经公司住所地中国证监会派出机构初审同意后上报评审委员会。

第四十二条　对于在自评时隐瞒重大事项或者报送、提供的信息和资料有虚假记载、误导性陈述或者重大遗漏的期货公司,中国证监会派出机构应当对签署确认意见的公司法定代表人和经理层人员采取相应监管措施,记入诚信档案。

第四十三条　中国证监会派出机构在日常监管工作中,对期货公司发生的违规行为和异常情况应当及时调查、迅速采取适当的监管措施并记入监管档案,在此基础上对期货公司进行客观、公正的初审和评价计分。

第四十四条　中国证监会派出机构对期货公司的违法违规行为是否及时、充分采取相应监管措施,以及期货公司分类初审的质量,是落实辖区监管责任制,考评中国证监会派出机构期货监管工作绩效的重要依据。

第六章　分类结果的使用

第四十五条　中国证监会按照分类监管原则,对不同类别的期货公司在监管资源分配、现场检查和非现场检查频率等方面区别对待,对不同类别期货公司规定不同的风险资本准备计算比例。

第四十六条 期货公司分类结果可以作为期货公司及子公司增加业务种类的审慎性条件。

第四十七条 期货公司分类结果将作为确定新业务试点范围和推广顺序的依据。

第四十八条 期货公司分类结果将作为确定期货投资者保障基金不同缴纳比例的依据。

第四十九条 期货公司分类结果主要供中国证监会及其派出机构、各期货交易所、中国期货市场监控中心、中国期货业协会等机构使用。

期货公司不得将分类结果用于广告、宣传、营销等商业目的。

第七章　附　　则

第五十条 本规定下列用语的含义:

(一)期货保证金重大预警,是指由于期货公司保证金封闭圈内自有资金不足或者保证金出现缺口等事项而导致的预警,以及中国期货市场监控中心认定的其他重大预警情形;期货保证金一般预警,是指除重大预警以外的其他预警。

(二)“保险+期货”业务规模采用加权方式计算,其中承保货值、项目数量、实际赔付金额的权重系数分别为0.8、0.15、0.05。

(三)机构客户日均持仓,是指期货公司在各期货品种上的一般单位客户和特殊单位客户日均持仓占比之和,按下列公式计算:

1. 某公司在某期货品种上的机构客户日均持仓占比(P):

$$P=\frac{(a_1+a_2+\cdots+a_i)/i}{(A_1+A_2+\cdots+A_i)/i}$$

其中,i=评价期内的交易天数;a=某公司在某期货品种上的当日机构客户持仓量;A=该品种的当日机构客户总持仓;

2. 某公司在各期货品种上的机构客户日均持仓占比之和:

$\sum Pr$

其中,r=期货品种。

若某品种当年活跃度不足,可与其他相关活跃品种合并视为一个品种计算或不纳入计算。

(四)加权调整后日均客户权益总额,是指对不同属性客户按不同权重综合计算的日均客户权益总额。个人客户、机构客户权重系数分别为0.5、1。

（五）期货业务收入，是指期货经纪业务手续费收入、期货投资咨询业务收入、资产管理业务收入之和。

（六）净利润，是指期货公司母公司报表的净利润。

（七）成本管理能力，是指期货公司期货业务收入/（业务管理费＋营业税金及附加）。

（八）净资产收益率，是指净利润/净资产。

（九）资产管理产品日均衍生品权益，是指期货公司及子公司管理的资产管理产品从事期货、期权交易的保证金账户日均权益。

（十）成交持仓比，是指日均成交量/日均持仓量。

（十一）手续费率，是指手续费收入/成交金额。

（十二）纪律处分，是指具有自律管理职责的机构依据相关规定，经过立案调查程序采取的处分、处理、处罚、惩戒等自律管理措施。

（十三）剩余净资本，是指期货公司净资本减去风险资本准备。

第五十一条　本规定自公布之日起施行。

附件：期货公司风险管理能力评价指标与标准

附件

期货公司风险管理能力评价指标与标准

评价指标	序号	评价标准
1.公司治理	1.01	期货公司与控股股东、实际控制人在业务、人员、资产、财务等方面严格分开,独立经营,独立核算
	1.02	期货公司与股东及其他关联方不存在不当关联交易,期货公司资产未被关联方占用,客户合法权益未受关联方侵害
	1.03	期货公司股东会、董事会、监事会制度健全,有效履行职责,股权转让期间的公司治理符合监管规定
	1.04	董事、监事、高级管理人员资质及任免符合监管要求,不存在提供虚假信息、隐瞒重大事项、拒绝配合监管、擅离职守等情况
	1.05	首席风险官享有充分的知情权和独立的检查权,能够按规定履行职责
	1.06	期货公司及其相关方能够按规定向监管部门履行报告报备义务,报送的数据信息真实、准确、完整、及时,提交的材料不存在虚假记载、误导性陈述或重大遗漏
2.内部控制	2.01	建立健全并有效执行各项内部管理制度和流程,能够有效隔离不同业务之间的风险
	2.02	部门设置与人员安排符合相关规定,财务、交易、结算、风险控制、合规等各项职能有效运转
	2.03	从业人员管理制度完备,能够有效约束从业人员执业行为
	2.04	分支机构业务范围符合监管规定,营业部"四统一"有效执行
	2.05	依法依规使用自有资金,股权投资决策程序规范,不存在与业务无关的股权投资
	2.06	对子公司实施有效管理和风险隔离,能够保障子公司持续合规经营
	2.07	遵守廉洁从业相关规定,工作人员廉洁从业纳入管理体系
	2.08	信息公示和披露符合相关规定

续表

评价指标	序号	评价标准
3. 资本管理	3.01	正确计算各项风险监管指标
	3.02	按时编制和上报风险监管报表
	3.03	能够及时根据监管要求、市场变化及业务发展情况开展压力测试，有效使用压力测试结果
	3.04	建立动态的风险监控和资本补充机制，不存在严重影响资本补充和风险抵御能力的不利因素，能够确保净资本等风险监管指标持续符合标准
4. 业务管理	4.01	为客户开立或注销期货账户符合相关规定
	4.02	传递客户交易指令符合相关规定
	4.03	期货保证金账户管理符合相关规定，期货保证金封闭管理有效运行
	4.04	开展期货投资咨询业务符合相关规定
	4.05	开展资产管理业务的人员具备规定的资质条件
	4.06	资产管理业务投资范围符合相关规定
	4.07	资产管理计划运作管理、信息披露等符合相关规定
	4.08	开展资产管理业务与代理销售机构、托管机构、投资顾问等机构的合作符合相关规定
	4.09	开展基金销售业务符合相关规定
5. 客户管理	5.01	落实开户实名制和投资者适当性管理要求
	5.02	客户资产与自有资产相互独立、分别管理，确保客户资产安全
	5.03	妥善保存客户资料，依法为客户保密
	5.04	依法依规管理客户交易行为，按规定报备客户实际控制关系账户和程序化交易账户
	5.05	建立健全客户投诉处理制度，依法依规处理客户纠纷
	5.06	将投资者教育纳入各项业务流程和服务环节，依法依规做好打击防范非法期货活动相关工作

续表

评价指标	序号	评价标准
6. 信息技术管理	6.01	建立信息技术管理制度,具备符合相关要求的信息系统
	6.02	信息技术审查、测试、监测和应急处置机制符合相关规定
	6.03	信息系统安全稳定运行
	6.04	信息系统部署、数据存储与传输符合相关规定
	6.05	外部接入信息系统管理符合相关规定

信息披露规范类

内容与格式准则类

公开发行证券的公司信息披露内容与格式准则第41号——科创板公司招股说明书

(2019年3月1日　证监会公告〔2019〕6号)

目　　录

第一章　总　　则

第 一 条　为规范在上海证券交易所科创板（以下简称科创板）试点注册制首次公开发行股票的信息披露行为，保护投资者合法权益，根据《公司法》《证券法》《关于在上海证券交易所设立科创板并试点注册制的实施意见》和《科创板首次公开发行股票注册管理办法（试行）》（证监会令第 153 号）的规定，制定本准则。

第 二 条　申请在中华人民共和国境内首次公开发行股票并在科创板上市的公司（以下简称发行人或公司）应按本准则编制招股说明书，作为申请首次公开发行股票并在科创板上市的必备法律文件，并按本准则的规定进行披露。

第 三 条　本准则的规定是对招股说明书信息披露的最低要求。不论本准则是否有明确规定，凡对投资者作出价值判断和投资决策有重大影响的信息，均应披露。

第 四 条　发行人作为信息披露第一责任人，应以投资者投资需求为导向编制招股说明书，为投资者作出价值判断和投资决策提供充分且必要的信息，保证相关信息的内容真实、准确、完整。

第 五 条　发行人在招股说明书中披露的财务会计资料应有充分的依据，所引用的发行人的财务报表、盈利预测报告（如有）应由具有证券期货相关业务资格的会计师事务所审计或审核。

第 六 条　发行人在招股说明书中披露盈利预测及其他涉及发行人未来经营和财务状况信息，应谨慎、合理。

第 七 条　发行人应在招股说明书显要位置提示科创板投资风险，作如下声明：

“本次股票发行后拟在科创板市场上市，该市场具有较高的投资风险。科创板公司具有研发投入大、经营风险高、业绩不稳定、退市风险高等特点，投资者面临较大的市场风险。投资者应充分了解科创板市场的投资风险及本公司所披露的风险因素，审慎作出投资决定。”

第 八 条　本准则某些具体要求对发行人确实不适用的，发行人可根据实际情况，在不影响披露内容完整性的前提下作适当调整，但应在提交申请时作书面说明。

第 九 条　发行人有充分依据证明本准则要求披露的某些信息涉及国家秘密、商业秘密及其他因披露可能导致其违反国家有关保密法律法规规定或严重损害公司利益的，发行人可申请豁免按本准则披露。

第 十 条 招股说明书应便于投资者阅读，浅白易懂、简明扼要、逻辑清晰，尽量使用图表、图片或其他较为直观的披露方式，具有可读性和可理解性：

（一）应客观、全面，使用事实描述性语言，突出事件实质，不得选择性披露，不得使用市场推广的宣传用语；

（二）应使用直接、简洁、确定的语句，尽量避免使用艰深晦涩、生僻难懂的专业术语或公文用语；

（三）披露的内容应清晰、明确，并结合发行人情况进行具体准确的解释说明；

（四）对不同章节或段落出现的同一语词、表述、事项的披露应具有一致性，在不影响信息披露的完整性和不致引起阅读不便的前提下，可以相互引征。

第十一条 招股说明书引用相关意见、数据或有外文译本的，应符合下列要求：

（一）应准确引用与本次发行有关的中介机构的专业意见或报告；

（二）引用第三方数据或结论，应注明资料来源，确保有权威、客观、独立的依据并符合时效性要求；

（三）引用的数字应采用阿拉伯数字，货币金额除特别说明外，应指人民币金额，并以元、千元、万元或百万元为单位；

（四）可根据有关规定或其他需求，编制招股说明书外文译本，但应保证中、外文文本的一致性，并在外文文本上注明："本招股说明书分别以中、英（或日、法等）文编制，在对中外文本的理解上发生歧义时，以中文文本为准"。

第十二条 信息披露事项涉及重要性水平判断的，发行人应结合自身业务特点，披露重要性水平的确定标准和依据。

第十三条 发行人下属企业的资产、收入或利润规模对发行人有重大影响的，应参照本准则的规定披露该下属企业的相关信息。

第十四条 发行人在报送申请文件后，发生应予披露事项的，应按规定及时履行信息披露义务。

第十五条 申请文件受理后，发行人应按规定履行预先披露程序。

第十六条 发行人股票发行前应在上海证券交易所（以下简称交易所）网站和中国证券监督管理委员会（以下简称中国证监会）指定网站全文刊登招股说明书，同时在中国证监会指定报刊刊登提示性公告，告知投资者网上刊登的地址及获取文件的途径。

发行人可以将招股说明书以及有关附件刊登于其他报刊和网站，但披露内容应完全一致，且不得早于在交易所网站、中国证监会指定报刊和网站的披露时间。

第二章　招股说明书

第一节　封面、书脊、扉页、目录、释义

第十七条　招股说明书文本封面应标有"×××公司首次公开发行股票并在科创板上市招股说明书"字样，并载明发行人、保荐人、主承销商的名称和住所。同时，明确提示科创板投资风险，依照本准则第七条作出恰当的声明。

第十八条　招股说明书纸质文本书脊应标有"×××公司首次公开发行股票并在科创板上市招股说明书"字样。

第十九条　发行人应在招股说明书扉页的显要位置载明：

"中国证监会、交易所对本次发行所作的任何决定或意见，均不表明其对注册申请文件及所披露信息的真实性、准确性、完整性作出保证，也不表明其对发行人的盈利能力、投资价值或者对投资者的收益作出实质性判断或保证。任何与之相反的声明均属虚假不实陈述。"

"根据《证券法》的规定，股票依法发行后，发行人经营与收益的变化，由发行人自行负责；投资者自主判断发行人的投资价值，自主作出投资决策，自行承担股票依法发行后因发行人经营与收益变化或者股票价格变动引致的投资风险。"

第二十条　发行人应在招股说明书扉页作如下声明：

"发行人及全体董事、监事、高级管理人员承诺招股说明书及其他信息披露资料不存在虚假记载、误导性陈述或重大遗漏，并对其真实性、准确性、完整性承担个别和连带的法律责任。"

"发行人控股股东、实际控制人承诺本招股说明书不存在虚假记载、误导性陈述或重大遗漏，并对其真实性、准确性、完整性承担个别和连带的法律责任。"

"公司负责人和主管会计工作的负责人、会计机构负责人保证招股说明书中财务会计资料真实、完整。"

"发行人及全体董事、监事、高级管理人员、发行人的控股股东、实际控制人以及保荐人、承销的证券公司承诺因发行人招股说明书及其他信

息披露资料有虚假记载、误导性陈述或者重大遗漏,致使投资者在证券发行和交易中遭受损失的,将依法赔偿投资者损失。”

“保荐人及证券服务机构承诺因其为发行人本次公开发行制作、出具的文件有虚假记载、误导性陈述或者重大遗漏,给投资者造成损失的,将依法赔偿投资者损失。”

第二十一条 招股说明书扉页应列表载明下列内容:

(一)发行股票类型;

(二)发行股数,股东公开发售股数(如有);

(三)每股面值;

(四)每股发行价格;

(五)预计发行日期;

(六)拟上市的交易所和板块;

(七)发行后总股本,发行境外上市外资股的公司还应披露在境内上市流通的股份数量和在境外上市流通的股份数量;

(八)保荐人、主承销商;

(九)招股说明书签署日期。

发行人股东公开发售股份的,还应载明发行人拟发行新股和股东拟公开发售股份的数量,并提示股东公开发售股份所得资金不归发行人所有。

第二十二条 发行人应根据本准则及相关规定,针对实际情况在招股说明书首页作“重大事项提示”,以简要语言提醒投资者需特别关注的重要事项,并提醒投资者认真阅读招股说明书正文内容。

第二十三条 招股说明书的目录应标明各章、节的标题及相应的页码,内容编排也应符合通行的惯例。

第二十四条 发行人应对可能造成投资者理解障碍及有特定含义的术语作出释义。招股说明书的释义应在目录次页列示。

第二节 概 览

第二十五条 发行人应对招股说明书作精确、扼要的概览,确保概览内容具体清晰、易于理解,不得披露除招股说明书其他章节披露内容以外的发行人其他信息。

第二十六条 发行人应在招股说明书概览的显要位置声明:“本概览仅对招股说明书全文作扼要提示。投资者作出投资决策前,应认真阅读招股说明书全文。”

第二十七条 招股说明书概览的内容至少包括下列各部分：

（一）列表披露发行人及本次发行的中介机构基本情况，参考格式如下：

（一）发行人基本情况			
发行人名称		成立日期	
注册资本		法定代表人	
注册地址		主要生产经营地址	
控股股东		实际控制人	
行业分类		在其他交易场所（申请）挂牌或上市的情况	
（二）本次发行的有关中介机构			
保荐人		主承销商	
发行人律师		其他承销机构	
审计机构		评估机构（如有）	

（二）列表披露本次发行概况，参考格式如下：

（一）本次发行的基本情况			
股票种类			
每股面值			
发行股数		占发行后总股本比例	
其中：发行新股数量		占发行后总股本比例	
股东公开发售股份数量		占发行后总股本比例	
发行后总股本			
每股发行价格			
发行市盈率			
发行前每股净资产		发行前每股收益	
发行后每股净资产		发行后每股收益	
发行市净率			
发行方式			
发行对象			

续表

承销方式	
拟公开发售股份股东名称	
发行费用的分摊原则	
募集资金总额	
募集资金净额	
募集资金投资项目	
发行费用概算	
（二）本次发行上市的重要日期	
刊登发行公告日期	
开始询价推介日期	
刊登定价公告日期	
申购日期和缴款日期	
股票上市日期	

（三）列表披露发行人报告期的主要财务数据和财务指标，参考格式如下：

项目				
资产总额（万元）				
归属于母公司所有者权益（万元）				
资产负债率（母公司）（%）				
营业收入（万元）				
净利润（万元）				
归属于母公司所有者的净利润（万元）				
扣除非经常性损益后归属于母公司所有者的净利润（万元）				
基本每股收益（元）				
稀释每股收益（元）				
加权平均净资产收益率（%）				

续表

经营活动产生的现金流量净额(万元)				
现金分红(万元)				
研发投入占营业收入的比例(%)				

(四)结合主要经营和财务数据概述发行人的主营业务经营情况,包括主要业务或产品、主要经营模式、竞争地位以及其他有助于投资者了解发行人业务特点的重要信息;

(五)简要披露发行人技术先进性、模式创新性、研发技术产业化情况以及未来发展战略;

(六)披露发行人选择的具体上市标准;

(七)简要披露发行人公司治理特殊安排等重要事项;

(八)简要披露募集资金用途。

第三节　本次发行概况

第二十八条　发行人应披露本次发行的基本情况,主要包括:

(一)股票种类;

(二)每股面值;

(三)发行股数、股东公开发售股数(如有),占发行后总股本的比例;

(四)每股发行价格;

(五)发行人高管、员工拟参与战略配售情况(如有);

(六)保荐人相关子公司拟参与战略配售情况(如有);

(七)标明计算基础和口径的市盈率(如适用);

(八)预测净利润及发行后每股收益(如有);

(九)发行前和发行后每股净资产;

(十)标明计算基础和口径的市净率;

(十一)发行方式与发行对象;

(十二)承销方式;

(十三)发行费用概算(包括承销费、保荐费、审计费、评估费、律师费、发行手续费等)。

发行人股东公开发售股份的,还应披露具体方案,包括本次预计发行新股数量,发行人股东公开发售股份的数量,发行费用的分摊原则,拟公开发售股份的股东名称、持股数量及拟公开发售股份数量等。

第二十九条　发行人应列表披露下列机构的名称、法定代表人、住所、联系电话、传真，同时应披露有关经办人员的姓名：

（一）保荐人、主承销商及其他承销机构；

（二）律师事务所；

（三）会计师事务所；

（四）资产评估机构；

（五）股票登记机构；

（六）收款银行；

（七）其他与本次发行有关的机构。

第三十条 发行人应列表披露其与本次发行有关的保荐人、承销机构、证券服务机构及其负责人、高级管理人员、经办人员之间存在的直接或间接的股权关系或其他权益关系。

第三十一条 发行人应针对不同的发行方式列表披露预计发行上市的重要日期，主要包括：

（一）刊登发行公告日期；

（二）开始询价推介日期；

（三）刊登定价公告日期；

（四）申购日期和缴款日期；

（五）股票上市日期。

第四节 风险因素

第三十二条 发行人应遵循重要性原则按顺序简明易懂地披露可能直接或间接对发行人及本次发行产生重大不利影响的所有风险因素。

发行人应以方便投资者投资决策参考的原则对风险因素进行分类列示。

第三十三条 发行人应结合科创企业特点，披露由于重大技术、产品、政策、经营模式变化等可能导致的风险：

（一）技术风险，包括技术升级迭代、研发失败、技术专利许可或授权不具排他性、技术未能形成产品或实现产业化等风险；

（二）经营风险，包括市场或经营前景或行业政策变化，商业周期变化，经营模式失败，依赖单一客户、单一技术、单一原材料等风险；

（三）内控风险，包括管理经验不足，特殊公司治理结构，依赖单一管理人员或核心技术人员等；

（四）财务风险，包括现金流状况不佳，资产周转能力差，重大资产减值，重大担保或偿债风险等；

（五）法律风险，包括重大技术、产品纠纷或诉讼风险，土地、资产权属瑕疵，股权纠纷，行政处罚等方面对发行人合法合规性及持续经营的影响；

（六）发行失败风险，包括发行认购不足，或未能达到预计市值上市条件的风险等；

（七）尚未盈利或存在累计未弥补亏损的风险，包括未来一定期间无法盈利或无法进行利润分配的风险，对发行人资金状况、业务拓展、人才引进、团队稳定、研发投入、市场拓展等方面产生不利影响的风险等；

（八）特别表决权股份或类似公司治理特殊安排的风险；

（九）可能严重影响公司持续经营的其他因素。

第三十四条 发行人披露风险因素时，应针对风险的实际情况，使用恰当的标题概括描述其风险点，不得使用模糊表述。在披露具体风险时，应对风险产生的原因和对发行人的影响程度进行充分揭示。

第三十五条 发行人应尽量对风险因素作定量分析，对导致风险的变动性因素作敏感性分析。无法进行定量分析的，应有针对性地作出定性描述。

第三十六条 一项风险因素不得描述多个风险。风险因素中不得包含风险对策、发行人竞争优势及类似表述。

第五节 发行人基本情况

第三十七条 发行人应披露其基本情况，主要包括：

（一）注册中、英文名称；

（二）注册资本；

（三）法定代表人；

（四）成立日期；

（五）住所和邮政编码；

（六）电话、传真号码；

（七）互联网网址；

（八）电子信箱；

（九）负责信息披露和投资者关系的部门、负责人和电话号码。

第三十八条 发行人应简要披露公司的设立情况和报告期内的股本和股东变化情况。发行人属于有限责任公司整体变更为股份有限公司的，还应披露有限责任公司的设立情况。

发行人应简要披露报告期内的重大资产重组情况，包括具体内容、所履行的法定程序以及对发行人业务、管理层、实际控制人及经营业绩的影响。

发行人应披露公司在其他证券市场的上市/挂牌情况，包括上市/挂牌时间、上市/挂牌地点、上市/挂牌期间受到处罚的情况、退市情况等（如有）。

第三十九条 发行人应采用方框图或其他有效形式，全面披露持有发行人5%以上股份或表决权的主要股东、实际控制人，控股股东、实际控制人所控制的其他企业，发行人的分公司、控股子公司、参股公司，以及其他有重要影响的关联方。

第四十条 发行人应简要披露其控股子公司及对发行人有重大影响的参股公司的情况，主要包括成立时间、注册资本、实收资本、注册地和主要生产经营地、股东构成及控制情况、主营业务及其与发行人主营业务的关系、最近一年及一期末的总资产、净资产、最近一年及一期的净利润，并标明有关财务数据是否经过审计及审计机构名称。

发行人应列表简要披露其他参股公司的情况，包括出资金额、持股比例、入股时间、控股方及主营业务情况等。

第四十一条 发行人应披露持有发行人5%以上股份或表决权的主要股东及实际控制人的基本情况，主要包括：

（一）控股股东、实际控制人的基本情况。控股股东、实际控制人为法人的，应披露成立时间、注册资本、实收资本、注册地和主要生产经营地、股东构成、主营业务及其与发行人主营业务的关系，最近一年及一期末的总资产、净资产、最近一年及一期的净利润，并标明有关财务数据是否经过审计及审计机构名称；为自然人的，应披露国籍、是否拥有永久境外居留权、身份证号码；为合伙企业等非法人组织的，应披露出资人构成、出资比例及实际控制人；

（二）控股股东和实际控制人直接或间接持有发行人的股份是否存在质押或其他有争议的情况；

（三）实际控制人应披露至最终的国有控股主体、集体组织、自然人等；

（四）无控股股东、实际控制人的，应参照本条对发行人控股股东及实际控制人的要求披露对发行人有重大影响的股东情况；

（五）其他持有发行人5%以上股份或表决权的主要股东的基本情况。主要股东为法人的，应披露成立时间、注册资本、实收资本、注册地和主要生产经营地、股东构成、主营业务及其与发行人主营业务的关系；为自然人的，应披露国籍、是否拥有永久境外居留权、身份证号码；为合伙企业等非法人组织的，应披露出资人构成、出资比例。

第四十二条 发行人应披露有关股本的情况，主要包括：

（一）本次发行前的总股本、本次发行及公开发售的股份，以及本次发行及公开发售的股份占发行后总股本的比例；

（二）本次发行前的前十名股东；

（三）本次发行前的前十名自然人股东及其在发行人处担任的职务；

（四）发行人股本有国有股份或外资股份的，应根据有关主管部门对股份设置的批复文件披露相应的股东名称、持股数量、持股比例。涉及国有股的，应在国有股东之后标注"SS"（State - owned Shareholder 的缩写），披露前述标识的依据及标识的含义；

（五）最近一年发行人新增股东的持股数量及变化情况、取得股份的时间、价格和定价依据。属于战略投资者的，应予注明并说明具体的战略关系；

（六）本次发行前各股东间的关联关系及关联股东的各自持股比例；

（七）发行人股东公开发售股份的，应披露公开发售股份对发行人的控制权、治理结构及生产经营产生的影响，并提示投资者关注上述事项。

第四十三条 发行人应披露董事、监事、高级管理人员及核心技术人员的简要情况，主要包括：

（一）姓名、国籍及境外居留权；

（二）性别、年龄；

（三）学历及专业背景、职称；

（四）主要业务经历及实际负责的业务活动；对发行人设立、发展有重要影响的董事、监事、高级管理人员及核心技术人员，还应披露其创业或从业历程；

（五）曾经担任的重要职务及任期；

（六）现任发行人的职务及任期。

发行人应说明董事、监事、高级管理人员及核心技术人员的兼职情况及所兼职单位与发行人的关联关系，与发行人其他董事、监事、高级管理人员及核心技术人员的亲属关系。对于董事、监事，应披露其提名人。

第四十四条 发行人应披露与董事、监事、高级管理人员及核心技术人员所签定的对投资者作出价值判断和投资决策有重大影响的协议，以及有关协议的履行情况。

发行人的董事、监事、高级管理人员及核心技术人员所持股份发生被质押、冻结或发生诉讼纠纷等情形的，应充分披露上述情形的产生原因及对发行人可能产生的影响。

第四十五条 发行人董事、监事、高级管理人员及核心技术人员在最近2年内曾发生变动的，应披露变动情况、原因以及对公司的影响。

第四十六条 发行人应披露董事、监事、高级管理人员及核心技术人员与发行人及其业务相关的对外投资情况，包括投资金额、持股比例、有关承诺和协议，对于存在利益冲突情形的，应披露解决情况。

发行人应列表披露董事、监事、高级管理人员、核心技术人员及其配偶、父母、配偶的父母、子女、子女的配偶以任何方式直接或间接持有发行人股份的情况、持有人姓名及所持股份的质押或冻结情况。

第四十七条 发行人应披露董事、监事、高级管理人员及核心技术人员的薪酬组成、确定依据、所履行的程序及报告期内薪酬总额占各期发行人利润总额的比重，最近一年从发行人及其关联企业领取收入的情况，以及所享受的其他待遇和退休金计划等。

发行人应披露本次公开发行申报前已经制定或实施的股权激励及相关安排，披露股权激励对公司经营状况、财务状况、控制权变化等方面的影响，以及上市后的行权安排。

第四十八条 发行人应简要披露员工情况，包括员工人数及报告期内的变化情况，员工专业结构，报告期内社会保险和住房公积金缴纳情况。

第六节 业务与技术

第四十九条 发行人应清晰、准确、客观地披露主营业务、主要产品或服务的情况，包括：

（一）主营业务、主要产品或服务的基本情况，主营业务收入的主要构成；

（二）主要经营模式，如盈利模式、采购模式、生产或服务模式、营销及管理模式等，分析采用目前经营模式的原因、影响经营模式的关键因素、经营模式和影响因素在报告期内的变化情况及未来变化趋势。发行人的业务及其模式具有创新性的，还应披露其独特性、创新内容及持续创新机制；

（三）设立以来主营业务、主要产品或服务、主要经营模式的演变情况；

（四）主要产品的工艺流程图或服务的流程图；

（五）生产经营中涉及的主要环境污染物、主要处理设施及处理能力。

第五十条 发行人应结合所处行业基本情况披露其竞争状况，主要包括：

（一）所属行业及确定所属行业的依据；

（二）所属行业的行业主管部门、行业监管体制、行业主要法律法规政策及对发行人经营发展的影响；

（三）所属行业在新技术、新产业、新业态、新模式等方面近三年的发展情况和未来发展趋势，发行人取得的科技成果与产业深度融合的具体情况；

（四）发行人产品或服务的市场地位、技术水平及特点、行业内的主要企业、竞争优势与劣势、行业发展态势、面临的机遇与挑战，以及上述情况在报告期内的变化及未来可预见的变化趋势；

（五）发行人与同行业可比公司在经营情况、市场地位、技术实力、衡量核心竞争力的关键业务数据、指标等方面的比较情况。

第五十一条 发行人应披露销售情况和主要客户，包括：

（一）报告期内各期主要产品或服务的规模（产能、产量、销量，或服务能力、服务量）、销售收入、产品或服务的主要客户群体、销售价格的总体变动情况。存在多种销售模式的，应披露各销售模式的规模及占当期销售总额的比重；

（二）报告期内各期向前五名客户合计的销售额占当期销售总额的百分比，向单个客户的销售比例超过总额的50%的、前五名客户中存在新增客户的或严重依赖于少数客户的，应披露其名称或姓名、销售比例。该客户为发行人关联方的，应披露产品最终实现销售的情况。受同一实际控制人控制的客户，应合并计算销售额。

第五十二条 发行人应披露采购情况和主要供应商，包括：

（一）报告期内采购产品、原材料、能源或接受服务的情况，相关价格变动趋势；

（二）报告期内各期向前五名供应商合计的采购额占当期采购总额的百分比，向单个供应商的采购比例超过总额的50%的、前五名供应商中存在新增供应商的或严重依赖于少数供应商的，应披露其名称或姓名、采购比例。受同一实际控制人控制的供应商，应合并计算采购额。

第五十三条 发行人应披露对主要业务有重大影响的主要固定资产、无形资产等资源要素的构成，分析各要素与所提供产品或服务的内在联系，是否存在瑕疵、纠纷和潜在纠纷，是否对发行人持续经营存在重大不利影响。

发行人与他人共享资源要素的，如特许经营权，应披露共享的方式、条件、期限、费用等。

第五十四条 发行人应披露主要产品或服务的核心技术及技术来源，结合行业技术水平和对行业的贡献，披露发行人的技术先进性及具体表征。披露发行人的核心技术是否取得专利或其他技术保护措施、在主营业务及产品或服务中的应用和贡献情况。

发行人应披露核心技术的科研实力和成果情况，包括获得重要奖项，承担的重大科研项目，核心学术期刊论文发表情况等。

发行人应披露正在从事的研发项目、所处阶段及进展情况、相应人员、经费投入、拟达到的目标；结合行业技术发展趋势，披露相关科研项目与行业技术水平的比较；披露报告期内研发投入的构成、占营业收入的比例。与其他单位合作研发的，还应披露合作协议的主要内容，权利义务划分约定及采取的保密措施等。

发行人应披露核心技术人员、研发人员占员工总数的比例，核心技术人员的学历背景构成，取得的专业资质及重要科研成果和获得奖项情况，对公司研发的具体贡献，发行人对核心技术人员实施的约束激励措施，报告期内核心技术人员的主要变动情况及对发行人的影响。

发行人应披露保持技术不断创新的机制、技术储备及技术创新的安排等。

第五十五条 发行人在中华人民共和国境外进行生产经营的，应披露经营的总体情况，并对有关业务活动进行地域性分析。发行人在境外拥有资产的，应详细披露该资产的具体内容、资产规模、所在地、经营管理和盈利情况等。

第七节 公司治理与独立性

第五十六条 发行人应披露股东大会、董事会、监事会、独立董事、董事会秘书制度的建立健全及运行情况，说明上述机构和人员履行职责的情况。结合《公司法》、中国证监会关于公司治理的有关规定及公司章程，披露报告期内发行人公司治理存在的缺陷及改进情况。

发行人应披露战略、审计、提名、薪酬与考核等各专门委员会的设置情况。

第五十七条 发行人存在特别表决权股份或类似安排的，应披露相关安排的基本情况,包括设置特别表决权安排的股东大会决议、特别表决权安排运行期限、持有人资格、特别表决权股份拥有的表决权数量与普通股份拥有表决权数量的比例安排、持有人所持特别表决权股份能够参与表决的股东大会事项范围、特别表决权股份锁定安排及转让限制等,还应披露差异化表决安排可能导致的相关风险和对公司治理的影响,以及相关投资者保护措施。

第五十八条 发行人存在协议控制架构的,应披露协议控制架构的具体安排,包括协议控制架构涉及的各方法律主体的基本情况、主要合同的核心条款等。

第五十九条 发行人应披露公司管理层对内部控制完整性、合理性及有效性的自我评估意见以及注册会计师对公司内部控制的鉴证意见。注册会计师指出公司内部控制存在缺陷的,发行人应披露改进措施。

第六十条 发行人应披露报告期内存在的违法违规行为及受到处罚的情况,并说明对发行人的影响。

第六十一条 发行人应披露报告期内是否存在资金被控股股东、实际控制人及其控制的其他企业以借款、代偿债务、代垫款项或者其他方式占用的情况,或者为控股股东、实际控制人及其控制的其他企业担保的情况。

第六十二条 发行人应分析披露其具有直接面向市场独立持续经营的能力:

(一)资产完整方面。生产型企业具备与生产经营有关的主要生产系统、辅助生产系统和配套设施,合法拥有与生产经营有关的主要土地、厂房、机器设备以及商标、专利、非专利技术的所有权或者使用权,具有独立的原料采购和产品销售系统;非生产型企业具备与经营有关的业务体系及主要相关资产;

(二)人员独立方面。发行人的总经理、副总经理、财务负责人和董事会秘书等高级管理人员不在控股股东、实际控制人及其控制的其他企业中担任除董事、监事以外的其他职务,不在控股股东、实际控制人及其控制的其他企业领薪;发行人的财务人员不在控股股东、实际控制人及其控制的其他企业中兼职;

(三)财务独立方面。发行人已建立独立的财务核算体系、能够独立作出财务决策、具有规范的财务会计制度和对分公司、子公司的财务管理制度;发行人未与控股股东、实际控制人及其控制的其他企业共用银行账户;

（四）机构独立方面。发行人已建立健全内部经营管理机构、独立行使经营管理职权，与控股股东和实际控制人及其控制的其他企业间不存在机构混同的情形；

（五）业务独立方面。发行人的业务独立于控股股东、实际控制人及其控制的其他企业，与控股股东、实际控制人及其控制的其他企业间不存在对发行人构成重大不利影响的同业竞争，以及严重影响独立性或者显失公平的关联交易；

（六）发行人主营业务、控制权、管理团队和核心技术人员稳定，最近2年内主营业务和董事、高级管理人员及核心技术人员均没有发生重大不利变化；控股股东和受控股股东、实际控制人支配的股东所持发行人的股份权属清晰，最近2年实际控制人没有发生变更，不存在导致控制权可能变更的重大权属纠纷；

（七）发行人不存在主要资产、核心技术、商标的重大权属纠纷，重大偿债风险，重大担保、诉讼、仲裁等或有事项，经营环境已经或将要发生的重大变化等对持续经营有重大影响的事项。

第六十三条 发行人应披露是否存在与控股股东、实际控制人及其控制的其他企业从事相同、相似业务的情况。如存在，应对不存在对发行人构成重大不利影响的同业竞争作出合理解释，并披露发行人防范利益输送、利益冲突及保持独立性的具体安排等。

发行人应披露控股股东、实际控制人作出的避免新增同业竞争的承诺。

第六十四条 发行人应根据《公司法》、企业会计准则及中国证监会有关规定披露关联方、关联关系和关联交易。

第六十五条 发行人应根据交易的性质和频率，按照经常性和偶发性分类披露关联交易及关联交易对其财务状况和经营成果的影响。

购销商品、提供劳务等经常性关联交易，应分别披露报告期内关联方名称、交易内容、交易价格的确定方法、交易金额、占当期营业收入或营业成本的比重、占当期同类型交易的比重以及关联交易增减变化的趋势，与交易相关应收应付款项的余额及增减变化的原因，以及上述关联交易是否仍将持续进行。

偶发性关联交易，应披露关联方名称、交易时间、交易内容、交易金额、交易价格的确定方法、资金结算情况、交易产生的利润及对发行人当期经营成果的影响、交易对公司主营业务的影响。

发行人应披露报告期内所发生的全部关联交易的简要汇总表。

第六十六条 发行人应披露报告期内发生的关联交易是否履行了公司章程规定的程序,以及独立董事对关联交易履行的审议程序是否合法及交易价格是否公允的意见。

第六十七条 发行人应披露报告期内关联方的变化情况。由关联方变为非关联方的,发行人应比照关联交易的要求持续披露与上述原关联方的后续交易情况,以及相关资产、人员的去向等。

第八节 财务会计信息与管理层分析

第六十八条 发行人应使用投资者可理解的语言,采用定量与定性相结合的方法,清晰披露所有重大财务会计信息,并结合自身业务特点和投资者决策需要,分析重要财务会计信息的构成、来源与变化等情况,保证财务会计信息与业务经营信息的一致性。

发行人应披露与财务会计信息相关的重大事项或重要性水平的判断标准。

发行人应提示投资者阅读财务报告及审计报告全文。

第六十九条 发行人应披露产品(或服务)特点、业务模式、行业竞争程度、外部市场环境等影响因素及其变化趋势,披露其对发行人未来盈利(经营)能力或财务状况可能产生的具体影响或风险。

影响因素的分析不应仅限于财务因素,还应包括非财务因素,并将财务会计信息与业务经营信息互为对比印证;不应简单重述财务报表或附注内容,应选择使用逐年比较、差异因素量化计算、同行业对比等易于理解的分析方式。选择同行业公司对比分析时,发行人应披露相关公司的选择原因及相关业务的可比程度。

分析比较期间数据时,发行人应对重要或者同比发生重大变动的报表科目、财务指标进行分析并披露变动原因。

发行人存在多个业务或地区分部的,应披露分部信息。

第七十条 发行人应披露报告期的资产负债表、利润表和现金流量表,以及会计师事务所的审计意见类型。发行人编制合并财务报表的,原则上只需披露合并财务报表,同时说明合并财务报表的编制基础、合并范围及变化情况。但合并财务报表与母公司财务报表存在显著差异的,应披露母公司财务报表。

第七十一条 发行人应结合自身业务活动实质、经营模式特点及关键审计事项等,披露对公司财务状况和经营成果有重大影响的会计政策和会计估计,针对性披露相关会计政策和会计估计的具体执行标准,不应简单重述一般会计原则。

发行人应披露重要会计政策及其关键判断、重要会计估计及其关键假设的衡量标准，如根据不同业务类别和销售方式进行收入确认的时点、依据和计量方法，合并财务报表编制方法，成本核算方法，研发支出核算方法，资产减值测试，公允价值计量，股份支付费用，递延税项的确认等会计事项。

发行人重大会计政策或会计估计与可比上市公司存在较大差异的，应分析该差异产生的原因及对公司的影响。发行人报告期存在重大会计政策变更、会计估计变更、会计差错更正的，应披露变更或更正的具体内容、理由及对发行人财务状况、经营成果的影响。

第七十二条 发行人应依据经注册会计师鉴证的非经常性损益明细表，以合并财务报表的数据为基础，披露报告期非经常性损益的具体内容、金额及对当期经营成果的影响，并计算报告期扣除非经常性损益后的净利润金额。

第七十三条 发行人应披露报告期内母公司及重要子公司、各主要业务所适用的主要税种、税率。存在税收减、免、返、退或其他税收优惠的，应按税种分项说明相关法律法规或政策依据、批准或备案认定情况、具体幅度及有效期限。

报告期内发行人税收政策存在重大变化或者税收优惠政策对发行人经营成果有重大影响的，发行人应披露税收政策变化对经营成果的影响情况或者报告期内每期税收优惠占税前利润的比例，并对发行人是否对税收优惠存在严重依赖、未来税收优惠的可持续性等进行分析。

第七十四条 发行人应列表披露报告期的主要财务指标。主要包括流动比率、速动比率、资产负债率、应收账款周转率、存货周转率、息税折旧摊销前利润、归属于发行人股东的净利润、归属于发行人股东扣除非经常性损益后的净利润、研发投入占营业收入的比例、每股经营活动产生的现金流量、每股净现金流量、基本每股收益、稀释每股收益、归属于发行人股东的每股净资产、净资产收益率。其中，净资产收益率和每股收益的计算应执行中国证监会的有关规定。

第七十五条 发行人应以管理层的视角，结合“业务与技术”中披露的业务、经营模式、技术水平、竞争力等要素披露报告期内取得经营成果的逻辑。发行人的管理层分析一般应包括发行人的经营成果，资产质量，偿债能力、流动性与持续经营能力，发行人的重大资本性支出与资产业务重组等方面。发行人应明确披露对上述方面有重大影响的关键因素及其影响程度，充分揭示对发行人经营前景具有核心意义、或其目前已经存在的趋势变化对业绩变动具有较强预示作用的财务或非财务指标。

第七十六条 发行人对于经营成果的分析，应充分说明主要影响项目、事项或因素在数值与结构变动方面的原因、影响程度及风险趋势，一般应包括下列内容：

（一）报告期营业收入以及主营业务收入的构成与变动原因；按产品或服务的类别及地区分布，结合客户结构及销售模式，分析主要产品或服务的销售数量、价格与结构变化对营业收入增减变化的具体影响；产销量或合同订单完成量等业务执行数据与财务确认数据的一致性；营业收入如存在季节性波动应说明原因；

（二）报告期营业成本的分部信息、主要成本项目构成及变动原因；结合主要原材料、能源等采购对象的数量与价格变动，分析营业成本增减变化的影响因素；

（三）报告期毛利的构成与变动情况；综合毛利率、分产品或服务的毛利率的变动情况；以数据分析方式说明毛利率的主要影响因素及变化趋势；存在同行业公司相同或相近产品或服务的，应对比分析毛利率是否存在显著差异及原因；

（四）报告期销售费用、管理费用、研发费用、财务费用的主要构成及变动原因，期间费用水平的变动趋势；与同行业可比公司相比如存在显著差异，应结合业务特点和经营模式分析原因；

对于研发费用，还应披露对应研发项目的整体预算、费用支出金额、实施进度等情况；

（五）对报告期经营成果有重大影响的非经常性损益项目；未纳入合并报表范围的被投资主体或理财工具形成的投资收益或价值变动对公司经营成果及盈利能力稳定性的影响；区分与收益相关或与资产相关分析披露政府补助对发行人报告期与未来期间的影响；

（六）按税种分项披露报告期公司应缴与实缴的税额，说明重大税收政策变化及税收优惠对发行人的影响；

（七）尚未盈利或存在累计未弥补亏损的发行人，应结合行业特点分析该等情形的成因，充分披露尚未盈利或存在累计未弥补亏损对公司现金流、业务拓展、人才吸引、团队稳定性、研发投入、战略性投入、生产经营可持续性等方面的影响。

第七十七条 发行人对于资产质量的分析，应结合自身的经营管理政策，充分说明对发行人存在重大影响的主要资产项目的质量特征、变动原因及风险趋势，一般应包括下列内容：

（一）结合应收款项的主要构成、账龄结构、信用政策、主要债务人等因素，分析披露报告期应收款项的变动原因及期后回款进度，说明是否存在较大的坏账风险；应收账款坏账准备计提比例明显低于同行业上市公司水平的，应分析披露具体原因；

（二）结合业务模式、存货管理政策、经营风险控制等因素，分析披露报告期末存货的分类构成及变动原因，说明是否存在异常的存货余额增长或结构变动情形，分析存货减值测试的合理性；

（三）报告期末持有金额较大的以摊余成本计量的金融资产、以公允价值计量且其变动计入综合收益的金融资产、以公允价值计量且其变动计入当期损益的金融资产以及借与他人款项、委托理财等财务性投资的，应分析其投资目的、期限、管控方式、可回收性、减值准备计提充分性及对发行人资金安排或流动性的影响；

（四）结合产能、业务量或经营规模变化等因素，分析披露报告期末固定资产的分布特征与变动原因，重要固定资产折旧年限与同行业可比公司相比是否合理；报告期如存在大额在建工程转入固定资产的，应说明其内容、依据及影响，尚未完工交付项目预计未来转入固定资产的时间与条件；固定资产与在建工程是否存在重大减值因素；

（五）报告期末主要对外投资项目的投资期限、投资金额和价值变动、股权投资占比等情况，对发行人报告期及未来的影响；

（六）报告期末无形资产、开发支出的主要类别与增减变动原因，重要无形资产对发行人业务和财务的影响；无形资产减值测试的方法与结果；如存在开发支出资本化的，应说明具体项目、依据、时间及金额；

（七）报告期末商誉的形成原因、增减变动与减值测试依据等情况。

第七十八条 发行人对于偿债能力、流动性与持续经营能力的分析，一般应包括下列内容：

（一）最近一期末银行借款、关联方借款、合同承诺债务、或有负债等主要债项的金额、期限、利率及利息费用等情况；如有逾期未偿还债项应说明原因及解决措施；如存在借款费用资本化情况应说明其依据、时间及金额。发行人应分析可预见的未来需偿还的负债金额及利息金额，结合现金流、融资能力与渠道等情况，分析公司的偿债能力；

（二）报告期股利分配的具体实施情况；

（三）报告期经营活动产生的现金流量、投资活动产生的现金流量、筹资活动产生的现金流量的基本情况、主要构成和变动原因。如报告期经营活动产生的现金流量净额为负数或者与当期净利润存在较大差异的，应分析主要影响因素；

（四）截至报告期末的重大资本性支出决议以及未来其他可预见的重大资本性支出计划和资金需求量，如涉及跨行业投资应说明其与公司未来发展战略的关系，如存在较大资金缺口应说明解决措施及其影响；

（五）结合长短期债务配置期限、影响现金流量的重要事件或承诺事项以及风险管理政策，分析披露发行人的流动性已经或可能产生的重大变化或风险趋势，以及发行人应对流动性风险的具体措施；

（六）结合公司的业务或产品定位、报告期经营策略以及未来经营计划，分析披露发行人在持续经营能力方面是否存在重大不利变化或风险因素，以及管理层自我评判的依据。

第七十九条 发行人报告期存在重大投资或资本性支出、重大资产业务重组或股权收购合并等事项的，应分析披露该等重大事项的必要性与基本情况，对发行人生产经营战略、报告期及未来期间经营成果和财务状况的影响。

第八十条 发行人披露的财务会计信息或业绩预告信息应满足及时性要求。

发行人应扼要披露资产负债表日后事项、或有事项、其他重要事项以及重大担保、诉讼等事项在招股说明书签署日的进展情况，说明该等事项对发行人未来财务状况、盈利能力及持续经营的影响。

第八十一条 如果发行人认为提供盈利预测信息将有助于投资者对发行人及投资于发行人的股票作出正确判断，且发行人确信能对最近的未来期间的盈利情况作出比较切合实际的预测，发行人可以披露盈利预测信息，并声明："本公司盈利预测报告是管理层在最佳估计假设的基础上编制的，但所依据的各种假设具有不确定性，投资者进行投资决策时应谨慎使用。"

发行人应提示投资者阅读盈利预测报告及审核报告全文。

发行人应在"重大事项提示"中提醒投资者关注已披露的盈利预测信息。

第八十二条 尚未盈利的发行人应披露未来是否可实现盈利的前瞻性信息及其依据、基础假设等。

披露前瞻性信息的，发行人应声明："本公司前瞻性信息是建立在推测性假设的数据基础上的预测，具有重大不确定性，投资者进行投资决策时应谨慎使用。"

第九节 募集资金运用与未来发展规划

第八十三条 发行人应结合公司现有主营业务、生产经营规模、财务状况、技术条件、管理能力、发展目标合理确定募集资金投资项目,相关项目实施后不新增同业竞争,对发行人的独立性不产生不利影响。

发行人应披露其募集资金使用管理制度,以及募集资金重点投向科技创新领域的具体安排。

第八十四条 发行人应列表简要披露募集资金的投资方向、使用安排等情况。

第八十五条 发行人应根据重要性原则披露募集资金运用情况:

(一)募集资金的具体用途,简要分析募集资金具体用途的可行性及其与发行人现有主要业务、核心技术之间的关系;

(二)投资概算情况。发行人所筹资金如不能满足预计资金使用需求的,应说明缺口部分的资金来源及落实情况;如所筹资金超过预计资金使用需求的,应说明相关资金在运用和管理上的安排;

(三)募集资金具体用途所需的时间周期和时间进度;

(四)募集资金运用涉及履行审批、核准或备案程序的,应披露相关的履行情况;

(五)募集资金运用涉及环保问题的,应披露可能存在的环保问题、采取的措施及资金投入情况;

(六)募集资金运用涉及新取得土地或房产的,应披露取得方式、进展情况及未能如期取得对募集资金具体用途的影响;

(七)募集资金运用涉及与他人合作的,应披露合作方基本情况、合作方式、各方权利义务关系;

(八)募集资金向实际控制人、控股股东及其关联方收购资产,如果对被收购资产有效益承诺的,应披露效益无法完成时的补偿责任。

第八十六条 募集资金用于研发投入、科技创新、新产品开发生产的,应披露其具体安排及其与发行人现有主要业务、核心技术之间的关系。

第八十七条 发行人应披露其制定的战略规划,报告期内为实现战略目标已采取的措施及实施效果,未来规划采取的措施等。

第十节 投资者保护

第八十八条 发行人应披露投资者关系的主要安排,包括信息披露制度和流程、投资者沟通渠道的建立情况以及未来开展投资者关系管理的规划等。

第八十九条 发行人应披露发行后的股利分配政策和决策程序,以及本次发行前后股利分配政策的差异情况。

第九十条 发行人应披露本次发行完成前滚存利润的分配安排和已履行的决策程序。若发行前的滚存利润归发行前的股东享有,应披露滚存利润审计和实际派发情况。

第九十一条 发行人应披露股东投票机制的建立情况,包括采取累积投票制选举公司董事,中小投资者单独计票机制,法定事项采取网络投票方式召开股东大会进行审议表决、征集投票权的相关安排等。

第九十二条 发行人存在特别表决权股份、协议控制架构或类似特殊安排,尚未盈利或存在累计未弥补亏损的,应披露依法落实保护投资者合法权益规定的各项措施,包括但不限于下列内容:

(一)发行人存在特别表决权股份等特殊架构的,其持有特别表决权的股东应按照所适用的法律以及公司章程行使权利,不得滥用特别表决权,不得损害投资者的合法权益。损害投资者合法权益的,发行人及持有特别表决权的股东应改正,并依法承担对投资者的损害赔偿责任;

(二)尚未盈利企业的控股股东、实际控制人和董事、监事、高级管理人员及核心技术人员关于减持股票所做的特殊安排或承诺。

第九十三条 发行人应充分披露发行人、股东、实际控制人、发行人的董事、监事、高级管理人员、核心技术人员以及本次发行的保荐人及证券服务机构等作出的重要承诺、未能履行承诺的约束措施以及已触发履行条件的承诺事项的履行情况。承诺事项主要包括:

(一)本次发行前股东所持股份的限售安排、自愿锁定股份、延长锁定期限以及股东持股及减持意向等承诺;

(二)稳定股价的措施和承诺;

(三)股份回购和股份购回的措施和承诺;

(四)对欺诈发行上市的股份购回承诺;

(五)填补被摊薄即期回报的措施及承诺;

(六)利润分配政策的承诺;

(七)依法承担赔偿或赔偿责任的承诺;

(八)其他承诺事项。

第十一节　其他重要事项

第九十四条　发行人应披露对报告期经营活动、财务状况或未来发展等具有重要影响的已履行和正在履行的合同情况，包括合同当事人、合同标的、合同价款或报酬、履行期限、实际履行情况等。与同一交易主体在一个会计年度内连续发生的相同内容或性质的合同应累计计算。

第九十五条　发行人应披露对外担保的情况，主要包括：

（一）被担保人的名称、注册资本、实收资本、住所、生产经营情况、与发行人有无关联关系、以及最近一年及一期末的总资产、净资产和最近一年及一期的净利润；

（二）主债务的种类、金额和履行债务的期限；

（三）担保方式：采用保证方式还是抵押、质押方式；采用抵押、质押方式的，应披露担保物的种类、数量、价值等相关情况；

（四）担保范围；

（五）担保期间；

（六）解决争议的方法；

（七）其他对担保人有重大影响的条款；

（八）担保履行情况；

（九）如存在反担保的，应简要披露相关情况；

（十）该等担保对发行人业务经营与财务状况的影响。

第九十六条　发行人应披露对财务状况、经营成果、声誉、业务活动、未来前景等可能产生较大影响的诉讼或仲裁事项，以及控股股东或实际控制人、控股子公司，发行人董事、监事、高级管理人员和核心技术人员作为一方当事人可能对发行人产生影响的刑事诉讼、重大诉讼或仲裁事项，主要包括：

（一）案件受理情况和基本案情；

（二）诉讼或仲裁请求；

（三）判决、裁决结果及执行情况；

（四）诉讼、仲裁案件对发行人的影响。

发行人应披露董事、监事、高级管理人员和核心技术人员最近3年涉及行政处罚、被司法机关立案侦查、被中国证监会立案调查情况。

第九十七条　发行人应披露控股股东、实际控制人报告期内是否存在重大违法行为。

第十二节　声　　明

第九十八条　发行人全体董事、监事、高级管理人员应在招股说明书正文的尾页声明：

"本公司全体董事、监事、高级管理人员承诺本招股说明书不存在虚假记载、误导性陈述或重大遗漏，并对其真实性、准确性、完整性承担个别和连带的法律责任。"

声明应由全体董事、监事、高级管理人员签名，并由发行人加盖公章。

第九十九条　发行人控股股东、实际控制人应在招股说明书正文后声明：

"本公司或本人承诺本招股说明书不存在虚假记载、误导性陈述或重大遗漏，并对其真实性、准确性、完整性承担个别和连带的法律责任。"

声明应由控股股东、实际控制人签名，加盖公章。

第一百条　保荐人（主承销商）应在招股说明书正文后声明：

"本公司已对招股说明书进行了核查，确认不存在虚假记载、误导性陈述或重大遗漏，并对其真实性、准确性、完整性承担相应的法律责任。"

声明应由法定代表人、保荐代表人、项目协办人签名，并由保荐人（主承销商）加盖公章。

第一百零一条　发行人律师应在招股说明书正文后声明：

"本所及经办律师已阅读招股说明书，确认招股说明书与本所出具的法律意见书无矛盾之处。本所及经办律师对发行人在招股说明书中引用的法律意见书的内容无异议，确认招股说明书不致因上述内容而出现虚假记载、误导性陈述或重大遗漏，并对其真实性、准确性、完整性承担相应的法律责任。"

声明应由经办律师及所在律师事务所负责人签名，并由律师事务所加盖公章。

第一百零二条　为本次发行承担审计业务的会计师事务所应在招股说明书正文后声明：

"本所及签字注册会计师已阅读招股说明书，确认招股说明书与本所出具的审计报告、盈利预测审核报告（如有）、内部控制鉴证报告及经本所鉴证的非经常性损益明细表等无矛盾之处。本所及签字注册会计师对发行人在招股说明书中引用的审计报告、盈利预测审核报告（如有）、内部控制鉴证报告及经本所鉴证的非经常性损益明细表等的内容无异议，确认招股说明书不致因上述内容而出现虚假记载、误导性陈述或重大遗漏，并对其真实性、准确性、完整性承担相应的法律责任。”

声明应由签字注册会计师及所在会计师事务所负责人签名，并由会计师事务所加盖公章。

第一百零三条 为本次发行承担评估业务的资产评估机构应在招股说明书正文后声明：

“本机构及签字注册资产评估师已阅读招股说明书，确认招股说明书与本机构出具的资产评估报告无矛盾之处。本机构及签字注册资产评估师对发行人在招股说明书中引用的资产评估报告的内容无异议，确认招股说明书不致因上述内容而出现虚假记载、误导性陈述或重大遗漏，并对其真实性、准确性、完整性承担相应的法律责任。”

声明应由签字注册资产评估师及所在资产评估机构负责人签名，并由资产评估机构加盖公章。

第一百零四条 为本次发行承担验资业务的机构应在招股说明书正文后声明：

“本机构及签字注册会计师已阅读招股说明书，确认招股说明书与本机构出具的验资报告无矛盾之处。本机构及签字注册会计师对发行人在招股说明书中引用的验资报告的内容无异议，确认招股说明书不致因上述内容而出现虚假记载、误导性陈述或重大遗漏，并对其真实性、准确性、完整性承担相应的法律责任。”

声明应由签字注册会计师及所在验资机构负责人签名，并由验资机构加盖公章。

第一百零五条 发行人及上述机构和人员应按照本准则第九十八条至第一百零四条的规定，在预先披露的招股说明书（申报稿）中发表声明。

第一百零六条 本准则所要求的有关人员的签名下方应以印刷体形式注明其姓名。

第十三节　附　　件

第一百零七条 发行人应按本准则规定披露以下附件：

（一）发行保荐书；

（二）上市保荐书；

（三）法律意见书；

（四）财务报告及审计报告；

（五）公司章程（草案）；

（六）发行人及其他责任主体作出的与发行人本次发行上市相关的承诺事项；

（七）发行人审计报告基准日至招股说明书签署日之间的相关财务报表及审阅报告（如有）；

（八）盈利预测报告及审核报告（如有）；

（九）内部控制鉴证报告；

（十）经注册会计师鉴证的非经常性损益明细表；

（十一）中国证监会同意发行人本次公开发行注册的文件；

（十二）其他与本次发行有关的重要文件。

第三章　附　　则

第一百零八条　红筹企业申请首次公开发行股票或发行存托凭证并在科创板上市编制招股说明书时应同时遵循本准则以及《公开发行证券的公司信息披露编报规则第 23 号——试点红筹企业公开发行存托凭证招股说明书内容与格式指引》等规则的规定。

第一百零九条　本准则自公布之日起施行。

公开发行证券的公司信息披露内容与格式准则第42号——首次公开发行股票并在科创板上市申请文件

（2019年3月1日　证监会公告〔2019〕7号）

第 一 条　为规范在上海证券交易所科创板（以下简称科创板）试点注册制首次公开发行股票申请文件（以下简称申请文件）的格式和报送行为，根据《证券法》《关于在上海证券交易所设立科创板并试点注册制的实施意见》《科创板首次公开发行股票注册管理办法（试行）》（证监会令第153号）的规定，制定本准则。

第 二 条　申请在中华人民共和国境内首次公开发行股票并在科创板上市的公司（以下简称发行人）应按本准则的要求制作申请文件，并通过上海证券交易所（以下简称交易所）发行上市审核业务系统报送电子文件。

报送的电子文件应和预留原件一致。发行人律师应对报送的电子文件与预留原件的一致性出具鉴证意见。报送的电子文件和预留原件具有同等的法律效力。

第 三 条　本准则附录规定的申请文件目录是对申请文件的最低要求。中国证券监督管理委员会（以下简称中国证监会）和交易所根据审核需要可以要求发行人、保荐人和相关证券服务机构补充文件。如发行人认为某些文件对其不适用，应作出书面说明。补充文件和相关说明也应通过交易所发行上市审核业务系统报送。

第 四 条　保荐人应对发行人符合科创板定位要求出具专项意见。

第 五 条　申请文件一经受理，未经同意，不得增加、撤回或更换。

第 六 条　发行人应确保申请文件的原始纸质文件已存档。

对于申请文件的原始纸质文件，发行人不能提供有关文件原件的，应由发行人律师提供鉴证意见，或由出文单位盖章，以保证与原件一致。如原出文单位不再存续，由承继其职权的单位或作出撤销决定的单位出文证明文件的真实性。

第 七 条 申请文件的原始纸质文件所有需要签名处，应载明签名字样的印刷体，并由签名人亲笔签名，不得以名章、签名章等代替。

申请文件的原始纸质文件中需要由发行人律师鉴证的文件，发行人律师应在该文件首页注明“以下第××页至第××页与原件一致”，并签名和签署鉴证日期，律师事务所应在该文件首页加盖公章，并在第××页至第××页侧面以公章加盖骑缝章。

第 八 条 发行人应根据交易所对申请文件的问询及中国证监会对申请文件的反馈问题提供补充材料。保荐人和相关证券服务机构应对相关问题进行尽职调查并补充出具专业意见。

第 九 条 发行人向交易所发行上市审核业务系统报送的申请文件应采用标准“.doc”、“.docx”或“.pdf”格式文件，按幅面为209毫米×295毫米规格的纸张（相当于标准A4纸张规格）进行排版，并应采用合适的字体、字号、行距，易于投资者阅读。

申请文件的正文文字应为宋体小四，1.5倍行距。一级标题应为黑体三号，二级标题应为黑体四号，三级标题应为黑体小四字号，且各级标题应分别采用一致的段落间距。

申请文件章与章之间、节与节之间应有明显的分隔标识。文档应根据各级标题建立文档结构图以便于阅读。

申请文件中的页码应与目录中标识的页码相符。例如，第四部分4-1的页码标注为4-1-1,4-1-2,4-1-3,......4-1-n。

第 十 条 未按本准则的要求制作和报送申请文件的，交易所可以按照有关规定不予受理。

第十一条 红筹企业申请首次公开发行股票或发行存托凭证并在科创板上市，应同时按照本准则和相关规定制作和报送申请文件。

第十二条 本准则由中国证监会负责解释。

第十三条 本准则自发布之日起施行。

附件：首次公开发行股票并在科创板上市申请文件目录

附件

首次公开发行股票并在科创板上市申请文件目录

一、招股文件

1－1　招股说明书(申报稿)

二、发行人关于本次发行上市的申请与授权文件

2－1　关于本次公开发行股票并在科创板上市的申请报告

2－2　董事会有关本次发行并上市的决议

2－3　股东大会有关本次发行并上市的决议

2－4　关于符合科创板定位要求的专项说明

三、保荐人和证券服务机构关于本次发行上市的文件

3－1　保荐人关于本次发行上市的文件

3－1－1　关于发行人符合科创板定位要求的专项意见

3－1－2　发行保荐书

3－1－3　上市保荐书

3－1－4　保荐工作报告

3－1－5　关于发行人预计市值的分析报告(如适用)

3－1－6　保荐机构相关子公司参与配售的相关文件(如有)

3－2　会计师关于本次发行上市的文件

3－2－1　财务报表及审计报告

3－2－2　发行人审计报告基准日至招股说明书签署日之间的相关财务报表及审阅报告(如有)

3－2－3　盈利预测报告及审核报告(如有)

3－2－4　内部控制鉴证报告

3－2－5　经注册会计师鉴证的非经常性损益明细表

3－3　发行人律师关于本次发行上市的文件

3－3－1　法律意见书

3－3－2　律师工作报告

3－3－3　关于发行人董事、监事、高级管理人员、发行人控股股东和实际控制人在相关文件上签名盖章的真实性的鉴证意见

3－3－4　关于申请电子文件与预留原件一致的鉴证意见

四、发行人的设立文件

4-1 发行人的企业法人营业执照

4-2 发行人公司章程(草案)

4-3 发行人关于公司设立以来股本演变情况的说明及其董事、监事、高级管理人员的确认意见

4-4 商务主管部门出具的外资确认文件(如有)

五、与财务会计资料相关的其他文件

5-1 发行人关于最近三年及一期的纳税情况及政府补助情况

5-1-1 发行人最近三年及一期所得税纳税申报表

5-1-2 有关发行人税收优惠、政府补助的证明文件

5-1-3 主要税种纳税情况的说明

5-1-4 注册会计师对主要税种纳税情况说明出具的意见

5-1-5 发行人及其重要子公司或主要经营机构最近三年及一期纳税情况的证明

5-2 发行人需报送的其他财务资料

5-2-1 最近三年及一期原始财务报表

5-2-2 原始财务报表与申报财务报表的差异比较表

5-2-3 注册会计师对差异情况出具的意见

5-3 发行人设立时和最近三年及一期资产评估报告(如有)

5-4 发行人历次验资报告或出资证明

5-5 发行人大股东或控股股东最近一年及一期的原始财务报表及审计报告(如有)

六、关于本次发行上市募集资金运用的文件

6-1 发行人关于募集资金运用方向的总体安排及其合理性、必要性的说明

6-2 募集资金投资项目的审批、核准或备案文件(如有)

6-3 发行人拟收购资产(或股权)的财务报表、审计报告、资产评估报告、盈利预测报告(如有)

6-4 发行人拟收购资产(或股权)的合同或合同草案(如有)

七、其他文件

7-1 产权和特许经营权证书

7-1-1 发行人拥有或使用的对其生产经营有重大影响的商标、专利、计算机软件著作权等知识产权以及土地使用权、房屋所有权等产权证书清单(需列明证书所有者或使用者名称、证书号码、权利期限、取得

方式、是否及存在何种他项权利等内容）

7－1－2　发行人律师就7－1－1清单所列产权证书出具的鉴证意见

7－1－3　特许经营权证书（如有）

7－2　重要合同

7－2－1　对发行人有重大影响的商标、专利、专有技术等知识产权许可使用协议（如有）

7－2－2　重大关联交易协议（如有）

7－2－3　重组协议（如有）

7－2－4　特别表决权股份等差异化表决安排涉及的协议（如有）

7－2－5　高管员工配售协议（如有）

7－2－6　其他重要商务合同（如有）

7－3　特定行业（或企业）的管理部门出具的相关意见（如有）

7－4　承诺事项

7－4－1　发行人及其实际控制人、控股股东、持股5%以上股东以及发行人董事、监事、高级管理人员等责任主体的重要承诺以及未履行承诺的约束措施

7－4－2　有关消除或避免同业竞争的协议以及发行人的控股股东和实际控制人出具的相关承诺

7－4－3　发行人全体董事、监事、高级管理人员对发行申请文件真实性、准确性、完整性的承诺书

7－4－4　发行人控股股东、实际控制人对招股说明书的确认意见

7－4－5　发行人关于申请电子文件与预留原件一致的承诺函

7－4－6　保荐人关于申请电子文件与预留原件一致的承诺函

7－4－7　发行人保证不影响和干扰审核的承诺函

7－5　说明事项

7－5－1　发行人关于申请文件不适用情况的说明

7－5－2　发行人关于招股说明书不适用情况的说明

7－5－3　信息披露豁免申请（如有）

7－6　保荐协议

7－7　其他文件

公开发行证券的公司信息披露编报规则第24号——科创板创新试点红筹企业财务报告信息特别规定

（2019年3月7日　证监会公告〔2019〕8号）

第一条　为规范在科创板公开发行证券并上市的创新试点红筹企业（以下简称红筹企业）财务信息披露行为，支持引导红筹企业更好地发展，保护红筹企业和投资者的合法权益，根据《中华人民共和国证券法》《关于开展创新企业境内发行股票或存托凭证试点的若干意见》（以下简称《若干意见》）《存托凭证发行与交易管理办法》《关于在上海证券交易所设立科创板并试点注册制的实施意见》（以下简称《实施意见》）以及相关法律法规，制定本规定。

第二条　本规定所称红筹企业，是指按照《若干意见》和《实施意见》等规定，经上海证券交易所和中国证券监督管理委员会（以下简称中国证监会）审核并注册，在科创板公开发行股票或者存托凭证并上市的创新试点红筹企业。

第三条　在境内公开发行股票或存托凭证并上市的红筹企业披露年度财务报告、首次发行股票或存托凭证的红筹企业申报财务报告，以及按照相关规定需要参照年度财务报告披露有关财务信息时，应遵循本规定和其他相关规定的要求。

第四条　红筹企业披露的财务报告信息，可按照中国企业会计准则或经财政部认可与中国企业会计准则等效的会计准则（以下简称等效会计准则）编制，也可在按照国际财务报告准则或美国会计准则（以下简称境外会计准则）编制的同时，提供按照中国企业会计准则调整的差异调节信息。

红筹企业在财务报告信息披露中应明确所采用的会计准则类型。红筹企业首次申请境内公开发行股票或者存托凭证时按照中国企业会计准则编制财务报告的，境内上市后不得变更。

第 五 条 红筹企业在境内公开发行股票或存托凭证,应在发行上市安排中明确会计年度期间,一经确定、不得随意变更。未以公历年度作为会计年度的,应提供充分理由并予以披露。

第 六 条 采用中国企业会计准则编制财务报告的红筹企业应遵循《公开发行证券的公司信息披露编报规则第 15 号——财务报告的一般规定》(以下简称《15 号文》),本规定另有规定的除外。

第 七 条 对于编制合并财务报表的红筹企业,无需提供母公司层面财务信息。

第 八 条 采用中国企业会计准则编制财务报告的红筹企业,执行《15 号文》时,在不影响投资者决策判断和使用的情况下,可基于简便性原则对以下特定信息予以分类汇总或简化披露:

(一)在财务报告附注中披露子公司信息时,需要按要求披露重要的子公司信息,对不重要的子公司可以分类汇总披露。在确定子公司是否重要时,应考虑子公司的收入、利润、资产、净资产等财务指标占合并报表相关指标的比例,以及子公司经营业务、未来发展战略、持有资质或证照等对公司的影响等因素。

公司确定子公司是否重要的标准应予披露,并且不得随意变更。

(二)在财务报告附注中披露应收款项信息时,可以分类汇总披露按欠款方归集的期末余额前五名的应收款项相关信息,包括期末余额汇总数及占应收款项期末余额合计数的比例,以及相应计提的坏账准备期末余额。

(三)在财务报告附注中披露在建工程信息时,需要披露重要在建工程项目的期初余额、本期增加额、本期转入固定资产金额、本期其他减少金额、期末余额,对于不重要的在建工程项目,可以按性质分类汇总披露。

(四)在财务报告附注中披露开发支出时,需要披露重要开发支出项目的期初余额、期末余额和本期增减变动情况,对于不重要的开发支出项目可以按性质分类汇总披露。

(五)在财务报告附注中披露政府补助信息时,可以按性质分类汇总披露。

(六)中国证监会认可的其他情形。

第 九 条 红筹企业采用等效会计准则编制财务报告时,应当在遵循等效会计准则要求提供的信息基础上,提供满足证券市场各类主体和监管需要的补充财务信息。

补充财务信息主要包括按照中国企业会计准则调节的关键财务指

标,包括但不限于:净利润、净资产、流动资产、非流动资产、流动负债、非流动负债、归属于母公司的所有者权益、营业收入、营业成本、利润总额、归属于母公司的净利润、经营和投资与筹资活动产生的现金流量。

上海证券交易所应制定补充财务信息涉及的财务指标及其调节信息的披露指引,报中国证监会同意后颁布实施。

第 十 条 红筹企业采用境外会计准则编制财务报告时,除提供按境外会计准则编制的财务报告外,还应提供按照中国企业会计准则调整的差异调节信息,具体包括按照中国企业会计准则重述的资产负债表、利润表、现金流量表和所有者权益变动表。

对于重述的符合中国企业会计准则的财务报表,不需要提供中国企业会计准则要求的附注信息,但需要提供与按境外会计准则编制财务报表的主要差异及调节过程信息。

上海证券交易所应制定按中国企业会计准则重述财务报表主要差异及调节过程信息的披露指引,报中国证监会同意后颁布实施。

第十一条 适用等效或境外会计准则的红筹企业按照本规定编报补充财务信息或差异调节信息,存在实际困难导致不切实可行的,可以向上海证券交易所申请调整适用,但应当说明原因和替代方案。

第十二条 红筹企业采用等效会计准则和境外会计准则编制财务报告时,可不执行《15 号文》规定,但应遵照中国证监会相关要求披露非经常性损益、净资产收益率和每股收益等相关信息。

第十三条 红筹企业编制的财务报表、按有关规定需要审计的,应当由境内具有证券期货相关业务资格的会计师事务所根据中国审计准则进行审计,并出具审计报告。

采用等效或境外会计准则编制财务报表的红筹企业,按有关规定提供的补充财务信息或按照中国企业会计准则重述的财务报表,应当由境内具有证券期货相关业务资格的会计师事务所根据中国审计准则及配套审计指引、监管规定进行鉴证,并独立发表鉴证意见。

第十四条 为充分保护境内投资者合法权益,红筹企业境内财务信息披露应遵循"就高不就低"原则,对于在境外财务报告中披露的信息,在其境内上市财务报告中也应予以披露。

第十五条 采用等效或境外会计准则编制财务报表的红筹企业,在中期报告中提供财务信息时,仅需要提供按中国企业会计准则调节的净资产和净利润。

第十六条 本规定自公布之日起实施。

附　　录

附录一

2019 年上半年中国证监会明令废止或停止执行的文件、条款

1. 根据《期货公司监督管理办法》(2019 年 6 月 4 日　证监会令第 155 号),原《期货公司监督管理办法》(证监会令第 110 号)同时废止。

2. 根据《关于修改〈上市公司章程指引〉的决定》(2019 年 4 月 17 日　证监会公告〔2019〕10 号),原《上市公司章程指引(2014 年修订)》(证监会公告〔2014〕47 号)同时废止。

附录二　司法解释

最高人民法院、全国工商联印发《关于发挥商会调解优势　推进民营经济领域纠纷多元化解机制建设的意见》的通知

（2019 年 1 月 14 日　法〔2019〕11 号）

各省、自治区、直辖市高级人民法院、工商联，新疆维吾尔自治区高级人民法院生产建设兵团分院、新疆生产建设兵团工商联：

为深入贯彻落实习近平新时代中国特色社会主义思想，运用法治手段服务保障民营经济健康发展，构建共建共治共享的社会治理格局，现将《关于发挥商会调解优势　推进民营经济领域纠纷多元化解机制建设的意见》予以印发，请认真贯彻执行。各地可结合实际，制定具体实施意见。执行过程中遇到的问题，请及时层报最高人民法院、全国工商联。

关于发挥商会调解优势　推进民营经济领域纠纷多元化解机制建设的意见

为深入贯彻落实习近平新时代中国特色社会主义思想，运用法治手段服务保障民营经济健康发展，构建共建共治共享的社会治理格局，根据中共中央办公厅、国务院办公厅《关于完善矛盾纠纷多元化解机制的意见》《关于促进工商联所属商会改革和发展的实施意见》和最高人民法院《关于人民法院进一步深化多元化纠纷解决机制改革的意见》，现就发挥商会调解优势，加强诉调对接工作，推进民营经济领域纠纷多元化解机制建设提出如下意见。

1. 充分认识推进民营经济领域纠纷多元化解机制建设的重要意义。

深刻领会习近平总书记在民营企业座谈会上的重要讲话精神，充分发挥商会调解化解民营经济领域纠纷的制度优势。完善商会职能，提升商会服务能力，培育和发展中国特色商会调解组织；促进和引导民营企业依法经营、依法治企、依法维权，促进产权平等保护，激发和弘扬企业家精神；推动商人纠纷商会解，协同参与社会治理；优化司法资源配置，营造良好的法治营商环境，为民营经济健康发展提供司法保障。

2. 工作目标。加强商会调解组织和调解员队伍建设，健全完善商会调解制度和机制，为企业提供多元的纠纷解决渠道。进一步转变司法理念，发挥司法在商会纠纷化解中的引领、推动和保障作用，满足民营企业纠纷多元化解、快速化解和有效化解的实际需求，为民营企业创新创业营造良好法治环境。建立健全商会调解机制与诉讼程序有机衔接的纠纷化解体系，不断提升工商联法律服务能力，促进民营经济健康发展。

3. 明确商会调解范围。商会调解以民营企业的各类民商事纠纷为主，包括商会会员之间的纠纷，会员企业内部的纠纷，会员与生产经营关联方之间的纠纷，会员与其他单位或人员之间的纠纷，以及其他涉及适合商会调解的民商事纠纷。

4. 强化商会调解纠纷功能。工商联加强对所属商会的指导、引导和服务，支持商会依照法律法规及相关程序设立调解组织、规范运行，使调解成为化解民营经济领域矛盾纠纷的重要渠道。支持商会建立人民调解委员会，为企业提供基础性公益性纠纷解决服务。支持企业、商会建立劳动争议调解组织，及时化解劳动争议，维护劳动关系的和谐稳定。鼓励行业商会组织发挥自身优势，建立专业化的行业调解组织。鼓励具备条件的商会设立商事调解组织，发挥商事调解组织化解专业纠纷的重要作用。商会设立的商事调解组织应当在省级工商联和全国工商联备案。

5. 主动预防化解矛盾纠纷。各级工商联及所属商会要加强法律服务平台（中心）建设，完善维权援助机制，鼓励有条件的企业设立法务部门、公司律师或聘请法律顾问，形成协调联动的法律服务力量。通过普法宣传、典型案例等形式，主动对企业、行业纠纷进行排查、监测和预警，加强矛盾纠纷源头治理。强化行业自律和行业治理，将诚实信用、公平竞争、和合共赢等理念纳入商会章程、企业合同条款，督促自觉履行生效裁决或调解协议。

6. 规范商会调解组织运行。商会调解组织由工商联或所属商会根据需要设立，应具有规范的组织形式、固定的办公场所及调解场地、专业的调解人员和健全的调解工作制度。商会调解组织应当吸纳符合条件的优秀企业家、商会人员、法律顾问、行业专家、律师、工会代表以及其他社会人士担任调解员。对外公布商会调解组织和调解员名册、调解程序以及调解规则。规范纠纷流程管理，完善调解与诉讼衔接程序，建立纠纷受理、调解、履行、回访以及档案管理、信息报送、考核评估等制度，注重保护当事人隐私和商业秘密，切实维护双方当事人权益，不断增强商会调解的规范性和公信力。全国工商联法律维权服务中心加强纠纷调解职能，推动横向联通、纵向联动，共同推动商会调解工作。

7. 完善诉调对接机制。人民法院吸纳符合条件的商会调解组织或者调解员加入特邀调解组织名册或者特邀调解员名册。名册实行动态更新和维护，并向当事人提供完整、准确的调解组织和调解员信息，供当事人选择。落实委派调解和委托调解机制，加强与商会调解组织对接工作，探索设立驻人民法院调解室。加强诉讼与非诉讼解决方式的有机衔接，引导当事人优先选择商会调解组织解决纠纷。

8. 强化司法保障作用。经调解达成的调解协议，具有法律约束力，当事人应当按照约定履行。能够即时履行的，调解组织应当督促当事人即时履行。当事人申请司法确认的，人民法院应当及时审查，依法确认调解协议的效力。人民法院在立案登记后委托商会调解组织进行调解达成协议的，当事人申请出具调解书或者撤回起诉的，人民法院应当依法审查并制作民事调解书或者裁定书。对调解不成的纠纷，依法导入诉讼程序，切实维护当事人的诉权。

9. 建立信息共享机制。人民法院与工商联建立联席会议机制，加强工作沟通交流。完善信息互通和数据共享，建立相关信息和纠纷处理的工作台账，通过挖掘分析数据，研判纠纷类型特点、规律和问题，为更好地推进商会调解、做好纠纷预防提供数据支撑。

10. 强化指导培训。完善商会调解员培训机制，制定调解员职业道德规范，通过调解培训、座谈研讨、观摩庭审、法律讲座等方式，不断提高调解员职业修养、法律素养、专业知识和调解技能；加强调解员队伍建设，推动建立调解员资格认定和考核评估机制，完善调解员管理。

11. 完善经费保障。积极争取党委政府支持，将调解经费作为法律服务内容列入财政预算，推动将商会调解作为社会管理性服务内容纳入政府购买服务指导性目录。拓宽商会调解经费来源，通过商会会费、社会捐赠资助或设立基金等方式，提高经费保障水平。落实特邀调解制度，通过“以案定补”等方式向参与委派委托调解的调解员发放补贴，对表现突出的商会调解组织、调解员给予奖励。

12. 探索创新发展。借助“网上工商联”建设，整合工商联及所属商会的调解资源，建立各类调解组织、调解员数据库、纠纷化解信息库，构建相互贯通、资源共享、安全可靠的矛盾纠纷化解信息系统。创新开展在线解决纠纷，完善在线调解程序。支持地方各级工商联及其所属商会参与“一带一路”国际商事争端预防与解决机制建设，为民营企业走出去提供服务和保障。

13. 加强宣传引导。各级人民法院、工商联及所属商会应当充分运用各种传媒手段，宣传调解优势，总结推广商会调解典型案例和先进经验，引导企业防范风险，理性维权。

14. 加强组织领导。各级人民法院和工商联要大力支持商会调解工作，将其作为保障民营经济健康发展的重要举措，作为构建社会矛盾纠纷多元化解格局的重要内容，结合当地实际，把握政策精神，抓好贯彻落实。各高级人民法院和省级工商联及所属商会要对辖区内商会调解组织的工作加强指导，建立完善联络沟通机制，工作中遇到的情况和问题，及时层报最高人民法院和全国工商联。

最高人民法院、最高人民检察院、公安部印发《关于办理非法集资刑事案件若干问题的意见》的通知

（2019年1月30日　高检会〔2019〕2号）

各省、自治区、直辖市高级人民法院、人民检察院、公安厅（局），解放军军事法院、解放军军事检察院，新疆维吾尔自治区高级人民法院生产建设兵团分院、新疆生产建设兵团人民检察院、公安局：

为依法惩治非法吸收公众存款、集资诈骗等非法集资犯罪活动，维护国家金融管理秩序，保护公民、法人和其他组织合法权益，最高人民法院、最高人民检察院、公安部现联合印发《关于办理非法集资刑事案件若干问题的意见》，请认真贯彻执行。

最高人民法院、最高人民检察院、公安部关于办理非法集资刑事案件若干问题的意见

为依法惩治非法吸收公众存款、集资诈骗等非法集资犯罪活动，维护国家金融管理秩序，保护公民、法人和其他组织合法权益，根据刑法、刑事诉讼法等法律规定，结合司法实践，现就办理非法吸收公众存款、集资诈骗等非法集资刑事案件有关问题提出以下意见：

一、关于非法集资的“非法性”认定依据问题

人民法院、人民检察院、公安机关认定非法集资的“非法性”，应当以国家金融管理法律法规作为依据。对于国家金融管理法律法规仅作原则性规定的，可以根据法律规定的精神并参考中国人民银行、中国银行保险监督管理委员会、中国证券监督管理委员会等行政主管部门依照国家金融管理法律法规制定的部门规章或者国家有关金融管理的规定、办法、实施细则等规范性文件的规定予以认定。

二、关于单位犯罪的认定问题

单位实施非法集资犯罪活动，全部或者大部分违法所得归单位所有的，应当认定为单位犯罪。

个人为进行非法集资犯罪活动而设立的单位实施犯罪的，或者单位设立后，以实施非法集资犯罪活动为主要活动的，不以单位犯罪论处，对单位中组织、策划、实施非法集资犯罪活动的人员应当以自然人犯罪依法追究刑事责任。

判断单位是否以实施非法集资犯罪活动为主要活动，应当根据单位实施非法集资的次数、频度、持续时间、资金规模、资金流向、投入人力物力情况、单位进行正当经营的状况以及犯罪活动的影响、后果等因素综合考虑认定。

三、关于涉案下属单位的处理问题

办理非法集资刑事案件中，人民法院、人民检察院、公安机关应当全面查清涉案单位，包括上级单位（总公司、母公司）和下属单位（分公司、子公司）的主体资格、层级、关系、地位、作用、资金流向等，区分情况依法作出处理。

上级单位已被认定为单位犯罪，下属单位实施非法集资犯罪活动，且全部或者大部分违法所得归下属单位所有的，对该下属单位也应当认定为单位犯罪。上级单位和下属单位构成共同犯罪的，应当根据犯罪单位的地位、作用，确定犯罪单位的刑事责任。

上级单位已被认定为单位犯罪，下属单位实施非法集资犯罪活动，但全部或者大部分违法所得归上级单位所有的，对下属单位不单独认定为单位犯罪。下属单位中涉嫌犯罪的人员，可以作为上级单位的其他直接责任人员依法追究刑事责任。

上级单位未被认定为单位犯罪，下属单位被认定为单位犯罪的，对上级单位中组织、策划、实施非法集资犯罪的人员，一般可以与下属单位按照自然人与单位共同犯罪处理。

上级单位与下属单位均未被认定为单位犯罪的，一般以上级单位与下属单位中承担组织、领导、管理、协调职责的主管人员和发挥主要作用的人员作为主犯，以其他积极参加非法集资犯罪的人员作为从犯，按照自然人共同犯罪处理。

四、关于主观故意的认定问题

认定犯罪嫌疑人、被告人是否具有非法吸收公众存款的犯罪故意，应当依据犯罪嫌疑人、被告人的任职情况、职业经历、专业背景、培训经历、本人因同类行为受到行政处罚或者刑事追究情况以及吸收资金方式、宣传推广、合同资料、业务流程等证据,结合其供述,进行综合分析判断。

犯罪嫌疑人、被告人使用诈骗方法非法集资,符合《最高人民法院关于审理非法集资刑事案件具体应用法律若干问题的解释》第四条规定的,可以认定为集资诈骗罪中“以非法占有为目的”。

办案机关在办理非法集资刑事案件中,应当根据案件具体情况注意收集运用涉及犯罪嫌疑人、被告人的以下证据:是否使用虚假身份信息对外开展业务;是否虚假订立合同、协议;是否虚假宣传,明显超出经营范围或者夸大经营、投资、服务项目及盈利能力;是否吸收资金后隐匿、销毁合同、协议、账目;是否传授或者接受规避法律、逃避监管的方法,等等。

五、关于犯罪数额的认定问题

非法吸收或者变相吸收公众存款构成犯罪,具有下列情形之一的,向亲友或者单位内部人员吸收的资金应当与向不特定对象吸收的资金一并计入犯罪数额:

(一)在向亲友或者单位内部人员吸收资金的过程中,明知亲友或者单位内部人员向不特定对象吸收资金而予以放任的;

(二)以吸收资金为目的,将社会人员吸收为单位内部人员,并向其吸收资金的;

(三)向社会公开宣传,同时向不特定对象、亲友或者单位内部人员吸收资金的。

非法吸收或者变相吸收公众存款的数额,以行为人所吸收的资金全额计算。集资参与人收回本金或者获得回报后又重复投资的数额不予扣除,但可以作为量刑情节酌情考虑。

六、关于宽严相济刑事政策把握问题

办理非法集资刑事案件,应当贯彻宽严相济刑事政策,依法合理把握追究刑事责任的范围,综合运用刑事手段和行政手段处置和化解风险,做到惩处少数、教育挽救大多数。要根据行为人的客观行为、主观恶性、犯罪情节及其地位、作用、层级、职务等情况,综合判断行为人的责任轻重和刑事追究的必要性,按照区别对待原则分类处理涉案人员,做到罚当其罪、罪责刑相适应。

重点惩处非法集资犯罪活动的组织者、领导者和管理人员,包括单位犯罪中的上级单位(总公司、母公司)的核心层、管理层和骨干人员,下属单位(分公司、子公司)的管理层和骨干人员,以及其他发挥主要作用的人员。

对于涉案人员积极配合调查、主动退赃退赔、真诚认罪悔罪的，可以依法从轻处罚；其中情节轻微的，可以免除处罚；情节显著轻微、危害不大的，不作为犯罪处理。

七、关于管辖问题

跨区域非法集资刑事案件按照《国务院关于进一步做好防范和处置非法集资工作的意见》（国发〔2015〕59 号）确定的工作原则办理。如果合并侦查、诉讼更为适宜的，可以合并办理。

办理跨区域非法集资刑事案件，如果多个公安机关都有权立案侦查的，一般由主要犯罪地公安机关作为案件主办地，对主要犯罪嫌疑人立案侦查和移送审查起诉；由其他犯罪地公安机关作为案件分办地根据案件具体情况，对本地区犯罪嫌疑人立案侦查和移送审查起诉。

管辖不明或者有争议的，按照有利于查清犯罪事实、有利于诉讼的原则，由其共同的上级公安机关协调确定或者指定有关公安机关作为案件主办地立案侦查。需要提请批准逮捕、移送审查起诉、提起公诉的，由分别立案侦查的公安机关所在地的人民检察院、人民法院受理。

对于重大、疑难、复杂的跨区域非法集资刑事案件，公安机关应当在协调确定或者指定案件主办地立案侦查的同时，通报同级人民检察院、人民法院。人民检察院、人民法院参照前款规定，确定主要犯罪地作为案件主办地，其他犯罪地作为案件分办地，由所在地的人民检察院、人民法院负责起诉、审判。

本条规定的“主要犯罪地”，包括非法集资活动的主要组织、策划、实施地，集资行为人的注册地、主要营业地、主要办事机构所在地，集资参与人的主要所在地等。

八、关于办案工作机制问题

案件主办地和其他涉案地办案机关应当密切沟通协调，协同推进侦查、起诉、审判、资产处置工作，配合有关部门最大限度追赃挽损。

案件主办地办案机关应当统一负责主要犯罪嫌疑人、被告人涉嫌非法集资全部犯罪事实的立案侦查、起诉、审判，防止遗漏犯罪事实；并应就全案处理政策、追诉主要犯罪嫌疑人、被告人的证据要求及诉讼时限、追赃挽损、资产处置等工作要求，向其他涉案地办案机关进行通报。其他涉案地办案机关应当对本地区犯罪嫌疑人、被告人涉嫌非法集资的犯罪事实及时立案侦查、起诉、审判，积极协助主办地处置涉案资产。

案件主办地和其他涉案地办案机关应当建立和完善证据交换共享机制。对涉及主要犯罪嫌疑人、被告人的证据，一般由案件主办地办案机关负责收集，其他涉案地提供协助。案件主办地办案机关应当及时通报接收涉及主要犯罪嫌疑人、被告人的证据材料的程序及要求。其他涉案地办案机关需要案件主办地提供证据材料的，应当向案件主办地办案机关提出证据需求，由案件主办地收集并依法移送。无法移送证据原件的，应当在移送复制件的同时，按照相关规定作出说明。

九、关于涉案财物追缴处置问题

办理跨区域非法集资刑事案件，案件主办地办案机关应当及时归集涉案财物，为统一资产处置做好基础性工作。其他涉案地办案机关应当及时查明涉案财物，明确其来源、去向、用途、流转情况，依法办理查封、扣押、冻结手续，并制作详细清单，对扣押款项应当设立明细账，在扣押后立即存入办案机关唯一合规账户，并将有关情况提供案件主办地办案机关。

人民法院、人民检察院、公安机关应当严格依照刑事诉讼法和相关司法解释的规定，依法移送、审查、处理查封、扣押、冻结的涉案财物。对审判时尚未追缴到案或者尚未足额退赔的违法所得，人民法院应当判决继续追缴或者责令退赔，并由人民法院负责执行，处置非法集资职能部门、人民检察院、公安机关等应当予以配合。

人民法院对涉案财物依法作出判决后，有关地方和部门应当在处置非法集资职能部门统筹协调下，切实履行协作义务，综合运用多种手段，做好涉案财物清运、财产变现、资金归集、资金清退等工作，确保最大限度减少实际损失。

根据有关规定，查封、扣押、冻结的涉案财物，一般应在诉讼终结后返还集资参与人。涉案财物不足全部返还的，按照集资参与人的集资额比例返还。退赔集资参与人的损失一般优先于其他民事债务以及罚金、没收财产的执行。

十、关于集资参与人权利保障问题

集资参与人，是指向非法集资活动投入资金的单位和个人，为非法集资活动提供帮助并获取经济利益的单位和个人除外。

人民法院、人民检察院、公安机关应当通过及时公布案件进展、涉案资产处置情况等方式，依法保障集资参与人的合法权利。集资参与人可以推选代表人向人民法院提出相关意见和建议；推选不出代表人的，人民法院可以指定代表人。人民法院可以视案件情况决定集资参与人代表人参加或者旁听庭审，对集资参与人提起附带民事诉讼等请求不予受理。

十一、关于行政执法与刑事司法衔接问题

处置非法集资职能部门或者有关行政主管部门，在调查非法集资行为或者行政执法过程中，认为案情重大、疑难、复杂的，可以商请公安机关就追诉标准、证据固定等问题提出咨询或者参考意见；发现非法集资行为涉嫌犯罪的，应当按照《行政执法机关移送涉嫌犯罪案件的规定》等规定，履行相关手续，在规定的期限内将案件移送公安机关。

人民法院、人民检察院、公安机关在办理非法集资刑事案件过程中，可商请处置非法集资职能部门或者有关行政主管部门指派专业人员配合开展工作，协助查阅、复制有关专业资料，就案件涉及的专业问题出具认定意见。涉及需要行政处理的事项，应当及时移交处置非法集资职能部门或者有关行政主管部门依法处理。

十二、关于国家工作人员相关法律责任问题

国家工作人员具有下列行为之一，构成犯罪的，应当依法追究刑事责任：

（一）明知单位和个人所申请机构或者业务涉嫌非法集资，仍为其办理行政许可或者注册手续的；

（二）明知所主管、监管的单位有涉嫌非法集资行为，未依法及时处理或者移送处置非法集资职能部门的；

（三）查处非法集资过程中滥用职权、玩忽职守、徇私舞弊的；

（四）徇私舞弊不向司法机关移交非法集资刑事案件的；

（五）其他通过职务行为或者利用职务影响，支持、帮助、纵容非法集资的。

最高人民法院关于适用《中华人民共和国企业破产法》若干问题的规定(三)

(2019年3月27日 法释〔2019〕3号)

为正确适用《中华人民共和国企业破产法》，结合审判实践，就人民法院审理企业破产案件中有关债权人权利行使等相关法律适用问题，制定本规定。

第一条 人民法院裁定受理破产申请的，此前债务人尚未支付的公司强制清算费用、未终结的执行程序中产生的评估费、公告费、保管费等执行费用，可以参照企业破产法关于破产费用的规定，由债务人财产随时清偿。

此前债务人尚未支付的案件受理费、执行申请费，可以作为破产债权清偿。

第二条 破产申请受理后，经债权人会议决议通过，或者第一次债权人会议召开前经人民法院许可，管理人或者自行管理的债务人可以为债务人继续营业而借款。提供借款的债权人主张参照企业破产法第四十二条第四项的规定优先于普通破产债权清偿的，人民法院应予支持，但其主张优先于此前已就债务人特定财产享有担保的债权清偿的，人民法院不予支持。

管理人或者自行管理的债务人可以为前述借款设定抵押担保，抵押物在破产申请受理前已为其他债权人设定抵押的，债权人主张按照物权法第一百九十九条规定的顺序清偿，人民法院应予支持。

第三条 破产申请受理后，债务人欠缴款项产生的滞纳金，包括债务人未履行生效法律文书应当加倍支付的迟延利息和劳动保险金的滞纳金，债权人作为破产债权申报的，人民法院不予确认。

第四条 保证人被裁定进入破产程序的，债权人有权申报其对保证人的保证债权。

主债务未到期的，保证债权在保证人破产申请受理时视为到期。一般保证的保证人主张行使先诉抗辩权的，人民法院不予支持，但债权人在一般保证人破产程序中的分配额应予提存，待一般保证人应承担的保证责任确定后再按照破产清偿比例予以分配。

保证人被确定应当承担保证责任的，保证人的管理人可以就保证人实际承担的清偿额向主债务人或其他债务人行使求偿权。

第 五 条 债务人、保证人均被裁定进入破产程序的，债权人有权向债务人、保证人分别申报债权。

债权人向债务人、保证人均申报全部债权的，从一方破产程序中获得清偿后，其对另一方的债权额不作调整，但债权人的受偿额不得超出其债权总额。保证人履行保证责任后不再享有求偿权。

第 六 条 管理人应当依照企业破产法第五十七条的规定对所申报的债权进行登记造册，详尽记载申报人的姓名、单位、代理人、申报债权额、担保情况、证据、联系方式等事项，形成债权申报登记册。

管理人应当依照企业破产法第五十七条的规定对债权的性质、数额、担保财产、是否超过诉讼时效期间、是否超过强制执行期间等情况进行审查、编制债权表并提交债权人会议核查。

债权表、债权申报登记册及债权申报材料在破产期间由管理人保管，债权人、债务人、债务人职工及其他利害关系人有权查阅。

第 七 条 已经生效法律文书确定的债权，管理人应当予以确认。

管理人认为债权人据以申报债权的生效法律文书确定的债权错误，或者有证据证明债权人与债务人恶意通过诉讼、仲裁或者公证机关赋予强制执行力公证文书的形式虚构债权债务的，应当依法通过审判监督程序向作出该判决、裁定、调解书的人民法院或者上一级人民法院申请撤销生效法律文书，或者向受理破产申请的人民法院申请撤销或者不予执行仲裁裁决、不予执行公证债权文书后，重新确定债权。

第 八 条 债务人、债权人对债权表记载的债权有异议的，应当说明理由和法律依据。经管理人解释或调整后，异议人仍然不服的，或者管理人不予解释或调整的，异议人应当在债权人会议核查结束后十五日内向人民法院提起债权确认的诉讼。当事人之间在破产申请受理前订立有仲裁条款或仲裁协议的，应当向选定的仲裁机构申请确认债权债务关系。

第 九 条 债务人对债权表记载的债权有异议向人民法院提起诉讼的，应将被异议债权人列为被告。债权人对债权表记载的他人债权有异议的，应将被异议债权人列为被告；债权人对债权表记载的本人债权有异议的，应将债务人列为被告。

对同一笔债权存在多个异议人，其他异议人申请参加诉讼的，应当列为共同原告。

第 十 条 单个债权人有权查阅债务人财产状况报告、债权人会议决议、债权人委员会决议、管理人监督报告等参与破产程序所必需的债务人财务和经营信息资料。管理人无正当理由不予提供的，债权人可以请求人民法院作出决定；人民法院应当在五日内作出决定。

上述信息资料涉及商业秘密的，债权人应当依法承担保密义务或者签署保密协议；涉及国家秘密的应当依照相关法律规定处理。

第十一条 债权人会议的决议除现场表决外，可以由管理人事先将相关决议事项告知债权人，采取通信、网络投票等非现场方式进行表决。采取非现场方式进行表决的，管理人应当在债权人会议召开后的三日内，以信函、电子邮件、公告等方式将表决结果告知参与表决的债权人。

根据企业破产法第八十二条规定，对重整计划草案进行分组表决时，权益因重整计划草案受到调整或者影响的债权人或者股东，有权参加表决；权益未受到调整或者影响的债权人或者股东，参照企业破产法第八十三条的规定，不参加重整计划草案的表决。

第十二条 债权人会议的决议具有以下情形之一，损害债权人利益，债权人申请撤销的，人民法院应予支持：

（一）债权人会议的召开违反法定程序；

（二）债权人会议的表决违反法定程序；

（三）债权人会议的决议内容违法；

（四）债权人会议的决议超出债权人会议的职权范围。

人民法院可以裁定撤销全部或者部分事项决议，责令债权人会议依法重新作出决议。

债权人申请撤销债权人会议决议的，应当提出书面申请。债权人会议采取通信、网络投票等非现场方式进行表决的，债权人申请撤销的期限自债权人收到通知之日起算。

第十三条 债权人会议可以依照企业破产法第六十八条第一款第四项的规定，委托债权人委员会行使企业破产法第六十一条第一款第二、三、五项规定的债权人会议职权。债权人会议不得作出概括性授权，委托其行使债权人会议所有职权。

第十四条 债权人委员会决定所议事项应获得全体成员过半数通过，并作成议事记录。债权人委员会成员对所议事项的决议有不同意见的，应当在记录中载明。

债权人委员会行使职权应当接受债权人会议的监督,以适当的方式向债权人会议及时汇报工作,并接受人民法院的指导。

第十五条 管理人处分企业破产法第六十九条规定的债务人重大财产的,应当事先制作财产管理或者变价方案并提交债权人会议进行表决,债权人会议表决未通过的,管理人不得处分。

管理人实施处分前,应当根据企业破产法第六十九条的规定,提前十日书面报告债权人委员会或者人民法院。债权人委员会可以依照企业破产法第六十八条第二款的规定,要求管理人对处分行为作出相应说明或者提供有关文件依据。

债权人委员会认为管理人实施的处分行为不符合债权人会议通过的财产管理或变价方案的,有权要求管理人纠正。管理人拒绝纠正的,债权人委员会可以请求人民法院作出决定。

人民法院认为管理人实施的处分行为不符合债权人会议通过的财产管理或变价方案的,应当责令管理人停止处分行为。管理人应当予以纠正,或者提交债权人会议重新表决通过后实施。

第十六条 本规定自2019年3月28日起实施。

实施前本院发布的有关企业破产的司法解释,与本规定相抵触的,自本规定实施之日起不再适用。

最高人民法院关于适用《中华人民共和国公司法》若干问题的规定(五)

(2019年4月28日 法释〔2019〕7号)

为正确适用《中华人民共和国公司法》,结合人民法院审判实践,就股东权益保护等纠纷案件适用法律问题作出如下规定。

第一条 关联交易损害公司利益,原告公司依据公司法第二十一条规定请求控股股东、实际控制人、董事、监事、高级管理人员赔偿所造成的损失,被告仅以该交易已经履行了信息披露、经股东会或者股东大会同意等法律、行政法规或者公司章程规定的程序为由抗辩的,人民法院不予支持。

公司没有提起诉讼的,符合公司法第一百五十一条第一款规定条件的股东,可以依据公司法第一百五十一条第二款、第三款规定向人民法院提起诉讼。

第二条 关联交易合同存在无效或者可撤销情形,公司没有起诉合同相对方的,符合公司法第一百五十一条第一款规定条件的股东,可以依据公司法第一百五十一条第二款、第三款规定向人民法院提起诉讼。

第三条 董事任期届满前被股东会或者股东大会有效决议解除职务,其主张解除不发生法律效力的,人民法院不予支持。

董事职务被解除后,因补偿与公司发生纠纷提起诉讼的,人民法院应当依据法律、行政法规、公司章程的规定或者合同的约定,综合考虑解除的原因、剩余任期、董事薪酬等因素,确定是否补偿以及补偿的合理数额。

第四条 分配利润的股东会或者股东大会决议作出后,公司应当在决议载明的时间内完成利润分配。决议没有载明时间的,以公司章程规定的为准。决议、章程中均未规定时间或者时间超过一年的,公司应当自决议作出之日起一年内完成利润分配。

决议中载明的利润分配完成时间超过公司章程规定时间的,股东可以依据公司法第二十二条第二款规定请求人民法院撤销决议中关于该时间的规定。

第 五 条 人民法院审理涉及有限责任公司股东重大分歧案件时，应当注重调解。当事人协商一致以下列方式解决分歧，且不违反法律、行政法规的强制性规定的，人民法院应予支持：

（一）公司回购部分股东股份；

（二）其他股东受让部分股东股份；

（三）他人受让部分股东股份；

（四）公司减资；

（五）公司分立；

（六）其他能够解决分歧，恢复公司正常经营，避免公司解散的方式。

第 六 条 本规定自 2019 年 4 月 29 日起施行。

本规定施行后尚未终审的案件，适用本规定；本规定施行前已经终审的案件，或者适用审判监督程序再审的案件，不适用本规定。

本院以前发布的司法解释与本规定不一致的，以本规定为准。

最高人民法院印发《关于为设立科创板并试点注册制改革提供司法保障的若干意见》的通知

（2019年6月20日　法发〔2019〕17号）

各省、自治区、直辖市高级人民法院，解放军军事法院，新疆维吾尔自治区高级人民法院生产建设兵团分院：

现将《最高人民法院关于为设立科创板并试点注册制改革提供司法保障的若干意见》印发给你们，请认真贯彻执行。

最高人民法院关于为设立科创板并试点注册制改革提供司法保障的若干意见

在上海证券交易所（以下简称上交所）设立科创板并试点注册制，是中央实施创新驱动发展战略、推进高质量发展的重要举措，是深化资本市场改革的重要安排。为充分发挥人民法院审判职能作用，共同促进发行、上市、信息披露、交易、退市等资本市场基础制度改革统筹推进，维护公开、公平、公正的资本市场秩序，保护投资者合法权益，现就注册制改革试点期间人民法院正确审理与科创板相关案件等问题，提出如下意见。

一、提高认识，增强为设立科创板并试点注册制改革提供司法保障的自觉性和主动性

1.充分认识设立科创板并试点注册制的重要意义。习近平总书记在首届中国国际进口博览会开幕式上宣布在上海证券交易所设立科创板并试点注册制，充分体现了以习近平同志为核心的党中央对资本市场改革发展的高度重视和殷切希望。中央经济工作会议提出，资本市场在金融运行中具有牵一发而动全身的作用，要通过深化改革，打造一个规范、透明、开放、有活力、有韧性的资本市场。从设立科创板入手，稳步试点股票发行注册制,既是深化金融供给侧结构性改革、完善资本市场基础制度的重要体现,也有利于更好发挥资本市场对提升关键技术创新和实体经济竞争力的支持功能,更好地服务高质量发展。各级人民法院要坚持以习近平新时代中国特色社会主义思想为指导,认真落实习近平总书记关于资本市场的一系列重要指示批示精神,妥善应对涉科创板纠纷中的新情况、新问题,把保护投资者合法权益、防范化解金融风险作为证券审判的根本性任务,为加快形成融资功能完备、基础制度扎实、市场监管有效、投资者合法权益得到有效保护的多层级资本市场体系营造良好司法环境。

2. 准确把握科创板定位和注册制试点安排。科创板是资本市场的增量改革,也是资本市场基础制度改革创新的"试验田"。科创板主要服务于符合国家战略、突破关键核心技术、市场认可度高的科技创新企业,发行上市条件更加包容,不要求企业上市前必须盈利,允许"同股不同权"企业和符合创新试点规定的红筹企业上市,实行更加市场化的发行承销、交易、并购重组、退市等制度。根据全国人大常委会授权,股票发行注册制改革过程中调整适用《中华人民共和国证券法》关于股票公开发行核准制度的有关规定。本次注册制试点总体分为上交所审核和证监会注册两个环节,证监会对上交所的审核工作进行监督,建立健全以信息披露为中心的股票发行上市制度。各级人民法院要坚持稳中求进工作总基调,立足证券刑事、民事和行政审判实际,找准工作切入点,通过依法审判进一步落实中央改革部署和政策要求,推动形成市场参与各方依法履职、归位尽责及合法权益得到有效保护的良好市场生态,为投资者放心投资,科创公司大胆创新提供有力司法保障。

二、尊重资本市场发展规律,依法保障以市场机制为主导的股票发行制度改革顺利推进

3. 支持证券交易所审慎开展股票发行上市审核。根据改革安排,上交所主要通过向发行人提出审核问询、发行人回答问题方式开展审核工作。在案件审理中,发行人及其保荐人、证券服务机构在发行上市申请文件和回答问题环节所披露的信息存在虚假记载、误导性陈述或者重大遗漏的,应当判令承担虚假陈述法律责任;虚假陈述构成骗取发行审核注册的,应当判令承担欺诈发行法律责任。为保障发行制度改革顺利推进,在科创板首次公开发行股票并上市企业的证券发行纠纷、证券承销合同纠纷、证券上市保荐合同纠纷、证券上市合同纠纷和证券欺诈责任纠纷等第一审民商事案件,由上海金融法院试点集中管辖。

4. 保障证券交易所依法实施自律监管。由于科创板上市门槛具有包容性和科创公司技术迭代快、盈利周期长等特点,客观上需要加强事中事后监管。对于证券交易所经法定程序制定的科创板发行、上市、持续监管等业务规则,只要不具有违反法律法规强制性规定情形,人民法院在审理案件时可以依法参照适用。为统一裁判标准,根据《最高人民法院关于上海金融法院案件管辖的规定》(法释〔2018〕14 号)第三条的规定,以上海证券交易所为被告或者第三人与其履行职责相关的第一审金融民商事案件和行政案件,仍由上海金融法院管辖。

5. 确保以信息披露为中心的股票发行民事责任制度安排落到实处。民事责任的追究是促使信息披露义务人尽责归位的重要一环,也是法律能否"长出牙齿"的关键。在证券商事审判中,要按照本次改革要求,严格落实发行人及其相关人员的第一责任。发行人的控股股东、实际控制人指使发行人从事欺诈发行、虚假陈述的,依法判令控股股东、实际控制人直接向投资者承担民事赔偿责任。要严格落实证券服务机构保护投资者利益的核查把关责任,证券服务机构对会计、法律等各自专业相关的业务事项未履行特别注意义务,对其他业务事项未履行普通注意义务的,应当判令其承担相应法律责任。准确把握保荐人对发行人上市申请文件等信息披露资料进行全面核查验证的注意义务标准,在证券服务机构履行特别注意义务的基础上,保荐人仍应对发行人的经营情况和风险进行客观中立的实质验证,否则不能满足免责的举证标准。对于不存在违法违规行为而单纯经营失败的上市公司,严格落实证券法投资风险"买者自负"原则,引导投资者提高风险识别能力和理性投资意识。

6. 尊重科创板上市公司构建与科技创新特点相适应的公司治理结构。科创板上市公司在上市前进行差异化表决权安排的,人民法院要根据全国人大常委会对进行股票发行注册制改革的授权和公司法第一百三十一条的规定,依法认定有关股东大会决议的效力。科创板上市公司为维持创业团队及核心人员稳定而扩大股权激励对象范围的,只要不违反法律、行政法规的强制性规定,应当依法认定其效力,保护激励对象的合法权益。

7. 加强对科创板上市公司知识产权司法保护力度。依法审理涉科创板上市公司专利权、技术合同等知识产权案件,对于涉及科技创新的知识产权侵权行为,加大赔偿力度,充分体现科技成果的市场价值,对情节严重的恶意侵权行为,要依法判令其承担惩罚性赔偿责任。进一步发挥知识产权司法监督职能,积极探索在专利民事侵权诉讼中建立效力抗辩审理制度,促进知识产权行政纠纷的实质性解决,有效维护科创板上市公司知识产权合法权益。

三、维护公开公平公正市场秩序,依法提高资本市场违法违规成本

8. 严厉打击干扰注册制改革的证券犯罪和金融腐败犯罪,维护证券市场秩序。依法从严惩治申请发行、注册等环节易产生的各类欺诈和腐败犯罪。对于发行人与中介机构合谋串通骗取发行注册,以及发行审核、注册工作人员以权谋私、收受贿赂或者接受利益输送的,依法从严追究刑事责任。压实保荐人对发行人信息的核查、验证义务,保荐人明知或者应当明知发行人虚构或者隐瞒重要信息、骗取发行注册的,依法追究刑事责任。依法从严惩治违规披露、不披露重要信息、内幕交易、利用未公开信息交易、操纵证券市场等金融犯罪分子,严格控制缓刑适用,依法加大罚金刑等经济制裁力度。对恶意骗取国家科技扶持资金或者政府纾困资金的企业和个人,依法追究刑事责任。加强与证券行政监管部门刑事信息共享机制建设,在证券案件审理中发现涉嫌有关犯罪线索的,应当及时向侦查部门反映并移送相关材料。推动完善证券刑事立法,及时制定出台相关司法解释,为促进市场健康发展提供法律保障。

9. 依法受理和审理证券欺诈责任纠纷案件,强化违法违规主体的民事赔偿责任。根据注册制试点安排,股票发行上市审核由过去监管部门对发行人资格条件进行实质判断转向以信息披露为中心,主要由投资者自行判断证券价值。在审理涉科创板上市公司虚假陈述案件时,应当审查的信息披露文件不仅包括招股说明书、年度报告、临时报告等常规信息披露文件,也包括信息披露义务人对审核问询的每一项答复和公开承诺;不仅要审查信息披露的真实性、准确性、完整性、及时性和公平性,还要结合科创板上市公司高度专业性、技术性特点,重点关注披露的内容是否简明易懂,是否便于一般投资者阅读和理解。发行人的高级管理人员和核心员工通过专项资产管理计划参与发行配售的,人民法院应当推定其对发行人虚假陈述行为实际知情,对该资产管理计划的管理人或者受益人提出的赔偿损失诉讼请求,不予支持。加强对内幕交易和操纵市场民事赔偿案件的调研和指导,积极探索违法违规主体对投资者承担民事赔偿责任的构成要件和赔偿范围。加大对涉科创板行政处罚案件和民事赔偿案件的司法执行力度,使违法违规主体及时付出违法违规代价。

10. 依法审理公司纠纷案件,增强投资者对科创板的投资信心。积极调研特别表决权在科创板上市公司中可能存在的“少数人控制”“内部人控制”等公司治理问题,对于以公司自治方式突破科创板上市规则侵犯普通股东合法权利的,人民法院应当依法否定行为效力,禁止特别表决权股东滥用权利，防止制度功能的异化。案件审理中，要准确界定特别表决权股东权利边界，坚持"控制与责任相一致"原则，在"同股不同权"的同时，做到"同股不同责"。正确审理公司关联交易损害责任纠纷案件，对于通过关联交易损害公司利益的公司控股股东、实际控制人等责任主体，即使履行了法定公司决议程序也应承担民事赔偿责任；关联交易合同存在无效或者可撤销情形，符合条件的股东通过股东代表诉讼向关联交易合同相对方主张权利的，应当依法予以支持。

11. 依法界定证券公司投资者适当性管理民事责任，落实科创板投资者适当性要求。投资者适当性管理义务的制度设计，是为了防止投资者购买与自身风险承受能力不相匹配的金融产品而遭受损失。科技创新企业盈利能力具有不确定性、退市条件更为严格等特点，决定了科创板本身有一定风险。对于证券公司是否充分履行投资者适当管理义务的司法审查标准，核心是证券公司在为投资者提供科创板股票经纪服务前，是否按照一般人能够理解的客观标准和投资者能够理解的主观标准向投资者履行了告知说明义务。对于因未履行投资者适当性审查、信息披露及风险揭示义务给投资者造成的损失，人民法院应当判令证券公司承担赔偿责任。

12. 依法审理股票配资合同纠纷，明确股票违规信用交易的民事责任。股票信用交易作为证券市场的重要交易方式和证券经营机构的重要业务，依法属于国家特许经营的金融业务。对于未取得特许经营许可的互联网配资平台、民间配资公司等法人机构与投资者签订的股票配资合同，应当认定合同无效。对于配资公司或交易软件运营商利用交易软件实施的变相经纪业务，亦应认定合同无效。

四、有效保护投资者合法权益，建立健全与注册制改革相适应的证券民事诉讼制度

13. 推动完善符合我国国情的证券民事诉讼体制机制，降低投资者诉讼成本。根据立法进程和改革精神，全力配合和完善符合我国国情的证券民事诉讼体制、机制。立足于用好、用足现行代表人诉讼制度，对于共同诉讼的投资者原告人数众多的，可以由当事人推选代表人，国务院证券监督管理机构设立的证券投资者保护机构以自己的名义提起诉讼，或者接受投资者的委托指派工作人员或委托诉讼代理人参与案件审理活动的，人民法院可以指定该机构或者其代理的当事人作为代表人。支持依法成立的证券投资者保护机构开展为投资者提供专门法律服务等证券支持诉讼工作。按照共同的法律问题或者共同的事实问题等标准划分适格原告群体，并在此基础上分类推进诉讼公告、权利登记和代表人推选。代表人应当经所代表原告的特别授权，具有变更或者放弃诉讼请求等诉讼权利，对代表人与被告签订的和解或者调解协议，人民法院应当依法进行审查，以保护被代表投资者的合法权益。推动建立投资者保护机构辅助参与生效判决执行的机制，借鉴先行赔付的做法，法院将执行款项交由投资者保护机构提存，再由投资者保护机构通过证券交易结算系统向胜诉投资者进行二次分配。积极配合相关部门和有关方面，探索行政罚款、刑事罚金优先用于民事赔偿的工作衔接和配合机制。研究探索建立证券民事、行政公益诉讼制度。

14. 加强配套程序设计，提高投资者举证能力。证券侵权案件中，投资者在取得和控制关键证据方面往往处于弱势地位。探索建立律师民事诉讼调查令制度，便利投资者代理律师行使相关调查权，提高投资者自行收集证据的能力。研究探索适当强化有关知情单位和个人对投资者获取证据的协助义务，对拒不履行协助取证义务的单位和个人要依法予以民事制裁。

15. 大力开展证券审判机制创新，依托信息化手段提高证券司法能力。推动建立开放、动态、透明的证券侵权案件专家陪审制度，从证券监管机构、证券市场经营主体、研究机构等单位遴选专家陪审员，参与证券侵权案件审理。要充分发挥专家证人在案件审理中的作用，探索专家证人的资格认定和管理办法。研究开发建设全国法院证券审判工作信息平台，通过信息化手段实现证券案件网上无纸化立案，实现群体性诉讼立案便利化，依托信息平台完善群体诉讼统一登记机制，解决适格原告权利登记、代表人推选等问题。着力解决案件审理与证券交易数据的对接问题，为损失赔偿数额计算提供支持，提高办案效率。

16. 全面推动证券期货纠纷多元化解工作，推广证券示范判决机制。坚持把非诉讼纠纷解决机制挺在前面，落实《关于全面推进证券期货纠纷多元化解机制建设的意见》，依靠市场各方力量，充分调动市场专业资源化解矛盾纠纷，推动建立发行人与投资者之间的纠纷化解和赔偿救济机制。对虚假陈述、内幕交易、操纵市场等违法行为引发的民事赔偿群体性纠纷，需要人民法院通过司法判决宣示法律规则、统一法律适用的，受诉人民法院可选取在事实认定、法律适用上具有代表性的案件作为示范案件，先行审理并及时作出判决，引导其他当事人通过证券期货纠纷多元化解机制解决纠纷，加大对涉科创板矛盾纠纷特别是群体性案件的化解力度。

17. 加强专业金融审判机构建设，提升证券审判队伍专业化水平。根据金融机构分布和金融案件数量情况，在金融案件相对集中的地区探索设立金融法庭，对证券侵权案件实行集中管辖。其他金融案件较多的人民法院，可以设立专业化的金融审判合议庭。积极适应金融供给侧结构性改革和金融风险防控对人民法院工作的新要求，在认真总结审判经验的基础上，加强对涉科创板案件的分析研判和专业知识储备，有针对性地开展证券审判专题培训，进一步充实各级人民法院的审判力量，努力建设一支政治素质高、业务能力强的过硬证券审判队伍。

最高人民法院、最高人民检察院关于办理操纵证券、期货市场刑事案件适用法律若干问题的解释

（2019年6月27日　法释〔2019〕9号）

为依法惩治证券、期货犯罪，维护证券、期货市场管理秩序，促进证券、期货市场稳定健康发展，保护投资者合法权益，根据《中华人民共和国刑法》《中华人民共和国刑事诉讼法》的规定，现就办理操纵证券、期货市场刑事案件适用法律的若干问题解释如下：

第一条　行为人具有下列情形之一的，可以认定为刑法第一百八十二条第一款第四项规定的"以其他方法操纵证券、期货市场"：

（一）利用虚假或者不确定的重大信息，诱导投资者作出投资决策，影响证券、期货交易价格或者证券、期货交易量，并进行相关交易或者谋取相关利益的；

（二）通过对证券及其发行人、上市公司、期货交易标的公开作出评价、预测或者投资建议，误导投资者作出投资决策，影响证券、期货交易价格或者证券、期货交易量，并进行与其评价、预测、投资建议方向相反的证券交易或者相关期货交易的；

（三）通过策划、实施资产收购或者重组、投资新业务、股权转让、上市公司收购等虚假重大事项，误导投资者作出投资决策，影响证券交易价格或者证券交易量，并进行相关交易或者谋取相关利益的；

（四）通过控制发行人、上市公司信息的生成或者控制信息披露的内容、时点、节奏，误导投资者作出投资决策，影响证券交易价格或者证券交易量，并进行相关交易或者谋取相关利益的；

（五）不以成交为目的，频繁申报、撤单或者大额申报、撤单，误导投资者作出投资决策，影响证券、期货交易价格或者证券、期货交易量，并进行与申报相反的交易或者谋取相关利益的；

（六）通过囤积现货，影响特定期货品种市场行情，并进行相关期货交易的；

（七）以其他方法操纵证券、期货市场的。

第二条 操纵证券、期货市场，具有下列情形之一的，应当认定为刑法第一百八十二条第一款规定的“情节严重”：

（一）持有或者实际控制证券的流通股份数量达到该证券的实际流通股份总量百分之十以上，实施刑法第一百八十二条第一款第一项操纵证券市场行为，连续十个交易日的累计成交量达到同期该证券总成交量百分之二十以上的；

（二）实施刑法第一百八十二条第一款第二项、第三项操纵证券市场行为，连续十个交易日的累计成交量达到同期该证券总成交量百分之二十以上的；

（三）实施本解释第一条第一项至第四项操纵证券市场行为，证券交易成交额在一千万元以上的；

（四）实施刑法第一百八十二条第一款第一项及本解释第一条第六项操纵期货市场行为，实际控制的账户合并持仓连续十个交易日的最高值超过期货交易所限仓标准的二倍，累计成交量达到同期该期货合约总成交量百分之二十以上，且期货交易占用保证金数额在五百万元以上的；

（五）实施刑法第一百八十二条第一款第二项、第三项及本解释第一条第一项、第二项操纵期货市场行为，实际控制的账户连续十个交易日的累计成交量达到同期该期货合约总成交量百分之二十以上，且期货交易占用保证金数额在五百万元以上的；

（六）实施本解释第一条第五项操纵证券、期货市场行为，当日累计撤回申报量达到同期该证券、期货合约总申报量百分之五十以上，且证券撤回申报额在一千万元以上、撤回申报的期货合约占用保证金数额在五百万元以上的；

（七）实施操纵证券、期货市场行为，违法所得数额在一百万元以上的。

第三条 操纵证券、期货市场，违法所得数额在五十万元以上，具有下列情形之一的，应当认定为刑法第一百八十二条第一款规定的“情节严重”：

（一）发行人、上市公司及其董事、监事、高级管理人员、控股股东或者实际控制人实施操纵证券、期货市场行为的；

（二）收购人、重大资产重组的交易对方及其董事、监事、高级管理人员、控股股东或者实际控制人实施操纵证券、期货市场行为的；

（三）行为人明知操纵证券、期货市场行为被有关部门调查，仍继续实施的；

（四）因操纵证券、期货市场行为受过刑事追究的；

（五）二年内因操纵证券、期货市场行为受过行政处罚的；

（六）在市场出现重大异常波动等特定时段操纵证券、期货市场的；

（七）造成恶劣社会影响或者其他严重后果的。

第 四 条 具有下列情形之一的，应当认定为刑法第一百八十二条第一款规定的“情节特别严重”：

（一）持有或者实际控制证券的流通股份数量达到该证券的实际流通股份总量百分之十以上，实施刑法第一百八十二条第一款第一项操纵证券市场行为，连续十个交易日的累计成交量达到同期该证券总成交量百分之五十以上的；

（二）实施刑法第一百八十二条第一款第二项、第三项操纵证券市场行为，连续十个交易日的累计成交量达到同期该证券总成交量百分之五十以上的；

（三）实施本解释第一条第一项至第四项操纵证券市场行为，证券交易成交额在五千万元以上的；

（四）实施刑法第一百八十二条第一款第一项及本解释第一条第六项操纵期货市场行为，实际控制的账户合并持仓连续十个交易日的最高值超过期货交易所限仓标准的五倍，累计成交量达到同期该期货合约总成交量百分之五十以上，且期货交易占用保证金数额在二千五百万元以上的；

（五）实施刑法第一百八十二条第一款第二项、第三项及本解释第一条第一项、第二项操纵期货市场行为，实际控制的账户连续十个交易日的累计成交量达到同期该期货合约总成交量百分之五十以上，且期货交易占用保证金数额在二千五百万元以上的；

（六）实施操纵证券、期货市场行为，违法所得数额在一千万元以上的。

实施操纵证券、期货市场行为，违法所得数额在五百万元以上，并具有本解释第三条规定的七种情形之一的，应当认定为“情节特别严重”。

第 五 条 下列账户应当认定为刑法第一百八十二条中规定的“自己实际控制的账户”：

（一）行为人以自己名义开户并使用的实名账户；

（二）行为人向账户转入或者从账户转出资金，并承担实际损益的他人账户；

（三）行为人通过第一项、第二项以外的方式管理、支配或者使用的他人账户；

（四）行为人通过投资关系、协议等方式对账户内资产行使交易决策权的他人账户；

（五）其他有证据证明行为人具有交易决策权的账户。

有证据证明行为人对前款第一项至第三项账户内资产没有交易决策权的除外。

第 六 条 二次以上实施操纵证券、期货市场行为，依法应予行政处理或者刑事处理而未经处理的，相关交易数额或者违法所得数额累计计算。

第 七 条 符合本解释第二条、第三条规定的标准，行为人如实供述犯罪事实，认罪悔罪，并积极配合调查，退缴违法所得的，可以从轻处罚；其中犯罪情节轻微的，可以依法不起诉或者免予刑事处罚。

符合刑事诉讼法规定的认罪认罚从宽适用范围和条件的，依照刑事诉讼法的规定处理。

第 八 条 单位实施刑法第一百八十二条第一款行为的，依照本解释规定的定罪量刑标准，对其直接负责的主管人员和其他直接责任人员定罪处罚，并对单位判处罚金。

第 九 条 本解释所称"违法所得"，是指通过操纵证券、期货市场所获利益或者避免的损失。

本解释所称"连续十个交易日"，是指证券、期货市场开市交易的连续十个交易日，并非指行为人连续交易的十个交易日。

第 十 条 对于在全国中小企业股份转让系统中实施操纵证券市场行为，社会危害性大，严重破坏公平公正的市场秩序的，比照本解释的规定执行，但本解释第二条第一项、第二项和第四条第一项、第二项除外。

第十一条 本解释自 2019 年 7 月 1 日起施行。

最高人民法院、最高人民检察院关于办理利用未公开信息交易刑事案件适用法律若干问题的解释

（2019年6月27日　法释〔2019〕10号）

为依法惩治证券、期货犯罪，维护证券、期货市场管理秩序，促进证券、期货市场稳定健康发展，保护投资者合法权益，根据《中华人民共和国刑法》《中华人民共和国刑事诉讼法》的规定，现就办理利用未公开信息交易刑事案件适用法律的若干问题解释如下：

第一条　刑法第一百八十条第四款规定的“内幕信息以外的其他未公开的信息”，包括下列信息：

（一）证券、期货的投资决策、交易执行信息；

（二）证券持仓数量及变化、资金数量及变化、交易动向信息；

（三）其他可能影响证券、期货交易活动的信息。

第二条　内幕信息以外的其他未公开的信息难以认定的，司法机关可以在有关行政主（监）管部门的认定意见的基础上，根据案件事实和法律规定作出认定。

第三条　刑法第一百八十条第四款规定的“违反规定”，是指违反法律、行政法规、部门规章、全国性行业规范有关证券、期货未公开信息保护的规定，以及行为人所在的金融机构有关信息保密、禁止交易、禁止利益输送等规定。

第四条　刑法第一百八十条第四款规定的行为人“明示、暗示他人从事相关交易活动”，应当综合以下方面进行认定：

（一）行为人具有获取未公开信息的职务便利；

（二）行为人获取未公开信息的初始时间与他人从事相关交易活动的初始时间具有关联性；

（三）行为人与他人之间具有亲友关系、利益关联、交易终端关联等关联关系；

（四）他人从事相关交易的证券、期货品种、交易时间与未公开信息

所涉证券、期货品种、交易时间等方面基本一致；

（五）他人从事的相关交易活动明显不具有符合交易习惯、专业判断等正当理由；

（六）行为人对明示、暗示他人从事相关交易活动没有合理解释。

第 五 条 利用未公开信息交易，具有下列情形之一的，应当认定为刑法第一百八十条第四款规定的“情节严重”：

（一）违法所得数额在一百万元以上的；

（二）二年内三次以上利用未公开信息交易的；

（三）明示、暗示三人以上从事相关交易活动的。

第 六 条 利用未公开信息交易，违法所得数额在五十万元以上，或者证券交易成交额在五百万元以上，或者期货交易占用保证金数额在一百万元以上，具有下列情形之一的，应当认定为刑法第一百八十条第四款规定的“情节严重”：

（一）以出售或者变相出售未公开信息等方式，明示、暗示他人从事相关交易活动的；

（二）因证券、期货犯罪行为受过刑事追究的；

（三）二年内因证券、期货违法行为受过行政处罚的；

（四）造成恶劣社会影响或者其他严重后果的。

第 七 条 刑法第一百八十条第四款规定的“依照第一款的规定处罚”，包括该条第一款关于“情节特别严重”的规定。

利用未公开信息交易，违法所得数额在一千万元以上的，应当认定为“情节特别严重”。

违法所得数额在五百万元以上，或者证券交易成交额在五千万元以上，或者期货交易占用保证金数额在一千万元以上，具有本解释第六条规定的四种情形之一的，应当认定为“情节特别严重”。

第 八 条 二次以上利用未公开信息交易，依法应予行政处理或者刑事处理而未经处理的，相关交易数额或者违法所得数额累计计算。

第 九 条 本解释所称“违法所得”，是指行为人利用未公开信息从事与该信息相关的证券、期货交易活动所获利益或者避免的损失。

行为人明示、暗示他人利用未公开信息从事相关交易活动，被明示、暗示人员从事相关交易活动所获利益或者避免的损失，应当认定为“违法所得”。

第 十 条 行为人未实际从事与未公开信息相关的证券、期货交易活动的，其罚金数额按照被明示、暗示人员从事相关交易活动的违法所得计算。

第十一条 符合本解释第五条、第六条规定的标准,行为人如实供述犯罪事实,认罪悔罪,并积极配合调查,退缴违法所得的,可以从轻处罚;其中犯罪情节轻微的,可以依法不起诉或者免予刑事处罚。

符合刑事诉讼法规定的认罪认罚从宽适用范围和条件的,依照刑事诉讼法的规定处理。

第十二条 本解释自 2019 年 7 月 1 日起施行。

附录三　其他部委发布的相关部门规章及规范性文件

资产评估行业财政监督管理办法

（2019年1月2日　财政部令第97号）

第一章　总　　则

第 一 条　为了加强资产评估行业财政监督管理，促进资产评估行业健康发展，根据《中华人民共和国资产评估法》（以下简称资产评估法）等法律、行政法规和国务院的有关规定，制定本办法。

第 二 条　资产评估机构及其资产评估专业人员根据委托对单项资产、资产组合、企业价值、金融权益、资产损失或者其他经济权益进行评定、估算，并出具资产评估报告的专业服务行为和财政部门对资产评估行业实施监督管理，适用本办法。

资产评估机构及其资产评估专业人员从事前款规定业务，涉及法律、行政法规和国务院规定由其他评估行政管理部门管理的，按照其他有关规定执行。

第 三 条　涉及国有资产或者公共利益等事项，属于本办法第二条规定范围有法律、行政法规规定需要评估的法定资产评估业务（以下简称"法定资产评估业务"），委托人应当按照资产评估法和有关法律、行政法规的规定，委托资产评估机构进行评估。

第 四 条　财政部门对资产评估行业的监督管理，实行行政监管、行业自律与机构自主管理相结合的原则。

第 五 条　财政部负责统筹财政部门对全国资产评估行业的监督管理，制定有关监督管理办法和资产评估基本准则，指导和督促地方财政部门实施监督管理。

财政部门对资产评估机构从事证券期货相关资产评估业务实施的监督管理，由财政部负责。

第 六 条 各省、自治区、直辖市、计划单列市财政厅(局)(以下简称省级财政部门)负责对本行政区域内资产评估行业实施监督管理。

第 七 条 中国资产评估协会依照法律、行政法规、本办法和其协会章程的规定,负责全国资产评估行业的自律管理。

地方资产评估协会依照法律、法规、本办法和其协会章程的规定,负责本地区资产评估行业的自律管理。

第 八 条 资产评估机构从事资产评估业务,除本办法第十六条规定外,依法不受行政区域、行业限制,任何组织或者个人不得非法干预。

第二章 资产评估专业人员

第 九 条 资产评估专业人员包括资产评估师(含珠宝评估专业,下同)和具有资产评估专业知识及实践经验的其他资产评估从业人员。

资产评估师是指通过中国资产评估协会组织实施的资产评估师资格全国统一考试的资产评估专业人员。

其他资产评估从业人员从事本办法第二条规定的资产评估业务,应当接受财政部门的监管。除从事法定资产评估业务外,其所需的资产评估专业知识及实践经验,由资产评估机构自主评价认定。

由其他评估行政管理部门管理的其他专业领域评估师从事本办法第二条规定的资产评估业务,按照本条第三款规定执行。

第 十 条 资产评估专业人员从事资产评估业务,应当加入资产评估机构,并且只能在一个资产评估机构从事业务。

资产评估专业人员应当与资产评估机构签订劳动合同,建立社会保险缴纳关系,按照国家有关规定办理人事档案存放手续。

第十一条 资产评估专业人员从事资产评估业务,应当遵守法律、行政法规和本办法的规定,执行资产评估准则及资产评估机构的各项规章制度,依法签署资产评估报告,不得签署本人未承办业务的资产评估报告或者有重大遗漏的资产评估报告。

未取得资产评估师资格的人员,不得签署法定资产评估业务资产评估报告,其签署的法定资产评估业务资产评估报告无效。

第十二条 资产评估专业人员应当接受资产评估协会的自律管理和所在资产评估机构的自主管理,不得从事损害资产评估机构合法利益的活动。

加入资产评估协会的资产评估专业人员,平等享有章程规定的权利,履行章程规定的义务。

第三章　资产评估机构

第一节　机构自主管理

第十三条　资产评估机构应当依法采用合伙或者公司形式，并符合资产评估法第十五条规定的条件。

不符合资产评估法第十五条规定条件的资产评估机构不得承接资产评估业务。

第十四条　资产评估机构从事资产评估业务，应当遵守资产评估准则，履行资产评估程序，加强内部审核，严格控制执业风险。

资产评估机构开展法定资产评估业务，应当指定至少两名资产评估师承办。不具备两名以上资产评估师条件的资产评估机构，不得开展法定资产评估业务。

第十五条　法定资产评估业务资产评估报告应当由两名以上承办业务的资产评估师签署，并履行内部程序后加盖资产评估机构印章，资产评估机构及签字资产评估师依法承担责任。

第十六条　资产评估机构应当遵守独立性原则和资产评估准则规定的资产评估业务回避要求，不得受理与其合伙人或者股东存在利害关系的业务。

第十七条　资产评估机构应当建立健全质量控制制度和内部管理制度。其中，内部管理制度包括资产评估业务管理制度、业务档案管理制度、人事管理制度、继续教育制度、财务管理制度等。

第十八条　资产评估机构应当指定一名取得资产评估师资格的本机构合伙人或者股东专门负责执业质量控制。

第十九条　资产评估机构根据业务需要建立职业风险基金管理制度，或者自愿购买职业责任保险，完善职业风险防范机制。

资产评估机构建立职业风险基金管理制度的，按照财政部的具体规定提取、管理和使用职业风险基金。

第二十条　实行集团化发展的资产评估机构，应当在质量控制、内部管理、客户服务、企业形象、信息化等方面，对设立的分支机构实行统一管理，或者对集团成员实行统一政策。

分支机构应当在资产评估机构授权范围内，依法从事资产评估业务，并以资产评估机构的名义出具资产评估报告。

第二十一条 资产评估机构和分支机构加入资产评估协会,平等享有章程规定的权利,履行章程规定的义务。

第二十二条 资产评估机构和分支机构应当在每年3月31日之前,分别向所加入的资产评估协会报送下列材料:

(一)资产评估机构或分支机构基本情况;

(二)上年度资产评估项目重要信息;

(三)资产评估机构建立职业风险基金或者购买职业责任保险情况。购买职业责任保险的,应当提供职业责任保险保单信息。

第二节 机构备案管理

第二十三条 省级财政部门负责本地区资产评估机构和分支机构的备案管理。

第二十四条 资产评估机构应当自领取营业执照之日起30日内,通过备案信息管理系统向所在地省级财政部门备案,提交下列材料:

(一)资产评估机构备案表;

(二)统一社会信用代码;

(三)资产评估机构合伙人或者股东以及执行合伙事务的合伙人或者法定代表人三年以上从业经历、最近三年接受处罚信息等基本情况;

(四)在该机构从业的资产评估师、其他专业领域的评估师和其他资产评估从业人员情况;

(五)资产评估机构质量控制制度和内部管理制度。

第二十五条 资产评估机构的备案信息不齐全或者备案材料不符合要求的,省级财政部门应当在接到备案材料5个工作日内一次性告知需要补正的全部内容,并给予指导。资产评估机构应当根据要求,在15个工作日内补正。逾期不补正的,视同未备案。

第二十六条 备案材料完备且符合要求的,省级财政部门收齐备案材料即完成备案,并在20个工作日内将下列信息以公函编号向社会公开:

(一)资产评估机构名称及组织形式;

(二)资产评估机构的合伙人或者股东的基本情况;

(三)资产评估机构执行合伙事务的合伙人或者法定代表人;

(四)申报的资产评估专业人员基本情况。

对于资产评估机构申报的资产评估师信息,省级财政部门应当在公开前向有关资产评估协会核实。

第二十七条 资产评估机构设立分支机构的，应当比照本办法第二十四条至第二十六条的规定，由资产评估机构向其分支机构所在地省级财政部门备案，提交下列材料：

（一）资产评估机构设立分支机构备案表；

（二）分支机构统一社会信用代码；

（三）资产评估机构授权分支机构的业务范围；

（四）分支机构负责人三年以上从业经历、最近三年接受处罚信息等基本情况；

（五）在该分支机构从业的资产评估师、其他专业领域评估师和其他资产评估从业人员情况。

完成分支机构备案的省级财政部门应当将分支机构备案情况向社会公开，同时告知资产评估机构所在地省级财政部门。

第二十八条 资产评估机构的名称、执行合伙事务的合伙人或者法定代表人、合伙人或者股东、分支机构的名称或者负责人发生变更，以及发生机构分立、合并、转制、撤销等重大事项，应当自变更之日起 15 个工作日内，比照本办法第二十四条至第二十六条的规定，向有关省级财政部门办理变更手续。需要变更工商登记的，自工商变更登记完成之日起 15 个工作日内向有关省级财政部门办理变更手续。

第二十九条 资产评估机构办理合并或者分立变更手续的，应当提供合并或者分立协议。合并或者分立协议应当包括以下事项：

（一）合并或者分立前资产评估机构评估业务档案保管方案；

（二）合并或者分立前资产评估机构职业风险基金或者执业责任保险的处理方案；

（三）合并或者分立前资产评估机构资产评估业务、执业责任的承继关系。

第三十条 合伙制资产评估机构转为公司制资产评估机构，或者公司制资产评估机构转为合伙制资产评估机构，办理变更手续应当提供合伙人会议或股东（大）会审议通过的转制决议。

转制决议应当载明转制后机构与转制前机构的债权债务、档案保管、资产评估业务、执业责任等承继关系。

第三十一条 资产评估机构跨省级行政区划迁移经营场所，应当书面告知迁出地省级财政部门。

资产评估机构在办理完迁入地工商登记手续后 15 个工作日内，比照本办法第二十四条至第二十六条的规定，向迁入地省级财政部门办理迁入备案手续。

迁入地省级财政部门办理迁入备案手续后通知迁出地的省级财政部门，迁出地的省级财政部门应同时予以公告。

第三十二条 已完成备案的资产评估机构或者分支机构有下列行为之一的，省级财政部门予以注销备案，并向社会公开：

（一）注销工商登记的；

（二）被工商行政管理机关吊销营业执照的；

（三）主动要求注销备案的。

第三十三条 注销备案的资产评估机构及其分支机构的资产评估业务档案，应当按照《中华人民共和国档案法》和资产评估档案管理的有关规定予以妥善保存。

第三十四条 财政部建立统一的备案信息管理系统。备案信息管理系统实行全国联网，并与其他相关行政管理部门实行信息共享。

第三十五条 资产评估机构未按本办法规定备案的，依法承担法律责任。

第四章 资产评估协会

第三十六条 资产评估协会是资产评估机构和资产评估专业人员的自律性组织，接受有关财政部门的监督，不得损害国家利益和社会公共利益，不得损害会员的合法权益。

第三十七条 资产评估协会通过制定章程规范协会内部管理和活动。协会章程应当由会员代表大会制定，经登记管理机关核准后，报有关财政部门备案。

第三十八条 资产评估协会应当依法履行职责，向有关财政部门提供资产评估师信息，及时向有关财政部门报告会员信用档案、会员自律检查情况及奖惩情况。

第三十九条 资产评估协会对资产评估机构及其资产评估专业人员进行自律检查。资产评估机构及其资产评估专业人员应当配合资产评估协会组织实施的自律检查。

资产评估协会应当重点检查资产评估机构及其资产评估专业人员的执业质量和职业风险防范机制。

第四十条 资产评估协会应当结合自律检查工作，对资产评估机构及其分支机构按照本办法第二十二条规定报送的材料进行分析，发现不符合法律、行政法规和本办法规定的情况，及时向有关财政部门报告。

第四十一条 资产评估协会应当与其他评估专业领域行业协会加强沟通协作，建立会员、执业、惩戒等相关信息的共享机制。

中国资产评估协会应当会同其他评估专业领域行业协会根据需要制定共同的行为规范，促进评估行业健康有序发展。

第五章 监督检查

第四十二条 财政部统一部署对资产评估行业的监督检查，主要负责以下工作：

（一）制定资产评估专业人员、资产评估机构、资产评估协会和相关资产评估业务监督检查的具体办法；

（二）组织开展资产评估执业质量专项检查；

（三）监督检查资产评估机构从事证券期货相关资产评估业务情况；

（四）检查中国资产评估协会履行资产评估法第三十六条规定的职责情况，并根据工作需要，对地方资产评估协会履行职责情况进行抽查；

（五）指导和督促地方财政部门对资产评估行业的监督检查，并对其检查情况予以抽查。

对本条第一款第三项进行监督检查，必要时，财政部可以会同其他有关部门进行。

第四十三条 省级财政部门开展监督检查，包括年度检查和必要的专项检查，对本行政区域内资产评估机构包括分支机构下列内容进行重点检查，并将检查结果予以公开，同时向财政部报告：

（一）资产评估机构持续符合资产评估法第十五条规定条件的情况；

（二）办理备案情况；

（三）资产评估执业质量情况。

对本条第一款第一项进行检查，必要时，有关财政部门可以会同其他相关评估行政管理部门进行。

第四十四条 省级财政部门对地方资产评估协会实施监督检查，并将检查情况向财政部汇报，重点检查资产评估协会履行以下职责情况：

（一）地方资产评估协会章程的制定、修改情况；

（二）指导会员落实准则情况；

（三）检查会员执业质量情况；

（四）开展会员继续教育、信用档案、风险防范等情况；

（五）机构会员年度信息管理情况。

第四十五条 财政部门开展资产评估行业监督检查，应当由本部门两名以上执法人员组成检查组。具体按照财政检查工作的有关规定执行。

第四十六条 检查时，财政部门认定虚假资产评估报告和重大遗漏资产评估报告，应当以资产评估准则为依据，组织相关专家进行专业技术论证，也可以委托资产评估协会组织专家提供专业技术支持。

第四十七条 检查过程中，财政部和省级财政部门发现资产评估专业人员、资产评估机构和资产评估协会存在违法情形的，应当依照资产评估法等法律、行政法规和本办法的规定处理、处罚。涉嫌犯罪的，移送司法机关处理。

当事人对行政处理、行政处罚决定不服的，可以依法申请行政复议或者提起行政诉讼。

第六章　调查处理

第四十八条 资产评估委托人或资产评估报告使用人对资产评估机构或资产评估专业人员的下列行为，可以向对该资产评估机构备案的省级财政部门进行投诉、举报，其他公民、法人或其他组织可以向对该资产评估机构备案的省级财政部门举报：

（一）违法开展法定资产评估业务的；

（二）资产评估专业人员违反资产评估法第十四条规定的；

（三）资产评估机构未按照本办法规定备案或备案后未持续符合资产评估法第十五条规定条件的；

（四）资产评估机构违反资产评估法第二十条规定的；

（五）资产评估机构违反本办法第十六条规定的；

（六）资产评估机构违反本办法第二十条第二款规定的。

资产评估委托人或资产评估报告使用人投诉、举报资产评估机构出具虚假资产评估报告或者重大遗漏的资产评估报告的，可以先与资产评估机构进行沟通。

第四十九条 在法定资产评估业务中，委托人或被评估单位有资产评估法第五十二条规定行为的，资产评估的相关当事人可以向委托人或被评估单位所在地省级财政部门进行投诉、举报，其他公民、法人或其他组织可以向委托人或被评估单位所在地省级财政部门举报。

由于委托人或被评估单位的行政管理层级不匹配或存在其他原因超出省级财政部门处理权限的,省级财政部门可以申请由财政部受理。

向财政部门投诉、举报事项涉及资产评估机构从事证券期货相关资产评估业务的,由财政部受理。

第五十条 投诉、举报应当通过书面形式实名进行,并如实反映情况,提供相关证明材料。

第五十一条 财政部门接到投诉、举报的事项,应当在15个工作日内作出是否受理的书面决定。投诉、举报事项属于财政部门职责的,财政部门应当予以受理。不予受理的,应当说明理由,及时告知实名投诉人、举报人。

第五十二条 投诉、举报事项属于下列情形的,财政部门不予受理:

(一)投诉、举报事项不属于财政部门职责的;

(二)已由公安机关、检察机关立案调查或者进入司法程序的;

(三)属于资产评估协会自律管理的。

投诉人、举报人就同一事项向财政部门和资产评估协会投诉、举报的,财政部门按照本办法第五十一条和本条第一款的规定处理。

第五十三条 财政部门受理投诉、举报,应当采用书面审查的方式及时进行处理,必要时可以成立由本部门两名以上执法人员和聘用的专家组成的调查组,进行调查取证。有关当事人应当如实反映情况,提供相关材料。

调查组成员与当事人有直接利害关系的,应当回避;对调查工作中知悉的国家秘密和商业秘密,应当保密。

受理的投诉、举报事项同时涉及其他行政管理部门职责的,应当会同其他行政管理部门进行处理。

第五十四条 对投诉、举报的调查,调查组有权进入被投诉举报单位现场调查,查阅、复印有关凭证、文件等资料,询问被投诉举报单位有关人员,必要时按照资产评估业务延伸调查,并将调查内容与事项予以记录和摘录,编制调查工作底稿。

调查组在调查中取得的证据、材料以及工作底稿,应当有提供者或者被调查人的签名或者盖章。未取得提供者或者被调查人签名或者盖章的材料,调查组应当注明原因。

第五十五条 在有关证据可能灭失或者以后难以取得的情况下,经财政部门负责人批准,调查组可以先行登记保存,并应当在7个工作日内及时作出处理决定。被调查人或者有关人员不得销毁或者转移证据。

第五十六条 针对资产评估协会的投诉、举报,财政部和省级财政部门应当及时调查处理。

第五十七条 调查时,财政部门认定虚假资产评估报告和重大遗漏资产评估报告,按照本办法第四十六条规定执行。

第五十八条 经调查发现资产评估专业人员、资产评估机构和资产评估协会存在违法情形的,财政部和省级财政部门按照本办法第四十七条规定予以处理。

第五十九条 财政部门根据调查处理具体情况,应当采取书面形式答复实名投诉人、举报人。

第六十条 对其他有关部门移送的资产评估违法线索或案件,或者资产评估协会按照本办法第四十条规定报告的情况,有关财政部门应当比照本办法第五十二条至第五十八条的规定依法调查处理,并将处理结果告知移送部门或者资产评估协会。

第七章 法律责任

第六十一条 资产评估专业人员有下列行为之一的,由有关省级财政部门予以警告,可以责令停止从业六个月以上一年以下;有违法所得的,没收违法所得;情节严重的,责令停止从业一年以上五年以下;构成犯罪的,移送司法机关处理:

(一)违反本办法第十条第一款的规定,同时在两个以上资产评估机构从事业务的;

(二)违反本办法第十一条第一款的规定,签署本人未承办业务的资产评估报告或者有重大遗漏的资产评估报告的。

资产评估专业人员违反本办法第十二条第一款、第三十九条第一款规定,不接受行业自律管理的,由资产评估协会予以惩戒,记入信用档案;情节严重的,由资产评估协会按照规定取消会员资格,并予以公告。

第六十二条 有下列行为之一的,由对其备案的省级财政部门对资产评估机构予以警告,可以责令停业一个月以上六个月以下;有违法所得的,没收违法所得,并处违法所得一倍以上五倍以下罚款;情节严重的,通知工商行政管理部门依法处理;构成犯罪的,移送司法机关处理:

(一)违反本办法第十一条第二款规定,未取得资产评估师资格的人员签署法定资产评估业务资产评估报告的;

(二)违反本办法第十五条规定,承办并出具法定资产评估业务资产评估报告的资产评估师人数不符合法律规定的；

(三)违反本办法第十六条规定，受理与其合伙人或者股东存在利害关系业务的。

第六十三条 资产评估机构违反本办法第十七条、第十八条、第十九条、第二十条第一款、第二十八条、第三十一条第一款和第二款规定的，由资产评估机构所在地省级财政部门责令改正，并予以警告。

第六十四条 资产评估机构违反本办法第二十条第二款规定造成不良后果的，由其分支机构所在地的省级财政部门责令改正，对资产评估机构及其法定代表人或执行合伙事务的合伙人分别予以警告；没有违法所得的，可以并处资产评估机构一万元以下罚款；有违法所得的，可以并处资产评估机构违法所得一倍以上三倍以下、最高不超过三万元的罚款；同时通知资产评估机构所在地省级财政部门。

第六十五条 资产评估机构未按照本办法第二十四条规定备案或者备案后不符合资产评估法第十五条规定条件的，由资产评估机构所在地省级财政部门责令改正；拒不改正的，责令停业，可以并处一万元以上五万元以下罚款，并通报工商行政管理部门。

资产评估机构未按照本办法第二十七条第一款规定办理分支机构备案的，由其分支机构所在地的省级财政部门责令改正，并对资产评估机构及其法定代表人或者执行合伙事务的合伙人分别予以警告，同时通知资产评估机构所在地的省级财政部门。

第六十六条 资产评估协会有下列行为之一的，由有关财政部门予以警告，责令改正；拒不改正的，可以通报登记管理机关依法处理：

(一)章程不符合资产评估法和本办法规定的；

(二)资产评估协会未依照资产评估法、本办法和其章程的规定履行职责的。

第六十七条 有关财政部门对资产评估机构、资产评估专业人员和资产评估协会的财政处理、处罚情况，应当在15个工作日内向社会公开。

第六十八条 财政部门工作人员在资产评估行业监督管理工作中滥用职权、玩忽职守、徇私舞弊的，按照《中华人民共和国公务员法》、《中华人民共和国行政监察法》等国家有关规定追究相应责任；涉嫌犯罪的，移送司法机关处理。

第八章　附　　则

第六十九条　本办法所称资产评估行业、资产评估专业人员、资产评估机构和资产评估协会是指根据资产评估法和国务院规定，按照职责分工由财政部门监管的资产评估行业、资产评估专业人员、资产评估机构和资产评估协会。

第七十条　外商投资者在中华人民共和国境内设立、参股、入伙资产评估机构或者开展法定资产评估业务，应当依法履行国家安全审查程序。

第七十一条　省级财政部门可结合实际制定具体的实施办法。设区的市级财政部门可以对本行政区域内资产评估行业实施监督管理，具体由省级财政部门根据当地资产评估行业发展状况和设区的市级财政部门具备的监管条件确定。

第七十二条　本办法自2017年6月1日起施行。财政部2011年8月11日发布的《资产评估机构审批和监督管理办法》(财政部令第64号)同时废止。

会计师事务所执业许可和监督管理办法

（2019年1月2日　财政部令第97号）

第一章　总　　则

第 一 条　为规范会计师事务所及其分所执业许可，加强对会计师事务所的监督管理，促进注册会计师行业健康发展，根据《中华人民共和国注册会计师法》（以下简称《注册会计师法》）、《中华人民共和国合伙企业法》、《中华人民共和国公司法》等法律、行政法规，制定本办法。

第 二 条　财政部和省、自治区、直辖市人民政府财政部门（以下简称省级财政部门）对会计师事务所和注册会计师进行管理、监督和指导，适用本办法。

第 三 条　省级财政部门应当遵循公开、公平、公正、便民、高效的原则，依法办理本地区会计师事务所执业许可工作，并对本地区会计师事务所进行监督管理。

财政部和省级财政部门应当加强对会计师事务所和注册会计师的政策指导，营造公平的会计市场环境，引导和鼓励会计师事务所不断完善内部治理，实现有序发展。

省级财政部门应当推进网上政务，便利会计师事务所执业许可申请和变更备案。

第 四 条　会计师事务所、注册会计师应当遵守法律、行政法规，恪守职业道德，遵循执业准则、规则。

第 五 条　会计师事务所、注册会计师依法独立、客观、公正执业，受法律保护，任何单位和个人不得违法干预。

第 六 条　会计师事务所可以采用普通合伙、特殊普通合伙或者有限责任公司形式。

会计师事务所从事证券服务业务和经法律、行政法规规定的关系公众利益的其他特定业务，应当采用普通合伙或者特殊普通合伙形式，接受财政部的监督。

第二章　会计师事务所执业许可的取得

第七条　会计师事务所应当自领取营业执照之日起60日内，向所在地的省级财政部门申请执业许可。

未取得会计师事务所执业许可的，不得以会计师事务所的名义开展业务活动，不得从事《注册会计师法》第十四条规定的业务（以下简称注册会计师法定业务）。

第八条　普通合伙会计师事务所申请执业许可，应当具备下列条件：

（一）2名以上合伙人，且合伙人均符合本办法第十一条规定条件；

（二）书面合伙协议；

（三）有经营场所。

第九条　特殊普通合伙会计师事务所申请执业许可，应当具备下列条件：

（一）15名以上由注册会计师担任的合伙人，且合伙人均符合本办法第十一条、第十二条规定条件；

（二）60名以上注册会计师；

（三）书面合伙协议；

（四）有经营场所；

（五）法律、行政法规或者财政部依授权规定的其他条件。

第十条　有限责任会计师事务所申请执业许可，应当具备下列条件：

（一）5名以上股东，且股东均符合本办法第十一条规定条件；

（二）不少于人民币30万元的注册资本；

（三）股东共同制定的公司章程；

（四）有经营场所。

第十一条　除本办法第十二条规定外，会计师事务所的合伙人（股东），应当具备下列条件：

（一）具有注册会计师执业资格；

（二）成为合伙人（股东）前3年内没有因为执业行为受到行政处罚；

（三）最近连续3年在会计师事务所从事审计业务且在会计师事务所从事审计业务时间累计不少于10年或者取得注册会计师执业资格后

最近连续5年在会计师事务所从事审计业务；

（四）成为合伙人（股东）前3年内没有因欺骗、贿赂等不正当手段申请会计师事务所执业许可而被省级财政部门作出不予受理、不予批准或者撤销会计师事务所执业许可的决定；

（五）在境内有稳定住所，每年在境内居留不少于6个月，且最近连续居留已满5年。

因受行政处罚、刑事处罚被吊销、撤销注册会计师执业资格的，其被吊销、撤销执业资格之前在会计师事务所从事审计业务的年限，不得计入本条第一款第三项规定的累计年限。

第十二条 不符合本办法第十一条第一款第一项和第三项规定的条件，但具有相关职业资格的人员，经合伙协议约定，可以担任特殊普通合伙会计师事务所履行内部特定管理职责或者从事咨询业务的合伙人，但不得担任首席合伙人和执行合伙事务的合伙人，不得以任何形式对该会计师事务所实施控制。具体办法另行制定。

第十三条 普通合伙会计师事务所和特殊普通合伙会计师事务所应当设立首席合伙人，由执行合伙事务的合伙人担任。

有限责任会计师事务所应当设立主任会计师，由法定代表人担任，法定代表人应当是有限责任会计师事务所的股东。

首席合伙人（主任会计师）应当符合下列条件：

（一）在境内有稳定住所，每年在境内居留不少于6个月，且最近连续居留已满10年；

（二）具有代表会计师事务所履行合伙协议或者公司章程授予的管理职权的能力和经验。

第十四条 会计师事务所应当加强执业质量控制，建立健全合伙人（股东）、签字注册会计师和其他从业人员在执业质量控制中的权责体系。

首席合伙人（主任会计师）对会计师事务所的执业质量负主体责任。审计业务主管合伙人（股东）、质量控制主管合伙人（股东）对会计师事务所的审计业务质量负直接主管责任。审计业务项目合伙人（股东）对组织承办的具体业务项目的审计质量负直接责任。

第十五条 注册会计师担任会计师事务所的合伙人（股东），涉及执业关系转移的，该注册会计师应当先在省、自治区、直辖市注册会计师协会（以下简称省级注册会计师协会）办理从原会计师事务所转出的手续。若为原会计师事务所合伙人（股东）的，还应当按照有关法律、行政法规，以及合伙协议或者公司章程的规定，先办理退伙或者股权转让手续。

第十六条 会计师事务所的名称应当符合国家有关规定。未经同意，会计师事务所不得使用包含其他已取得执业许可的会计师事务所字号的名称。

第十七条 申请会计师事务所执业许可，应当向其所在地的省级财政部门提交下列材料：

（一）会计师事务所执业许可申请表；

（二）会计师事务所合伙人（股东）执业经历等符合规定条件的材料；

（三）拟在该会计师事务所执业的注册会计师情况汇总表；

（四）统一社会信用代码。

合伙人（股东）是境外人员或移居境外人员的，还应当提交符合本办法第十一条第一款第五项、第十三条第三款第一项条件的材料及承诺函。

因合并或者分立新设会计师事务所的，申请时还应当提交合并协议或者分立协议。

申请人应当对申请材料内容的真实性、准确性、完整性负责。

第十八条 省级财政部门应当对申请人提交的申请材料进行审查。对申请材料不齐全或者不符合法定形式的，应当当场或者在接到申请材料后 5 日内一次性告知申请人需要补正的全部内容。对申请材料齐全、符合法定形式，或者申请人按照要求提交全部补正申请材料的应当受理。受理申请或者不予受理申请，应当向申请人出具加盖本行政机关专用印章和注明日期的书面凭证。

省级财政部门受理申请的，应当将申请材料中有关会计师事务所名称以及合伙人（股东）执业资格及执业时间等情况在 5 日内予以公示。

第十九条 省级财政部门应当通过财政会计行业管理系统对申请人有关信息进行核对，并自受理申请之日起 30 日内作出准予或者不予会计师事务所执业许可的决定。

第二十条 省级财政部门作出准予会计师事务所执业许可决定的，应当自作出准予决定之日起 10 日内向申请人出具准予行政许可的书面决定、颁发会计师事务所执业证书，并予以公告。准予许可决定应当载明下列事项：

（一）会计师事务所的名称和组织形式；

（二）会计师事务所合伙人（股东）的姓名；

（三）会计师事务所首席合伙人（主任会计师）的姓名；

（四）会计师事务所的业务范围。

第二十一条 省级财政部门作出准予会计师事务所执业许可决定的，应当自作出准予决定之日起30日内将准予许可决定报财政部备案。

财政部发现准予许可不当的，应当自收到准予许可决定之日起30日内通知省级财政部门重新审查。

省级财政部门重新审查后发现申请人不符合本办法规定的申请执业许可的条件的，应当撤销执业许可，并予以公告。

第二十二条 省级财政部门作出不予会计师事务所执业许可决定的，应当自作出决定之日起10日内向申请人出具书面决定，并通知工商行政管理部门。

书面决定应当说明不予许可的理由，并告知申请人享有依法申请行政复议或者提起行政诉讼的权利。

会计师事务所执业许可申请未予准许，企业主体继续存续的，不得从事注册会计师法定业务，企业名称中不得继续使用"会计师事务所"字样，申请人应当自收到不予许可决定之日起20日内办理工商变更登记。

第二十三条 会计师事务所的合伙人（股东）应当自会计师事务所取得执业证书之日起30日内办理完成转入该会计师事务所的手续。

注册会计师在未办理完成转入手续以前，不得在拟转入的会计师事务所执业。

第二十四条 会计师事务所应当完善职业风险防范机制，建立职业风险基金，办理职业责任保险。具体办法由财政部另行制定。

特殊普通合伙会计师事务所的合伙人按照《合伙企业法》等法律法规的规定及合伙协议的约定，对会计师事务所的债务承担相应责任。

第三章 会计师事务所分所执业许可的取得

第二十五条 会计师事务所设立分支机构应当依照本办法规定申请分所执业许可。

第二十六条 会计师事务所分所的名称应当采用"会计师事务所名称＋分支机构所在行政区划名＋分所"的形式。

第二十七条 会计师事务所应当在人事、财务、业务、技术标准、信息管理等方面对其设立的分所进行实质性的统一管理，并对分所的业务活动、执业质量和债务承担法律责任。

第二十八条 会计师事务所申请分所执业许可，应当自领取分所营业执照之日起60日内，向分所所在地的省级财政部门提出申请。

第二十九条 申请分所执业许可的会计师事务所，应当具备下列条件：

（一）取得会计师事务所执业许可3年以上，内部管理制度健全；

（二）不少于50名注册会计师（已到和拟到分所执业的注册会计师除外）；

（三）申请设立分所前3年内没有因为执业行为受到行政处罚。

跨省级行政区划申请分所执业许可的，会计师事务所上一年度业务收入应当达到2000万元以上。

因合并或者分立新设的会计师事务所申请分所执业许可的，其取得会计师事务所执业许可的期限，可以从合并或者分立前会计师事务所取得执业许可的时间算起。

第三十条 会计师事务所申请分所执业许可，该分所应当具备下列条件：

（一）分所负责人为会计师事务所的合伙人（股东），并具有注册会计师执业资格；

（二）不少于5名注册会计师，且注册会计师的执业关系应当转入分所所在地省级注册会计师协会；由总所人员兼任分所负责人的，其执业关系可以不作变动，但不计入本项规定的5名注册会计师；

（三）有经营场所。

第三十一条 会计师事务所申请分所执业许可，应当向分所所在地的省级财政部门提交下列材料：

（一）分所执业许可申请表；

（二）会计师事务所合伙人会议或者股东会作出的设立分所的书面决议；

（三）注册会计师情况汇总表（会计师事务所和申请执业许可的分所分别填写）；

（四）分所统一社会信用代码；

（五）会计师事务所对该分所进行实质性统一管理的承诺书，该承诺书由首席合伙人（主任会计师）签署，并加盖会计师事务所公章。

跨省级行政区划申请分所执业许可的，还应当提交上一年度会计师事务所业务收入情况。

第三十二条 省级财政部门审批分所执业许可的程序比照本办法第十八条至第二十二条第二款的规定办理。

会计师事务所跨省级行政区划设立分所的，准予分所执业许可的省级财政部门还应当将准予许可决定抄送会计师事务所所在地的省级财政部门。

省级财政部门作出不予分所执业许可决定的,会计师事务所应当自收到不予许可决定之日起20日内办理该分所的工商注销手续。

第四章　会计师事务所及其分所的变更备案和执业许可的注销

第三十三条　会计师事务所下列事项发生变更的,应当自作出决议之日起20日内向所在地的省级财政部门备案;涉及工商变更登记的,应当自办理完工商变更登记之日起20日内向所在地的省级财政部门备案:

(一)会计师事务所的名称;

(二)首席合伙人(主任会计师);

(三)合伙人(股东);

(四)经营场所;

(五)有限责任会计师事务所的注册资本。

分所的名称、负责人或者经营场所发生变更的,该会计师事务所应当同时向会计师事务所和分所所在地的省级财政部门备案。

第三十四条　会计师事务所及其分所变更备案的,应当提交变更事项情况表,以及变更事项符合会计师事务所和分所执业许可条件的材料。

第三十五条　会计师事务所及其分所变更名称的,应当同时向会计师事务所和分所所在地的省级财政部门交回原会计师事务所执业证书或者分所执业证书,换取新的会计师事务所执业证书或者分所执业证书。

省级财政部门应当将会计师事务所及其分所的名称变更情况予以公告。

第三十六条　会计师事务所跨省级行政区划迁移经营场所的,应当在办理完迁入地工商登记手续后10日内向迁入地省级财政部门备案,并提交会计师事务所跨省级行政区划迁移表和合伙人(股东)情况汇总表。

迁入地省级财政部门应当在收到备案材料后10日内,及时核实该会计师事务所有关情况,收回原会计师事务所执业证书,换发新的会计师事务所执业证书,并予以公告,同时通知迁出地省级财政部门。

迁出地省级财政部门收到通知后,将该会计师事务所迁移情况予以公告。

第三十七条　迁入地省级财政部门应当对迁入的会计师事务所持续

符合执业许可条件的情况予以审查。未持续符合执业许可条件的，责令其在60日内整改，未在规定期限内整改或者整改期满仍未达到执业许可条件的，由迁入地省级财政部门撤销执业许可，并予以公告。

第三十八条 跨省级行政区划迁移经营场所的会计师事务所设有分所的，会计师事务所应当在取得迁入地省级财政部门换发的执业证书后15日内向其分所所在地的省级财政部门备案，并提交新的执业证书信息。分所所在地省级财政部门应当收回原分所执业证书，换发新的分所执业证书。

第三十九条 会计师事务所未在规定时间内办理迁出和迁入备案手续的，由迁出地省级财政部门自发现之日起15日内公告该会计师事务所执业许可失效。

第四十条 省级财政部门应当在受理申请的办公场所将会计师事务所、会计师事务所分所申请执业许可的条件、变更、注销等应当提交的材料目录及要求、批准的程序及期限予以公示。

第四十一条 会计师事务所发生下列情形之一的，省级财政部门应当办理会计师事务所执业许可注销手续，收回会计师事务所执业许可证书：

（一）会计师事务所依法终止的；

（二）会计师事务所执业许可被依法撤销、撤回或者执业许可证书依法被吊销的；

（三）法律、行政法规规定的应当注销执业许可的其他情形。

会计师事务所分所执业许可注销的，比照本条第一款规定办理。

会计师事务所或者分所依法终止的，应当自办理工商注销手续之日起10日内，告知所在地的省级财政部门。

第四十二条 会计师事务所执业许可被依法注销，企业主体继续存续的，不得从事注册会计师法定业务，企业名称中不得继续使用“会计师事务所”字样，并应当自执业许可被注销之日起10日内，办理工商变更登记。

分所执业许可被依法注销的，应当自注销之日起20日内办理工商注销手续。

第四十三条 省级财政部门应当将注销会计师事务所或者分所执业许可的有关情况予以公告，并通知工商行政管理部门。

第四十四条 会计师事务所及其分所在接受财政部或者省级财政部门（以下简称省级以上财政部门）检查、整改及整改情况核查期间，不得办理以下手续：

（一）首席合伙人（主任会计师）、审计业务主管合伙人（股东）、质量控制主管合伙人（股东）和相关签字注册会计师的离职、退伙（转股）或者转所；

（二）跨省级行政区划迁移经营场所。

第五章　监督检查

第四十五条　省级以上财政部门依法对下列事项实施监督检查：

（一）会计师事务所及其分所持续符合执业许可条件的情况；

（二）会计师事务所备案事项的报备情况；

（三）会计师事务所和注册会计师的执业情况；

（四）会计师事务所的风险管理和执业质量控制制度建立与执行情况；

（五）会计师事务所对分所实施实质性统一管理的情况；

（六）法律、行政法规规定的其他监督检查事项。

第四十六条　省级以上财政部门依法对会计师事务所实施全面或者专项监督检查。

省级以上财政部门对会计师事务所进行监督检查时，可以依法对被审计单位进行延伸检查或者调查。财政部门开展其他检查工作时，发现被检查单位存在违规行为而会计师事务所涉嫌出具不实审计报告及其他鉴证报告的，可以由省级以上财政部门延伸检查相关会计师事务所。

省级以上财政部门在开展检查过程中，可以根据工作需要，聘用一定数量的专业人员协助检查。

第四十七条　在实施监督检查过程中，检查人员应当严格遵守财政检查工作的有关规定。

第四十八条　财政部应当加强对省级财政部门监督、指导会计师事务所和注册会计师工作的监督检查。

省级财政部门应当按照财政部要求建立信息报告制度，将会计师事务所和注册会计师发生的重大违法违规案件及时上报财政部。

第四十九条　省级以上财政部门在开展会计师事务所监督检查时，要采取随机抽取检查对象、随机选派执法检查人员并及时公开抽查情况和查处结果。

省级以上财政部门结合会计师事务所业务分布、质量控制和内部管理等情况，分类确定对会计师事务所实施监督检查的频次和方式，建立定期轮查制度和随机抽查制度。

第五十条 省级以上财政部门应当将发生以下情形的会计师事务所列为重点检查对象，实施严格监管：

（一）审计收费明显低于成本的；

（二）会计师事务所对分所实施实质性统一管理薄弱的；

（三）以向委托人或者被审计单位有关人员、中间人支付回扣、协作费、劳务费、信息费、咨询费等不正当方式承揽业务的；

（四）有不良执业记录的；

（五）被实名投诉或者举报的；

（六）业务报告数量明显超出服务能力的；

（七）被非注册会计师实际控制的；

（八）需要实施严格监管的其他情形。

第五十一条 会计师事务所应当在出具审计报告及其他鉴证报告后30日内，通过财政会计行业管理系统报备签字注册会计师、审计意见、审计收费等基本信息。

会计师事务所应当在出具审计报告后60日内，通过财政会计行业管理系统报备其出具的年度财务报表审计报告，省级财政部门不得自行增加报备信息，不得要求会计师事务所报送纸质材料，并与注册会计师协会等实行信息共享。

第五十二条 省级以上财政部门可以对会计师事务所依法进行实地检查，或者将有关材料调到本机关或者检查人员办公地点进行核查。

调阅的有关材料应当在检查工作结束后1个月内送还并保持完整。

第五十三条 省级以上财政部门在实施监督检查过程中，有权要求会计师事务所和注册会计师说明有关情况，调阅会计师事务所工作底稿及相关资料，向相关单位和人员调查、询问、取证和核实有关情况。

第五十四条 会计师事务所和注册会计师应当接受省级以上财政部门依法实施的监督检查，如实提供中文工作底稿及相关资料，不得拒绝、延误、阻挠、逃避检查，不得谎报、隐匿、销毁相关证据材料。

会计师事务所或者注册会计师有明显转移、隐匿有关证据材料迹象的，省级以上财政部门可以对证据材料先行登记保存。

第五十五条 对会计师事务所和注册会计师的违法违规行为，省级以上财政部门依法作出行政处罚决定的，应当自作出处罚决定之日起10日内将相关信息录入财政会计行业管理系统，并及时予以公告。

第五十六条 会计师事务所应当于每年5月31日之前,按照财政部要求通过财政会计行业管理系统向所在地的省级财政部门报备下列信息:

(一)持续符合执业许可条件的相关信息;

(二)上一年度经营情况;

(三)内部治理及会计师事务所对分所实施实质性统一管理情况;

(四)会计师事务所由于执行业务涉及法律诉讼情况。

会计师事务所与境外会计师事务所有成员所、联系所或者业务合作关系的,应当同时报送相关信息,说明上一年度与境外会计师事务所合作开展业务的情况。

会计师事务所在境外发展成员所、联系所或者设立分支机构的,应当同时报送相关信息。

会计师事务所跨省级行政区划设有分所的,应当同时将分所有关材料报送分所所在地的省级财政部门。

第五十七条 省级财政部门收到会计师事务所按照本办法第五十六条的规定报送的材料后,应当对会计师事务所及其分所持续符合执业许可条件等情况进行汇总,于6月30日之前报财政部,并将持续符合执业许可条件的会计师事务所及其分所名单及时予以公告。

第五十八条 会计师事务所未按照本办法第五十一条、第五十六条规定报备的,省级以上财政部门应当责令限期补交报备材料、约谈首席合伙人(主任会计师),并视补交报备材料和约谈情况组织核查。

第五十九条 会计师事务所及其分所未能持续符合执业许可条件的,会计师事务所应当在20日内向所在地的省级财政部门报告,并在报告日后60日内自行整改。

省级财政部门在日常管理、监督检查中发现会计师事务所及其分所未持续符合执业许可条件的,应当责令其在60日内整改。

整改期满,会计师事务所及其分所仍未达到执业许可条件的,由所在地的省级财政部门撤销执业许可并予以公告。

第六十条 会计师事务所和注册会计师必须按照执业准则、规则的要求,在实施必要的审计程序后,以经过核实的审计证据为依据,形成审计意见,出具审计报告,不得有下列行为:

(一)在未履行必要的审计程序,未获取充分适当的审计证据的情况下出具审计报告;

(二)对同一委托单位的同一事项,依据相同的审计证据出具不同结论的审计报告；

（三）隐瞒审计中发现的问题，发表不恰当的审计意见；

（四）为被审计单位编造或者伪造事由，出具虚假或者不实的审计报告；

（五）未实施严格的逐级复核制度，未按规定编制和保存审计工作底稿；

（六）未保持形式上和实质上的独立；

（七）违反执业准则、规则的其他行为。

第六十一条 注册会计师不得有下列行为：

（一）在执行审计业务期间，在法律、行政法规规定不得买卖被审计单位的股票、债券或者不得购买被审计单位或者个人的其他财产的期限内，买卖被审计单位的股票、债券或者购买被审计单位或者个人所拥有的其他财产；

（二）索取、收受委托合同约定以外的酬金或者其他财物，或者利用执行业务之便，谋取其他不正当利益；

（三）接受委托催收债款；

（四）允许他人以本人名义执行业务；

（五）同时在两个或者两个以上的会计师事务所执行业务；

（六）同时为被审计单位编制财务会计报告；

（七）对其能力进行广告宣传以招揽业务；

（八）违反法律、行政法规的其他行为。

第六十二条 会计师事务所不得有下列行为：

（一）分支机构未取得执业许可；

（二）对分所未实施实质性统一管理；

（三）向省级以上财政部门提供虚假材料或者不及时报送相关材料；

（四）雇用正在其他会计师事务所执业的注册会计师，或者允许本所人员以他人名义执行业务，或者明知本所的注册会计师在其他会计师事务所执业而不予制止；

（五）允许注册会计师在本所挂名而不在本所执行业务，或者明知本所注册会计师在其他单位从事获取工资性收入的工作而不予制止；

（六）借用、冒用其他单位名义承办业务；

（七）允许其他单位或者个人以本所名义承办业务；

（八）采取强迫、欺诈、贿赂等不正当方式招揽业务，或者通过网络平台或者其他媒介售卖注册会计师业务报告；

(九)承办与自身规模、执业能力、风险承担能力不匹配的业务;

(十)违反法律、行政法规的其他行为。

第六章 法律责任

第六十三条 会计师事务所或者注册会计师违反法律法规及本办法规定的,由省级以上财政部门依法给予行政处罚。

违法情节轻微,没有造成危害后果的,省级以上财政部门可以采取责令限期整改、下达监管关注函、出具管理建议书、约谈、通报等方式进行处理。

第六十四条 会计师事务所采取隐瞒有关情况、提供虚假材料等手段拒绝提供申请执业许可情况的真实材料的,省级财政部门不予受理或者不予许可,并对会计师事务所和负有责任的相关人员给予警告。

会计师事务所采取欺骗、贿赂等不正当手段获得会计师事务所执业许可的,由省级财政部门予以撤销,并对负有责任的相关人员给予警告。

第六十五条 会计师事务所及其分所已办理完工商登记手续但未在规定时间内申请执业许可的,以及违反本办法第二十二条第三款、第三十二条第三款、第四十二条规定的,由省级财政部门责令限期改正,逾期不改正的,通知工商行政管理部门依法进行处理,并予以公告,对其执行合伙事务合伙人、法定代表人或者分所负责人给予警告,不予办理变更、转所手续。

第六十六条 会计师事务所有下列情形之一的,由省级以上财政部门责令限期改正,逾期不改正的可以按照本办法第六十三条第二款的规定进行处理:

(一)未按照本办法第二十三条规定办理转所手续的;

(二)分所名称不符合本办法第二十六条规定的;

(三)未按照本办法第三十三条至三十五条第一款规定办理有关变更事项备案手续的。

第六十七条 会计师事务所违反本办法第六十条第一项至第四项规定的,由省级以上财政部门给予警告,没收违法所得,可以并处违法所得1倍以上5倍以下的罚款;情节严重的,并可以由省级以上财政部门暂停其执业1个月到1年或者吊销执业许可。

会计师事务所违反本办法第六十条第五项至第七项规定,情节轻微,没有造成危害后果的,按照本办法第六十三条第二款的规定进行处理;情节严重的，由省级以上财政部门给予警告，没收违法所得。

第六十八条 会计师事务所违反本办法第二十四条、第六十二条第二项至第十项规定的，由省级以上财政部门责令限期整改，未按规定期限整改的，对会计师事务所给予警告，有违法所得的，可以并处违法所得1倍以上3倍以下罚款，最高不超过3万元；没有违法所得的，可以并处以1万元以下的罚款。对会计师事务所首席合伙人（主任会计师）等相关管理人员和直接责任人员可以给予警告，情节严重的，可以并处1万元以下罚款；涉嫌犯罪的，移送司法机关，依法追究刑事责任。

第六十九条 会计师事务所违反本办法第四十四条、第五十四条规定的，由省级以上财政部门对会计师事务所给予警告，可以并处1万元以下的罚款；对会计师事务所首席合伙人（主任会计师）等相关管理人员和直接责任人员给予警告，可以并处1万元以下罚款。

第七十条 注册会计师违反本办法第六十条第一项至第四项规定的，由省级以上财政部门给予警告；情节严重的，可以由省级以上财政部门暂停其执行业务1个月至1年或者吊销注册会计师证书。

注册会计师违反本办法第六十条第五项至第七项规定的，情节轻微，没有造成危害后果的，按照本办法第六十三条第二款的规定进行处理；情节严重的，由省级以上财政部门给予警告。

第七十一条 注册会计师违反本办法第六十一条规定，情节轻微，没有造成危害后果的，按照本办法第六十三条第二款的规定进行处理；情节严重的，由省级以上财政部门给予警告，有违法所得的，可以并处违法所得1倍以上3倍以下的罚款，最高不超过3万元；没有违法所得的，可以并处以1万元以下罚款。

第七十二条 法人或者其他组织未获得执业许可，或者被撤销、注销执业许可后继续承办注册会计师法定业务的，由省级以上财政部门责令其停止违法活动，没收违法所得，可以并处违法所得1倍以上5倍以下的罚款。

会计师事务所违反本办法第六条第二款规定的，适用前款规定处理。

第七十三条 会计师事务所或者注册会计师违反本办法的规定，故意出具虚假的审计报告、验资报告，涉嫌犯罪的，移送司法机关，依法追究刑事责任。

第七十四条 省级以上财政部门在作出较大数额罚款、暂停执业、吊销注册会计师证书或者会计师事务所执业许可的决定之前，应当告知当事人有要求听证的权利；当事人要求听证的，应当按规定组织听证。

第七十五条 当事人对省级以上财政部门审批和监督行为不服的，可以依法申请行政复议或者提起行政诉讼。

第七十六条 省级以上财政部门的工作人员在实施审批和监督过程中，滥用职权、玩忽职守、徇私舞弊或者泄露国家秘密、商业秘密的，按照《公务员法》等国家有关规定追究相应责任；涉嫌犯罪的，移送司法机关，依法追究刑事责任。

第七章 附　　则

第七十七条 本办法所称“注册会计师”是指中国注册会计师；所称“注册会计师执业资格”是指中国注册会计师执业资格。

本办法所称“以上”、“以下”均包括本数或者本级。本办法规定的期限以工作日计算，不含法定节假日。

第七十八条 具有注册会计师执业资格的境外人员可以依据本办法申请担任会计师事务所合伙人（股东）。

其他国家或者地区对具有该国家或者地区注册会计师执业资格的中国境内居民在当地设立会计师事务所、担任会计师事务所合伙人（股东）或者执业有特别规定的，我国可以采取对等管理措施。

第七十九条 本办法施行前已经取得的会计师事务所及其分所执业许可继续有效，发生变更事项的，其变更后的情况应当符合本办法的规定。

会计师事务所申请转制为普通合伙或者特殊普通合伙会计师事务所的，转制办法另行制定。

第八十条 注册会计师协会是由会计师事务所和注册会计师组成的社会团体，依照《注册会计师法》履行相关职责，接受财政部和省级财政部门的监督、指导。

第八十一条 本办法自2017年10月1日起施行。财政部2005年1月18日发布的《会计师事务所审批和监督暂行办法》（财政部令第24号）同时废止。

外商投资准入特别管理措施（负面清单）（2019 年版）

（2019 年 6 月 30 日　国家发展和改革委员会、商务部令第 25 号）

说　明

一、《外商投资准入特别管理措施（负面清单）》（以下简称《外商投资准入负面清单》）统一列出股权要求、高管要求等外商投资准入方面的特别管理措施。《外商投资准入负面清单》之外的领域，按照内外资一致原则实施管理。

二、《外商投资准入负面清单》对部分领域列出了取消或放宽准入限制的过渡期，过渡期满后将按时取消或放宽其准入限制。

三、境外投资者不得作为个体工商户、个人独资企业投资人、农民专业合作社成员，从事投资经营活动。

四、境外投资者不得投资《外商投资准入负面清单》中禁止外商投资的领域；投资《外商投资准入负面清单》之内的非禁止投资领域，须进行外资准入许可；投资有股权要求的领域，不得设立外商投资合伙企业。

五、境内公司、企业或自然人以其在境外合法设立或控制的公司并购与其有关联关系的境内公司，涉及外商投资项目和企业设立及变更事项的，按照现行规定办理。

六、《外商投资准入负面清单》中未列出的文化、金融等领域与行政审批、资质条件、国家安全等相关措施，按照现行规定执行。

七、《内地与香港关于建立更紧密经贸关系的安排》及其后续协议、《内地与澳门关于建立更紧密经贸关系的安排》及其后续协议、《海峡两岸经济合作框架协议》及其后续协议、我国与有关国家签订的自由贸易区协议和投资协定、我国参加的国际条约对符合条件的投资者有更优惠开放措施的，按照相关协议或协定的规定执行。在自由贸易试验区等特殊经济区域对符合条件的投资者实施更优惠开放措施的，按照相关规定执行。

八、《外商投资准入负面清单》由发展改革委、商务部会同有关部门负责解释。

外商投资准入特别管理措施
（负面清单）（2019 年版）

序号	特别管理措施
一、农、林、牧、渔业	
1	小麦、玉米新品种选育和种子生产须由中方控股。
2	禁止投资中国稀有和特有的珍贵优良品种的研发、养殖、种植以及相关繁殖材料的生产（包括种植业、畜牧业、水产业的优良基因）。
3	禁止投资农作物、种畜禽、水产苗种转基因品种选育及其转基因种子（苗）生产。
4	禁止投资中国管辖海域及内陆水域水产品捕捞。
二、采矿业	
5	禁止投资稀土、放射性矿产、钨勘查、开采及选矿。
三、制造业	
6	出版物印刷须由中方控股。
7	禁止投资放射性矿产冶炼、加工，核燃料生产。
8	禁止投资中药饮片的蒸、炒、炙、煅等炮制技术的应用及中成药保密处方产品的生产。
9	除专用车、新能源汽车外，汽车整车制造的中方股比不低于 50%，同一家外商可在国内建立两家及两家以下生产同类整车产品的合资企业。（2020 年取消商用车制造外资股比限制。2022 年取消乘用车制造外资股比限制以及同一家外商可在国内建立两家及两家以下生产同类整车产品的合资企业的限制）
10	卫星电视广播地面接收设施及关键件生产。
四、电力、热力、燃气及水生产和供应业	
11	核电站的建设、经营须由中方控股。
12	城市人口 50 万以上的城市供排水管网的建设、经营须由中方控股。
五、批发和零售业	
13	禁止投资烟叶、卷烟、复烤烟叶及其他烟草制品的批发、零售。

续表

序号	特别管理措施
六、交通运输、仓储和邮政业	
14	国内水上运输公司须由中方控股。
15	公共航空运输公司须由中方控股，且一家外商及其关联企业投资比例不得超过25%，法定代表人须由中国籍公民担任。
16	通用航空公司的法定代表人须由中国籍公民担任，其中农、林、渔业通用航空公司限于合资，其他通用航空公司限于中方控股。
17	民用机场的建设、经营须由中方相对控股。
18	禁止投资空中交通管制。
19	禁止投资邮政公司、信件的国内快递业务。
七、信息传输、软件和信息技术服务业	
20	电信公司：限于中国入世承诺开放的电信业务，增值电信业务的外资股比不超过50%（电子商务、国内多方通信、存储转发类、呼叫中心除外），基础电信业务须由中方控股。
21	禁止投资互联网新闻信息服务、网络出版服务、网络视听节目服务、互联网文化经营（音乐除外）、互联网公众发布信息服务（上述服务中，中国入世承诺中已开放的内容除外）。
八、金融业	
22	证券公司的外资股比不超过51%，证券投资基金管理公司的外资股比不超过51%。（2021年取消外资股比限制）
23	期货公司的外资股比不超过51%。（2021年取消外资股比限制）
24	寿险公司的外资股比不超过51%。（2021年取消外资股比限制）
九、租赁和商务服务业	
25	禁止投资中国法律事务（提供有关中国法律环境影响的信息除外），不得成为国内律师事务所合伙人。
26	市场调查限于合资、合作，其中广播电视收听、收视调查须由中方控股。
27	禁止投资社会调查。
十、科学研究和技术服务业	
28	禁止投资人体干细胞、基因诊断与治疗技术开发和应用。
29	禁止投资人文社会科学研究机构。

续表

序号	特别管理措施
30	禁止投资大地测量、海洋测绘、测绘航空摄影、地面移动测量、行政区域界线测绘，地形图、世界政区地图、全国政区地图、省级及以下政区地图、全国性教学地图、地方性教学地图、真三维地图和导航电子地图编制，区域性的地质填图、矿产地质、地球物理、地球化学、水文地质、环境地质、地质灾害、遥感地质等调查。
十一、教育	
31	学前、普通高中和高等教育机构限于中外合作办学，须由中方主导（校长或者主要行政负责人应当具有中国国籍，理事会、董事会或者联合管理委员会的中方组成人员不得少于1/2）。
32	禁止投资义务教育机构、宗教教育机构。
十二、卫生和社会工作	
33	医疗机构限于合资、合作。
十三、文化、体育和娱乐业	
34	禁止投资新闻机构（包括但不限于通讯社）。
35	禁止投资图书、报纸、期刊、音像制品和电子出版物的编辑、出版、制作业务。
36	禁止投资各级广播电台（站）、电视台（站）、广播电视频道（率）、广播电视传输覆盖网（发射台、转播台、广播电视卫星、卫星上行站、卫星收转站、微波站、监测台及有线广播电视传输覆盖网等），禁止从事广播电视视频点播业务和卫星电视广播地面接收设施安装服务。
37	禁止投资广播电视节目制作经营（含引进业务）公司。
38	禁止投资电影制作公司、发行公司、院线公司以及电影引进业务。
39	禁止投资文物拍卖的拍卖公司、文物商店和国有文物博物馆。
40	禁止投资文艺表演团体。

自由贸易试验区外商投资准入特别管理措施(负面清单)(2019年版)

(2019年6月30日　国家发展和改革委员会、商务部令第26号)

说　明

一、《自由贸易试验区外商投资准入特别管理措施(负面清单)》(以下简称《自贸试验区负面清单》)统一列出股权要求、高管要求等外商投资准入方面的特别管理措施,适用于自由贸易试验区。《自贸试验区负面清单》之外的领域,按照内外资一致原则实施管理。

二、《自贸试验区负面清单》对部分领域列出了取消或放宽准入限制的过渡期,过渡期满后将按时取消或放宽其准入限制。

三、境外投资者不得作为个体工商户、个人独资企业投资人、农民专业合作社成员,从事投资经营活动。

四、境外投资者不得投资《自贸试验区负面清单》中禁止外商投资的领域;投资《自贸试验区负面清单》之内的非禁止投资领域,须进行外资准入许可;投资有股比要求的领域,不得设立外商投资合伙企业。

五、境内公司、企业或自然人以其在境外合法设立或控制的公司并购与其有关联关系的境内公司,涉及外商投资项目和企业设立及变更事项的,按照现行规定办理。

六、《自贸试验区负面清单》中未列出的文化、金融等领域与行政审批、资质条件、国家安全等相关措施,按照现行规定执行。

七、《内地与香港关于建立更紧密经贸关系的安排》及其后续协议、《内地与澳门关于建立更紧密经贸关系的安排》及其后续协议、《海峡两岸经济合作框架协议》及其后续协议、我国与有关国家签订的自由贸易区协议和投资协定、我国参加的国际条约对符合条件的投资者有更优惠开放措施的,按照相关协议或协定的规定执行。

八、《自贸试验区负面清单》由发展改革委、商务部会同有关部门负责解释。

自由贸易试验区外商投资准入特别管理措施（负面清单）（2019年版）

序号	特别管理措施
一、农、林、牧、渔业	
1	小麦、玉米新品种选育和种子生产的中方股比不低于34%。
2	禁止投资中国稀有和特有的珍贵优良品种的研发、养殖、种植以及相关繁殖材料的生产（包括种植业、畜牧业、水产业的优良基因）。
3	禁止投资农作物、种畜禽、水产苗种转基因品种选育及其转基因种子（苗）生产。
二、采矿业	
4	禁止投资稀土、放射性矿产、钨勘查、开采及选矿。（未经允许，禁止进入稀土矿区或取得矿山地质资料、矿石样品及生产工艺技术。）
三、制造业	
5	禁止投资中药饮片的蒸、炒、炙、煅等炮制技术的应用及中成药保密处方产品的生产。
6	除专用车、新能源汽车外，汽车整车制造的中方股比不低于50%，同一家外商可在国内建立两家及两家以下生产同类整车产品的合资企业。（2020年取消商用车制造外资股比限制。2022年取消乘用车制造外资股比限制以及同一家外商可在国内建立两家及两家以下生产同类整车产品的合资企业的限制）
7	卫星电视广播地面接收设施及关键件生产。
四、电力、热力、燃气及水生产和供应业	
8	核电站的建设、经营须由中方控股。
9	城市人口50万以上的城市供排水管网的建设、经营须由中方控股。
五、批发和零售业	
10	禁止投资烟叶、卷烟、复烤烟叶及其他烟草制品的批发、零售。

续表

序号	特别管理措施
六、交通运输、仓储和邮政业	
11	国内水上运输公司须由中方控股。(且不得经营或租用中国籍船舶或者舱位等方式变相经营国内水路运输业务及其辅助业务;水路运输经营者不得使用外国籍船舶经营国内水路运输业务,但经中国政府批准,在国内没有能够满足所申请运输要求的中国籍船舶,并且船舶停靠的港口或者水域为对外开放的港口或者水域的情况下,水路运输经营者可以在中国政府规定的期限或者航次内,临时使用外国籍船舶经营中国港口之间的海上运输和拖航。)
12	公共航空运输公司须由中方控股,且一家外商及其关联企业投资比例不得超过25%,法定代表人须由中国籍公民担任。(只有中国公共航空运输企业才能经营国内航空服务,并作为中国指定承运人提供定期和不定期国际航空服务。)
13	通用航空公司的法定代表人须由中国籍公民担任,其中农、林、渔业通用航空公司限于合资,其他通用航空公司限于中方控股。
14	民用机场的建设、经营须由中方相对控股。
15	禁止投资空中交通管制。
16	禁止投资邮政公司(和经营邮政服务)、信件的国内快递业务。
七、信息传输、软件和信息技术服务业	
17	电信公司:限于中国入世承诺开放的电信业务,增值电信业务的外资股比不超过50%(电子商务、国内多方通信、存储转发类、呼叫中心除外),基础电信业务须由中方控股(且经营者须为依法设立的专门从事基础电信业务的公司)。上海自贸试验区原有区域〔28.8平方公里〕试点政策推广至所有自贸试验区执行。
18	禁止投资互联网新闻信息服务、网络出版服务、网络视听节目服务、互联网文化经营(音乐除外)、互联网公众发布信息服务(上述服务中,中国入世承诺中已开放的内容除外)。
八、金融业	
19	证券公司的外资股比不超过51%,证券投资基金管理公司的外资股比不超过51%。(2021年取消外资股比限制)
20	期货公司的外资股比不超过51%。(2021年取消外资股比限制)
21	寿险公司的外资股比不超过51%。(2021年取消外资股比限制)

续表

序号	特别管理措施
九、租赁和商务服务业	
22	禁止投资中国法律事务(提供有关中国法律环境影响的信息除外),不得成为国内律师事务所合伙人。(外国律师事务所只能以代表机构的方式进入中国,且不得聘用中国执业律师,聘用的辅助人员不得为当事人提供法律服务;如在华设立代表机构、派驻代表,须经中国司法行政部门许可。)
23	市场调查限于合资、合作,其中广播电视收听、收视调查须由中方控股。
24	禁止投资社会调查。
十、科学研究和技术服务业	
25	禁止投资人体干细胞、基因诊断与治疗技术开发和应用。
26	禁止投资人文社会科学研究机构。
27	禁止投资大地测量、海洋测绘、测绘航空摄影、地面移动测量、行政区域界线测绘,地形图、世界政区地图、全国政区地图、省级及以下政区地图、全国性教学地图、地方性教学地图、真三维地图和导航电子地图编制,区域性的地质填图、矿产地质、地球物理、地球化学、水文地质、环境地质、地质灾害、遥感地质等调查。
十一、教育	
28	学前、普通高中和高等教育机构限于中外合作办学,须由中方主导(校长或者主要行政负责人应当具有中国国籍(且在中国境内定居),理事会、董事会或者联合管理委员会的中方组成人员不得少于1/2)。(外国教育机构、其他组织或者个人不得单独设立以中国公民为主要招生对象的学校及其他教育机构(不包括非学制类职业技能培训),但是外国教育机构可以同中国教育机构合作举办以中国公民为主要招生对象的教育机构。)
29	禁止投资义务教育机构、宗教教育机构。
十二、卫生和社会工作	
30	医疗机构限于合资、合作。
十三、文化、体育和娱乐业	
31	禁止投资新闻机构(包括但不限于通讯社)。(外国新闻机构在中国境内设立常驻新闻机构、向中国派遣常驻记者,须经中国政府批准。外国通讯社在中国境内提供新闻的服务业务须由中国政府审批。中外新闻机构业务合作,须中方主导,且须经中国政府批准。)

续表

序号	特别管理措施
32	禁止投资图书、报纸、期刊、音像制品和电子出版物的编辑、出版、制作业务。（但经中国政府批准，在确保合作中方的经营主导权和内容终审权并遵守中国政府批复的其他条件下，中外出版单位可进行新闻出版中外合作出版项目。未经中国政府批准，禁止在中国境内提供金融信息服务。）
33	禁止投资各级广播电台（站）、电视台（站）、广播电视频道（率）、广播电视传输覆盖网（发射台、转播台、广播电视卫星、卫星上行站、卫星收转站、微波站、监测台及有线广播电视传输覆盖网等），禁止从事广播电视视频点播业务和卫星电视广播地面接收设施安装服务。（对境外卫星频道落地实行审批制度。）
34	禁止投资广播电视节目制作经营（含引进业务）公司。（引进境外影视剧和以卫星传送方式引进其他境外电视节目由广电总局指定的单位申报。对中外合作制作电视剧（含电视动画片）实行许可制度。）
35	禁止投资电影制作公司、发行公司、院线公司以及电影引进业务。（但经批准，允许中外企业合作摄制电影。）
36	禁止投资文物拍卖的拍卖公司、文物商店和国有文物博物馆。（禁止不可移动文物及国家禁止出境的文物转让、抵押、出租给外国人。禁止设立与经营非物质文化遗产调查机构；境外组织或个人在中国境内进行非物质文化遗产调查和考古调查、勘探、发掘，应采取与中国合作的形式并经专门审批许可。）
37	文艺表演团体须由中方控股。

鼓励外商投资产业目录
（2019年版）

（2019年6月30日　国家发展和改革委员会、
商务部令第27号）

全国鼓励外商投资产业目录

一、农、林、牧、渔业

1. 木本食用油料、调料和工业原料的种植及开发、生产

2. 绿色、有机蔬菜（含食用菌、西甜瓜）、干鲜果品、茶叶栽培技术开发、种植及产品生产

3. 酿酒葡萄育种、种植、生产

4. 啤酒原料育种、种植、生产

5. 糖料、果树、牧草等农作物栽培新技术开发及产品生产

6. 高产高效青贮饲料专用植物新品种培育及开发

7. 花卉生产与苗圃基地的建设、经营

8. 橡胶、油棕、剑麻、咖啡种植

9. 中药材种植、养殖

10. 农作物秸秆资源综合利用、有机肥料资源的开发、生产

11. 森林资源培育（速生丰产用材林、竹林、油茶等经济林、珍贵树种用材林等）

12. 畜禽标准化规模养殖技术开发与应用

13. 水产苗种繁育（不含我国特有的珍贵优良品种）

14. 防治荒漠化、水土保持和国土绿化等生态环境保护工程建设、经营

15. 水产品养殖、深水网箱养殖、工厂化水产养殖、生态型海洋增养殖

二、采矿业

16. 石油、天然气的勘探、开发和矿井瓦斯利用

17. 提高原油采收率（以工程服务形式）及相关新技术的开发与应用

18. 物探、钻井、测井、录井、井下作业等石油勘探开发新技术的开发与应用

19. 提高矿山尾矿利用率的新技术开发与应用及矿山生态恢复技术的综合应用

20. 我国紧缺矿种(如钾盐、铬铁矿等)的勘探、开采和选矿

三、制造业

(一)农副食品加工业

21. 安全高效环保饲料及饲料添加剂(含蛋氨酸),动物促生长用抗菌药物替代产品开发、生产

22. 水产品加工、贝类净化及加工、海藻保健食品开发

23. 蔬菜、干鲜果品、禽畜产品加工

24. 生物乙醇(不含粮食转化乙醇)的开发、生产

(二)食品制造业

25. 婴幼儿配方食品、婴幼儿谷类辅助食品、特殊医学用途配方食品及保健食品的开发、生产

26. 针对老龄人口和改善老龄人口生活品质的营养保健食品、食品添加剂和配方食品的开发、生产

27. 烘焙食品(含使用天然可可豆的巧克力及其制品)、方便食品及其相关配料的开发、生产

28. 森林食品加工

29. 天然食品添加剂、调味品、发酵制品、天然香料新技术开发、生产

30. 无菌液态食品包装材料的开发、生产

(三)酒、饮料和精制茶制造业

31. 果蔬饮料、蛋白饮料、茶饮料、咖啡饮料、植物饮料的开发、生产

(四)纺织业

32. 采用编织、非织造布复合、多层在线复合、长效多功能整理等高新技术生产轻质、高强、耐高/低温、耐化学物质、耐光等多功能化的产业用纺织品

33. 采用先进节能减排技术和装备的高档织染及后整理加工

34. 符合生态、资源综合利用与环保要求的特种天然纤维(包括山羊绒等特种动物纤维、竹纤维、麻纤维、蚕丝、彩色棉花等)产品加工

35. 废旧纺织品回收利用

(五)纺织服装、服饰业

36. 采用计算机集成制造系统的服装生产

37. 功能性特种服装生产

（六）皮革、毛皮、羽毛及其制品和制鞋业

38. 皮革和毛皮清洁化技术加工

39. 皮革后整饰新技术加工

40. 皮革废弃物综合利用

（七）木材加工和木、竹、藤、棕、草制品业

41. 林业三剩物，“次、小、薪”材、废旧木材和竹材的综合利用新技术、新产品开发、生产，木竹材生产污染控制治理、细微颗粒物减排与粉尘防爆技术开发与应用

（八）文教、工美、体育和娱乐用品制造业

42. 高档地毯、刺绣、抽纱产品生产

（九）石油加工、炼焦和核燃料加工业

43. 酚油加工、洗油加工、煤沥青高端化利用（不含改质沥青）

（十）化学原料和化学制品制造业

44. 聚氯乙烯和有机硅新型下游产品开发、生产

45. 合成材料的配套原料：过氧化氢氧化丙烯法环氧丙烷、过氧化氢氧化氯丙烯法环氧氯丙烷、萘二甲酸二甲酯（NDC）、1,4－环己烷二甲醇（CHDM）、5万吨/年及以上丁二烯法己二腈、己二胺、高性能聚氨酯组合料生产

46. 高碳α烯烃共聚茂金属聚乙烯等高端聚烯烃的开发、生产

47. 合成纤维原料：尼龙66盐、1,3－丙二醇生产

48. 差别化、功能性聚酯（PET）的连续共聚改性［阳离子染料可染聚酯（CDP、ECDP）、碱溶性聚酯（COPET）、高收缩聚酯（HSPET）、阻燃聚酯、低熔点聚酯等］，熔体直纺在线添加等连续化工艺生产差别化、功能性纤维（抗静电、抗紫外、有色纤维等），智能化、超仿真等差别化、功能性聚酯（PET）及纤维生产，腈纶、锦纶、氨纶、粘胶纤维等其他化学纤维品种的差别化、功能性改性纤维生产

49. 合成橡胶：聚氨酯橡胶、丙烯酸酯橡胶、氯醇橡胶，以及氟橡胶、硅橡胶等特种橡胶生产

50. 工程塑料及塑料合金：6万吨/年及以上非光气法聚碳酸酯（PC）、聚甲醛、聚苯硫醚、聚醚醚酮、聚酰亚胺、聚砜、聚醚砜、聚芳酯（PAR）、聚苯醚、聚对苯二甲酸丁二醇酯（PBT）、聚酰胺（PA）及其改性材料、液晶聚合物等产品生产

51. 精细化工：催化剂新产品、新技术，染（颜）料商品化加工技术，电

子化学品和造纸化学品，皮革化学品（N－N 二甲基甲酰胺除外），油田助剂，表面活性剂，水处理剂，胶粘剂、密封胶，无机纤维、无机纳米材料生产，颜料包膜处理深加工

52. 水性油墨、电子束固化紫外光固化等低挥发性油墨、环保型有机溶剂生产

53. 天然香料、合成香料、单离香料生产

54. 高性能涂料，高固体份、无溶剂涂料及配套树脂，水性工业涂料及配套水性树脂生产

55. 高性能氟树脂、氟膜材料，医用含氟中间体，环境友好型含氟制冷剂、清洁剂、发泡剂生产

56. 氢燃料生产、储存、运输、液化

57. 大型、高压、高纯度工业气体（含电子气体）的生产和供应

58. 从磷化工、铝冶炼中回收氟资源生产

59. 林业化学产品新技术、新产品开发、生产

60. 环保用无机、有机和生物膜开发、生产

61. 新型肥料开发、生产：高浓度钾肥、复合型微生物接种剂、复合微生物肥料、秸杆及垃圾腐熟剂、特殊功能微生物制剂

62. 高效、安全、环境友好的农药新品种、新剂型、专用中间体、助剂的开发、生产，以及相关清洁生产工艺的开发与应用、定向合成法手性和立体结构农药生产、乙基氯化物合成技术

63. 生物农药及生物防治产品开发、生产：微生物杀虫剂、微生物杀菌剂、农用抗生素、生物刺激素、昆虫信息素、天敌昆虫、微生物除草剂

64. 废气、废液、废渣综合利用和处理、处置

65. 有机高分子材料生产：飞机蒙皮涂料、稀土硫化铈红色染料、无铅化电子封装材料、彩色等离子体显示屏专用系列光刻浆料、小直径大比表面积超细纤维、高精度燃油滤纸、锂离子电池隔膜、表面处理自我修复材料、超疏水纳米涂层材料

（十一）医药制造业

66. 新型化合物药物或活性成份药物的生产（包括原料药和制剂）

67. 氨基酸类：发酵法生产色氨酸、组氨酸、蛋氨酸等生产

68. 新型抗癌药物、新型心脑血管药及新型神经系统用药的开发、生产

69. 采用生物工程技术的新型药物生产

70. 艾滋病疫苗、丙肝疫苗、避孕疫苗及宫颈癌、疟疾、手足口病等新

型疫苗生产

71. 海洋药物的开发、生产

72. 药品制剂:采用缓释、控释、靶向、透皮吸收等新技术的新剂型、新产品生产

73. 新型药用辅料的开发、生产

74. 动物专用抗菌原料药生产(包括抗生素、化学合成类)

75. 兽用抗菌药、驱虫药、杀虫药、抗球虫药新产品及新剂型生产

76. 新型诊断试剂的开发、生产

77. 疫苗、细胞治疗药物等生产用新型关键原材料、大规模细胞培养产品的开发、生产

78. 新型药用包装材料与技术的开发、生产(中性硼硅药用玻璃,化学稳定性好、可降解,具有避光、高阻隔性的功能性材料,气雾剂、粉雾剂、自我给药、预灌封、自动混药等新型包装给药系统及给药装置)

(十二)化学纤维制造业

79. 差别化化学纤维及芳纶、碳纤维、高强高模聚乙烯、聚苯硫醚(PPS)等高新技术化纤(粘胶纤维除外)生产

80. 纤维及非纤维用新型聚酯生产:聚对苯二甲酸丙二醇酯(PTT)、聚葵二甲酸乙二醇酯(PEN)、聚对苯二甲酸环己烷二甲醇酯(PCT)、二元醇改性聚对苯二甲酸乙二醇酯(PETG)

81. 利用新型可再生资源和绿色环保工艺生产生物质纤维,包括新溶剂法纤维素纤维(Lyocell)、以竹、麻等为原料的再生纤维素纤维、聚乳酸纤维(PLA)、甲壳素纤维、聚羟基脂肪酸酯纤维(PHA)、动植物蛋白纤维等

82. 尼龙11、尼龙12、尼龙1414、尼龙46、长碳链尼龙、耐高温尼龙等新型聚酰胺开发、生产

83. 子午胎用芳纶纤维及帘线生产

(十三)橡胶和塑料制品业

84. 生物可降解塑料及其制品的开发、生产与应用

85. 新型光生态多功能宽幅农用薄膜、无污染可降解农用薄膜开发、生产

86. 废旧塑料的回收和再利用

87. 塑料软包装新技术、新产品(高阻隔、多功能膜及原料)开发、生产

（十四）非金属矿物制品业

88. 节能、环保、利废、轻质高强、高性能、多功能建筑材料开发、生产

89. 以塑代钢、以塑代木、节能高效的化学建材品生产

90. 年产1000万平方米及以上弹性体、塑性体改性沥青防水卷材，宽幅（2米以上）三元乙丙橡胶防水卷材及配套材料，宽幅（2米以上）聚氯乙烯防水卷材，热塑性聚烯烃（TPO）防水卷材生产

91. 新技术功能玻璃开发、生产：屏蔽电磁波玻璃、微电子用玻璃基板、透红外线无铅硫系玻璃及制品、电子级大规格石英玻璃制品（管、板、坩埚、仪器器皿等）、光学性能优异多功能风挡玻璃（光透射率≥70%）、信息技术用极端材料及制品（包括波导级高精密光纤预制棒石英玻璃套管和陶瓷基板）、高纯（≥99.998%）超纯（≥99.999%）水晶原料提纯加工

92. 蓝宝石基板研发和生产

93. 薄膜电池导电玻璃、太阳能集光镜玻璃、建筑用导电玻璃生产

94. 玻璃纤维制品及特种玻璃纤维生产：低介电玻璃纤维、石英玻璃纤维、高硅氧玻璃纤维、高强高弹玻璃纤维、陶瓷纤维等及其制品

95. 光学纤维及制品生产：传像束及激光医疗光纤、超二代和三代微通道板、光学纤维面板、倒像器及玻璃光锥

96. 陶瓷原料的标准化精制、陶瓷用高档装饰材料生产

97. 水泥、电子玻璃、陶瓷、微孔炭砖等窑炉用环保（无铬化）耐火材料生产

98. 多孔陶瓷生产

99. 无机非金属新材料及制品生产：复合材料、特种陶瓷、特种密封材料（含高速油封材料）、特种摩擦材料（含高速摩擦制动制品）、特种胶凝材料、特种乳胶材料、水声橡胶制品、纳米材料

100. 有机－无机复合泡沫保温材料生产

101. 高技术复合材料生产：连续纤维增强热塑性复合材料和预浸料、耐温>300℃树脂基复合材料成型用工艺辅助材料、可生物降解树脂基复合材料、增材制造用树脂基复合材料、树脂基复合材料（包括体育用品、轻质高强交通工具部件）、特种功能复合材料及制品（包括深水及潜水复合材料制品、医用及康复用复合材料制品）、碳/碳复合材料、高性能陶瓷基复合材料及制品、金属基和玻璃基复合材料及制品、金属层状复合材料及制品、压力≥320MPa超高压复合胶管、大型客机航空轮胎

102. 精密高性能陶瓷原料生产：碳化硅（SiC）超细粉体（纯度>

99%，平均粒径 <1μm）、氮化硅（Si3N4）超细粉体（纯度 >99%，平均粒径 <1μm）、高纯超细氧化铝微粉（纯度 >99.9%，平均粒径 <0.5μm）、低温烧结氧化锆（ZrO2）粉体（烧结温度 <1350℃）、高纯氮化铝（AlN）粉体（纯度 >99%，平均粒径 <1μm）、金红石型 TiO2 粉体（纯度 >98.5%）、白炭黑（粒径 <100nm）、钛酸钡（纯度 >99%，粒径 <1μm）

103. 高品质人工晶体及晶体薄膜制品开发、生产：高品质人工合成水晶（压电晶体及透紫外光晶体）、超硬晶体（立方氮化硼晶体）、耐高温高绝缘人工合成绝缘晶体（人工合成云母）、新型电光晶体、大功率激光晶体及大规格闪烁晶体、金刚石膜工具、厚度 0.3mm 及以下超薄人造金刚石锯片

104. 非金属矿精细加工（超细粉碎、高纯、精制、改性）

105. 超高功率石墨电极生产

106. 珠光云母生产（粒径 3－150μm）

107. 多维多向整体编制织物及仿形织物生产

108. 利用新型干法水泥窑、烧结墙体材料生产无害化处置固体废弃物

109. 建筑垃圾再生利用

110. 工业副产石膏等产业废弃物综合利用

111. 非金属矿山尾矿综合利用的新技术开发与应用及矿山生态恢复

（十五）有色金属冶炼和压延加工业

112. 高新技术有色金属材料及其产品生产：化合物半导体材料（砷化镓、磷化镓、磷化铟、氮化镓），高温超导材料，记忆合金材料（钛镍、铜基及铁基记忆合金材料），超细（纳米）碳化钙及超细（纳米）晶硬质合金，超硬复合材料，贵金属复合材料，轻金属复合材料，散热器用铝箔，中高压阴极电容铝箔，锂电池电极用铝箔，电解铜箔，大断面、复杂截面铝合金型材，铝合金精密模锻件，电气化铁路架空导线，超薄铜带，耐蚀热交换器铜合金材，高性能铜镍、铜铁合金带，铍铜带、线、管及棒加工材，耐高温抗衰钨丝，镁合金铸件，无铅焊料，镁合金及其应用产品，泡沫铝，钛合金冶炼及加工，原子能级海绵锆，钨及钼深加工产品

113. 符合稀土新材料要求的稀土高端应用产品加工

（十六）金属制品业

114. 航空、航天、船舶、汽车、摩托车轻量化及环保型新材料研发与制造（专用铝板、铝镁合金材料、摩托车铝合金车架等）

115. 轻金属半固态快速成形材料及其产品研发与制造

116. 用于包装各类粮油食品、果蔬、饮料、日化产品等内容物的金属包装制品（应为完整品，容器壁厚度小于0.3毫米）的制造及加工（包括制品的内外壁印涂加工）

（十七）通用设备制造业

117. 高档数控机床及关键零部件制造：五轴联动数控机床、数控坐标镗铣加工中心、数控坐标磨床

118. 1000吨及以上多工位镦锻成型机制造

119. 报废汽车拆解、破碎及后处理分选设备制造

120. FTL柔性生产线制造

121. 机器人及工业机器人成套系统，机器人专用高精密减速器、高性能伺服电机和驱动器、全自主编程等高性能控制器、传感器、末端执行器的开发与制造

122. 亚微米级超细粉碎机制造

123. 400吨及以上轮式、履带式起重机械制造

124. 工作压力≥35MPa高压柱塞泵及马达、工作压力≥35MPa低速大扭矩马达的设计与制造

125. 工作压力≥25MPa的整体式液压多路阀，电液比例伺服元件制造

126. 阀岛、功率0.35W以下气动电磁阀、200Hz以上高频电控气阀设计与制造

127. 静液压驱动装置设计与制造

128. 压力10MPa以上非接触式气膜密封、压力10MPa以上干气密封（包括实验装置）的开发与制造

129. 汽车用高分子材料（摩擦片、改型酚醛活塞、非金属液压总分泵等）设备开发与制造

130. 第三代及以上轿车轮毂轴承、高中档数控机床和加工中心轴承、高速线材和板材轧机轴承、高速铁路轴承、振动值Z4以下低噪音轴承、各类轴承的P4和P2级轴承、风力发电机组轴承、航空轴承制造

131. 高密度、高精度、形状复杂的粉末冶金零件及汽车、工程机械等用链条的制造

132. 风电、高速列车用齿轮变速器，船用可变桨齿轮传动系统，大型、重载齿轮箱的制造

133. 耐高温绝缘材料（绝缘等级为F、H级）及绝缘成型件制造

134. 蓄能器胶囊、液压气动用橡塑密封件开发与制造

135. 高精度、高强度(12.9级以上)、异形、组合类紧固件制造

136. 微型精密传动联结件(离合器)制造

137. 大型轧机连接轴制造

138. 机床、工程机械、铁路机车装备等机械设备再制造,汽车零部件再制造,医用成像设备关键部件再制造,复印机等办公设备再制造

139. 1000万像素以上或水平视场角120度以上数字照相机及其光学镜头、光电模块的开发与制造

140. 办公机械(含工业用途)制造:多功能一体化办公设备(复印、打印、传真、扫描),打印设备,精度2400dpi及以上高分辨率彩色打印机头,感光鼓

141. 电影机械制造:2K、4K数字电影放映机,数字电影摄像机,数字影像制作、编辑设备

(十八)专用设备制造业

142. 矿山无轨采、装、运设备制造:200吨及以上机械传动矿用自卸车,移动式破碎机,5000立方米/小时及以上斗轮挖掘机,8立方米及以上矿用装载机,2500千瓦以上电牵引采煤机设备等

143. 物探(不含重力、磁力测量)、测井设备制造:MEME地震检波器,数字遥测地震仪,数字成像、数控测井系统,水平井、定向井、钻机装置及器具,MWD随钻测井仪

144. 石油勘探、钻井、集输设备制造:工作水深大于1500米的浮式钻井系统和浮式生产系统及配套海底采油、集输设备

145. 页岩气装备制造

146. 口径2米以上深度30米以上大口径旋挖钻机、直径1.2米以上顶管机、回拖力300吨以上大型非开挖铺设地下管线成套设备、地下连续墙施工钻机制造

147. 520马力及以上大型推土机设计与制造

148. 100立方米/小时及以上规格的清淤机、1000吨及以上挖泥船的挖泥装置设计与制造

149. 防汛堤坝用混凝土防渗墙施工装备设计与制造

150. 土木工程结构防震减灾装置制造

151. 水下土石方施工机械制造:水深9米以下推土机、装载机、挖掘机等

152. 公路桥梁养护、自动检测设备制造

153. 公路隧道营运监控、通风、防灾和救助系统设备制造

154. 铁路大型施工、铁路线路、桥梁、隧道维修养护机械和检查、监测设备及其关键零部件的设计与制造

155. (沥青)油毡瓦设备、镀锌钢板等金属屋顶生产设备制造

156. 环保节能型现场喷涂聚氨酯防水保温系统设备、聚氨酯密封膏配制技术与设备、改性硅酮密封膏配制技术和生产设备制造

157. 高精度带材轧机(厚度精度 10 微米)设计与制造

158. 多元素、细颗粒、难选冶金属矿产的选矿装置制造

159. 100 万吨/年及以上乙烯成套设备中的关键设备制造:年处理能力 40 万吨以上混合造粒机,直径 1000 毫米及以上螺旋卸料离心机,小流量高扬程离心泵

160. 金属制品模具(铜、铝、钛、锆的管、棒、型材挤压模具)设计、制造

161. 汽车车身外覆盖件冲压模具,汽车仪表板、保险杠等大型注塑模具,汽车及摩托车夹具、检具设计与制造

162. 汽车动力电池专用生产设备的设计与制造

163. 精密模具(冲压模具精度高于 0.02 毫米、型腔模具精度高于 0.05毫米)设计与制造

164. 非金属制品模具设计与制造

165. 6 万瓶/小时及以上啤酒灌装设备、5 万瓶/小时及以上饮料中温及热灌装设备、3.6 万瓶/小时及以上无菌灌装设备制造

166. 氨基酸、酶制剂、食品添加剂等生产技术及关键设备制造

167. 10 吨/小时及以上的饲料加工成套设备及关键部件制造

168. 楞高 0.75 毫米及以下的轻型瓦楞纸板及纸箱设备制造

169. 单张纸多色胶印机(幅宽≥750 毫米,印刷速度:单面多色≥16000 张/小时,双面多色≥13000 张/小时)制造

170. 单幅单纸路卷筒纸平版印刷机印刷速度大于 75000 对开张/小时(787 × 880 毫米)、双幅单纸路卷筒纸平版印刷机印刷速度大于 170000 对开张/小时(787 ×880 毫米)、商业卷筒纸平版印刷机印刷速度大于 50000 对开张/小时(787 ×880 毫米)制造

171. 多色宽幅柔性版印刷机(印刷宽度≥1300 毫米,印刷速度≥350 米/秒),喷墨数字印刷机(出版用:印刷速度≥150 米/分,分辨率≥600dpi;包装用:印刷速度≥30 米/分,分辨率≥1000dpi;可变数据用:印刷速度≥100 米/分,分辨率≥300dpi)制造

172. 计算机墨色预调、墨色遥控、水墨速度跟踪、印品质量自动检测

和跟踪系统、无轴传动技术、速度在75000张/小时的高速自动接纸机、给纸机和可以自动遥控调节的高速折页机、自动套印系统、冷却装置、加硅系统、调偏装置等制造

173. 电子枪自动镀膜机制造

174. 平板玻璃深加工技术及设备制造

175. 新型造纸机械(含纸浆)等成套设备制造

176. 皮革后整饰新技术设备制造

177. 土壤污染治理及修复设备制造

178. 农产品加工及储藏新设备开发与制造:粮食、油料、蔬菜、干鲜果品、肉食品、水产品等产品的加工储藏、保鲜、分级、包装、干燥等新设备,农产品品质检测仪器设备,农产品品质无损伤检测仪器设备,流变仪,粉质仪,超微粉碎设备,高效脱水设备,五效以上高效果汁浓缩设备,粉体食品物料杀菌设备,固态及半固态食品无菌包装设备,碟片式分离离心机

179. 农业机械制造:农业设施设备(温室自动灌溉设备、营养液自动配置与施肥设备、高效蔬菜育苗设备、土壤养分分析仪器),配套发动机功率200千瓦以上拖拉机及配套农具,低油耗低噪音低排放柴油机,大型拖拉机配套的带有残余雾粒回收装置的喷雾机,高性能水稻插秧机,棉花采摘机及棉花采摘台,适应多种行距的自走式玉米联合收割机(液压驱动或机械驱动),花生收获机,油菜籽收获机,甘蔗收割机,甜菜收割机

180. 林业设施设备制造:苗木花卉智能温室、精准灌溉、施肥、育苗等设备,苗木干径叶根系径流、种子活力、土壤养分等分析仪器,大功率(240KW)林地作业底盘及其配套机具,多功能整地、植树、抚育、采伐、集材等中小型机,困难立地造林机械,林地剩余物收集、打捆、木片、粉碎及其综合利用机,大中型植保与施药喷雾机,小型精准施药装备或仿生施药机器人,林木球果采集、油料果实收获机,大中型树木移植机、灌木平茬装备、高效剪枝设备,林木蓄积量快速测量设备

181. 木材加工设备制造:快速色差识别技术设备,快速实木板材量尺设备,快速结疤检测设备,实木表面缺陷检测设备,锯木制材成套装备技术,人造板材表面缺陷快速检测设备、在线质量分级设备,旋切单板质量在线检测设备,实木家具漆膜打磨粉尘处理设备、智能打磨机器人,多色自动切换喷漆机器人,家具包装、裁切、堆垛机器人,板式家具板件快速分拣设备,家具制造智能仓库

182. 林业灾情监控设备制造:林区快速救援装备、高精度导航定位设

备，无人机火情、灾情监测预警设备，灭火、除虫设备

183. 农作物秸秆收集、打捆及综合利用设备制造

184. 农用废物的资源化利用及规模化畜禽养殖废物的资源化利用设备制造

185. 节肥、节（农）药、节水型农业技术设备制造

186. 机电井清洗设备及清洗药物生产设备制造

187. 电子内窥镜制造

188. 眼底摄影机制造

189. 医用成像设备（高场强超导型磁共振成像设备、X 线计算机断层成像设备、数字化彩色超声诊断设备等）关键部件的制造

190. 医用超声换能器（3D）制造

191. 硼中子俘获治疗设备制造

192. 图像引导适型调强放射治疗系统制造

193. 血液透析机、血液过滤机制造

194. 全自动生化监测设备、五分类血液细胞分析仪、全自动化学发光免疫分析仪、高通量基因测序系统制造

195. 药品质量控制新技术、新设备制造

196. 天然药物有效物质分析的新技术、提取的新工艺、新设备开发与制造

197. 生物医药配套耗材生产设备研发、制造

198. 非 PVC 医用输液袋多层共挤水冷式薄膜吹塑装备制造

199. 应急救援装备生产制造

200. 新型纺织机械、关键零部件及纺织检测、实验仪器开发与制造

201. 电脑提花人造毛皮机制造

202. 高新太阳能电池生产专用设备制造

203. 二氧化碳捕集、利用、封存与监测设备制造

204. 大气污染防治设备制造：耐高温及耐腐蚀滤料、低 NOx 燃烧装置、烟气脱氮催化剂及脱氮成套装置、烟气脱硫设备、烟气除尘设备、工业有机废气净化设备、柴油车排气净化装置、含重金属废气处理装置

205. 水污染防治设备制造：卧式螺旋离心脱水机、膜及膜材料、50kg/h 以上的臭氧发生器、10kg/h 以上的二氧化氯发生器、紫外消毒装置、农村小型生活污水处理设备、含重金属废水处理装置

206. 固体废物处理处置设备制造：污水处理厂污泥处置及资源利用设备、日处理量 500 吨以上垃圾焚烧成套设备、垃圾填埋渗滤液处理技术

装备、垃圾填埋场防渗土工膜、建筑垃圾处理和资源化利用装备、危险废物处理装置、垃圾填埋场沼气发电装置、废钢铁处理设备

207. 铝工业赤泥综合利用设备开发与制造

208. 尾矿综合利用设备制造

209. 废旧塑料、电器、橡胶、电池回收处理再生利用设备制造

210. 废旧纺织品回收处理设备制造

211. 废旧机电产品再制造设备制造

212. 废旧轮胎综合利用装置制造

213. 余热余压余气利用设备制造

214. 水生生态系统的环境保护技术、设备制造

215. 移动式组合净水设备制造

216. 非常规水处理、重复利用设备与水质监测仪器

217. 工业水管网和设备(器具)的检漏设备和仪器

218. 日产10万立方米及以上海水淡化及循环冷却技术和成套设备开发与制造

219. 钢铁、造纸、纺织、石化、化工、冶金等高耗水行业节水工业设备制造

220. 特种气象观测及分析设备制造

221. 地震台站、台网和流动地震观测技术系统开发及仪器设备制造

222. 四鼓及以上子午线轮胎成型机制造

223. 滚动阻力试验机、轮胎噪音试验室制造

224. 供热计量、温控装置新技术设备制造

225. 氢能制备与储运设备及检查系统制造

226. 新型重渣油气化雾化喷嘴、漏汽率0.5%及以下高效蒸汽疏水阀、1000℃及以上高温陶瓷换热器制造

227. 海上溢油回收装置制造

228. 低浓度煤矿瓦斯和乏风利用设备制造

229. 洁净煤技术产品的开发与利用及设备制造(煤炭气化、液化、水煤浆、工业型煤)

230. 大型公共建筑、高层建筑、石油化工设施、森林、山岳、水域和地下设施消防灭火救援技术开发与设备制造

231. 智能化紧急医学救援设备制造

232. 水文监测传感器制造

233. 核反应堆主工艺设备设计、研发和制造

（十九）汽车制造业

234. 汽车发动机制造及发动机研发机构建设：升功率不低于 70 千瓦的汽油发动机、升功率不低于 50 千瓦的排量 3 升以下柴油发动机、升功率不低于 40 千瓦的排量 3 升以上柴油发动机、燃料电池和混合燃料等新能源发动机

235. 汽车关键零部件制造及关键技术研发：双离合器变速器（DCT）、无级自动变速器（CVT）、电控机械变速器（AMT）、汽油发动机涡轮增压器、粘性连轴器（四轮驱动用）、自动变速器执行器（电磁阀）、液力缓速器、电涡流缓速器、汽车安全气囊用气体发生器、燃油共轨喷射技术（最大喷射压力大于 2000 帕）、可变截面涡轮增压技术（VGT）、可变喷嘴涡轮增压技术（VNT）、达到中国第六阶段污染物排放标准的发动机排放控制装置、智能扭矩管理系统（ITM）及耦合器总成、线控转向系统、颗粒捕捉器、低地板大型客车专用车桥、吸能式转向系统、大中型客车变频空调系统、汽车用特种橡胶配件，以及上述零部件的关键零件、部件

236. 汽车电子装置制造与研发：发动机和底盘电子控制系统及关键零部件，车载电子技术（汽车信息系统和导航系统），汽车电子总线网络技术，电子控制系统的输入（传感器和采样系统）输出（执行器）部件，电动助力转向系统电子控制器，嵌入式电子集成系统、电控式空气弹簧，电子控制式悬挂系统，电子气门系统装置，电子组合仪表，ABS/TCS/ESP 系统，电路制动系统（BBW），变速器电控单元（TCU），轮胎气压监测系统（TPMS），车载故障诊断仪（OBD），发动机防盗系统，自动避撞系统，汽车、摩托车型试验及维修用检测系统，自动驾驶系统、车载电子操作系统、车载电子操作系统应用程序开发（APP）、抬头显示技术、智能网联汽车避让转向辅助系统、碰撞报警系统（FCW）、自动制动控制系统（ABC）、自动紧急制动系统（AEB）、车联网技术

237. 新能源汽车关键零部件制造及研发：能量型动力电池单体；电池正极材料（比容量≥180mAh/g，循环寿命 2000 次不低于初始放电容量的 80%），电池负极材料（比容量≥500mAh/g，循环寿命 2000 次不低于初始放电容量的 80%）、电池隔膜（厚度≤12μm，孔隙率 35% ~60%）；电池管理系统，电机控制器，电动汽车电控集成；电动汽车驱动电机系统（高效区：85% 工作区效率≥80%），车用 DC/DC（输入电压 100V ~ 400V），大功率电子器件（IGBT，电压等级≥750V，电流≥300A）；插电式混合动力机电耦合驱动系统；燃料电池发动机（质量比功率≥350W/kg）、燃料电池堆（体积比功率≥3kW/L）、膜电极（铂用量≤0.3g/kW）、

质子交换膜（质子电导率≥0.08S/cm）、双极板（金属双极板厚度≤1.2mm，其他双极板厚度≤1.6mm）、低铂催化剂、碳纸（电阻率≤3mΩ·cm）、空气压缩机、氢气循环泵、氢气引射器、增湿器、燃料电池控制系统、升压DC/DC、70MPa氢瓶、车载氢气浓度传感器；电动汽车用热泵空调；电机驱动控制专用32位及以上芯片（不少于2个硬件内核，主频不低于180MHz，具备硬件加密等功能，芯片设计符合功能安全ASILC以上要求）；一体化电驱动总成（功率密度≥2.5kW/kg）；高速减速器（最高输入转速≥12000rpm，噪声低于75dB）

238. 车载充电机（满载输出工况下效率≥95%）、双向车载充电机、非车载充电设备（输出电压250V～950V，电压范围内效率≥88%）和高功率密度、高转换效率、高适用性无线充电、移动充电技术开发及装备制造

239. 智能汽车关键零部件制造及研发：传感器、车载芯片、中央处理器、车载操作系统和信息控制系统、车网通信系统设备、视觉识别系统、高精度定位装置、线控底盘系统；新型智能终端模块、多核异构智能计算平台技术、全天候复杂交通场景高精度定位和地图技术、传感器融合感知技术、车用无线通信关键技术、基础云控平台技术；新型安全隔离架构技术、软硬件协同攻击识别技术、终端芯片安全加密和应用软件安全防护技术、无线通信安全加密技术、安全通讯及认证授权技术、数据加密技术；测试评价体系架构研发，虚拟仿真、实车道路测试等技术和验证工具，整车级和系统级测试评价方法，测试基础数据库建设

（二十）铁路、船舶、航空航天和其他运输设备制造业

240. 达到中国摩托车第四阶段污染物排放标准的大排量（排量>250ml）摩托车发动机排放控制装置制造

241. 民用飞机设计、制造与维修：干线、支线飞机，通用飞机

242. 民用飞机零部件制造与维修

243. 民用直升机设计与制造

244. 民用直升机零部件制造

245. 地面、水面效应航行器制造及无人机、浮空器设计与制造

246. 航空发动机及零部件、航空辅助动力系统设计、制造与维修

247. 航空航天用新型材料开发、生产

248. 民用航空机载设备设计与制造

249. 航空地面设备制造：民用机场设施、民用机场运行保障设备、飞行试验地面设备、飞行模拟与训练设备、航空测试与计量设备、航空地面

试验设备、机载设备综合测试设备、航空制造专用设备、航空材料试制专用设备、民用航空器地面接收及应用设备、运载火箭地面测试设备、运载火箭力学及环境实验设备

250. 民用卫星设计与制造,民用卫星有效载荷制造

251. 民用卫星零部件制造

252. 星上产品检测设备制造

253. 豪华邮轮及深水(3000 米以上)海洋工程装备的设计

254. 海底矿产资源开发装备的设计

255. 船舶低、中速柴油机及其零部件的设计

256. 船舶舱室机械的设计

257. 船舶通讯导航设备的设计

258. 游艇的设计

259. 智能船舶的设计及相关智能系统的研发

(二十一)电气机械和器材制造业

260. 100 万千瓦超超临界火电机组用关键辅机设备制造:安全阀、调节阀

261. 钢铁行业烧结机脱硝技术装备制造

262. 火电设备的密封件设计、制造

263. 燃煤电站、水电站设备用大型铸锻件制造

264. 水电机组用关键辅机设备制造

265. 输变电设备及关键组部件制造

266. 新能源发电成套设备或关键设备制造:光伏发电、光热发电、地热发电、潮汐发电、波浪发电、垃圾发电、沼气发电、2.5 兆瓦及以上风力发电设备

267. 斯特林发电机组制造

268. 直线和平面电机及其驱动系统开发与制造

269. 高技术绿色电池制造:动力镍氢电池、锌镍蓄电池、钠盐电池、锌银蓄电池、锂离子电池、太阳能电池、燃料电池等

270. 电动机采用直流调速技术的制冷空调用压缩机、采用 CO_2 自然工质制冷空调压缩机、应用可再生能源(空气源、水源、地源)制冷空调设备制造

271. 太阳能空调、采暖系统、太阳能干燥装置制造

272. 生物质干燥热解系统、生物质气化装置制造

273. 交流调频调压牵引装置制造

（二十二）计算机、通信和其他电子设备制造业

274. 高清数字摄录机、数字放声设备制造

275. TFT－LCD、OLED、AMOLED、激光显示、量子点、3D 显示等平板显示屏、显示屏材料制造（6 代及 6 代以下 TFT－LCD 玻璃基板除外）

276. 电子书材料（电子墨水屏等）的研发与制造

277. 直径 200mm 以上硅单晶及抛光片生产

278. 300mm 以上大硅片的制造

279. 大屏幕彩色投影显示器用光学引擎、光源、投影屏、高清晰度投影管和微显投影设备模块等关键件制造

280. 数字音、视频编解码设备，数字广播电视演播室设备，数字有线电视系统设备，数字音频广播发射设备，数字电视上下变换器，数字电视地面广播单频网（SFN）设备，卫星数字电视上行站设备制造

281. 集成电路设计，线宽 28 纳米及以下大规模数字集成电路制造，0.11 微米及以下模拟、数模集成电路制造，MEMS 和化合物半导体集成电路制造及 BGA、PGA、FPGA、CSP、MCM 等先进封装与测试

282. 大中型电子计算机、万万亿次高性能计算机、便携式微型计算机、大型模拟仿真系统、工业控制机及控制器制造

283. 量子、类脑等新机理计算机系统的研究与制造

284. 超大规模集成电路制造用刻蚀机、PVD、CVD、氧化炉、清洗机、扩散炉、MFC 等

285. 芯片封装设备制造

286. 计算机数字信号处理系统及板卡制造

287. 图形图像识别和处理系统制造

288. 大容量光、磁盘驱动器及其部件开发与制造

289. 100TB 及以上存储系统制造、8TB 及以上 SSD 固态硬盘制造及智能化存储设备制造

290. 计算机辅助设计（三维 CAD）、电子设计自动化（EDA）、辅助测试（CAT）、辅助制造（CAM）、辅助工程（CAE）系统及其他计算机应用系统制造

291. 软件产品开发、生产

292. 电子专用材料开发与制造（光纤预制棒开发与制造除外）

293. 电子专用设备、测试仪器、工模具制造

294. 新型电子元器件制造：片式元器件、敏感元器件及传感器、频率控制与选择元件、混合集成电路、电力电子器件、光电子器件、新型机电元

件、高分子固体电容器、超级电容器、无源集成元件、高密度互连积层板、单层、双层及多层挠性板、刚挠印刷电路板及封装载板、高密度高细线路(线宽/线距≤0.05mm)柔性电路板

295. 触控系统(触控屏幕、触控组件等)制造及组装

296. 虚拟现实(VR)、增强现实(AR)设备研发与制造

297. 发光效率140lm/W以上高亮度发光二极管、发光效率140lm/W以上发光二极管外延片(蓝光)、发光效率140lm/W以上且功率200mW以上白色发光管制造

298. 高密度数字光盘机用关键件开发、生产

299. 可录类光盘生产

300. 3D打印设备及其关键零部件研发与制造

301. 卫星通信系统设备制造

302. 光通信测量仪表、速率40Gbps及以上光收发器制造

303. 超宽带(UWB)通信设备制造

304. 无线局域网(含支持WAPI)、广域网设备制造

305. 100Gbps及以上速率时分复用设备(TDM)、密集波分复用设备(DWDM)、宽带无源网络设备(包括EPON、GPON、WDM-PON等)、下一代DSL芯片及设备、光交叉连接设备(OXC)、自动光交换网络设备(ASON)、40Gbps以上SDH光纤通信传输设备制造

306. 基于IPv6的下一代互联网系统设备、终端设备、检测设备、软件、芯片开发与制造

307. 第四代及后续移动通信系统手机、基站、核心网设备以及网络检测设备开发与制造

308. 应用于第五代移动终端(手机、汽车、无人机、虚拟现实与增强显示等)的视觉传感器(数字相机、数字摄像头、3D传感器、激光雷达、毫米波雷达等)及其核心元组件(光学镜片与镜头、激光器、感光芯片、马达、光电模块等)的开发与制造

309. 云计算设备、软件和系统开发

310. 整机处理能力大于6.4Tbps(双向)的高端路由器、交换容量大于40Tbps的交换机开发与制造

311. 空中交通管制系统设备制造

312. 基于声、光、电、触控等计算机信息技术的中医药电子辅助教学设备,虚拟病理、生理模型人设备的开发与制造

(二十三)仪器仪表制造业

313. 土壤墒情监测设备制造

314. 工业过程自动控制系统与装置制造:现场总线控制系统,大型可编程控制器(PLC),两相流量计,固体流量计,新型传感器及现场测量仪表

315. 大型精密仪器、高分辨率显微镜(分辨率小于 200nm)开发与制造

316. 高精度数字电压表、电流表制造(显示量程七位半以上)

317. 无功功率自动补偿装置制造

318. 安全生产新仪器设备制造

319. VXI 总线式自动测试系统(符合 IEEE1155 国际规范)制造

320. 煤矿井下监测及灾害预报系统、煤炭安全检测综合管理系统开发与制造

321. 工程测量和地球物理观测设备制造

322. 环境监测仪器制造

323. 无线远传智能水表制造

324. 水库大坝安全智能监控仪器制造

325. 水文数据采集、处理与传输和防洪预警仪器及设备制造

326. 海洋勘探监测仪器和设备制造

327. 市政管网和输水管道渗漏监测仪器制造

328. 核仪器、仪表研发和制造

(二十四)废弃资源综合利用业

329. 煤炭洗选及粉煤灰(包括脱硫石膏)、煤矸石等综合利用

330. 全生物降解材料的生产

331. 废旧电器电子产品、汽车、机电设备、橡胶、金属、电池回收处理

332. 赤泥及其他冶炼废渣综合利用

四、电力、热力、燃气及水生产和供应业

333. 单机 60 万千瓦及以上超超临界机组电站的建设、经营

334. 采用背压型热电联产、热电冷多联产、30 万千瓦及以上超(超)临界热电联产机组电站的建设、经营

335. 缺水地区单机 60 万千瓦及以上大型空冷机组电站的建设、经营

336. 整体煤气化联合循环发电等洁净煤发电项目的建设、经营

337. 单机 30 万千瓦及以上采用流化床锅炉并利用煤矸石、中煤、煤泥等发电项目的建设、经营

338. 发电为主的大型水电站及抽水蓄能电站建设、经营

339. 核电站的建设、经营

340. 新能源电站（包括太阳能、风能、地热能、潮汐能、潮流能、波浪能、生物质能等）建设、经营

341. 重要负荷中心且气源有保障地区天然气调峰电站、天然气分布式能源站的建设、经营

342. 燃气发电与可再生发电互补系统开发与应用

343. 电网的建设、经营

344. 使用天然气、电力和可再生能源驱动的区域供能（冷、热）项目的建设、经营

345. 海水利用（海水直接利用、海水淡化）、苦咸水利用

346. 供水厂建设、经营

347. 再生水厂建设、经营

348. 污水处理厂建设、经营

349. 机动车充电站、电池更换站建设、经营

350. 加氢站建设、经营

五、交通运输、仓储和邮政业

351. 铁路干线路网及铁路专用线的建设、经营

352. 城际铁路、市域（郊）铁路、资源型开发铁路和支线铁路及其桥梁、隧道、轮渡和站场设施的建设、经营

353. 高速铁路、城际铁路基础设施综合维修

354. 公路、独立桥梁和隧道的建设、经营

355. 公路货物运输公司

356. 港口公用码头设施的建设、经营

357. 民用机场的建设、经营

358. 公共航空运输公司

359. 农、林、渔业通用航空公司

360. 国际海上运输公司

361. 国际集装箱多式联运业务

362. 输油（气）管道、油（气）库的建设、经营

363. 煤炭管道运输设施的建设、经营

364. 自动化高架立体仓储设施，包装、加工、配送业务相关的仓储一体化设施建设、经营

365. 与快递服务相关科技装备及绿色包装研发应用

六、批发和零售业

366. 一般商品的共同配送、鲜活农产品冷链物流和特殊药品低温配送等物流及相关技术服务的提供和运用

367. 农村连锁配送

368. 托盘及集装单元共用系统建设、经营

七、信息传输、软件和技术服务业

369. 电子商务系统开发与应用服务

八、租赁和商务服务业

370. 国际经济、科技、环保、物流信息、商务、会计、税务咨询服务

371. 工程咨询服务

372. 以承接服务外包方式从事系统应用管理和维护、信息技术支持管理、银行后台服务、财务结算、软件开发、离岸呼叫中心、数据处理等信息技术和业务流程外包服务

373. 创业投资企业

374. 知识产权服务

375. 家庭服务业

九、科学研究和技术服务业

376. 生物工程与生物医学工程技术、生物质能源开发技术

377. 智能器件、机器人、神经网络芯片、神经元传感器等人工智能技术开发与应用

378. 同位素、辐射及激光技术

379. 海洋开发及海洋能开发技术、海洋化学资源综合利用技术、相关产品开发和精深加工技术、海洋医药与生化制品开发技术

380. 海洋监测技术(海洋浪潮、气象、环境监测)、海底探测与大洋资源勘查评价技术

381. 综合利用海水淡化后的浓海水制盐、提取钾、溴、镁、锂及其深加工等海水化学资源高附加值利用技术

382. 海上石油污染清理与生态修复技术及相关产品开发,海水富营养化防治技术,海洋生物爆发性生长灾害防治技术,海岸带生态环境修复技术

383. 节能环保和循环经济技术开发与应用

384. 资源再生及综合利用技术、企业生产排放物的再利用技术开发与应用

385. 环境污染治理及监测技术

386. 清洁生产技术开发与服务

387. 碳捕集、利用与封存(CCUS)技术开发与服务

388. 绿色建筑节地与室外环境、节能与能源利用、节水与水资源利用、节材与材料资源利用、室内环境与运行管理综合技术开发与利用

389. 放射性废物处理技术开发与应用

390. 化纤生产及印染加工的节能降耗、三废治理新技术

391. 磷石膏综合利用技术开发与应用

392. 防沙治沙与沙荒修复技术

393. 草畜平衡综合管理技术

394. 现代畜牧业废弃物资源化综合利用技术开发与应用

395. 农药新型施药技术开发与应用

396. 民用卫星应用技术

397. 检验检测认证服务

398. 研究开发中心

399. 高新技术、新产品开发与企业孵化中心

400. 物联网技术开发与应用

401. 工业设计、建筑设计、服装设计等创意产业

402. 城乡规划编制服务(城市、镇总体规划服务除外)

十、水利、环境和公共设施管理业

403. 河道、湖泊水环境治理、水生态修复和管理保护与经营

404. 城市封闭型道路的建设、经营

405. 城市地铁、轻轨等轨道交通的建设、经营

406. 垃圾处理厂,危险废物处理处置厂(焚烧厂、填埋场)及环境污染治理设施的建设、经营

407. 城市停车设施建设、经营

408. 出租车、有轨电车、公交等公共交通系统的建设及运营

十一、教育

409. 非学制类职业培训机构

十二、卫生和社会工作

410. 老年人、残疾人和儿童服务机构

411. 养老机构

412. 医疗机构

十三、文化、体育和娱乐业

413. 演出场所经营

414. 体育场馆经营、健身、竞赛表演及体育培训和中介服务
415. 旅游基础设施建设及旅游信息服务

中西部地区外商投资优势产业目录

山西省

1. 牧草饲料作物种植及深加工
2. 小杂粮、马铃薯种植及产品开发、生产
3. 退耕还林还草、天然林保护等国家重点生态工程后续产业开发
4. 节水灌溉和旱作节水技术、保护性耕作技术开发与应用
5. 矿区生态系统恢复与重建工程
6. 非金属矿(高岭土、石灰石、硅石、石英砂)综合利用(勘探、开采除外)
7. 煤层气和煤炭伴生资源综合开发利用
8. 煤制液体燃料生产
9. 焦炭副产品综合利用
10. 棉、毛、麻、丝、化纤的高档纺织、针织及服装加工生产和相关产品的研发、检测
11. 天然药、原料药、中成药的深加工
12. 包装装潢印刷品印刷
13. 高档玻璃制品、高技术陶瓷(含工业陶瓷)技术开发和产品生产
14. 特殊品种(超白、超薄、在线 Low - E、中空、超厚)优质浮法玻璃技术开发及深加工
15. 不锈钢制品生产
16. 汽车零部件制造:六档以上自动变速箱、商用车用高功率密度驱动桥、随动前照灯系统、LED 前照灯、轻量化材料应用、离合器、液压减震器、中控盘总成、座椅、电机及控制系统、主动安全及自动驾驶控制系统、燃料电池系统
17. 高速列车用钢、非晶带材等钢铁新材料的开发、生产
18. 铝合金材料及制品生产
19. 钢丝绳芯橡胶输运带生产
20. 液压技术系统及模具生产
21. 旱地、山地中小农业机械及配套机具制造

22. 三轴以上联动的高速、精密数控机床及配套数控系统、伺服电机及驱动装置、功能部件、刀具、量具、量仪及高档磨具磨料生产

23. 大型煤矿综采设备和防爆机电产品生产

24. 核电物料转运设备及其配套件生产

25. 新型医疗器械设备及医用材料生产加工

26. 第三代及后续移动通信系统手机零部件生产

27. 洗中煤、焦炉煤气余热发电、供热等综合利用

28. 火电厂废弃物等的综合利用

29. 物流业务相关的仓储设施建设和商贸服务

30. 宽带业务和增值电信业务(限于中国入世承诺开放的电信业务)

31. 公路旅客运输公司

32. 城市燃气、热力和供排水管网建设、经营

33. 中等高等职业院校(含技工院校)

34. 汽车加气站建设和运营

35. 艺术表演培训和中介服务及文化用品、设备等产业化开发

36. 旅游景区(点)保护、开发和经营及其配套设施建设

内蒙古自治区

1. 标准化设施蔬菜基地、集约化蔬菜育苗场建设

2. 绿色农畜产品(乳、肉、绒、皮毛、粮油、马铃薯、果蔬)生产及加工

3. 退耕还林还草、退牧还草、天然林保护、退田还湖、退耕还湿、荒漠化防治等国家重点生态工程后续产业开发

4. 节水灌溉和旱作节水技术、保护性耕作、中低产田改造、盐碱地改良等技术开发与应用

5. 铜、铅、锌、镁、铝等有色金属精深加工

6. 非金属矿(高岭土、红柱石、膨润土、白云石、石墨、珍珠岩、沸石)综合利用、精加工及应用(勘探、开采除外)

7. 棉、毛、绒、麻、丝、化纤的高档纺织、针织及服装生产加工和相关产品的研发、检测

8. 煤层气和煤炭伴生资源综合开发利用

9. 天然气下游化工产品开发和利用(列入《天然气利用政策》限制类和禁止类的除外)

10. 利用乙烯与氯气通过氧氯化法生产30万吨/年以上PVC,废盐酸制氯气等综合利用技术开发及利用

11. 高性能硅油、硅橡胶、树脂,高品质氟树脂,高性能氟橡胶,含氟精

细化学品和高品质含氟无机盐等开发、生产

12. 硅材料生产及其应用

13. 动植物药材资源开发、保护和可持续利用：内蒙古道地药材和特色蒙药材种植基地建设、濒危药用植物保育基地建设、种子种苗基地建设、道地药材提取物工厂研发中心建设

14. 少数民族特需用品、工艺美术品、包装容器材料及日用玻璃制品及代表民族特色的旅游商品纪念品生产

15. 碳纤维产品生产及其应用

16. 天然气压缩机（含煤层气压缩机）制造

17. 蒙医药、蒙医医疗设备研究与开发

18. 汽车整车制造，专用汽车（不包括普通半挂车、自卸车、罐式车、厢式车和仓栅式汽车）制造（须执行《汽车产业投资管理规定》）

19. 汽车零部件制造：六档以上自动变速箱、商用车用高功率密度驱动桥、随动前照灯系统、LED 前照灯、轻量化材料应用（高强钢、铝镁合金、复合塑料、粉末冶金、高强度复合纤维等）、离合器、液压减震器、中控盘总成、座椅

20. 大型储能技术研发与生产应用（蓄能电池、抽水蓄能技术、空气储能技术、风电与后夜供热等）

21. 太阳能、风能发电设备及零部件制造

22. 洗中煤、焦炉煤气余热发电、供热等综合利用

23. 宽带业务和增值电信业务（限于中国入世承诺开放的电信业务）

24. 公路旅客运输公司

25. 汽车加气站建设和运营

26. 城市燃气、热力和供排水管网建设、经营

27. 学前、普通高中和高等教育机构

28. 动漫创作、制作及衍生品开发

29. 文化演出场所建设、艺术表演培训等服务

30. 体育场馆设施建设、体育赛事运营及体育健身休闲服务

31. 健康医疗旅游开发

32. 冰雪、森林、草原、沙漠生态旅游资源开发、建设和经营

33. 旅游景区（点）保护、开发和经营及其配套设施建设

辽宁省

1. 节水灌溉和旱作节水技术、保护性耕作技术开发与应用

2. 退耕还林还草等国家重点生态工程后续产业开发

3. 镁、锆石加工及综合利用

4. 棉、毛、麻、丝、化纤的高档纺织、针织及服装加工生产和相关产品的研发、检测

5. 天然药、原料药、中成药的深加工

6. 高性能子午线轮胎的生产：无内胎载重子午胎，低断面和扁平化（低于55系列）、大轮辋高性能轿车子午胎（15吋以上），航空轮胎及农用子午胎

7. 金属包装、自动化立体仓库及仓储物流设备制造

8. 环保设备（大气、污水、固废处理设备）制造及其解决方案应用

9. 智能测控装置及关键零部件制造

10. 高档数控机床伺服装置制造

11. 汽车零部件制造：六档以上自动变速箱、商用车用高功率密度驱动桥、随动前照灯系统、LED前照灯、轻量化材料应用（高强钢、铝镁合金、复合塑料、粉末冶金、高强度复合纤维等）、离合器、液压减震器、中控盘总成、座椅、汽车主被动安全保护装置、汽车启停电机、新能源汽车驱动装置及控制系统

12. 医疗设备及关键部件开发、生产

13. 高精度铜、铝及合金板带材深加工

14. 非易失性存储器设计、研发及制造

15. 数字医疗系统、社区护理、个人健康维护相关产品开发与应用

16. 大型储能技术研发与生产应用（蓄能电池、抽水蓄能技术、空气储能技术、风电与后夜供热等）

17. 生物质能开发、生产和利用

18. 宽带业务和增值电信业务（限于中国入世承诺开放的电信业务）

19. 城市燃气、热力和供排水管网建设、经营

20. 汽车加气站建设和运营

21. 节约用水技术改造、技术研发和推广应用

22. 数字视听与数字家庭产品（有线电视网络、网络视听节目服务除外）

23. 旅游景区（点）保护、开发和经营及其配套设施建设

24. 经国家投资主管部门批准的资源枯竭型城市资源精深加工和接续产业等项目

吉林省

1. 节水灌溉和旱作节水技术、保护性耕作技术开发与应用

2. 谷子、高粱、燕麦、藜麦、绿豆、红小豆等杂粮杂豆农产品开发、生产

3. 人参、鹿茸、山葡萄、果仁、山野菜、蓝莓、菌类、林蛙、柞蚕、蜂蜜等长白山特色生态食品、饮品的开发和加工

4. 饮用天然矿泉水生产

5. 硅藻土资源开发及综合利用(勘探、开采除外)

6. 棉、毛、麻、丝、化纤的高档纺织、针织及服装加工生产和相关产品的研发、检测

7. 褐煤蜡萃取

8. 动植物药材资源开发、保护和可持续利用

9. 草铵膦及草铵膦中间体的开发、生产

10. 特殊品种(超白、超薄、在线 Low – E、中空、超厚)优质浮法玻璃技术开发及深加工

11. 碳纤维原丝、碳纤维生产及其生产所需辅助材料、碳纤维复合材料及其制品生产

12. 玄武岩纤维新材料的生产、开发

13. 高性能子午线轮胎的生产:无内胎载重子午胎,低断面和扁平化(低于 55 系列)、大轮辋高性能轿车子午胎(15 吋以上),航空轮胎及农用子午胎

14. 铝合金材料及制品生产

15. LED、新型元器件等节能产品

16. 现代中药制品生产

17. 医疗设备及关键部件开发、生产

18. 冰雪体育和旅游用品生产

19. 索道缆车、游乐设施等旅游装备制造

20. 换热器设备的生产制造

21. 汽车零部件制造:六档以上自动变速箱、商用车用高功率密度驱动桥、随动前照灯系统、LED 前照灯、轻量化材料应用(高强钢、铝镁合金、复合塑料、粉末冶金、高强度复合纤维等)、离合器、液压减震器、中控盘总成、座椅

22. 专用汽车(不包括普通半挂车、自卸车、罐式车、厢式车和仓栅式汽车)制造(须执行《汽车产业投资管理规定》)

23. 生物质能开发、生产和利用

24. 宽带业务和增值电信业务(限于中国入世承诺开放的电信业务)

25. 公路旅客运输公司

26. 汽车金融服务

27. 城市燃气、热力和供排水管网建设、经营

28. 学前、普通高中和高等教育机构

29. 动漫创作、制作及衍生品开发

30. 冰雪旅游资源开发及滑雪场、酒店等配套设施建设、经营

31. 旅游景区(点)保护、开发和经营及其配套设施建设

32. 温泉资源开发及温泉度假村建设、经营

33. 观光农业、休闲农业的开发和经营及其配套设施建设

34. 大型主题公园的建设、经营

35. 经国家投资主管部门批准的资源枯竭型城市资源精深加工和接续产业等项目

黑龙江省

1. 退耕还林还草、天然林保护等国家重点生态工程后续产业开发

2. 节水灌溉和旱作节水技术、保护性耕作技术开发与应用

3. 矿区生态系统恢复与重建工程

4. 利用境外资源的木材加工

5. 饮用天然矿泉水生产

6. 日处理甜菜3000吨及以上甜菜制糖及副产品综合利用

7. 马铃薯深加工

8. 绿色食品生产

9. 营养性豆奶粉、传统豆制品、功能性蛋白产品、大豆磷脂等非转基因大豆制品生产和加工

10. 天然药、原料药、中成药的深加工

11. 少数民族特需用品、工艺美术品及代表民族特色的旅游商品纪念品生产

12. 冰雪体育和旅游用品生产

13. 工艺陶瓷生产

14. 石墨的高端应用和精深加工

15. 非金属矿(高岭土、石灰石、硅石、石英砂)综合利用(勘探、开采除外)

16. 硅基及光伏新材料开发、生产

17. 钛矿冶炼及钛制品加工

18. 切削刀具、量具、刃具制造

19. 现代农业装备及配套农机具的生产:大马力拖拉机配套零部件、

水稻插秧机及其它种植机械、玉米收获机、谷物联合收获机、其它收获机及配套零部件

20. 高性能子午线轮胎的生产：无内胎载重子午胎，低断面和扁平化（低于55系列）、大轮辋高性能轿车子午胎（15吋以上），航空轮胎及农用子午胎

21. 燃气轮机研发与制造

22. 汽车零部件制造：六档以上自动变速箱、商用车用高功率密度驱动桥、随动前照灯系统、LED前照灯、轻量化材料应用（高强钢、铝镁合金、复合塑料、粉末冶金、高强度复合纤维等）、离合器、液压减震器、中控盘总成、座椅

23. 医疗设备及关键部件开发、生产

24. 生物质能开发、生产和利用

25. 核电装备的生产：核电电机、电缆、核岛堆内构件等关键配套部件研发生产

26. 电网智能管理控制系统设备制造

27. 宽带业务和增值电信业务（限于中国入世承诺开放的电信业务）

28. 公路旅客运输公司

29. 汽车加气站建设和运营

30. 物流业务相关的仓储设施建设和商贸服务

31. 跨境电子商务零售中心和大宗商品进出口分拨物流中心建设

32. 学前、普通高中和高等教育机构

33. 城市燃气、热力和供排水管网建设、经营

34. 动漫创作、制作及衍生品开发

35. 文化演出、艺术表演培训和中介服务等产业化开发

36. 体育场馆设施建设、体育赛事运营及体育健身休闲服务

37. 森林、冰雪旅游资源开发及滑雪场建设、经营

38. 旅游景区（点）保护、开发和经营及其配套设施建设

39. 观光农业、休闲农业的开发和经营及配套设施建设

40. 经国家投资主管部门批准的资源枯竭型城市资源精深加工和接续产业等项目

安徽省

1. 节水灌溉和旱作节水技术、保护性耕作技术开发与应用

2. 高岭土、煤层气（瓦斯）、矿井水及天然焦等煤炭伴生资源综合利用（勘探、开采除外）

3. 非金属矿（方解石、膨润土、高岭土、凹凸棒粘土、石灰石、石英砂）综合利用（勘查、开采除外）

4. 绿色食品生产

5. 棉、毛、麻、丝、化纤的高档纺织、针织及服装加工生产和相关产品的研发、检测

6. 皮鞋、运动鞋等整鞋制造

7. 天然药、原料药、中成药的深加工

8. 煤焦油深加工

9. 纳米材料等新材料研发与制造

10. 耐火材料生产

11. 铜、锌、铝等有色金属精深加工及综合利用

12. 高档无缝钢管、石油油井管制造

13. 包装装潢印刷品印刷

14. 特殊品种（超白、超薄、在线 Low－E、中空、超厚）优质浮法玻璃技术开发及深加工

15. 利用木薯、麻风树、橡胶籽等非粮植物为原料的生物液体燃料（燃料乙醇、生物柴油）生产

16. 高性能子午线轮胎的生产：卡车轮胎、无内胎载重子午胎，低断面和扁平化（低于 55 系列）、大轮辋高性能轿车子午胎（15 吋以上），航空轮胎及农用子午胎

17. 汽车零部件制造：六档以上自动变速箱、商用车用高功率密度驱动桥、随动前照灯系统、LED 前照灯、轻量化材料应用（高强钢、铝镁合金、复合塑料、粉末冶金、高强度复合纤维、铝基复合材料等）、离合器、液压减震器、中控盘总成、座椅

18. 新型干法水泥成套设备制造

19. 电动叉车、30 吨以上液压挖掘机及零部件开发与制造

20. 燃气轮机研发与制造

21. 500 万吨/年及以上矿井、薄煤层综合采掘设备，1000 万吨级/年及以上大型露天矿关键装备；大型冶金成套设备等重大技术装备用分散型控制系统（DCS）

22. 难选金属矿产选矿设备和大型冶金成套设备制造

23. 医疗设备及关键部件开发、生产

24. 家用电器、家电用板材及零部件制造

25. 半导体照明材料上下游产品及相关设备的研发与制造

26. 集成电路材料、装备、芯片制造及化合物半导体材料、器件研发、制造

27. 平板显示屏及上下游材料、零部件、装备的研发与制造

28. 智能语音、量子通信等设备研发与制造

29. 工程勘察设计、平面设计和自动控制系统设计等创意产业

30. 生物质能开发、生产和利用

31. 公路旅客运输公司

32. 高等教育机构

33. 动漫创作、制作及衍生品开发

34. 城市燃气、热力和供排水管网建设、经营

35. 旅游景区(点)保护、开发和经营及其配套设施建设

江西省

1. 脐橙、蜜桔、甜柚、茶叶、光皮树、油茶、苎麻、竹、山药、荞头、莲、葛等特色、优势植物及道地药材和药食两用作物种植及深加工

2. 饮用天然矿泉水生产

3. 铜矿选矿、伴生元素提取及精深加工及循环利用

4. 高岭土、粉石英、硅灰石、海泡石、化工用白云石等非金属矿产品精深加工

5. 棉、毛、麻、丝、化纤的高档纺织、针织及服装加工生产和相关产品的研发、检测

6. 木质家具设计、利用境外木材资源的木质家具加工

7. 皮鞋、运动鞋等整鞋制造

8. 单条化学木浆30万吨/年及以上、化学机械木浆10万吨/年及以上、化学竹浆10万吨/年及以上的林纸一体化生产线及相应配套的纸及纸板生产线(新闻纸、铜版纸除外)建设,采用清洁生产工艺、以非木纤维为原料、单条10万吨/年及以上的纸浆生产线建设

9. 年产10万吨以上利用木薯类植物的生物液体燃料生产

10. 利用钨、镍、钴、钽、铌等稀有金属资源深加工、应用产品生产及循环利用

11. 利用乙烯与氯气通过氧氯化法生产30万吨/年以上PVC,废盐酸制氯气等综合利用技术开发及利用

12. 天然药、原料药、中成药的研发与生产,满足我国重大、多发性疾病防治需求的通用名药物首次开发和利用

13. 艺术陶瓷、日用陶瓷、工业陶瓷、特种陶瓷等高技术陶瓷的研发与

生产

14. 高性能子午线轮胎的生产：无内胎载重子午胎，低断面和扁平化（低于55系列）、大轮辋高性能轿车子午胎（15吋以上），航空轮胎及农用子午胎

15. 包装装潢印刷品印刷

16. 通讯终端产品及零部件的研发与生产

17. 新型电子元器件覆铜板制造

18. 汽车零部件制造：六档以上自动变速箱、商用车用高功率密度驱动桥、随动前照灯系统、LED前照灯、轻量化材料应用（高强钢、铝镁合金、复合塑料、粉末冶金、高强度复合纤维等）、离合器、液压减震器、中控盘总成、座椅

19. 医疗设备及关键部件开发、生产

20. 空调、高效节能压缩机及零部件生产

21. 太阳能发电设备及零部件制造

22. 半导体芯片上下游产品研发与生产

23. 半导体照明材料上下游产品及相关设备的研发与制造

24. 锂电池等锂产品生产专用设备的研发与制造

25. 光学部件及镀膜技术的研发、应用及制造

26. 宽带业务和增值电信业务（限于中国入世承诺开放的电信业务）

27. 公路旅客运输公司

28. 汽车加气站建设和运营

29. 物流业务相关的仓储设施建设和商贸服务

30. 动漫创作、制作及衍生品开发

31. 养生休闲服务、休闲旅游等休闲产业

32. 旅游景区（点）保护、开发和经营及其配套设施建设

河南省

1. 优质粮油、茶、柳条等种植与加工

2. 退耕还林还草、天然林保护等国家重点生态工程后续产业开发

3. 节水灌溉和旱作节水技术、保护性耕作技术开发与应用

4. 镁、锌精深加工

5. 棉、毛、麻、丝、化纤的高档纺织、针织及服装加工生产和相关产品的研发、检测

6. 煤层气（煤矿瓦斯）抽采和利用技术产品开发、生产

7. 超硬材料产品生产

8. 铝合金材料及制品生产

9. 天然药、原料药、中成药的深加工

10. 数字化包装装潢印刷品印刷

11. 特殊品种(超白、超薄、在线 Low - E、中空、超厚)优质浮法玻璃技术开发及深加工

12. 高性能子午线轮胎的生产:无内胎载重子午胎,低断面和扁平化(低于 55 系列)、大轮辋高性能轿车子午胎(15 吋以上),航空轮胎及农用子午胎

13. 汽车零部件制造:六档以上自动变速箱、商用车用高功率密度驱动桥、随动前照灯系统、LED 前照灯、轻量化材料应用(高强钢、铝镁合金、复合塑料、粉末冶金、高强度复合纤维等)、离合器、液压减震器、中控盘总成、座椅

14. 三轴以上联动的高速、精密数控机床及配套数控系统、伺服电机及驱动装置、功能部件、刀具、量具、量仪及高档磨具磨料生产

15. 300 马力以上配备无级变速器轮式拖拉机,300 马力以上拖拉机关键零部件制造:无级变速拖拉机发动机、变速箱、液力联合控制系统、双输入双输出无级调速装置

16. 500 万吨/年及以上矿井、薄煤层综合采掘设备,1000 万吨级/年及以上大型露天矿关键装备;12000 米及以上深井钻机、极地钻机、高位移性深井沙漠钻机、沼泽难进入区域用钻机、海洋钻机、车装钻机、特种钻井工艺用钻机等钻机成套设备

17. 电能综合管理自动化设备制造

18. 智能手机、平板电脑等智能终端产品的技术开发、生产

19. 空调、电冰箱、高效节能压缩机及零部件制造

20. 生物医药技术开发、生产

21. 生物质能开发、生产和利用

22. 宽带业务和增值电信业务(限于中国入世承诺开放的电信业务)

23. 城市公共停车设施建设、经营

24. 公路货运场站设施的建设和运营

25. 汽车加气站建设和运营

26. 公路旅客运输公司

27. 跨境电子商务零售中心和大宗商品进出口分拨物流中心建设

28. 物流业务相关的仓储设施建设和商贸服务

29. 学前、普通高中和高等教育机构

30. 中等高等职业院校(含技工院校)

31. 动漫创作、制作及衍生品开发

32. 城市燃气、热力和供排水管网建设、经营

33. 观光农业、休闲农业的开发和经营及其配套设施建设

34. 健康医疗旅游开发

35. 旅游景区(点)保护、开发和经营及其配套设施建设

湖北省

1. 农作物新品种选育和种子生产

2. 茶叶种植、加工及收购服务

3. 保护性耕作技术开发与应用

4. 饮用天然矿泉水生产

5. 高档纺织品及服装工艺技术开发

6. 无纺布及医用纺织品生产

7. 动植物药材、保健品资源的开发、保护和可持续利用,植物花叶根茎产品研发、籽粒榨油深加工

8. 棉、毛、麻、丝、化纤的高档纺织、针织及服装加工生产和相关产品的研发、检测

9. 包装装潢印刷品印刷

10. 铜矿及其他有色金属产品延伸加工及循环利用

11. 特殊品种(超白、超薄、在线 Low - E、中空、超厚)优质浮法玻璃技术开发及深加工

12. 空调、高效节能压缩机及零部件制造

13. 汽车零部件开发与制造:六档以上自动变速箱、商用车用高功率密度驱动桥、随动前照灯系统、LED 前照灯、轻量化材料应用(高强钢、铝镁合金、碳纤维、复合塑料、粉末冶金、高强度复合纤维等)、离合器、液压减震器、中控盘总成、座椅、燃油共轨喷射系统相关产品、涡轮增压发动机、电机及控制系统、主动安全及自动驾驶控制系统

14. 车用压缩氢气塑料内胆碳纤维全缠绕气瓶

15. 高性能子午线轮胎的生产:无内胎载重子午胎,低断面和扁平化(低于 55 系列)、大轮辋高性能轿车子午胎(15 吋以上),航空轮胎及农用子午胎

16. 三轴以上联动的高速、精密数控机床及配套数控系统、伺服电机及驱动装置、功能部件、刀具、量具、量仪及高档磨具磨料生产

17. 特种钢丝绳、钢缆(平均抗拉强度 $>2200MPa$)制造

18. 激光医疗设备开发与制造

19. 光电子技术和产品(含光纤预制棒、半导体发光二极管LED)开发与制造

20. 医药化工原料废气、废液、废渣的综合利用

21. 食品安全追溯体系开发和建设

22. 生物质能开发、生产和利用

23. 大型储能技术研发与生产应用(蓄能电池、抽水蓄能技术、空气储能技术、风电与后夜供热等)

24. 宽带业务和增值电信业务(限于中国入世承诺开放的电信业务)

25. 公路旅客运输公司

26. 汽车加气站建设和运营

27. 物流业务相关的仓储设施建设和商贸服务

28. 动漫创作、制作及衍生品开发

29. 城市燃气、热力和供排水管网建设、经营

30. 旅游景区(点)保护、开发和经营及其配套设施建设

湖南省

1. 蔬菜、水果、畜禽产品的生产及深加工

2. 节水灌溉和旱作节水技术、保护性耕作技术开发与应用

3. 食品安全追溯体系开发和建设

4. 棉、毛、麻、丝、化纤的高档纺织、针织及服装加工生产和相关产品的研发、检测

5. 皮鞋、运动鞋等整鞋制造

6. 竹木家具制造

7. 高性能混凝土掺和剂

8. 锰锌精深加工

9. 铋化合物生产

10. 艺术陶瓷、日用陶瓷、工业陶瓷、特种陶瓷等高技术陶瓷的研发与生产

11. 天然药、中成药的深加工

12. 激素类药物深度开发

13. 特种(超白、超薄、在线Low-E、中空、超厚等)优质玻璃技术开发及深加工

14. 高端建筑用热轧无缝钢管、核电用管、超临界高压锅炉用无缝钢管及成品油套管等大口径钢管材加工

15. 新型装配式建筑构件智能制造

16. 高性能子午线轮胎的生产：无内胎载重子午胎，低断面和扁平化（低于 55 系列）、大轮辋高性能轿车子午胎（15 吋以上），航空轮胎及农用子午胎

17. 硬质合金精深加工

18. 双金属高速锯切工具

19. 汽车零部件及汽车电子装置开发与制造：六档以上自动变速箱、商用车用高功率密度驱动桥、随动前照灯系统、LED 前照灯、轻量化材料应用（高强钢、铝镁合金、复合塑料、粉末冶金、高强度复合纤维等）、离合器、液压减震器、中控盘总成、座椅、燃油共轨喷射系统相关产品、涡轮增压发动机、电机及控制系统、主动安全及自动驾驶控制系统

20. 三轴以上联动的高速、精密数控机床及配套数控系统、伺服电机及驱动装置、功能部件、刀具、量具、量仪及高档磨具磨料生产

21. 30 吨以上液压挖掘机、6 米及以上全断面掘进机、320 马力及以上履带推土机、6 吨及以上装载机、600 吨及以上架桥设备（含架桥机、运梁车、提梁机）、400 吨及以上履带起重机、100 吨及以上全地面起重机、钻孔 100 毫米以上凿岩台车、400 千瓦及以上砼冷热再生设备、1 米宽及以上铣刨机；关键零部件：动力换挡变速箱、湿式驱动桥、回转支承、液力变矩器、为电动叉车配套的电机、电控、压力 25 兆帕以上液压马达、泵、控制阀

22. 60C 及以上混凝土输送泵、50 米及以上混凝土泵车、混凝土布料机、混凝土搅拌运输车、混凝土喷射机械手；起升机械：塔式起重机、50 米及以上高空作业车、50 吨级以上轮胎吊；路面机械：12 米及以上沥青路面摊铺机、4 吨以上沥青混凝土搅拌设备、26 吨以上全液压压路机、垃圾收运和处理设备及系统等产品

23. 大型工程机械关键零部件：动力换挡变速箱、湿式驱动桥、回转支承、液力变矩器、为电动叉车配套的电机、电控、压力 25 兆帕以上液压马达、泵、控制阀

24. 新型橡胶机械成套设备制造

25. 电子产品整机、光电子、电子材料、电子元器件、零部件的开发和制造

26. 太阳能发电设备及零部件制造

27. 宽带业务和增值电信业务（限于中国入世承诺开放的电信业务）

28. 公路旅客运输公司

29. 汽车加气站建设和运营

30. 物流业务相关的仓储设施建设和商贸服务

31. 动漫创作、制作及衍生品开发

32. 城市燃气、热力和供排水管网建设、经营

33. 文化演出场所建设、艺术表演培训等服务

34. 体育场馆设施建设、体育赛事运营及体育健身休闲服务

35. 健康医疗旅游开发

36. 旅游景区(点)保护、开发和经营及其配套设施建设

广西自治区

1. 农作物新品种选育和种子生产

2. 退耕还林还草等国家重点生态工程后续产业开发

3. 动植物药材资源开发、生产

4. 营养性豆奶粉、传统豆制品、功能性蛋白产品、大豆磷脂等非转基因大豆制品生产和加工

5. 日处理甘蔗5000吨及以上的蔗糖精深加工及副产品综合利用

6. 松香深加工

7. 棉、毛、麻、丝、化纤的高档纺织、针织及服装加工生产和相关产品的研发、检测

8. 石墨烯技术研发及应用

9. 不锈钢制品生产

10. 铜、铝合金材料及制品生产

11. 锌、锡、锑、钨、锰、铟等金属精深加工

12. 艺术陶瓷、日用陶瓷、工业陶瓷、特种陶瓷等高技术陶瓷的研发与生产

13. 生物医药技术开发、生产

14. 医疗器械设备研究与开发,医用材料生产与加工

15. 特殊品种(超白、超薄、在线Low-E、中空、超厚)优质浮法玻璃技术开发及深加工

16. 利用木薯、麻风树、橡胶籽等非粮植物为原料的生物液体燃料(燃料乙醇、生物柴油)生产

17. 高性能子午线轮胎的生产:无内胎载重子午胎,低断面和扁平化(低于55系列)、大轮辋高性能轿车子午胎(15吋以上),航空轮胎及农用子午胎

18. 汽车整车制造,专用汽车(不包括普通半挂车、自卸车、罐式车、

厢式车和仓栅式汽车）制造（须执行《汽车产业投资管理规定》）

19. 汽车零部件制造：六档以上自动变速箱、商用车用高功率密度驱动桥、随动前照灯系统、LED 前照灯、轻量化材料应用（高强钢、铝镁合金、复合塑料、粉末冶金、高强度复合纤维等）、离合器、液压减震器、中控盘总成、座椅

20. 甘蔗种植机、甘蔗收获机等农机具研发及制造

21. 大型工程机械关键零部件：动力换挡变速箱、湿式驱动桥、回转支承、液力变矩器、为电动叉车配套的电机、电控、压力 25 兆帕以上液压马达、泵、控制阀

22. 宽带业务和增值电信业务（限于中国入世承诺开放的电信业务）

23. 公路旅客运输公司

24. 汽车加气站建设和运营

25. 物流业务相关的仓储设施建设和商贸服务

26. 会展服务业

27. 中等高等职业院校（含技工院校）

28. 城市燃气、热力和供排水管网建设、经营

29. 动漫创作、制作及衍生品开发

30. 养生休闲服务、民族文化开发、休闲旅游等休闲产业

31. 健康医疗旅游开发

32. 旅游景区（点）保护、开发和经营及其配套设施建设

海南省

1. 农作物、畜禽优良品种选育和种苗生产

2. 水产品加工及副产品综合利用

3. 海防林恢复、天然林保护、节水灌溉和旱作节水等技术、开发与应用

4. 饮用天然矿泉水生产

5. 海南省中药、民族药的研发、生产

6. 海底矿物勘查、开采

7. 旅游工艺品创意设计及生产

8. 天然气下游化工产品开发和利用（列入《天然气利用政策》限制类和禁止类的除外）

9. 高性能子午线轮胎的生产：无内胎载重子午胎，低断面和扁平化（低于 55 系列）、大轮辋高性能轿车子午胎（15 吋以上），航空轮胎及农用子午胎

10. 邮轮制造

11. 游艇的设计、制造和维修

12. 深水海洋工程设备制造

13. 高尔夫用具制造

14. 光电子技术和产品（含光纤预制棒、半导体发光二极管 LED）开发与制造

15. 智能手机、平板电脑等智能终端产品及关键零部件的技术开发、生产

16. 航天相关设备制造

17. 宽带业务和增值电信业务（限于中国入世承诺开放的电信业务）

18. 公路旅客运输公司

19. 国际航线邮轮服务

20. 国际船舶代理、外轮理货

21. 国际会议展览业

22. 旅行社

23. 学前、普通高中和高等教育机构

24. 城市燃气、热力和供排水管网建设、经营

25. 第三方船舶管理

26. 汽车加气站建设和运营

27. 物流业务相关的仓储设施建设和商贸服务

28. 跨境电子商务零售中心和大宗商品进出口分拨物流中心建设

29. 电影院的建设、经营

30. 互联网上网服务营业场所

31. 动漫创作、制作及衍生品开发

32. 演出经纪机构

33. 文艺表演团体

34. 演出场所经营

35. 娱乐场所经营

36. 健康医疗旅游、体育旅游开发

37. 乡村民宿、旅居车旅游的开发和经营及配套设施建设

38. 观光农业、休闲农业的开发和经营及其配套设施建设

39. 旅游景区（点）保护、开发和经营及其配套设施建设

40. 海洋、热带雨林生态旅游资源（国家禁止外商投资的自然保护区等除外）开发、经营及其配套设施建设

重庆市

1. 农林牧渔特色产业发展、技术研发、产品加工及出口

2. 天然气下游化工产品生产和开发(列入《天然气利用政策》限制类和禁止类的除外)

3. 聚氨酯主要原料、组合料,高性能、高附加值聚氨酯、工程塑料及下游新材料创新应用产品开发和生产

4. 石墨烯、碳纤维(复合材料)等碳系材料的生产设备(气象沉淀、碳化烧结等)的研发制造,石墨烯、碳纤维(含复合材料)等碳系材料的研发生产及终端产品制造

5. 铝、镁精深加工

6. 页岩气装备制造和油气技术工程服务

7. 环保设备(大气、污水、固废处理设备)制造及其解决方案应用

8. 排气量250ml及以上高性能摩托车整车

9. 汽车整车制造,专用汽车(不包括普通半挂车、自卸车、罐式车、厢式车和仓栅式汽车)制造(须执行《汽车产业投资管理规定》)

10. 高性能子午线轮胎的生产:无内胎载重子午胎,低断面和扁平化(低于55系列)、大轮辋高性能轿车子午胎(15吋以上),航空轮胎及农用子午胎以及列入《当前优先发展的高技术产业化重点领域指南》的子午线轮胎关键原材料

11. 汽车零部件制造:满足国六排放标准及以上的增压直喷汽油机/清洁高效柴油机/驱动系统零部件(离合器、减振器、双质量飞轮)、六档以上自动变速箱(AT、DCT、AMT)、座椅、传动轴、电动转向系统零部件、新能源专用发动机/变速器;新能源车用动力锂电池、驱动电机、电控系统、电制动、电仪表、能量回收系统、电空调、远程监控系统等关键零部件;传动/安全/车身/行驶/信息控制系统、高级驾驶辅助系统(ADAS)、自动驾驶控制系统等智能汽车关键部件;DPF、GPF、SCR等发动机后处理系统、替代燃料发动机ECU控制策略及软硬件、全新新能源汽车/轻量化底盘及车身;行业精密生产装备和相关基础设施生产制造;轻量化材料应用(高强钢、铝镁合金、复合塑料、粉末冶金、高强度复合纤维等)、行业共性技术平台(汽车风洞、智能网联汽车测试评价、安全测试评价、轻量化、行业数据库、全球研发中心等)建设等

12. 天然气分布式能源燃气轮机、内燃机研发及制造

13. 太阳能发电设备及零部件制造

14. 线宽0.25微米以下大规模数字集成电路制造

15. 智能手机、平板电脑等智能终端产品的技术开发、生产

16. 显示屏、芯片制造用电子特气、化合物半导体、电子化学品生产与应用

17. 新型医疗器械设备及医用材料生产加工

18. 500 千伏及以上高压直流换流变压器研发及制造

19. 三级能效以上节能环保型家电整机,压缩机、电机、变频器、液晶面板等关键零部件生产,无线输电、裸眼 3D、体感输入等新技术开发

20. 半导体照明材料上下游产品及相关设备的研发与制造

21. 二氧化碳回收、一氧化碳等特殊工业气体制备及应用

22. FINEX 技术及高速、无头连轧

23. 高精度、高可靠性过程测量仪表,智能传感器

24. 会展服务业

25. 物流业务相关的仓储设施建设和商贸服务

26. 跨境电子商务零售中心和大宗商品进出口分拨物流中心建设

27. 宽带业务和增值电信业务(限于中国入世承诺开放的电信业务)

28. 学前、普通高中和高等教育机构

29. 城市燃气、热力和供排水管网建设、经营

30. 动漫创作、制作及衍生品开发

31. 旅行社经营、旅游景区(点)保护、开发和经营及其配套设施建设

四川省

1. 农林牧渔特色产业发展、技术研发、产品加工及出口(包括中药、红薯、柠檬,水果酿酒等)

2. 节水灌溉和旱作节水技术、保护性耕作技术开发与应用

3. 饮用天然矿泉水生产

4. 棉、毛、麻、丝、化纤的高档纺织、针织及服装加工生产和相关产品的研发、检测

5. 以境外木、藤为原材料的高端家具生产

6. 钒钛资源综合利用新技术和新产品研发制造

7. 天然气下游化工产品生产和开发(列入《天然气利用政策》限制类和禁止类的除外)

8. 含氟精细化学品和高品质含氟无机盐生产

9. 特殊品种(超白、超薄、在线 Low – E、中空、超厚)优质浮法玻璃技术开发及深加工

10. 石墨的高端应用和精深加工

11. 汽车整车制造，专用汽车（不包括普通半挂车、自卸车、罐式车、厢式车和仓栅式汽车）制造（须执行《汽车产业投资管理规定》）

12. 高性能子午线轮胎的生产：无内胎载重子午胎，低断面和扁平化（低于55系列）、大轮辋高性能轿车子午胎（15吋以上），航空轮胎及农用子午胎

13. 汽车零部件制造：六档以上自动变速箱、商用车用高功率密度驱动桥、随动前照灯系统、LED前照灯、轻量化材料应用（高强钢、铝镁合金、复合塑料、粉末冶金、高强度复合纤维等）、离合器、液压减震器、中控盘总成、座椅

14. 30吨以上液压挖掘机、6米及以上全断面掘进机、320马力及以上履带推土机、6吨及以上装载机、600吨及以上架桥设备（含架桥机、运梁车、提梁机）、400吨及以上履带起重机、100吨及以上全地面起重机、钻孔100毫米以上凿岩台车、400千瓦及以上砼冷热再生设备、1米宽及以上铣刨机；关键零部件：动力换挡变速箱、湿式驱动桥、回转支承、液力变矩器、为电动叉车配套的电机、电控、压力25兆帕以上液压马达、泵、控制阀

15. 太阳能发电设备及零部件制造

16. 大型储能技术研发与生产应用（蓄能电池、抽水蓄能技术、空气储能技术、风电与后夜供热等）

17. 3000KW以上大型、重型燃气轮机高温部件及控制系统研发制造

18. 半导体照明材料上下游产品及相关设备的研发与制造

19. 精密电子注塑产品开发、生产

20. 液晶电视、数字电视、节能环保电冰箱、智能洗衣机等高档家用电器制造

21. TFT－LCD、OLED等平板显示屏、显示屏材料制造

22. 智能手机、平板电脑等智能终端产品及关键零部件的技术开发、生产

23. 新型电子元器件制造：高速、敏感电子（气）连接器制造和开发

24. 医疗及康复用器械、设备及关键部件开发、生产

25. 天然气压缩机（含煤层气压缩机）制造

26. 环保设备制造及其解决方案应用

27. 工业尾矿及工业生产废弃物及低品位、复杂、难处理矿的资源化利用

28. 工业过程自动控制系统与装置制造：现场总线控制系统，可编程

控制器(PLC),两相流量计,固体流量计,新型传感器及现场测量仪表

29. 物流业务相关的仓储设施建设和商贸服务

30. 跨境电子商务零售中心和大宗商品进出口分拨物流中心建设

31. 宽带业务和增值电信业务(限于中国入世承诺开放的电信业务)

32. 道路运输

33. 卫生咨询、健康管理、医疗知识等医疗信息服务

34. 城市燃气、热力和供排水管网建设、经营

35. 动漫创作、制作及衍生品开发

36. 艺术表演培训和中介服务及文化用品、设备等产业化开发

37. 旅游景区(点)保护、开发和经营及其配套设施建设

贵州省

1. 退耕还林还草、天然林保护等国家重点生态工程后续产业开发

2. 节水灌溉和旱作节水技术开发与应用

3. 马铃薯、魔芋等产品深加工

4. 畜禽、辣椒、苦荞、山药、核桃深加工

5. 棉、毛、麻、丝、化纤的高档纺织、针织及服装加工生产和相关产品的研发、检测

6. 钛冶炼

7. 用先进技术对固定层合成氨装置进行优化节能技改

8. 利用甲醇开发 M100 新型动力燃料及合成氨生产尾气发展新能源

9. 利用工业生产二氧化碳废气发展工业级、食品级二氧化碳

10. 己二酸生产

11. 采用先进技术建设 30 万吨/年及以上煤制合成氨及配套尿素项目

12. 动植物药材资源开发、保护和可持续利用

13. 特殊品种(超白、超薄、在线 Low - E、中空、超厚)优质浮法玻璃技术开发及深加工

14. 铝等有色金属精深加工

15. 高性能铝合金系列产品开发

16. 新型短流程钢铁冶炼技术开发及应用

17. 非高炉冶炼技术(直接还原法)

18. 磨料磨具产品生产

19. 新型凿岩钎具的开发及用钢材料生产

20. 汽车整车制造,专用汽车(不包括普通半挂车、自卸车、罐式车、

厢式车和仓栅式汽车）制造（须执行《汽车产业投资管理规定》）

21. 汽车零部件制造：六档以上自动变速箱、商用车用高功率密度驱动桥、随动前照灯系统、LED前照灯、轻量化材料应用（高强钢、铝镁合金、复合塑料、粉末冶金、高强度复合纤维等）、离合器、液压减震器、中控盘总成、座椅

22. 有特色优势的特种工程机械、架桥铺路机械、破碎机械、液压基础件、数控机床、节能环保装备、4MW燃汽轮机及以下产品等开发及制造

23. 复式永磁电机抽油机系列化开发和产业化

24. 复杂地质条件的矿用开采、掘进、提升、井下运输等特种设备及产品的开发与制造

25. 适用于西部山区的轻便、耐用、低耗中小型耕种收和植保、节水灌溉、小型抗旱设备及粮油作物、茶叶、特色农产品等农业机械开发与制造

26. 太阳能发电设备及零部件制造

27. 宽带业务和增值电信业务（限于中国入世承诺开放的电信业务）

28. 公路旅客运输公司

29. 演出经纪机构

30. 城市燃气、热力和供排水管网建设、经营

31. 茅台生态带综合保护及赤水河流域遥感技术应用示范

32. 旅游景区（点）保护、开发和经营及其配套设施建设

云南省

1. 咖啡、茶叶、油茶的种植、开发、培育、销售、深加工及新品种的育种和推广

2. 新型天然橡胶开发与应用

3. 天然香料香精生产技术开发及制造

4. 退耕还林还草、天然林保护等国家重点生态工程后续产业开发

5. 高原湖泊保护、污染治理

6. 节水灌溉和旱作节水技术开发与应用

7. 有色金属精深加工

8. 水果、坚果、含油果、香料和饮料作物种植和深加工

9. 营养食品、保健食品开发和生产

10. 特色食用资源开发及应用

11. 符合生态与环保要求的亚麻加工、开发及副产品综合利用

12. 利用木薯、麻风树、橡胶籽等非粮植物为原料的生物液体燃料（燃料乙醇、生物柴油）生产

13. 棉、毛、麻、丝、化纤的高档纺织、针织及服装加工生产和相关产品的研发、检测

14. 动植物药材资源开发、保护和可持续利用

15. 以境外木、藤为原料的高端家具生产

16. 包装装潢及其他印刷

17. 民族特需品、特色工艺品及包装容器材生产

18. 工业大麻加工开发及副产品综合利用

19. 生物医药技术开发、生产

20. 特殊品种(超白、超薄、在线 Low – E、中空、超厚)优质浮法玻璃技术开发及深加工

21. 生物质能发电设备制造

22. 太阳能、风能发电设备及零部件制造

23. 汽车整车制造,专用汽车(不包括普通半挂车、自卸车、罐式车、厢式车和仓栅式汽车)制造(须执行《汽车产业投资管理规定》)

24. 宽带业务和增值电信业务(限于中国入世承诺开放的电信业务)

25. 汽车加气站建设和运营

26. 物流业务相关的仓储设施建设和商贸服务

27. 民族特色文化产业、艺术表演培训、中介服务,生态旅游资源开发(自然保护区和国际重要湿地的建设、经营除外)

28. 旅游景区(点)保护、开发和经营及其配套设施建设

西藏自治区

1. 退耕还林还草、天然林保护等国家重点生态工程后续产业开发

2. 节水灌溉和旱作节水技术开发与应用

3. 盐湖资源的开发利用

4. 饮用天然矿泉水生产

5. 牛羊绒、皮革产品深加工及藏毯生产

6. 花卉与苗圃基地的建设经营

7. 林下资源的培植技术研发和林下产品深加工

8. 青稞、牧草等农作物新技术的开发利用

9. 高原特色食品资源开发利用

10. 天然药、原料药、中成药的深加工

11. 藏药新品种、新剂型产品生产

12. 少数民族特需用品、工艺美术品、包装容器材料、日用玻璃制品及极具藏民族特色的旅游商品纪念品生产

13. 物流业务相关的仓储设施建设和商贸服务

14. 宽带业务和增值电信业务(限于中国入世承诺开放的电信业务)

15. 公路旅客运输公司

16. 城市燃气、热力和供排水管网建设、经营

17. 跨境电子商务零售中心和大宗商品进出口分拨物流中心建设

18. 观光农业、休闲农业的开发和经营及配套设施建设

19. 旅游景区(点)保护、开发和经营及其配套设施建设

陕西省

1. 农作物新品种选育和种子生产

2. 小杂粮、马铃薯、红薯、辣椒、苦荞、山药、核桃种植及产品开发、生产及深加工

3. 退耕还林还草、天然林保护、水源地保护等国家重点生态工程后续产业开发

4. 节水灌溉和旱作节水技术、保护性耕作技术和设施农业技术开发与应用

5. 棉、毛、麻、丝、化纤的高档纺织、针织及服装加工生产和相关产品的研发、检测

6. 动植物药材资源开发、保护和可持续利用

7. 煤炭分制利用:煤制甲醇—烯烃及下游煤制芳烃—乙二醇聚酯生产

8. 煤炭液化制油品及化学品生产

9. 天然气下游化工产品的生产与开发(列入《天然气利用政策》限制类和禁止类的除外)

10. 特殊品种(超白、超薄、在线 Low - E、中空、超厚)优质浮法玻璃技术开发及深加工

11. 钒冶炼及钒合金制品生产加工

12. 铝、镁、钛金属精深加工

13. 动物专用抗菌原料药(包括抗生素、化学合成类)、动物疫苗生产

14. 新型医疗器械设备及医用材料生产加工

15. 高炉煤气能量回收透平装置设计制造

16. 汽车整车制造,专用汽车(不包括普通半挂车、自卸车、罐式车、厢式车和仓栅式汽车)制造(须执行《汽车产业投资管理规定》)

17. 汽车零部件制造:商用车用高功率密度驱动桥、随动前照灯系统、LED 前照灯、离合器、液压减震器、中控盘总成、座椅、轻量化材料应用

18. 集成电路及生产设备研发生产

19. 智能手机、平板电脑等智能终端产品及关键零部件的技术开发、生产

20. 柔性显示屏、显示屏材料生产

21. 接触显示和通讯终端产品及零部件的研发与生产

22. 汽车加气站建设和运营

23. 宽带业务和增值电信业务(限于中国入世承诺开放的电信业务)

24. 公路旅客运输公司

25. 跨境电子商务零售中心和大宗商品进出口分拨物流中心建设

26. 学前、普通高中和高等教育机构

27. 中等高等职业院校(含技工院校)

28. 动漫创作、制作及衍生品开发

29. 城市燃气、热力和供排水管网建设、经营

30. 体育赛事运营及体育健身休闲服务

31. 观光农业、休闲农业的开发和经营及其配套设施建设

32. 养生休闲服务、民族文化开发、休闲旅游等休闲产业

33. 旅行社

34. 旅游景区(点)保护、开发和经营及其配套设施建设

35. 经国家投资主管部门批准的资源枯竭型城市资源精深加工和接续产业等项目

甘肃省

1. 节水灌溉和旱作节水技术、保护性耕作技术开发与应用

2. 瓜果、蔬菜、花卉种子的开发、生产

3. 特色中药材的种植、养殖及加工,中药材 GAP 生产基地建设

4. 天然气下游化工产品生产和开发(列入《天然气利用政策》限制类和禁止类的除外)

5. 石油及化学产业的延伸加工

6. 化工原料废气、废液、废渣的综合利用

7. 医疗设备及关键部件开发、生产

8. 铝、铜、镍等有色金属精深加工

9. 石油钻采、炼化设备等高端装备制造

10. 汽车整车制造,专用汽车(不包括普通半挂车、自卸车、罐式车、厢式车和仓栅式汽车)制造(须执行《汽车产业投资管理规定》)

11. 不锈钢制品生产

12. 高性能铝合金系列产品开发

13. 新型短流程钢铁冶炼技术开发及应用

14. 汽车零部件制造:六档以上自动变速箱、商用车用高功率密度驱动桥、随动前照灯系统、LED 前照灯、轻量化材料应用(高强钢、铝镁合金、复合塑料、粉末冶金、高强度复合纤维等)、离合器、液压减震器、中控盘总成、座椅

15. 太阳能发电及设备制造业

16. 中等职业院校(含技工院校)

17. 动漫创作、制作及衍生品开发

18. 城市燃气、热力和供排水管网建设、经营

19. 物流业务相关的仓储设施建设和商贸服务

20. 旅游景区(点)保护、开发和经营及其配套设施建设

青海省

1. 高原动植物资源保护、种养与加工利用

2. 退耕还林还草、退牧还草、天然林保护、水土保持及水生态综合治理等国家重点生态工程后续产业开发(涉及自然保护区和重要湿地的建设、经营的除外)

3. 节水灌溉和旱作节水技术、保护性耕作技术、设施农业技术、光伏农业技术开发与应用

4. 有机天然农畜产品基地建设和产品精深加工

5. 耐火材料生产

6. 石英、石膏等优势非金属矿产品及深加工制品(勘探、开采除外)

7. 铜、铝、镁等有色金属精深加工

8. 钛金属精深加工

9. 铝基、镁基、钛基、锂基及镍基等新型金属合金材料的研发及生产

10. 中、藏药新品种、新剂型产品生产

11. 特殊品种(超白、超薄、在线 Low - E、中空、超厚)优质浮法玻璃技术开发及深加工

12. 聚甲醛、聚苯硫醚等工程塑料生产

13. 烯烃下游精深加工产品

14. 工业尾矿及工业生产废弃物及低品位、复杂、难处理矿的资源化利用

15. 汽车整车制造,专用汽车(不包括普通半挂车、自卸车、罐式车、厢式车和仓栅式汽车)制造(须执行《汽车产业投资管理规定》)

16. 半导体照明材料上下游产品及相关设备的研发与制造

17. 太阳能、风能发电设备及零部件制造

18. 光伏发电系统集成技术开发与应用

19. 锂电产品生产及专用设备研发与制造

20. 宽带业务和增值电信业务(限于中国入世承诺开放的电信业务)

21. 公路旅客运输公司

22. 水利工程的建设和运营

23. 城市及农村燃气、热力和供排水管网建设、经营

24. 体育场馆设施建设、体育赛事运营及体育健身休闲服务

25. 旅游景区(点)保护、开发和经营及其配套设施建设

宁夏自治区

1. 马铃薯种子生产

2. 瓜果、蔬菜、花卉种子的选育生产

3. 退耕还林还草、退牧还草、天然林保护等国家重点生态工程后续产业开发

4. 节水灌溉和旱作节水技术、保护性耕作技术开发与应用

5. 枸杞、葡萄、马铃薯等种植及深加工

6. 沙生中药材、沙区生态经济林、沙区瓜果、沙区设施农业、沙料建材、沙区新能源和沙漠旅游休闲等沙产业

7. 饲料加工

8. 牛乳蛋白、干酪素等高端乳制品深加工

9. 特种陶瓷生产加工(含碳化硅、氮化硅、碳化硼等)

10. 碳基材料、碳纤维开发、生产

11. 采用节能低成本工艺的多晶硅、单晶硅生产

12. 半导体材料(含半导体晶片、晶圆等)的生产及加工

13. 钽、铌等稀有金属材料的精深加工

14. 铝合金、镁合金、硅、锰合金等新材料的研发及生产

15. 高性能子午线轮胎的生产:全钢子午轮胎、无内胎载重子午胎,低断面和扁平化(低于 55 系列)、大轮辋高性能轿车子午胎(15 吋以上),航空轮胎及农用子午胎

16. 汽车整车制造,专用汽车(不包括普通半挂车、自卸车、罐式车、厢式车和仓栅式汽车)制造(须执行《汽车产业投资管理规定》)

17. 三轴以上联动的高速、精密数控机床及配套数控系统、伺服电机及驱动装置、功能部件、刀具、量具、量仪及高档磨具磨料生产

18. 500 万吨/年及以上矿井、薄煤层综合采掘设备，1000 万吨级/年及以上大型露天矿关键装备

19. 太阳能发电系统、风力发电场建设及运营

20. 特殊环境自动控制、智能化仪器、仪表、阀门技术开发

21. 宽带业务和增值电信业务（限于中国入世承诺开放的电信业务）

22. 公路旅客运输公司

23. 旅行社

24. 城市燃气、热力和供排水管网建设、经营

25. 旅游景区（点）保护、开发和经营及其配套设施建设

新疆自治区（含新疆生产建设兵团）

1. 退耕还林还草、退牧还草、天然林保护等国家重点生态工程后续产业开发

2. 节水灌溉和旱作节水技术、保护性耕作技术、设施农业、有机农业的开发与应用

3. 营养健康型大米、小麦粉（食品专用米、发芽糙米、留胚米、食品专用粉、全麦粉及营养强化产品等）及制品的开发、生产，传统主食工业化生产

4. 优质番茄、甜菜、香梨、葡萄、西甜瓜、红枣、核桃、杏子、石榴和枸杞等优质特色农产品的种植及深加工

5. 优质酿酒葡萄基地建设及葡萄酒生产

6. 高档营养配方、优质工业乳粉、奶酪、酪蛋白、奶油、炼乳、酸奶等固态、半固态乳制品生产

7. 饲料加工

8. 亚麻、沙棘、薰衣草的种植及其制品生产

9. 棉、毛、麻、丝、化纤的高档纺织、针织及服装加工生产和相关产品的研发、检测

10. 蛭石、云母、石棉、菱镁矿、石灰石、红柱石、石材等非金属矿产的综合利用（勘探、开发除外）

11. 石墨的高端应用和精深加工

12. 煤炭加工应用技术开发

13. 油气伴生资源综合利用

14. 放空天然气回收利用

15. 民族特色药用植物种植、加工和制药新工艺开发

16. 民族特需用品、工艺美术品、包装容器材料、日用玻璃制品及手工

地毯、玉雕、民族刺绣等民族特色手工艺品、旅游纪念品生产

17. 特殊品种(超白、超薄、在线 Low - E、中空、超厚)优质浮法玻璃技术开发及深加工

18. 直径 200mm 以上硅单晶及抛光片、多晶硅生产

19. 铜、锌、铝等有色金属精深加工

20. 汽车整车制造,专用汽车(不包括普通半挂车、自卸车、罐式车、厢式车和仓栅式汽车)制造(须执行《汽车产业投资管理规定》)

21. 杂粮加工专用设备开发、生产

22. 太阳能、风能发电设备及零部件制造

23. 石油及采矿等特种设备制造

24. 智能电网设备、电气成套控制系统设备制造

25. 小型清雪设备制造

26. 钢铁冶金固体废弃物综合利用、脱硫石膏、煤粉灰、电石渣综合利用及制品、污水净化处理成套设备制造

27. 宽带业务和增值电信业务(限于中国入世承诺开放的电信业务)

28. 公路旅客运输公司

29. 商业连锁经营、跨区域代理经营等新型流通业

30. 物流业务相关的仓储设施建设和商贸服务

31. 跨境电子商务零售中心和大宗商品进出口分拨物流中心建设

32. 城市燃气、热力和供排水管网建设、经营

33. 旅游景区(点)保护、开发和经营及其配套设施建设

财政部、税务总局、发展改革委、证监会关于创业投资企业个人合伙人所得税政策问题的通知

（2019 年 1 月 10 日　财税〔2019〕8 号）

各省、自治区、直辖市、计划单列市财政厅（局）、发展改革委、证券监督管理机构，国家税务总局各省、自治区、直辖市、计划单列市税务局，新疆生产建设兵团财政局、发展改革委：

为进一步支持创业投资企业（含创投基金，以下统称创投企业）发展，现将有关个人所得税政策问题通知如下：

一、创投企业可以选择按单一投资基金核算或者按创投企业年度所得整体核算两种方式之一，对其个人合伙人来源于创投企业的所得计算个人所得税应纳税额。

本通知所称创投企业，是指符合《创业投资企业管理暂行办法》（发展改革委等 10 部门令第 39 号）或者《私募投资基金监督管理暂行办法》（证监会令第 105 号）关于创业投资企业（基金）的有关规定，并按照上述规定完成备案且规范运作的合伙制创业投资企业（基金）。

二、创投企业选择按单一投资基金核算的，其个人合伙人从该基金应分得的股权转让所得和股息红利所得，按照 20% 税率计算缴纳个人所得税。

创投企业选择按年度所得整体核算的，其个人合伙人应从创投企业取得的所得，按照"经营所得"项目、5% －35% 的超额累进税率计算缴纳个人所得税。

三、单一投资基金核算，是指单一投资基金（包括不以基金名义设立的创投企业）在一个纳税年度内从不同创业投资项目取得的股权转让所得和股息红利所得按下述方法分别核算纳税：

（一）股权转让所得。单个投资项目的股权转让所得，按年度股权转让收入扣除对应股权原值和转让环节合理费用后的余额计算，股权原值和转让环节合理费用的确定方法，参照股权转让所得个人所得税有关政

策规定执行;单一投资基金的股权转让所得,按一个纳税年度内不同投资项目的所得和损失相互抵减后的余额计算,余额大于或等于零的,即确认为该基金的年度股权转让所得;余额小于零的,该基金年度股权转让所得按零计算且不能跨年结转。

个人合伙人按照其应从基金年度股权转让所得中分得的份额计算其应纳税额,并由创投企业在次年3月31日前代扣代缴个人所得税。如符合《财政部 税务总局关于创业投资企业和天使投资个人有关税收政策的通知》(财税〔2018〕55号)规定条件的,创投企业个人合伙人可以按照被转让项目对应投资额的70%抵扣其应从基金年度股权转让所得中分得的份额后再计算其应纳税额,当期不足抵扣的,不得向以后年度结转。

(二)股息红利所得。单一投资基金的股息红利所得,以其来源于所投资项目分配的股息、红利收入以及其他固定收益类证券等收入的全额计算。

个人合伙人按照其应从基金股息红利所得中分得的份额计算其应纳税额,并由创投企业按次代扣代缴个人所得税。

(三)除前述可以扣除的成本、费用之外,单一投资基金发生的包括投资基金管理人的管理费和业绩报酬在内的其他支出,不得在核算时扣除。

本条规定的单一投资基金核算方法仅适用于计算创投企业个人合伙人的应纳税额。

四、创投企业年度所得整体核算,是指将创投企业以每一纳税年度的收入总额减除成本、费用以及损失后,计算应分配给个人合伙人的所得。如符合《财政部 税务总局关于创业投资企业和天使投资个人有关税收政策的通知》(财税〔2018〕55号)规定条件的,创投企业个人合伙人可以按照被转让项目对应投资额的70%抵扣其可以从创投企业应分得的经营所得后再计算其应纳税额。年度核算亏损的,准予按有关规定向以后年度结转。

按照“经营所得”项目计税的个人合伙人,没有综合所得的,可依法减除基本减除费用、专项扣除、专项附加扣除以及国务院确定的其他扣除。从多处取得经营所得的,应汇总计算个人所得税,只减除一次上述费用和扣除。

五、创投企业选择按单一投资基金核算或按创投企业年度所得整体核算后,3年内不能变更。

六、创投企业选择按单一投资基金核算的,应当在按照本通知第一条规定完成备案的30日内，向主管税务机关进行核算方式备案；未按规定备案的，视同选择按创投企业年度所得整体核算。2019年1月1日前已经完成备案的创投企业，选择按单一投资基金核算的，应当在2019年3月1日前向主管税务机关进行核算方式备案。创投企业选择一种核算方式满3年需要调整的，应当在满3年的次年1月31日前，重新向主管税务机关备案。

七、税务部门依法开展税收征管和后续管理工作，可转请发展改革部门、证券监督管理部门对创投企业及其所投项目是否符合有关规定进行核查，发展改革部门、证券监督管理部门应当予以配合。

八、本通知执行期限为2019年1月1日起至2023年12月31日止。

中国人民银行、银保监会、证监会、财政部、农业农村部关于金融服务乡村振兴的指导意见

（2019年1月29日　银发〔2019〕11号）

实施乡村振兴战略，是以习近平同志为核心的党中央作出的重大部署，是新时代做好"三农"工作的总抓手，是金融系统开展农村金融服务工作的根本遵循。按照《中共中央 国务院关于实施乡村振兴战略的意见》和《乡村振兴战略规划（2018—2022年）》有关要求，现就做好金融服务乡村振兴工作提出如下意见：

一、总体要求、目标和原则

（一）总体要求。

以习近平新时代中国特色社会主义思想为指导，紧紧围绕党的十九大关于实施乡村振兴战略的总体部署，按照产业兴旺、生态宜居、乡风文明、治理有效、生活富裕的总要求，坚持目标导向和问题导向相结合、市场运作和政策支持相结合，聚焦重点领域，深化改革创新，建立完善金融服务乡村振兴的市场体系、组织体系、产品体系，完善农村金融资源回流机制，把更多金融资源配置到农村重点领域和薄弱环节，更好满足乡村振兴多样化、多层次的金融需求，推动城乡融合发展。

（二）工作目标。

到2020年，金融服务乡村振兴实现以下目标：

金融精准扶贫力度不断加大。2020年以前，乡村振兴的重点就是脱贫攻坚。涉农银行业金融机构在贫困地区要优先满足精准扶贫信贷需求。新增金融资源要向深度贫困地区倾斜，深度贫困地区贷款增速力争每年高于所在省（区、市）贷款平均增速，力争每年深度贫困地区扶贫再贷款占所在省（区、市）的比重高于上年同期水平。

金融支农资源不断增加。涉农银行业金融机构涉农贷款余额高于上年，农户贷款和新型农业经营主体贷款保持较快增速。债券、股票等资本市场服务"三农"水平持续提升。农业保险险种持续增加，覆盖面有效

提升。

农村金融服务持续改善。基本实现乡镇金融机构网点全覆盖，数字普惠金融在农村得到有效普及。农村支付服务环境持续改善，银行卡助农取款服务实现可持续发展，移动支付等新兴支付方式在农村地区得到普及应用。农村信用体系建设持续推进，农户及新型农业经营主体的融资增信机制显著改善。

涉农金融机构公司治理和支农能力明显提升。涉农金融机构差别化定价能力不断增强，农村金融产品和服务创新加快推进，涉农贷款风险管理持续改进，确保涉农不良贷款水平稳定在可控范围，县域法人金融机构商业可持续性明显改善，金融服务乡村振兴能力和水平持续提升。

中长期目标，到 2035 年，基本建立多层次、广覆盖、可持续、适度竞争、有序创新、风险可控的现代农村金融体系，金融服务能力和水平显著提升，农业农村发展的金融需求得到有效满足；到 2050 年，现代农村金融组织体系、政策体系、产品体系全面建立，城乡金融资源配置合理有序，城乡金融服务均等化全面实现。

（三）基本原则。

以市场化运作为导向。尊重市场规律，充分发挥市场机制在农村金融资源配置和定价中的决定性作用，通过运用低成本资金、增加增信措施等引导涉农贷款成本下行，推动金融机构建立收益覆盖成本的市场化服务模式，增强农村金融服务定价能力。

以机构改革为动力。持续深化全国政策性、商业性涉农金融机构改革，增强中长期信贷投放能力和差别化服务水平。规范县域法人金融机构公司治理，促进服务当地、支持城乡融合发展，增加农村金融资源有效供给。

以政策扶持为引导。加大货币政策支持力度，完善差异化监管，发挥财政资金对金融的引导和撬动作用。建立健全政府性融资担保和风险分担机制，发挥农业信贷担保体系和农业保险作用，弥补农业收益低风险高、信息不对称的短板，促进金融资源回流农村。

以防控风险为底线。金融机构要坚持信贷投放和风险防控两手抓，探索与服务乡村振兴相适应的资本补充渠道、合理回报机制和风险资本管理模式，提高法人治理水平，关注贷款质量，完善市场化风险处置机制，增强涉农业务风险防控能力，提高金融服务乡村振兴的可持续性。

二、坚持农村金融改革发展的正确方向，健全适合乡村振兴发展的金融服务组织体系

（四）鼓励开发性、政策性金融机构在业务范围内为乡村振兴提供中长期信贷支持。国家开发银行要按照开发性金融机构的定位，充分利用服务国家战略、市场运作、保本微利的优势，加大对乡村振兴的支持力度，培育农村经济增长动力。农业发展银行要坚持农业政策性银行职能定位，提高政治站位，在粮食安全、脱贫攻坚等重点领域和关键薄弱环节发挥主力和骨干作用。

（五）加大商业银行对乡村振兴支持力度。中国农业银行要强化面向“三农”、服务城乡的战略定位，进一步改革完善“三农”金融事业部体制机制，确保县域贷款增速持续高于全行平均水平，积极实施互联网金融服务“三农”工程，着力提高农村金融服务覆盖面和信贷渗透率。中国邮政储蓄银行要发挥好网点网络优势、资金优势和丰富的小额贷款专营经验，坚持零售商业银行的战略定位，以小额贷款、零售金融服务为抓手，突出做好乡村振兴领域中农户、新型经营主体、中小企业、建档立卡贫困户等小微普惠领域的金融服务，完善“三农”金融事业部运行机制，加大对县域地区的信贷投放，逐步提高县域存贷比并保持在合理范围内。股份制商业银行和城市商业银行要结合自身职能定位和业务优势，突出重点支持领域，围绕提升基础金融服务覆盖面、推动城乡资金融通等乡村振兴的重要环节，积极创新金融产品和服务方式，打造综合化特色化乡村振兴金融服务体系。

（六）强化农村中小金融机构支农主力军作用。农村信用社、农村商业银行、农村合作银行要坚持服务县域、支农支小的市场定位，保持县域农村金融机构法人地位和数量总体稳定。积极探索农村信用社省联社改革路径，理顺农村信用社管理体制，明确并强化农村信用社的独立法人地位，完善公司治理机制，保障股东权利，提高县域农村金融机构经营的独立性和规范化水平，淡化农村信用社省联社在人事、财务、业务等方面的行政管理职能，突出专业化服务功能。村镇银行要强化支农支小战略定力，向乡镇延伸服务触角。县域法人金融机构资金投放使用应以涉农业务为主，不得片面追求高收益。要把防控涉农贷款风险放在更加重要的位置，提高风险管控能力。积极发挥小额贷款公司等其他机构服务乡村振兴的有益补充作用，探索新型农村合作金融发展的有效途径，稳妥开展农民合作社内部信用合作试点。

三、明确金融重点支持领域，加大金融资源向乡村振兴重点领域和薄弱环节的倾斜力度

（七）不断加大金融精准扶贫力度，助力打赢脱贫攻坚战。加大对建档立卡贫困户的扶持力度，用好用足扶贫小额信贷、农户小额信用贷款、创业担保贷款、助学贷款、康复扶贫贷款等优惠政策，满足建档立卡贫困户生产、创业、就业、就学等合理贷款需求。推动金融扶贫和产业扶贫融合发展，按照穿透式原则，建立金融支持与企业带动贫困户脱贫的挂钩机制。

（八）围绕藏粮于地、藏粮于技，做好国家粮食安全金融服务。以国家确定的粮食生产功能区、重要农产品生产保护区和特色农产品优势区为重点，创新投融资模式，加大对高标准农田建设和农村土地整治的信贷支持力度，推进农业科技与资本有效对接，持续增加对现代种业提升、农业科技创新和成果转化的投入。结合粮食收储制度及价格形成机制的市场化改革，支持农业发展银行做好政策性粮食收储工作，探索支持多元市场主体进行市场化粮食收购的有效模式。

（九）聚焦产业兴旺，推动农村一二三产业融合发展。积极满足农田水利、农业科技研发、高端农机装备制造、农产品加工业、智慧农业产品技术研发推广、农产品冷链仓储物流及烘干等现代农业重点领域的合理融资需求，促进发展节水农业、高效农业、智慧农业、绿色农业。支持农业产业化龙头企业及联合体发展，延伸农业产业链，提高农产品附加值。充分发掘地区特色资源，支持探索农业与旅游、养老、健康等产业融合发展的有效模式，推动休闲农业、乡村旅游、特色民宿和农村康养等产业发展。加大对现代农业产业园、农业产业强镇等的金融支持力度，推动产村融合、产城融合发展。

（十）重点做好新型农业经营主体和小农户的金融服务，有效满足其经营发展的资金需求。针对不同主体的特点，建立分层分类的农业经营主体金融支持体系。鼓励家庭农场、农民合作社、农业社会化服务组织、龙头企业等新型农业经营主体通过土地流转、土地入股、生产性托管服务等多种形式实现规模经营，探索完善对各类新型农业经营主体的风险管理模式，增强金融资源承载力。鼓励发展农业供应链金融，将小农户纳入现代农业生产体系，强化利益联结机制，依托核心企业提高小农户和新型农业经营主体融资可得性。支持农业生产性服务业发展，推动实现农业节本增效。

（十一）做好农村产权制度改革金融服务，发展壮大农村集体经济。

配合农村土地制度改革和农村集体产权制度改革部署，加快推动确权登记颁证、价值评估、交易流转、处置变现等配套机制建设，积极稳妥推广农村承包土地的经营权抵押贷款业务，结合宅基地"三权分置"改革试点进展稳妥开展农民住房财产权抵押贷款业务，推动集体经营性建设用地使用权、集体资产股份等依法合规予以抵押，促进农村土地资产和金融资源的有机衔接。结合农村集体经济组织登记赋码工作进展，加大对具有独立法人地位、集体资产清晰、现金流稳定的集体经济组织的金融支持力度。

四、强化金融产品和服务方式创新，更好满足乡村振兴多样化融资需求

（十二）积极拓宽农业农村抵质押物范围。推动厂房和大型农机具抵押、圈舍和活体畜禽抵押、动产质押、仓单和应收账款质押、农业保单融资等信贷业务，依法合规推动形成全方位、多元化的农村资产抵质押融资模式。积极稳妥开展林权抵押贷款，探索创新抵押贷款模式。鼓励企业和农户通过融资租赁业务，解决农业大型机械、生产设备、加工设备购置更新资金不足问题。

（十三）创新金融机构内部信贷管理机制。各涉农银行业金融机构要单独制定涉农信贷年度目标任务，并在经济资本配置、内部资金转移定价、费用安排等方面给予一定倾斜。完善涉农业务部门和县域支行的差异化考核机制，落实涉农信贷业务的薪酬激励和尽职免责。适当下放信贷审批权限，推动分支机构尤其是县域存贷比偏低的分支机构，加大涉农信贷投放。在商业可持续的基础上简化贷款审批流程，合理确定贷款的额度、利率和期限，鼓励开展与农业生产经营周期相匹配的流动资金贷款和中长期贷款等业务。

（十四）推动新技术在农村金融领域的应用推广。规范互联网金融在农村地区的发展，积极运用大数据、区块链等技术，提高涉农信贷风险的识别、监控、预警和处置水平。加强涉农信贷数据的积累和共享，通过客户信息整合和筛选，创新农村经营主体信用评价模式，在有效做好风险防范的前提下，逐步提升发放信用贷款的比重。鼓励金融机构开发针对农村电商的专属贷款产品和小额支付结算功能，打通农村电商资金链条。

（十五）完善"三农"绿色金融产品和服务体系。完善绿色信贷体系，鼓励银行业金融机构加快创新"三农"绿色金融产品和服务，通过发行绿色金融债券等方式，筹集资金用于支持污染防治、清洁能源、节水、生态保护、绿色农业等绿色领域，助力打好污染防治攻坚战。加强绿色债券后续监督管理，确保资金专款专用。

五、建立健全多渠道资金供给体系，拓宽乡村振兴融资来源

（十六）加大多层次资本市场的支持力度。支持符合条件的涉农企业在主板、中小板、创业板以及新三板等上市和挂牌融资，规范发展区域性股权市场。加强再融资监管，规范涉农上市公司募集资金投向，避免资金“脱实向虚”。鼓励中介机构适当降低针对涉农企业上市和再融资的中介费用。在门槛不降低的前提下，继续对国家级贫困地区的企业首次公开募股（IPO）、新三板挂牌、公司债发行、并购重组开辟绿色通道。健全风险投资引导机制，积极引导风险资金投早投小，加大对初创期涉农企业的支持力度。鼓励有条件的地区发起设立乡村振兴投资基金，推动农业产业整合和转型升级。

（十七）创新债券市场融资工具和产品。鼓励地方政府发行一般债券，用于农村人居环境整治、高标准农田建设等领域。支持地方政府根据乡村振兴项目资金需求，试点发行项目融资和收益自平衡的专项债券。鼓励商业银行发行“三农”专项金融债券，募集资金用于支持符合条件的乡村振兴项目建设。加大对非金融企业债务融资工具的宣传力度，支持对优质涉农企业开辟注册发行绿色通道，在满足信息披露要求的前提下简化注册发行流程。

（十八）发挥期货市场价格发现和风险分散功能。加快推动农产品期货品种开发上市，创新推出大宗畜产品、经济作物等期货交易，丰富农产品期货品种。积极运用期货价格信息引导农业经营者优化种植结构，完善农产品期货交易、交割规则。创新农产品期权品种，改进白糖、豆粕期权规则，加快推进并择机推出玉米、棉花等期权合约，丰富农业风险管理手段。稳步扩大“保险 + 期货”试点，探索“订单农业 + 保险 + 期货（权）”试点，探索建立农业补贴、涉农信贷、农产品期货（权）和农业保险联动机制，形成金融支农综合体系。

（十九）持续提高农业保险的保障水平。科学确定农业保险保费补贴机制，鼓励有条件的地方政府结合财力加大财政补贴力度，拓宽财政补贴险种，合理确定农业经营主体承担的保费水平。探索开展地方特色农产品保险以奖代补政策试点。落实农业保险大灾风险准备金制度，组建中国农业再保险公司，完善农业再保险体系。逐步扩大农业大灾保险、完全成本保险和收入保险试点范围。引导保险机构到农村地区设立基层服务网点，下沉服务重心，实现西藏自治区保险机构地市级全覆盖，其他省份保险机构县级全覆盖。

六、加强金融基础设施建设，营造良好的农村金融生态环境

（二十）在可持续的前提下全面提升农村地区支付服务水平。大力推动移动支付等新兴支付方式的普及应用，鼓励和支持各类支付服务主体到农村地区开展业务，积极引导移动支付便民工程全面向乡村延伸，推广符合农村农业农民需要的移动支付等新型支付产品。推动银行卡助农取款服务规范可持续发展，鼓励支持助农取款服务与信息进村入户、农村电商、城乡社会保障等合作共建，提升服务点网络价值。推动支付结算服务从服务农民生活向服务农业生产、农村生态有效延伸，不断优化银行账户服务，加强风险防范，持续开展宣传，促进农村支付服务环境建设可持续发展。

（二十一）加快推进农村信用体系建设。按照政府主导、人民银行牵头、各方参与、服务社会的整体思路，全面开展信用乡镇、信用村、信用户创建活动，发挥信用信息服务农村经济主体融资功能。强化部门间信息互联互通，推行守信联合激励和失信联合惩戒机制，不断提高农村地区各类经济主体的信用意识，优化农村金融生态环境。稳步推进农户、家庭农场、农民合作社、农业社会化服务组织、农村企业等经济主体电子信用档案建设，多渠道整合社会信用信息，完善信用评价与共享机制，促进农村地区信息、信用、信贷联动。

（二十二）强化农村地区金融消费权益保护。深入开展“金惠工程”、“金融知识普及月”等金融知识普及活动，实现农村地区金融宣传教育全覆盖。加大金融消费权益保护宣传力度，增强农村金融消费者的风险意识和识别违法违规金融活动的能力。规范金融机构业务行为，加强信息披露和风险提示，畅通消费者投诉的处理渠道，构建农村地区良好的金融生态环境。

七、完善政策保障体系，强化政策激励和约束

（二十三）加大货币政策支持力度。发挥好差别化存款准备金工具的正向激励作用，引导金融机构加强对乡村振兴的金融支持。加大再贷款、再贴现支持力度。根据乡村振兴金融需求合理确定再贷款的期限、额度和发放时间，提高资金使用效率。加强再贷款台账管理和效果评估，确保支农再贷款资金全部用于发放涉农贷款，再贷款优惠利率政策有效传导至涉农经济实体。

（二十四）更好发挥财政支持撬动作用。更好地发挥县域金融机构涉农贷款增量奖励等政策的激励作用，引导县域金融机构将吸收的存款主要投放当地。健全农业信贷担保体系，推动农业信贷担保服务网络向

市县延伸,扩大在保贷款余额和在保项目数量。充分发挥国家融资担保基金作用,引导更多金融资源支持乡村振兴。落实金融机构向农户、小微企业及个体工商户发放小额贷款取得的利息收入免征增值税政策。鼓励地方政府通过财政补贴等措施支持农村地区尤其是贫困地区支付服务环境建设,引导更多支付结算主体、人员、机具等资源投向农村贫困地区。

(二十五)完善差异化监管体系。适当放宽“三农”专项金融债券的发行条件,取消“最近两年涉农贷款年度增速高于全部贷款平均增速或增量高于上年同期水平”的要求。适度提高涉农贷款不良容忍度,涉农贷款不良率高出自身各项贷款不良率年度目标 2 个百分点(含)以内的,可不作为银行业金融机构内部考核评价的扣分因素。

(二十六)推动完善农村金融改革试点相关法律和规章制度。配合乡村振兴相关法律法规的研究制定,研究推动农村金融立法工作,强化农村金融法律保障。结合农村承包土地的经营权和农民住房财产权抵押贷款试点经验,推动修改完善农村土地承包法等法律法规,使农村承包土地的经营权和农民住房财产权抵押贷款业务有法可依。

八、加强组织领导,有效推动政策落实

(二十七)强化党对农村金融工作的领导。全面做好金融服务乡村振兴工作,要以习近平总书记关于“三农”工作、乡村振兴工作的重要论述为指导,切实加强党对农村金融工作的领导。各金融机构要切实加强组织领导,由总行(总部)一把手直接抓乡村振兴,各级分支机构一把手切实承担起政策落实的第一责任,为农村金融发展提供坚强组织保障。

(二十八)开展金融机构服务乡村振兴考核评估。根据乡村振兴战略目标,加强乡村振兴领域贷款监测,在完善新型农业经营主体认定标准的基础上,探索建立家庭农场、农民合作社等新型农业经营主体贷款统计,及时动态跟踪金融机构服务乡村振兴的工作进展。建立金融机构服务乡村振兴考核评估制度,从定性指标和定量指标两大方面对金融机构进行评估,定期通报评估结果,并作为实施货币政策、金融市场业务准入、开展宏观审慎评估、差别化监管、财政支持等工作的重要参考依据。

(二十九)抓好推进落实和经验宣传。人民银行分支机构要会同银行保险监管、证券监管、财政、农业农村等部门,根据本意见细化辖区服务乡村振兴的目标任务和部门分工,扎实推进各项工作举措落地见效。鼓励具备条件的地区,加大农村金融改革力度,依照程序建设金融服务乡村振兴试验区,开展先行先试,加强典型经验宣传推广,确保政策惠及乡村振兴重点领域。

财政部、税务总局、证监会关于创新企业境内发行存托凭证试点阶段有关税收政策的公告

（2019年4月3日　财政部、税务总局、
证监会公告2019年第52号）

为支持实施创新驱动发展战略，现将创新企业境内发行存托凭证（以下称创新企业CDR）试点阶段涉及的有关税收政策公告如下：

一、个人所得税政策

1. 自试点开始之日起，对个人投资者转让创新企业CDR取得的差价所得，三年（36个月，下同）内暂免征收个人所得税。

2. 自试点开始之日起，对个人投资者持有创新企业CDR取得的股息红利所得，三年内实施股息红利差别化个人所得税政策，具体参照《财政部 国家税务总局 证监会关于实施上市公司股息红利差别化个人所得税政策有关问题的通知》（财税〔2012〕85号）、《财政部 国家税务总局 证监会关于上市公司股息红利差别化个人所得税政策有关问题的通知》（财税〔2015〕101号）的相关规定执行，由创新企业在其境内的存托机构代扣代缴税款，并向存托机构所在地税务机关办理全员全额明细申报。对于个人投资者取得的股息红利在境外已缴纳的税款，可按照个人所得税法以及双边税收协定（安排）的相关规定予以抵免。

二、企业所得税政策

1. 对企业投资者转让创新企业CDR取得的差价所得和持有创新企业CDR取得的股息红利所得，按转让股票差价所得和持有股票的股息红利所得政策规定征免企业所得税。

2. 对公募证券投资基金（封闭式证券投资基金、开放式证券投资基金）转让创新企业CDR取得的差价所得和持有创新企业CDR取得的股息红利所得，按公募证券投资基金税收政策规定暂不征收企业所得税。

3. 对合格境外机构投资者（QFII）、人民币合格境外机构投资者（RQFII）转让创新企业CDR取得的差价所得和持有创新企业CDR取得

的股息红利所得,视同转让或持有据以发行创新企业 CDR 的基础股票取得的权益性资产转让所得和股息红利所得征免企业所得税。

三、增值税政策

1. 对个人投资者转让创新企业 CDR 取得的差价收入,暂免征收增值税。

2. 对单位投资者转让创新企业 CDR 取得的差价收入,按金融商品转让政策规定征免增值税。

3. 自试点开始之日起,对公募证券投资基金(封闭式证券投资基金、开放式证券投资基金)管理人运营基金过程中转让创新企业 CDR 取得的差价收入,三年内暂免征收增值税。

4. 对合格境外机构投资者(QFII)、人民币合格境外机构投资者(RQFII)委托境内公司转让创新企业 CDR 取得的差价收入,暂免征收增值税。

四、印花税政策

自试点开始之日起三年内,在上海证券交易所、深圳证券交易所转让创新企业 CDR,按照实际成交金额,由出让方按 1‰的税率缴纳证券交易印花税。

五、其他相关事项

1. 本公告所称创新企业 CDR,是指符合《国务院办公厅转发证监会关于开展创新企业境内发行股票或存托凭证试点若干意见的通知》(国办发〔2018〕21 号)规定的试点企业,以境外股票为基础证券,由存托人签发并在中国境内发行,代表境外基础证券权益的证券。

2. 本公告所称试点开始之日,是指首只创新企业 CDR 取得国务院证券监督管理机构的发行批文之日。

特此公告。

存托凭证跨境资金管理办法（试行）

（2019 年 5 月 25 日　中国人民银行、
国家外汇管理局公告〔2019〕第 8 号）

第一章　总　　则

第 一 条　为规范存托凭证跨境资金管理，根据《中华人民共和国中国人民银行法》、《中华人民共和国外汇管理条例》（中华人民共和国国务院令第 532 号）、《国务院办公厅转发证监会关于开展创新企业境内发行股票或存托凭证试点若干意见的通知》（国办发〔2018〕21 号）及其他相关规定，制定本办法。

第 二 条　本办法所称的存托凭证，包括境外基础证券发行人（以下简称境外发行人）在中国境内发行的存托凭证（以下简称中国存托凭证），以及境内企业在境外发行的存托凭证（以下简称境外存托凭证）。

第 三 条　鼓励存托凭证业务使用人民币进行跨境收付，并通过人民币跨境支付系统（CIPS）完成跨境人民币资金结算。

第 四 条　中国人民银行及其分支机构、国家外汇管理局及其分局、外汇管理部依法对存托凭证发行、交易等涉及的账户、资金收付及汇兑等实施监督、管理和检查。

第二章　存托凭证发行资金管理

第 五 条　境外发行人和境内企业发行以新增证券（含首发、增发、配股等，下同）为基础的存托凭证，应按《中华人民共和国外汇管理条例》规定办理登记。

第 六 条　境内企业以新增证券为基础发行境外存托凭证，应按照《中国人民银行关于进一步完善人民币跨境业务政策促进贸易投资便利化的通知》（银发〔2018〕3 号）、《国家外汇管理局关于境外上市外汇管理有关问题的通知》（汇发〔2014〕54号）等规定办理登记、账户开立与使用、资金收付及汇兑等事项。

第七条 境外发行人以新增证券为基础发行中国存托凭证，应在获得证监会核准发行后10个工作日内，委托其境内主承销商（或境内相关代理机构），持以下材料到其上市境内证券交易所所在地国家外汇管理局分局或外汇管理部（以下简称所在地外汇局）办理登记：

（一）《以新增证券为基础的中国存托凭证发行登记表》（见附1）；

（二）证监会核准发行中国存托凭证的证明材料；

（三）境外发行人委托境内主承销商（或境内相关代理机构）办理中国存托凭证登记的委托代理协议。

所在地外汇局审核上述材料无误后，在资本项目信息系统（以下简称系统）为境外发行人办理登记，并通过系统打印业务登记凭证，加盖业务印章后交至境内主承销商（或境内相关代理机构）。

所在地外汇局在为境外发行人首次办理登记时，应在系统中查询境外发行人是否有主体信息。没有主体信息的，应给予境外发行人特殊机构赋码并为其办理主体信息登记。

境外发行人应在中国存托凭证发行结束后10个工作日内，通过其境内主承销商（或境内相关代理机构）将更新后的《以新增证券为基础的中国存托凭证发行登记表》报送所在地外汇局。

第八条 境外发行人以新增证券为基础在境内发行中国存托凭证，应（或委托境内主承销商、境内相关代理机构）凭所在地外汇局打印并加盖业务印章的业务登记凭证，选择一家境内商业银行（以下简称开户行），以境外发行人的名义开立募集资金专用账户（人民币或/和外汇）（账户收支范围见附2、账户信息申报规范见附3，下同）。

第九条 境外发行人以新增证券为基础在境内发行中国存托凭证所募集的资金可以人民币或外汇汇出境外，也可留存境内使用。

已办理登记的境外发行人，如需将募集资金汇出境外，应持业务登记凭证到开户行办理相关资金汇出手续；如将募集资金留存境内使用，应符合现行直接投资、全口径跨境融资等管理规定。

第三章　存托凭证跨境转换资金管理

第十条 本办法所称的存托凭证跨境转换，指符合相关规定的跨境转换机构将基础股票转换为存托凭证（以下简称生成），以及将存托凭证转换为基础股票(以下简称兑回)。本办法所称的跨境转换机构,包括从事中国存托凭证跨境转换的境内证券经营机构(以下简称境内转换机构),以及从事境外存托凭证跨境转换的境外证券经营机构(以下简称境外转换机构)。

第十一条 跨境转换机构以非新增证券为基础生成或兑回存托凭证需进行跨境证券交易(含基础证券买卖及符合规定的以对冲风险为目的的投资品种)的,应按规定向国家外汇管理局进行跨境证券交易登记。

第十二条 符合规定的境外转换机构以非新增证券为基础生成或兑回境外存托凭证的,应委托境内一家具有相关业务资格的商业银行等作为托管人(以下简称境内托管人)负责资产托管业务,并通过境内托管人持以下材料向国家外汇管理局进行跨境证券交易登记:

(一)书面申请,详细说明购买证券的种类、规模、金额、资金来源(自有资金、投资者委托资金)、境内托管人信息、已登记跨境证券交易情况(追加登记时提供)等;

(二)境外转换机构开展跨境转换业务相关证明文件。

国家外汇管理局为境外转换机构办理登记后,境内托管人凭登记凭证可为境外转换机构开立境外存托凭证跨境转换专用账户(人民币或/和外汇)(账户收支范围见附2),并办理相关资金收付、汇兑等业务。

境外转换机构以非新增证券为基础生成或兑回境外存托凭证的跨境证券交易累计净汇入资金不得超过经登记的规模。

第十三条 符合规定的境内转换机构以非新增证券为基础生成或兑回中国存托凭证的,应委托一家境内托管人负责资产托管业务。境内转换机构可持以下材料向国家外汇管理局进行跨境证券交易登记:

(一)书面申请,详细说明购买证券的种类、规模、金额、资金来源(自有资金、投资者委托资金)、境内托管人信息、已登记跨境证券交易情况(追加登记时提供)等;

(二)境内转换机构开展跨境转换业务相关证明文件。

国家外汇管理局为境内转换机构办理登记后,境内托管人凭登记凭证可为境内转换机构开立中国存托凭证跨境转换专用账户(人民币或/和外汇)(账户收支范围见附2),并办理相关资金收付、汇兑等业务。

境内转换机构的境内托管人应委托境外托管人为境内转换机构开立境外托管账户,用于办理与存托凭证相关的资产托管和资金收付、汇兑业务。

境内转换机构以非新增证券为基础生成或兑回中国存托凭证进行的

跨境证券交易累计净汇出资金不得超过经登记的规模。

第十四条 境内(外)转换机构需遵守监管部门关于跨境证券交易的相关规定,不得将资金用于与存托凭证无关的其他用途。

境内(外)转换机构因对冲风险需要开展的相关衍生品交易应与跨境基础证券交易具有合理的相关度。

境内(外)转换机构与存托凭证业务相关的境外(内)资产余额上限,应符合中国相关监管机构的要求。

第四章　存托凭证存托资金管理

第十五条 中国存托凭证的境内存托人应开立中国存托凭证存托业务专用账户(人民币或/和外汇)(账户收支范围见附2),用于中国存托凭证有关的分红、派息、配股等相关资金收付和汇兑。

第十六条 中国存托凭证的境内存托人可根据境外发行人的分红、派息、配股等为中国存托凭证持有人提供相应的服务,办理相关资金收付和汇兑。

境外发行人如委托境内存托人以外的其他境内机构配股,可通过其募集资金专用账户(人民币或/和外汇)办理有关的资金收付和汇兑。

第十七条 中国存托凭证退市的相关资金收付及汇兑通过境内存托人中国存托凭证存托业务专用账户(人民币或/和外汇)办理。

境外发行人(或委托境内存托人)应自退市之日起30日内持退市相关证明材料及资金处理计划等,在境内存托人中国存托凭证存托业务专用账户(人民币或/和外汇)开户行办理相关资金收付及汇兑。

第十八条 境外存托凭证的境外存托人可根据需要在一家境内托管人处开立境外存托凭证存托业务专用账户(人民币或/和外汇)(账户收支范围见附2),用于办理境内企业分红、派息、配股、退市等相关资金收付和汇兑。

第五章　统计与监督管理

第十九条 中国存托凭证的境外发行人、境内转换机构、境内存托人、境内相关开户行,境外存托凭证的境外转换机构、境外存托人、境内相关开户行,应按照中国人民银行、国家外汇管理局关于人民币银行结算账户、外汇账户管理的有关规定,办理相关账户开立、使用等事项。

中国存托凭证和境外存托凭证的境内相关开户行,应按照相关规定向人民币银行结算账户管理系统备案,并按照人民币跨境收付信息管理系统(RCPMIS)相关管理办法,及时、准确、完整地向人民币跨境收付信息管理系统报送有关账户信息和跨境收支信息。

中国存托凭证的境内转换机构、境内存托人、境内托管人、境内登记结算机构、境内相关开户行及相关涉外收付款人,境外存托凭证的境内托管人、境内相关开户行及相关涉外收付款人,应按照国家外汇管理局关于对外金融资产负债及交易统计、金融机构外汇业务数据采集、国际收支统计申报等规定,及时、准确、完整地报送相关数据。

境内(外)转换机构的境内托管人应于每月第5个工作日前向中国人民银行、国家外汇管理局报告截至上月末跨境证券交易、资产余额、跨境资金流动等情况。

境内(外)转换机构变更境内托管人的,应自变更之日起5个工作日内(或通过新托管人)向国家外汇管理局报告。

第二十条 中国存托凭证的境内存托人、境内托管人、境内转换机构、境内登记结算机构、境内相关开户行及相关涉外收付款人,境外存托凭证的境外存托人、境内托管人、境外转换机构、境内相关开户行及相关涉外收付款人等违反本办法的,中国人民银行、国家外汇管理局可依法采取相应的监管措施,并依据相关规定予以处罚。

第二十一条 境外发行人在境内发行股票所涉的登记、账户、资金收付及汇兑等,参照适用本办法。

第六章 附 则

第二十二条 本办法所规定相关申请人提交的材料应为中文文本。同时具有外文文本和中文译本的,以中文译本为准。

第二十三条 本办法由中国人民银行、国家外汇管理局负责解释。

第二十四条 本办法自公布之日起实施。本办法未能规范的,按照其他相关管理规定办理。

附:1. 以新增证券为基础的中国存托凭证发行登记表

2. 存托凭证相关账户收支范围

3. 存托凭证相关信息报送规范

附 1

以新增证券为基础的中国存托凭证发行登记表

Registration form for Issuance of Chinese Depositary Receipt

<table>
<tr><td colspan="7">一、境外基础证券发行人基本信息（中国存托凭证核准后发行结束前填写）Ⅰ. Summary of the Issuer of the Underlying Offshore Securities（to be filled out after CSRC has granted the approval while before the completion of issuance & listing）</td></tr>
<tr><td rowspan="2">机构名称 Name of Issuer</td><td>中文</td><td colspan="5"></td></tr>
<tr><td>English</td><td colspan="5"></td></tr>
<tr><td rowspan="2">机构注册地 Domicile of Incorporation</td><td>中文</td><td></td><td rowspan="2">特殊机构赋码 Special Institutional Code</td><td rowspan="2"></td><td rowspan="2">全球法人机构识别编码（如有）（Legal Entity Identifier）（if have）</td><td rowspan="2"></td></tr>
<tr><td>English</td><td></td></tr>
<tr><td colspan="3">境外基础证券上市交易所（如有）（Listed Exchange of Underlying Offshore Securities）（if have）</td><td colspan="4"></td></tr>
<tr><td>境内主承销商 Onshore Lead Underwriter</td><td colspan="2"></td><td>金融机构标识码 Financial Institutions Identification Code</td><td colspan="3"></td></tr>
</table>

续表

存托人 Depositary			金融机构标识码/组织机构代码 Financial Institutions Identification Code/ Organization Code		
境外托管人 Custodian	中文				
	English				
二、中国存托凭证发行信息（发行结束后填写）Ⅱ. Issuance Information of the Chinese Depositary Receipt (to be filled out when the issuance is completed)					
存托凭证名称 Name of securities investment license			批文号 Approval No.		
发行上市类型 Type of Issuance & Listing	交易所公开□ 交易所非公开 □场外□ Publicly Issued On the Exchange□ Non - publicly Issued On the Exchange□ OTC□		用于创设的境外基础证券数量 Number of Underlying Securities		
境外发行人基础证券发行（所在）地 Issuance Place of the Underlying Offshore Securities		占发行人境外基础证券比例（%）Percentage of the Total Offshore Underlying Securities (%)		存托凭证发行上市规模（人民币/元）Offering Size of the CDR (RMB)	
每股存托凭证代表基础证券份额 Number of Underlying Shares Represented by Each CDR		每股存托凭证发行价格（人民币/元）Offering Price (per CDR) (RMB)		发行上市日期 Issuance & Listing Date (YYYY - MM - DD)	
拟留存境内金额 Proposed Amount to be Retained for Domestic Use		拟汇出境外金额 Proposed Amount to be Remitted Abroad		其中拟购汇金额 Proposed Amount to Purchase Foreign Exchange	

续表

本机构承诺上述所填写内容及所附材料真实、准确、无虚假信息，并承诺严格按照外汇管理规定开展相关业务，接受外汇局监督、管理和检查。We declare that the information on this form and material attached is true, correct and without any false statement, we further certify that we shall strictly follow the foreign exchange regulations to carry out related business, and accept the administration, supervision and inspection by SAFE. 境外基础证券发行人（签章）Issuer（Authorized Signature）： 年　　月　　日（YYYY – MM – DD）

附 2

存托凭证相关账户收支范围

中国存托凭证相关账户收支：

开户主体	账户	收支范围
境外基础证券发行人	募集资金专用账户（人民币/外汇）	收入：1. 发行中国存托凭证募集资金划入；2. 境外汇入相关税费、手续费的资金；3. 募集资金专用账户（人民币/外汇）结汇、购汇后相互划转的资金；4. 账户利息收入；5. 中国存托凭证持有人参与配股的资金划入；6. 中国人民银行、国家外汇管理局规定的其他收入。 支出：1. 发行中国存托凭证募集资金汇出境外；2. 募集资金符合相关规定在境内使用划转；3. 支付或结汇支付相关税费、手续费；4. 募集资金专用账户（人民币/外汇）结汇、购汇后相互划转的资金；5. 中国存托凭证持有人参与配股的资金汇出；6. 中国人民银行、国家外汇管理局规定的其他支出。

续表

开户主体	账户	收支范围
中国存托凭证境内存托人	中国存托凭证存托业务专用账户（人民币/外汇）	收入:1. 股息红利资金汇入;2. 账户利息收入;3. 中国存托凭证持有人参与配股的资金划入;4. 中国存托凭证暂停或终止上市相关资金汇入;5. 中国存托凭证存托业务专用账户（人民币/外汇）结汇、购汇后相互划转的资金;6. 中国人民银行、国家外汇管理局规定的其他收入。 支出:1. 划出股息红利资金;2. 支付或结汇支付相关税费、手续费;3. 中国存托凭证持有人参与配股的资金汇出;4. 中国存托凭证暂停或终止上市相关资金划出;5. 中国存托凭证存托业务专用账户（人民币/外汇）结汇、购汇后相互划转的资金;6. 中国人民银行、国家外汇管理局规定的其他支出。
中国存托凭证境内转换机构	中国存托凭证跨境转换专用账户（人民币/外汇）	收入:1. 境内划入用于购买境外基础证券及符合规定的投资品种的资金;2. 卖出境外基础证券或衍生品的资金汇入;3. 账户利息收入;4. 中国存托凭证跨境转换专用账户（人民币/外汇）结汇、购汇后相互划转的资金;5. 股息红利资金汇入;6. 中国人民银行、国家外汇管理局规定的其他收入。 支出:1. 境外基础证券交易相关资金汇出;2. 买卖符合规定的投资品种资金支出;3. 支付或结汇支付相关税费、手续费;4. 中国存托凭证跨境转换专用账户（人民币/外汇）结汇、购汇后相互划转的资金;5. 股息红利资金划出;6. 交易剩余资金划回境内相关账户;7. 中国人民银行、国家外汇管理局规定的其他支出。

★相关专用账户（人民币或/和外汇）内资金的结汇、购汇应符合现行外汇管理规定，具有真实交易背景。

境外存托凭证相关账户收支：

开户主体	账户	收支范围
境外存托凭证境外转换机构	境外存托凭证跨境转换专用账户（人民币/外汇）	收入:1. 境外汇入用于购买境内基础证券及符合规定的投资品种的资金;2. 境外汇入相关税费、手续费的资金;3. 卖出境内基础证券或监管机构认可的其他投资品种的资金划入;4. 境外存托凭证跨境转换专用账户（人民币/外汇）结汇、购汇后相互划转的资金;5. 股息红利资金收入;6. 账户利息收入;7. 中国人民银行、国家外汇管理局规定的其他收入。 支出:1. 境内划出用于基础证券交易及买卖符合规定的投资品种的资金;2. 支付或结汇支付相关税费、手续费;3. 境外存托凭证跨境转换专用账户（人民币/外汇）结汇、购汇后相互划转的资金;4. 股息红利资金汇出;5. 交易剩余资金向境外相关账户汇出;6. 中国人民银行、国家外汇管理局规定的其他支出。

续表

开户主体	账户	收支范围
境外存托凭证境外存托人	境外存托凭证存托业务专用账户（人民币/外汇）	收入：1. 股息红利资金划入；2. 账户利息收入；3. 境外存托凭证持有人参与配股的资金汇入；4. 境外存托凭证暂停或终止上市相关资金划入；5. 境外存托凭证存托业务专用账户（人民币/外汇）结汇、购汇后相互划转的资金；6. 中国人民银行、国家外汇管理局规定的其他收入。 支出：1. 汇出股息红利资金；2. 支付或结汇支付相关税费、手续费；3. 境外存托凭证持有人参与配股的资金划出；4. 境外存托凭证暂停或终止上市相关资金汇出；5. 境外存托凭证存托业务专用账户（外汇/人民币）结汇、购汇后相互划转的资金；6. 中国人民银行、国家外汇管理局规定的其他支出。

★ 相关专用账户（外汇或/和人民币）内资金的结汇、购汇应符合现行外汇管理规定，具有真实交易背景。

附 3

存托凭证相关信息报送规范

账户信息报送规范：

开户主体	账户	应选择的账户性质代码与名称	账户开户、销户信息中“外汇局批件号/备案表号/业务编号”栏位填报内容
境外基础证券发行人	募集资金专用账户（外汇/人民币）	3400/境外机构/个人境内账户	业务编号

续表

开户主体	账户	应选择的账户性质代码与名称	账户开户、销户信息中“外汇局批件号/备案表号/业务编号”栏位填报内容
境内基础证券发行人	境外上市专用账户	2404/境外上市首发/增发境内专户	27(首发)或28(增发)开头的业务编号
中国存托凭证境内存托人	中国存托凭证存托业务专用账户(外汇/人民币)	2499/资本项目－其他资本项目专用外汇账户	N/A
境外存托凭证境外存托人	境外存托凭证存托业务专用账户(外汇/人民币)	3400/境外机构/个人境内账户	N/A
中国存托凭证境内转换机构	中国存托凭证跨境转换专用账户(外汇/人民币)	2418/资本项目－非银行金融机构自有资金账户	67 开头的业务编号
境外存托凭证境外转换机构	境外存托凭证跨境转换专用账户(外汇/人民币)	3400/境外机构/个人境内账户	68 开头的业务编号

跨境收支/境内划转/账户内结售汇信息报送规范：

业务名称	业务内容	报送数据类型	相关凭证中“外汇局批件号/备案表号/业务编号”栏位填报内容	业务编号前两位
以新增证券为基础发行中国存托凭证	募集资金(含配股)进入募集资金专用账户	跨境收支	N/A	
	从募集资金专用账户(购汇)汇出(含配股)	跨境收支	业务编号	66

续表

业务名称	业务内容	报送数据类型	相关凭证中“外汇局批件号/备案表号/业务编号”栏位填报内容	业务编号前两位
以新增证券为基础发行境外存托凭证	募集资金（含配股）进入境外上市专用账户	跨境收支	业务编号	27（首发）或28（增发）开头的业务编号
	从境外上市专用账户结汇	账户内结售汇	业务编号	27（首发）或28（增发）开头的业务编号
境内转换机构买卖境外发行人基础证券	从中国存托凭证跨境转换专用账户汇出	跨境收支	业务编号	67
	境外汇入中国存托凭证跨境转换专用账户	跨境收支	业务编号	67
	从中国存托凭证跨境转换专用账户结汇	账户内结售汇	业务编号	67
	购汇进入中国存托凭证跨境转换专用账户	账户内结售汇	业务编号	67
境外转换机构买卖境内发行人基础证券	境外汇入境外存托凭证跨境转换专用账户	跨境收支	业务编号	68
	从境外存托凭证跨境转换专用账户汇出	跨境收支	业务编号	68
	从境外存托凭证跨境转换专用账户结汇	账户内结售汇	业务编号	68
	购汇进入境外存托凭证跨境转换专用账户	账户内结售汇	业务编号	68

续表

业务名称	业务内容	报送数据类型	相关凭证中“外汇局批件号/备案表号/业务编号”栏位填报内容	业务编号前两位
中国存托凭证分红、派息、配股	境外汇入中国存托凭证存托业务专用账户	跨境收支	N/A	
	从中国存托凭证存托业务专用账户汇出境外	跨境收支	N/A	
	从中国存托凭证存托业务专用账户结汇	账户内结售汇	N/A	

加快完善市场主体退出制度改革方案

（2019 年 6 月 22 日　发改财金〔2019〕1104 号）

市场主体退出制度是现代化经济体系的重要组成部分。为进一步畅通市场主体退出渠道，降低市场主体退出成本，激发市场主体竞争活力，完善优胜劣汰的市场机制，推动经济高质量发展，经国务院同意，现就加快完善市场主体退出制度提出如下改革方案。

一、总体要求

（一）指导思想。

以习近平新时代中国特色社会主义思想为指导，全面贯彻党的十九大和十九届二中、三中全会精神，统筹推进“五位一体”总体布局，协调推进“四个全面”战略布局，坚持稳中求进工作总基调，坚持新发展理念，坚持推动高质量发展，坚持以供给侧结构性改革为主线，以促进资源优化配置和提高资源使用效率为目标，按照市场化、法治化原则，建立健全市场主体退出制度，提高市场重组、出清的质量和效率，促进市场主体优胜劣汰和资源优化配置，推动经济高质量发展和现代化经济体系建设。

（二）基本原则。

——坚持市场化改革。充分发挥市场配置资源的决定性作用，规范市场竞争秩序，减少市场扭曲，完善优胜劣汰的市场机制，促进生产要素和资源由无效低效市场主体向高效市场主体流动，最大程度发挥各类要素和资源潜力。更好发挥政府作用，创新调控、监管、服务方式，为市场主体依法退出营造良好的制度环境。

——坚持法治化方向。加快完善市场主体退出的法律法规，尊重和保障市场主体自主经营权利。有效衔接各类法律法规和相关政策，有效降低市场主体退出交易成本。在市场机制不能有效发挥作用的领域，通过合理运用公共政策，引导或强制低效无效市场主体依法有序退出，同时畅通退出权利救济途径。

——坚持约束与激励并举。强化市场纪律，促进市场主体审慎经营，防止盲目激进经营和过度负债。对经营失败的诚实市场主体给予适当宽容,使退出市场主体承担合理有限责任,保留再创业机会,保护创新创业的积极性。

——坚持保护各方合理权益。处理好企业职工、各类债权人、股东以及其他利益相关方之间的权利义务关系,切实防范逃废债等道德风险,确保各方依法公平合理分担退出成本,保障市场主体退出稳妥有序、风险可控。同时着眼全局和长期利益,提高退出效率,防止因利益纠葛久拖不决导致多输局面。

(三)总体目标。

逐步建立起与现代化经济体系相适应,覆盖企业等营利法人、非营利法人、非法人组织、农民专业合作社、个体工商户、自然人等各类市场主体的便利、高效、有序的退出制度,市场主体退出渠道进一步畅通,市场主体退出成本明显下降,无效低效市场主体加快退出,为构建市场机制有效、微观主体有活力、宏观调控有度的经济体制提供有力支撑。

二、规范市场主体退出方式

按照市场化法治化原则,进一步明确市场主体退出方式,完善规范退出的条件、标准和具体程序,使各类市场主体均有适当的退出方式和渠道。

(一)规范自愿解散退出。企业等营利法人、非营利法人和非法人组织在其设立章程中应按照意思自治原则依法对解散事由作出约定,当解散事由出现时,除法律另有规定外,由市场主体按照治理程序决议解散,自愿退出市场。

(二)建立健全破产退出渠道。在进一步完善企业破产制度的基础上,研究建立非营利法人、非法人组织、个体工商户、自然人等市场主体的破产制度,扩大破产制度覆盖面,畅通存在债权债务关系的市场主体退出渠道。

(三)稳妥实施强制解散退出。严格限定市场主体因政府公共政策规定而强制解散退出的条件,稳妥处置退出后相关事宜,依法保护市场主体产权。统一市场主体强制解散退出的标准和程序。对强制解散退出应设定救济程序,依法保障退出市场主体和利益相关方的合法权益。

(四)明确特定领域退出规则。因公共安全、产业调控、区域发展、技术标准、环境保护等公共利益需要,有关机关可以依法强制或引导市场主体从特定生产领域、业务领域退出。研究在相关法规和政策中进一步明确特定领域退出的触发条件、补偿机制。

三、健全清算注销制度

市场主体出现解散事由，应按程序依法组织清算组开展清算。市场主体无法就自行清算达成一致或相关责任主体怠于履行清算义务的，企业等市场主体的股东或债权人可以依法申请法院指定清算组进行强制清算。清算结束后，清算组应依法及时申请注销登记。清算过程中符合破产条件的，应依法及时转入破产程序。

（一）完善市场主体清算机制。

强化市场主体履行清算义务的责任，根据市场主体不同性质和类型，明确清算程序的启动条件和清算期限、清算义务人的权利义务。建立清算义务人怠于履行清算义务时的法律责任追究机制。完善公司解散清算与破产清算程序的衔接机制。（最高人民法院、国家发展改革委、司法部、市场监管总局等按职责分工负责）

（二）完善注销登记制度。

提高注销登记制度的便利程度，加大技术平台投入，利用现代信息技术减少或取消现场办理环节，大幅降低市场主体退出的交易成本。进一步探索简化普通注销程序，研究通过改革清算公告发布渠道、减少公告等待时间、对符合条件的市场主体豁免提交清算报告等方式，进一步完善普通注销制度。研究探索在法律法规中增加关于企业简易注销登记程序等相关规定的必要性和可行性。研究建立市场主体强制退出制度，完善相关法律法规，对因经营异常、违法失信而被吊销营业执照、责令关闭的企业和个体工商户等市场主体，依照法定程序实施强制退出。（市场监管总局牵头负责）

四、完善破产法律制度

市场主体达到法定破产条件，应当依法通过破产程序进行清理，或推动利益相关方庭外协议重组，以尽快盘活存量资产，释放资源要素。对陷入财务困境但仍具有经营价值和再生希望的企业，支持债权人、债务人及利益相关方利用破产重整或庭外协议重组等方式，推动企业债务、股权结构和业务重组，恢复生产经营。对丧失经营价值和再生无望的企业，要及时通过破产程序实现市场出清。

（一）完善企业破产制度。

完善企业破产启动与审理程序。完善破产程序启动制度，厘清政府、法院、债务人、债权人和破产管理人在破产程序中的权利义务。企业符合破产条件时，应依法及时启动破产程序，不得设定超出法律规定的条件和程序。研究规定企业和企业高级管理人员等相关责任主体在企业陷入财务困境时负有及时申请破产清算或重整义务的必要性和可行性。总结执行转破产实践经验,明确执行转破产制度的法律地位。完善破产程序中债权清偿顺位规则。建立破产简易审理程序,实行破产案件繁简分流。完善跨境破产和关联企业破产规则,推动解决跨境破产、复杂主体破产难题。完善破产企业有关人员法律责任制度,严厉打击恶意逃废债等违法违规行为。(最高人民法院、国家发展改革委、司法部、中国银保监会等按职责分工负责)

研究建立预重整和庭外重组制度。完善金融机构债权人委员会制度,明确金融机构债权人委员会制度和庭内债权人委员会制度的程序转换和决议效力认可机制。研究建立预重整制度,实现庭外重组制度、预重整制度与破产重整制度的有效衔接,强化庭外重组的公信力和约束力,明确预重整的法律地位和制度内容。(最高人民法院、国家发展改革委、司法部、中国人民银行、中国银保监会、中国证监会等按职责分工负责)

完善企业破产重整制度。倡导积极重建的破产重整理念,切实解决企业破产污名化问题,充分利用破产重整制度促进企业重组重生。细化完善重整程序实施规则,明确强制批准重整计划的审查标准和法律依据,规范法院对重整计划的强制批准权。完善重整程序中的分组表决机制。优化管理人制度和管理模式,明确管理人与债务人、债权人之间的权利界限,合理发挥债务人在重整程序中的作用。建立吸收具备专业资质能力的人员参与重整企业经营管理的机制,促进重整企业保持经营价值。(最高人民法院、国家发展改革委、司法部、中国人民银行、中国银保监会、中国证监会等按职责分工负责)

(二)分步推进建立自然人破产制度。

研究建立个人破产制度,重点解决企业破产产生的自然人连带责任担保债务问题。明确自然人因担保等原因而承担与生产经营活动相关的负债可依法合理免责。逐步推进建立自然人符合条件的消费负债可依法合理免责,最终建立全面的个人破产制度。(国家发展改革委、司法部、中国人民银行、中国银保监会等按职责分工负责)

(三)加强司法与行政协调配合。

完善司法与行政协调机制。地方各级人民政府应积极支持陷入财务困境、符合破产条件的企业进行重整或破产清算。鼓励地方各级人民政府建立常态化的司法与行政协调机制,依法发挥政府在企业破产程序中的作用,协调解决破产过程中维护社会稳定、经费保障、信用修复、企业注销等问题,同时避免对破产司法事务的不当干预。(各地方人民政府

负责）

明确政府部门破产行政管理职能。在总结完善司法与行政协调机制实践经验的基础上，进一步明确政府部门承担破产管理人监督管理、政府各相关部门协调、债权人利益保护、特殊破产案件清算以及防范恶意逃废债等破产行政管理职责。（各地方人民政府负责）

（四）加强司法能力及中介机构建设。

加强破产审判能力建设。深化破产审判机制改革，根据各地审判实践需要，在条件成熟的中级人民法院积极推动组建破产案件专业审判团队，优化破产案件专业审判团队的职责和内部管理体系。加强对破产审判专业人员的培训和专业队伍的建设，完善对破产审判法官的考核机制。（各省级人民政府、最高人民法院等按职责分工负责）

大力培育破产管理人队伍。进一步细化完善管理人职责，明确管理人履职过程中发现恶意逃废债等违法行为时依法提请法院移送侦查的职责，进一步优化破产管理人名册制度、管理人选任机制和管理人报酬制度，积极开展管理人履职能力培训工作，支持和推动管理人行业自律组织建设，强化对管理人的履职考核和动态监督管理，督促管理人提高责任意识和履职能力。（国家发展改革委、最高人民法院等按职责分工负责）

五、完善特殊类型市场主体退出和特定领域退出制度

（一）建立健全金融机构市场化退出机制。

完善金融机构市场化退出的程序和路径。完善相关法律法规，明确对问题金融机构退出过程中接管、重组、撤销、破产处置程序和机制，探索建立金融机构主体依法自主退出机制和多层次退出路径。及时有效发挥存款保险制度和相关行业保障基金的作用。（财政部、中国人民银行、中国银保监会、中国证监会等按职责分工负责）

完善金融机构资产、负债、业务的概括转移制度。依托存款保险制度和保险保障基金、证券投资者保障基金、信托业保障基金等相关行业保障基金，进一步完善金融机构强制退出时的储蓄存款合同、保险合同、证券业务合同、资产管理业务合同、信托财产和信托事务等各类合同和业务的转移接续。（中国人民银行、中国银保监会、中国证监会等按职责分工负责）

建立金融机构风险预警及处置机制。明确风险处置的触发条件，制定退出风险处置预案，丰富风险处置工具箱，建立健全信息共享机制。完善金融机构市场化退出损失分担机制，明确股东和无担保债权人应先于公共资金承担损失。（财政部、中国人民银行、中国银保监会、中国证监

会等按职责分工负责）

（二）完善国有企业退出机制。

推动国有“僵尸企业”破产退出。对符合破产等退出条件的国有企业，各相关方不得以任何方式阻碍其退出，防止形成“僵尸企业”。不得通过违规提供政府补贴、贷款等方式维系“僵尸企业”生存，有效解决国有“僵尸企业”不愿退出的问题。国有企业退出时，金融机构等债权人不得要求政府承担超出出资额之外的债务清偿责任。（各地方人民政府、最高人民法院、国家发展改革委、财政部、中国人民银行、国务院国资委、中国银保监会等按职责分工负责）

完善特殊类型国有企业退出制度。针对全民所有制企业、厂办集体企业存在的出资人已注销、工商登记出资人与实际控制人不符、账务账册资料严重缺失等问题，明确市场退出相关规定，加快推动符合条件企业退出市场，必要时通过强制清算等方式实行强制退出。（国务院国资委、国家发展改革委牵头，有关部门按职责分工负责）

（三）健全非营利法人和非法人组织等退出机制。

进一步细化非营利法人、非法人组织解散清算制度，推动非营利法人、非法人组织及时注销。参考企业法人破产制度，推动建立非营利法人、农民专业合作社、合伙企业等非法人组织破产制度。（最高人民法院、市场监管总局、民政部等按职责分工负责）

（四）完善特定领域退出机制。

规范特定领域退出程序。建立政策成本效益和成本有效性分析制度，审慎评估因公共利益而要求经营者退出特定生产或业务领域的必要性，按照比例原则以成本最小化的方式达成政策目标，尽量避免影响市场主体正常生产经营活动。（国家发展改革委、工业和信息化部、中国人民银行、中国银保监会等按职责分工负责）

完善特定领域依法退出机制。对竞争性领域，审慎使用强制退出方式，主要通过激励性措施引导实现特定领域退出；因公共利益确需强制退出的，应依法建立补偿机制，保障退出市场主体和其利益相关方的合法权益。对垄断性行业和其他实行许可管理的行业，应在行业监管规则中明确经营者退出标准，并定期开展审查，经营者达到退出标准的，应依法退出特定生产或业务领域；行业监管规则中应同时明确因公共利益需退出的事由、程序和补偿标准，作为经营者准入条件，当事由出现时，应按法定程序退出并按标准进行补偿。（国家发展改革委、工业和信息化部、中国人民银行、中国银保监会等按职责分工负责）

六、健全市场主体退出甄别和预警机制

（一）完善市场主体优劣甄别机制。

加强社会信用体系建设。大力弘扬诚信文化，使市场主体树立守法诚实经营理念，自觉遵守商业道德，加强守信联合激励和失信联合惩戒等机制建设，使守信者处处畅通、失信者寸步难行。（国家发展改革委、中国人民银行牵头负责）

完善竞争政策。加强对实施垄断、开展不正当竞争行为的监管，严格依法查处各类垄断行为和滥用行政权力排除、限制竞争行为，提高市场竞争的充分性与公平性。（市场监管总局牵头负责）

规范产业政策。针对市场不能有效发挥作用的领域制定有关政策规定，突出功能性、预测性，审慎使用可能造成市场扭曲的政策工具，对出台涉及市场主体经济活动的政策措施，严格进行公平竞争审查，完善市场竞争环境和营商环境，防止由政府越位和过度干预造成逆向选择。（国家发展改革委、工业和信息化部、市场监管总局等按职责分工负责）

（二）建立市场主体退出预警机制。

强化企业信息披露义务。提高企业财务和经营信息透明度，强化信息披露义务主体对信息披露真实性、准确性、完整性的责任要求。公众公司应依法向公众披露财务和经营信息。非公众公司应及时向股东和债权人披露财务和经营信息。鼓励非公众公司特别是大型企业集团、国有企业参照公众公司要求公开相关信息。强化企业在陷入财务困境时及时向股东、债权人等利益相关方的信息披露义务。（各地方人民政府、国家发展改革委、中国人民银行、市场监管总局、国务院国资委、中国银保监会、中国证监会等按职责分工负责）

建立企业信用综合评价机制。推动信用评级行业规范健康发展，支持信用评级机构开展企业综合信用评价。鼓励引导有关行业主管部门、行业协会商会、高等院校、科研机构以及信息中介机构研究建立反映市场主体财务状况和经营效率的评价指标。（国家发展改革委、中国人民银行牵头负责）

建立企业债务风险监测预警机制。依托全国信用信息共享平台、国家企业信用信息公示系统和金融信用信息基础数据库、失信被执行人数据库等信用信息平台，整合相关数据信息，加强对一定债务规模以上企业债务风险的监测，加快一定债务规模以上企业的负债、担保、涉诉等信息在一定范围内依法公开和部门间共享，鼓励企业自主对外披露更多利于债务风险判断的信息。（国家发展改革委牵头，最高人民法院、中国人民

银行、市场监管总局、中国银保监会等按职责分工负责）

建立自然人债务风险监测预警机制。加强对居民部门债务水平和债务结构的分析监测，完善自然人债务风险评价指标和预警机制，建立社会公众财务风险管理及理财能力教育培训机制，防范自然人过度负债风险，处理好债权人权益保护与债务人生存权保护之间的关系。（国家发展改革委、中国人民银行、中国银保监会等按职责分工负责）

七、完善市场主体退出关联权益保障机制

（一）建立健全社会安全网。

指导退出企业做好劳动关系处理，积极稳妥解决社会保险关系转移接续、拖欠职工工资等问题，切实保障退出企业职工的合法权益。（各地方人民政府、人力资源和社会保障部等按职责分工负责）

（二）依法保护金融债权人利益。

明确金融债权人委员会法律地位。推动银行、证券、保险、信托等领域的金融债权人组建相对统一的金融债权人委员会。明确金融债权人委员会的法律地位、议事规则和程序，通过统一的金融债权人委员会加强与债务人的沟通协调，避免金融债务过度累积，防范恶意逃废债，有效监控债务风险，维护金融债权人合法权益。（中国银保监会牵头，中国人民银行、国家发展改革委、中国证监会等按职责分工负责）

促进金融债权人积极推动市场主体退出。鼓励银行、证券、保险、信托等领域的金融债权人积极参与破产程序，支持金融债权人加强对企业等市场主体债务风险的监测，推动金融债权人积极化解市场主体债务风险，促进市场主体及时出清。（中国银保监会牵头，中国人民银行、国家发展改革委、中国证监会等按职责分工负责）

（三）切实防范国有资产流失。

按照市场化法治化原则，完善国有资产价值发现和监督机制，进一步健全完善国有资产流失责任认定及追究制度，规范国有资产登记、转让、清算、退出等程序和交易行为，发挥专业化中介机构作用，涉及资产评估的，应当依法履行资产评估程序。在市场主体退出过程中，坚持国有资产市场化定价原则，鼓励通过产权、股权、证券市场发现和合理确定资产价格，促进国有资产保值增值。优化国有资产退出审批机制和程序，提高审批效率，强化信息公开，加强社会监督，防止因内部人控制、利益输送等造成国有资产流失。（各地方人民政府、财政部、国务院国资委等按职责分工负责）

八、完善市场主体退出配套政策

（一）完善信用记录与信用修复制度。

完善重整企业信用修复机制。进一步健全和完善相关制度，使重整成功的企业不再被纳入金融、税务、市场监管、司法等系统的黑名单，实现企业信用重建。（国家发展改革委、中国人民银行牵头负责，最高人民法院、市场监管总局、税务总局等按职责分工负责）

完善市场主体退出责任人信用记录机制。对市场主体退出过程中恶意逃废债特别是恶意逃废职工债务、过失导致国有资产流失、未按规定及时履行清算义务等违法违规行为责任人，建立信用记录，纳入全国信用信息共享平台、国家企业信用信息公示系统和金融信用信息基础数据库。建立直接责任人员失信行为联合惩戒机制。结合自然人破产制度建设，建立健全自然人破产信用记录及信用修复制度，形成以信用为核心的自然人市场行为正向激励约束机制。（国家发展改革委、中国人民银行牵头，最高人民法院、市场监管总局、税务总局、中国银保监会等按职责分工负责）

（二）完善市场主体退出相关财政税收政策。

优化企业破产重整税收政策环境。梳理企业破产重整税收支持政策，做好政策宣传解读工作，落实好亏损弥补和特殊性税务处理等税收政策，为企业破产重整营造良好环境。（财政部牵头，税务总局按职责分工负责）

探索研究破产经费筹措机制。鼓励有条件的地方探索建立破产经费筹措机制，对破产财产不足以支付破产费用的市场主体，可通过筹措经费帮助支付有关费用。（各地方人民政府牵头负责）

（三）完善市场主体退出资产资源优化利用制度。

构建多元化资产流转平台。引导各类资产进入产权交易市场，充分发挥产权交易市场的价格发现、价值实现功能，为市场主体退出过程中资产流转和变现创造良好市场基础。（各地方人民政府、国家发展改革委、国务院国资委、中国证监会等按职责分工负责）

完善市场主体退出涉及的市场交易制度。依法支持上市公司通过并购重组实现退出。依法支持重整上市公司通过重大资产交易安排、股份发行等方式开展融资，规范上市公司股东减持行为。完善上市公司退市监管制度，畅通市场主体的上市和退市渠道。（中国证监会、最高人民法院牵头负责）

（四）健全社会公示和监督制度。

健全社会公示。依托全国信用信息共享平台、国家企业信用信息公示系统，建立健全市场主体主动注销和强制退出的公告、异议等制度。推进部门共享市场主体退出相关信息，完善市场主体退出公示制度和退出后相关责任人失信惩戒记录公示制度。（国家发展改革委、市场监管总局牵头负责）

推动社会监督。对不依法办理注销登记的市场主体、被吊销营业执照的市场主体以及不依法清算的市场主体，依法及时向社会公示，接受社会监督。（国家发展改革委、民政部、市场监管总局等按职责分工负责）

九、组织实施

（一）加强党的领导。各地区、各部门要充分认识完善市场主体退出制度的重要意义，增强“四个意识”，坚定“四个自信”，做到“两个维护”，认真落实党中央、国务院有关决策部署，加快完善市场主体退出制度，促进市场主体优胜劣汰和资源优化配置。

（二）完善法律体系。市场主体退出制度体系涉及多领域法律法规，要及时启动各相关领域法律法规的立法修订程序，切实形成协同一致、相互支撑的法律体系，为市场主体依法退出提供充分的法律保障。

（三）落实工作责任。国家发展改革委要做好统筹协调工作，各地区、各部门要按照职能划分，抓紧落实改革方案，拟定工作计划，确保相关改革事项按时完成。

图书在版编目(CIP)数据

中华人民共和国证券期货法规汇编. 2019. 上 / 中国证券监督管理委员会编. -- 北京 : 法律出版社, 2019
ISBN 978 - 7 - 5197 - 4169 - 3

Ⅰ. ①中… Ⅱ. ①中… Ⅲ. ①证券法－法规－汇编－中国－2019②期货交易－法规－汇编－中国－2019 Ⅳ. ①D922.287.9

中国版本图书馆 CIP 数据核字(2019)第 296153 号

中华人民共和国证券期货法规汇编(2019 上)
ZHONGHUA RENMIN GONGHEGUO ZHENGQUAN QIHUO FAGUI HUIBIAN(2019 SHANG)

中国证券监督管理委员会 编

责任编辑 李 群 陈 熙
装帧设计 李 瞻

出版 法律出版社
总发行 中国法律图书有限公司
经销 新华书店
印刷 北京中科印刷有限公司
责任印制 吕亚莉

编辑统筹 法规出版分社
开本 787 毫米 × 1092 毫米 1/16
印张 28.5
字数 450 千
版本 2019 年 12 月第 1 版
印次 2019 年 12 月第 1 次印刷

法律出版社/北京市丰台区莲花池西里 7 号(100073)
网址/www.lawpress.com.cn
投稿邮箱/info@lawpress.com.cn
举报维权邮箱/jbwq@lawpress.com.cn
销售热线/400 - 660 - 8393
咨询电话/010 - 63939796

中国法律图书有限公司/北京市丰台区莲花池西里 7 号(100073)
全国各地中法图分、子公司销售电话:
统一销售客服/400 - 660 - 8393/6393
第一法律书店/010 - 83938432/8433 西安分公司/029 - 85330678 重庆分公司/023 - 67453036
上海分公司/021 - 62071639/1636 深圳分公司/0755 - 83072995

书号:ISBN 978 - 7 - 5197 - 4169 - 3 **定价**:168.00 元
(如有缺页或倒装,中国法律图书有限公司负责退换)